职业教育·道路运输类专业教材

土质与筑路材料
Tuzhi yu Zhulu Cailiao

（第2版）

钱 进 主 编
王 冠 主 审

人民交通出版社股份有限公司
China Communications Press Co.,Ltd.

内 容 提 要

本书主要介绍公路工程用土、集料与岩石、水泥及水泥混凝土、石灰粉煤灰及稳定材料、沥青、沥青混合料、钢材等的基本概念、技术性质和技术标准,按照现行国家标准和行业标准,介绍了建筑材料各项技术性能测试的目的和适用范围、试验仪器与材料、试验准备工作、步骤、试验结果整理等内容。教材编写简明实用,图文并茂,一部分试验过程配有视频资源,读者可扫二维码观看。

本书可作为交通类职业教育道路与桥梁、公路施工与养护等专业教学用书,亦可供公路工程试验检测人员参考使用。

本书有配套 PPT,教师可通过加入职教路桥教学研讨群(QQ561416324)索取。

图书在版编目(CIP)数据

土质与筑路材料/钱进主编. — 2 版. — 北京:
人民交通出版社股份有限公司,2019.7
ISBN 978-7-114-15470-6

Ⅰ.①土… Ⅱ.①钱… Ⅲ.①筑路材料—技工学校—
教材 Ⅳ.①U414

中国版本图书馆 CIP 数据核字(2019)第 067134 号

书　　　名:	土质与筑路材料(第2版)
著　作　者:	钱　进
责任编辑:	刘　倩
责任校对:	刘　芹
责任印制:	张　凯
出版发行:	人民交通出版社股份有限公司
地　　　址:	(100011)北京市朝阳区安定门外外馆斜街 3 号
网　　　址:	http://www.ccpress.com.cn
销售电话:	(010)59757973
总　经　销:	人民交通出版社股份有限公司发行部
经　　　销:	各地新华书店
印　　　刷:	北京虎彩文化传播有限公司
开　　　本:	787×1092　1/16
印　　　张:	21.375
字　　　数:	510 千
版　　　次:	2018 年 12 月　第 1 版　2019 年 7 月　第 2 版
印　　　次:	2023 年 12 月　第 2 版第 3 次印刷　总第 17 次印刷
书　　　号:	ISBN 978-7-114-15470-6
定　　　价:	53.00 元

(有印刷、装订质量问题的图书由本公司负责调换)

第2版前言

本教材根据路桥行业试验检测岗位从业人员必备的基本知识与技能要求编写,注重试验检测人员职业能力培养。教材编写中,贯彻了理实一体化教学方法,将理论知识与实践操作内容有效融合,即理论与实践一体化、同步教学,以利于提升学生实践能力;此外,全书力求内容精炼、简明实用、图文并茂、增强感性认识,基本每一操作步骤配有一张图片,以方便教师指导、学生自学。

自本教材第一版出版后,检测技术所引用的相关试验规程不断更新,新技术不断涌现,因此有必要对第一版教材进行全面修订。本版教材调整内容主要有:水泥、钢材原材料检测方法以及水泥混凝土配合比设计方法按照现行有效的国家标准(试验规程)编写;土、集料与岩石、水泥混凝土、石灰粉煤灰及稳定材料、沥青、沥青混合料原材料检测方法,以及沥青混合料和无机结合料稳定材料的配合比设计方法等内容按照现行有效的交通行业标准(试验规程)编写。

参加本书编审的人员有:江苏省交通技师学院钱进、汪军伟、吴限、倪雷、王晖、王冠;南京高等职业技术学校陈琳;苏州建设交通高等职业技术学校张英;江苏省无锡交通高等职业技术学校丁峥时;陕西交通技师学院陈莹;山东公路技师学院张燕;内蒙古交通职业技术学院赵金梅。具体编写分工如下:单元一由倪雷和陈莹编写;单元二由陈琳、张燕编写;单元三由汪军伟、张英、赵金梅编写;单元四由吴限、王晖编写;单元五由钱进、丁峥时编写;单元六由钱进编写;单元七由汪军伟编写。本书由钱进担任主编,王冠担任主审。

本教材在编写过程中得到相关学校和行业企业专家的大力支持,他们对本书的成稿提出了宝贵意见,在此向他们表示衷心的感谢!

由于编者水平有限,书中谬误和疏漏之处在所难免,欢迎广大师生和读者指正,谨致谢意!

编　者
2019 年 2 月

第1版前言

为了适应交通新的跨越式发展,积极推进一体化教学改革,进一步加快高级技工学校公路类专业教材建设,交通职业教育教学指导委员会公路类(技工)学科委员会和交通技工教育研究会公路专业委员会组织制定了高级技工学校公路施工与养护和公路工程机械使用与维修两个专业的教学计划与教学大纲,并依此确定了教学改革和教材改革的模式。2004年3月启动教材的编写工作,2005年7月交稿。

本套教材用于培养公路类专业高级技工和技师,具有以下特点:

1. 教材内容与高级工等级标准、考核标准相衔接,适应现代化施工与养护的基本要求,教材全部采用最新的标准和规范,符合先进性、科学性和实用性的要求。

2. 教材编写满足理实一体化和模块式的教学方式,以操作技能为主,体现职业教育特色,使学生具备较高的实用技能。

3. 教材与作业、题库配套。各课程均编写了"习题集和答案",汇成题库和题解,供学生做作业和练习,也可供命题参考。

本套教材由柯爱琴担任责任编委。

《土质与筑路材料》是全国交通高级技工学校公路施工与养护专业通用材料之一,内容包括:土质、集料、水泥、水泥混凝土及砂浆、石灰、粉煤灰与稳定材料、沥青与沥青混合料、钢材。

参加本书编写工作的有:陕西交通技术学院陈莹(编写单元一),山东公路高级技工学校张燕(编写单元二,单元六的课题六,单元七),内蒙古交通学校赵金梅(编写单元三),江苏交通高级技工学校王晖(编写单元四)、钱进(编写单元五,单元六的课题一～六)。全书由钱进担任主编,陕西交通技术学院程兴新担任评审。

本套教材在交通技工教育研究会理事长卢荣林的指导下进行,在编写过程中得到了全国16个省市交通技工学校领导的大力支持和帮助,共有60余名公路类专业教师参与了教材的编审工作,在此表示感谢。

由于我们的业务水平和教学经验有限,书中有不妥之处,恳切希望使用本书的教师和读者批评指正。

交通职业教育教学指导委员会公路类(技工)学科委员会

交通技工教育研究会公路专业委员会

二〇〇五年八月

目 录

单元一　土质 ·· 1
　课题一　土的组成 ··· 1
　课题二　土的物理性质及其指标 ··· 10
　课题三　土的水理与力学性质 ·· 15
　课题四　土的工程分类及野外鉴别 ······································· 35
单元二　集料与岩石 ·· 42
　课题一　细集料的技术性质 ·· 42
　课题二　粗集料的技术性质 ·· 56
　课题三　岩石 ·· 74
单元三　水泥及水泥混凝土 ··· 78
　课题一　水泥 ·· 78
　课题二　水泥混凝土 ·· 104
　课题三　水泥砂浆 ··· 145
单元四　石灰、粉煤灰及稳定材料 ······································· 156
　课题一　石灰 ··· 156
　课题二　粉煤灰 ·· 162
　课题三　无机结合料稳定材料 ·· 165
单元五　沥青 ·· 202
　课题一　石油沥青 ·· 203
　课题二　乳化沥青 ·· 232
　课题三　改性沥青 ·· 238
　课题四　其他沥青 ·· 245
单元六　沥青混合料 ··· 247
　课题一　沥青混合料概述 ··· 247
　课题二　沥青混合料的技术性质和技术标准 ······················ 252

课题三 沥青混合料组成材料的技术要求……………………………………… 265
课题四 矿质混合料的组成设计…………………………………………………… 272
课题五 热拌沥青混合料配合比设计方法………………………………………… 283
课题六 新型沥青混合料…………………………………………………………… 308
单元七　钢材………………………………………………………………………… 315
参考文献……………………………………………………………………………… 332

单元一　土　　质

【理论要求】　掌握土的概念、特点及组成,粒度成分的分析方法,土的常用物理指标,黏性土界限含水率的概念及土的承载力原理。熟练掌握土的压实原理、最大干密度和最佳含水率的概念。了解工程土的分类方法。

【技能要求】　熟练掌握土的击实试验的测定方法,能准确测定土的界限含水率,掌握土粒分析试验和 CBR(加州承载比)试验的测定方法,并具备出具试验报告的能力。

课题一　土 的 组 成

一、土、土体的概念及土的三相组成

1. 土的概念

土是地壳表层母岩经强烈风化作用而形成的大小不等、未经胶结的一种松散物质,它包括土壤、黏土、砂、岩屑、岩块和砾石等。土的总的特征是颗粒与颗粒之间的黏结强度低,甚至没有黏结性。根据土粒之间有无黏结性,大致可将土分为砂类土(砾石、砂)和黏质土两大类。

土从外观的颜色上看,较为复杂,但以黑、红、白为基本色调。颜色是土粒成分的直观反映,黑色是因所含有机物腐化造成的;白色常来自石英和高岭石的本色;红色主要是因土中含有高价氧化铁。土的颜色随着土的形成环境不同,呈现出多种多样的变化。

土是地壳表层广泛分布着的物质,几乎无处不在。平原、海滨、河谷等处的土层厚度很大,在这些地区,人类的工程活动处处会遇到土的问题,因而,对土的研究在工程地质工作中占有十分重要的地位。在陆地上所沉积的土层,在水平方向上延伸不远,随层位厚度变化,其性质也发生变化;在垂直方向上则形成不同土层互相穿插,交替频繁,其性质极不均一。因此,我们在评价建筑地基时,所涉及的多是不均匀土层,而且是由厚度不等、性质各异的许多土层组合的土体。

2. 土体的概念

土体是指建筑场地范围内由不同土层组成的单元体,范围包括会对建筑物产生影响的整个面积与深度。按照土体的成因可分为:残积土、坡积土、洪积土、冲积土、淤积土、冰积土和风积土等类型。由于它们是在漫长的地质岁月中,由不同的地质作用、不同时代的物质堆积而成,它们的组成物质不可能是均匀的,而是由不同层次、不同性质的土层所组成。各层次的土粒粒度不同、土的类型不同,其物理力学性质也不一致。即使是同一土层,也不是完全均匀的,

还会出现透镜体、尖灭、变薄等构造现象,其构造延伸的范围也很不相同。

既然土体不是由单一且均匀的土所组成,那么就不能用局部、孤立的土块去代表它,同时又不能用某单一的土去代表土体,实质上土与土体是局部与整体的关系。总之,土与土体是有关联但又不能混为一谈的两个概念。在工程地质工作中,为了掌握土体的结构,必须鉴定具体的各个单一的土层,因此,研究各层土的特性是研究土体的基础。

3. 土的三相组成

土的三相组成是指土由固体颗粒(固相)、液态水(液相)和气体(气相)三个部分组成。土中固体颗粒构成土的骨架,骨架之间贯穿着大量孔隙,孔隙中充填着液态水和气体。

随着环境的变化,土的三相比例也会发生相应的变化。土体三相比例不同,土的状态和工程性质也随之各异。例如:

固体 + 气体(液体 = 0)为干土。此时黏土呈干硬状态,砂土呈松散状态。

固体 + 液体 + 气体为湿土。此时黏土多为可塑状态。

固体 + 液体(气体 = 0)为饱和土。

由此可见,研究土的各项工程性质,首先应从最基本的、组成土的三相本身开始。

1)土的固相

土的固相物质包括矿物颗粒和有机质,它组成土的主体部分,构成土的"骨架",也叫作"土粒"。土粒的物质基础是各种各样的矿物,除带有与母岩相同的原生矿物成分外,还带有大量的次生矿物成分和有机质。概括起来说,组成地表土的物质可以分为两大类:一类是包括原生矿物和次生矿物的无机质;另一类是包括泥炭在内的动植物残骸和腐殖质的有机质。这些物质成分与化学成分的差异,及其不同份量的组合,就构成了不同类型的各种土的性质和特征。

2)土的液相

土的液相是指土中水部分或全部地充满土颗粒间的孔隙。土中水可分为两大类:一类结合在土颗粒内部,成为矿物的组成部分,称为矿物内部结合水;另一类存在于天然土体的孔隙中。土中水与土粒矿物表面接触,有的呈液态,有的呈气态,也有结成固态的冰。它们对土的工程性质的形成,起着不同程度的作用和影响,土粒愈粗影响愈小,土粒愈细影响愈大。土中的水按其工程性质不同可分为结构水、自由水、气态水和固态水。

(1)结构水

①强结合水(吸着水)。强结合水的性质与普通水不同,其密度大于 $1g/cm^3$(为 $1.2 \sim 1.4g/cm^3$),性质接近固体,不传递静水压力,100℃不蒸发,-78℃低温才冻结成冰,只有在 105~110℃的高温下才能蒸发。土中强结合水的最大含量:砂土一般为 1%~2%,黏土可达 10% 以上。当黏性土只含强结合水时呈固体坚硬状态;砂性土含强结合水时呈散粒状态。土颗粒间的强结合水具有抵抗土体变形的能力,这是黏土区别于砂土的显著标志之一。

②弱结合水(薄膜水)。这种水在强结合水外侧,呈薄膜状,密度大于普通液态水(为 $1.3 \sim 1.7g/cm^3$),也不传递静水压力。此部分水对黏性土的影响最大。

(2)自由水

自由水包括毛细水和重力水。

①毛细水。这种水存在于地下水位以上土粒细小孔隙中,是介于结合水与重力水之间的

一种过渡型水,受毛细作用而上升。一般孔隙大的砂土,毛细水上升高度小,甚至没有;孔隙太小的黏土,土粒间的孔隙全部被结合水所占据,毛细水没有移动的通路或移动受到很大阻力,所以上升非常缓慢;在极细砂和粉土中由于孔隙小,毛细水上升快,而且高,在寒冷地区必须注意由于毛细水而引起的路基冻胀问题,尤其要注意毛细水会源源不断地使地下水上升而产生严重的冻胀。

②重力水。这种水存在于地下水位以下较粗颗粒的孔隙中,只受重力控制,具有浮力的作用。重力水能传递静水压力,并具有溶解土中可溶盐的能力。

(3)气态水和固态冰

气态水是以水气形态存在于孔隙中的。它能从气压高的空间向气压低的空间运动,并可在土粒表面凝聚转化为其他各种类型的水。气态水的迁移和聚集使土中水和气体的分布状态发生变化,可使土的性质发生改变。

固态冰是当气温降至0℃以下时,由液态的自由水冻结而成。因为水的密度在4℃时为最大,低于0℃的冰,不是冷缩,反而膨胀,使基础发生冻胀,所以在寒冷地区,基础的埋深要考虑冻胀问题。

3)土的气相

土中气体是指存在于土的固体颗粒间孔隙中的气体。土的含气量与含水率有密切关系。土的孔隙中占优势的是气体还是水,对土的工程性质有很大的影响。

土中的气体可分为与大气连通的和不连通的两类。与大气连通的气体在受外力作用时,会很快地从孔隙中被挤出来,所以它对土的工程性质影响不大。而与大气不连通的密封气体,在受到外力作用时,随着压力的增大,这种气泡可被压缩或溶解于水中,压力减小时,气泡会恢复原状或游离出来。若土中封闭气泡很多,将使土的压缩性增高,渗透性降低。所以,封闭气体对土的工程性质影响较大。

二、土的粒度成分

自然界的土,作为组成土体骨架的土粒,大小悬殊,性质各异。工程上常把组成土的各种大小颗粒的相互比例关系,称为土的粒度成分。土的粒度成分如何,对土的一系列工程性质起着决定性的影响,因而,它是工程性质研究的重要内容之一。

1.粒组的划分

土的粒度是指土颗粒的大小,以粒径表示,通常以毫米(mm)为单位。根据土粒由粗到细,随着粒径不同,将每一区段中所包括大小比例相似、工程性质基本相同的颗粒合并为组,称为粒组。常以其粒径的上、下限给粒组命名,如砾粒、砂粒、粉粒、黏粒等。各组内还可细分成若干亚组,表1-1-1是我国现行行业标准《公路土工试验规程》(JTG E40—2007)中的粒组划分表。

粒 组 划 分 表   表1-1-1

200		60	20	5	2	0.5	0.25	0.075	0.002(mm)
巨粒组			粗粒组						细粒组
漂石（块石）	卵石（小块石）	砾(角砾)			砂			粉粒	黏粒
		粗	中	细	粗	中	细		

从工程地质角度看,粒组划分的原则为:

(1)应符合粒径由量变到质变的规律。

以2mm粒径为土粒有无毛细力的界限,大于2mm的土粒没有毛细力,粒间也无黏结力。

以0.075mm粒径为土粒有无水黏结和有无黏结力的界限;0.075~2mm粒径为砂粒组成的土,具有毛细力,粒间具有水黏结,但不具黏结力。

以0.002mm粒径为土粒有无黏结力的界限,0.002~0.075mm粒径为粉粒组成的土,有黏结力,失水时黏结力递减而导致尘土飞扬;小于0.002mm粒径为黏粒组成的土,有强黏结力,失水时黏结力递增,土变硬。

(2)应与现代粒度分析观测技术水平相适应。

粒径大于0.075mm的土粒可用筛分法进行颗粒分析。

粒径小于0.075mm的土粒可采用静水沉降法进行颗粒分析。

(3)粒组的界限值服从简单的数学规律,以便于记忆和应用。

2.粒度成分及粒度分析

一般天然土由若干个粒组组成,它所包含的各个粒组在土全部质量中各自占有的比例称为粒度成分,又称颗粒级配。用指定方法测定土中各个粒组占总质量百分数的试验,称为土的颗粒分析。

1)粒度成分的分析方法

目前所采用的方法可归纳为两大类:一是利用各种方法把各个粒组按粒径分离开来,直接测出各粒组的百分含量,称为直接测定法,如筛分法、移液管法等;二是根据各粒组的某些不同特性,间接地判定土中各粒组的含量,称为间接测定法,如肉眼鉴定法、密度计法等。

目前我国常用的粒度分析方法是:对于粒径大于0.075mm的粗粒土,采用筛分法直接测定;对于粒径小于0.075mm的细粒土,主要用密度计法和移液管法测定,均属于静水沉降法;若土中粗细颗粒兼有,则可联合使用上述两种方法。

(1)筛分法

任务实施

T 0115—1993 颗粒分析试验(筛分法)

一、目的和适用范围

本试验方法适用于分析粒径大于0.075mm的土。对于粒径大于60mm的土样,本试验方法不适用。

二、仪器设备

(1)标准筛(图1-1-1):粗筛(圆孔)孔径为60mm、40mm、20mm、10mm、5mm、2mm;细筛孔径为2mm、1mm、0.5mm、0.25mm、0.075mm。

(2)天平:称量5 000g,感量5g;称量1 000g,感量1g;称量200g,感量0.2g。

(3)摇筛机。

(4)其他:烘箱、筛刷、烧杯、木碾、研钵及杵等。

三、试样

从风干、松散的土样中,用四分法按照下列规定取出具有代表性的试样:粒径小于2mm的土100~300g;最大粒径小于10mm的土300~900g;最大粒径小于20mm的土1 000~2 000g;最大粒径小于40mm的土2 000~4 000g;最大粒径大于40mm的土4 000g以上。

四、试验步骤

1. 对于无凝聚性的土

(1)按规定称取试样,将试样分批过2mm筛。

(2)将粒径大于2mm的试样按从大到小的次序,通过大于2mm的各级粗筛。将留在筛上的土分别称量。

(3)2mm筛下的土如数量过多,可用四分法缩分至100~800g。将试样按从大到小的次序通过小于2mm的各级细筛。可用摇筛机进行振摇,振摇时间一般为10~15min。

(4)由最大孔径的筛开始,顺序将各筛取下,在白纸上用手轻叩摇晃,至每分钟筛下土数量不大于该级筛余质量的1%为止。漏

图1-1-1 土工筛

下的土粒应全部放入下一级筛内,并将留在各筛上的土样用软毛刷刷净,分别称量。

(5)筛后各级筛上和筛底土总质量与筛前试样质量之差,不应大于1%。

(6)如2mm筛下的土不超过试样总质量的10%,可省略细筛分析;2mm筛上的土不超过试样总质量的10%,可省略粗筛分析。

2. 对于含有黏土粒的砂砾土

(1)将土样放在橡皮板上,用木碾将黏结的土团充分碾散、拌匀、烘干、称量。如土样过多时,用四分法称取代表性土样。

(2)将试样置于盛有清水的瓷盆中,浸泡并搅拌,使粗细颗粒分散。

(3)将浸润后的混合液过2mm筛,边冲边洗过筛,直至筛上仅留大于2mm以上的土粒为止。然后,将筛上洗净的砂砾风干称量。按以上方法进行粗筛分析。

(4)通过2mm筛下的混合液存放在盆中,待稍沉淀,将上部悬液过0.075mm洗筛,用带橡皮头的玻璃棒研磨盆内浆液,再加清水、搅拌、研磨、静置、过筛,反复进行,直至盆内悬液澄清。最后,将全部土粒倒在0.075mm筛上,用水冲洗,直到筛上仅留大于0.075mm净砂为止。

(5)将大于0.075mm的净砂烘干称量,并进行细筛分析。

(6)将大于2mm颗粒及0.075~2mm的颗粒质量从原称量的总质量中减去,即为小于0.075mm颗粒质量。

(7)如果小于0.075mm颗粒质量超过总土质量的10%,有必要时,将这部分土烘干、取样,另做比重计或移液管分析。

五、结果整理

(1)按下式计算小于某粒径颗粒质量百分数:

$$X = \frac{A}{B} \times 100 \tag{1-1-1}$$

式中：X——小于某粒径颗粒的质量百分数(%)，计算至0.01；
  A——小于某粒径的颗粒质量(g)；
  B——试样的总质量(g)。

（2）当小于2mm的颗粒如用四分法缩分取样时，按下式计算试样中小于某粒径的颗粒质量占总土质量的百分数：

$$X = \frac{a}{b} \times p \times 100 \tag{1-1-2}$$

式中：a——通过2mm筛的试样中小于某粒径的颗粒质量(g)；
  b——通过2mm筛的土样中所取试样的质量(g)；
  p——粒径小于2mm的颗粒质量百分数(%)。

（3）在半对数坐标纸上，以小于某粒径的颗粒质量百分数为纵坐标，以粒径(mm)为横坐标，绘制颗粒大小级配曲线，求出各粒组的颗粒质量百分数，以整数(%)表示，如图1-1-2所示。

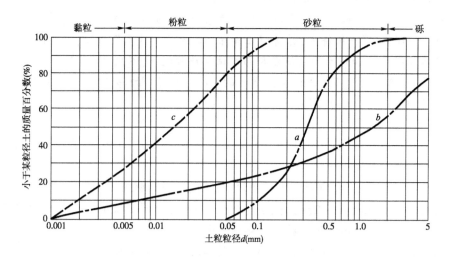

图1-1-2 粒度成分累积曲线

（4）必要时按式(1-1-3)计算不均匀系数。

六、精密度和允许差

筛后各级筛上和筛底土总质量与筛前试样质量之差，不应大于1%。

七、报告

根据表1-1-2计算各粒径筛上小于该粒径土的质量占总土质量的百分比。

（2）沉降分析法

其基本原理是0.002~0.2mm粒径的土在水或液体中靠自动下沉时应做等速运动，运动的规律符合司笃克斯定律。司笃克斯定律认为：土粒越大，在静水中沉降的速度越快；反之，沉降速度越慢。

颗粒分析试验记录(筛分法)　　　　表 1-1-2

筛前总土质量 =3 000g
小于 2mm 土质量 =810g　　　　　小于 2mm 取试样质量 =810g
小于 2mm 土占总土质量 =27%

粗筛分析				细筛分析				
孔径 (mm)	累计留筛土质量 (g)	小于该孔径的土质量 (g)	小于该孔径土质量百分比 (%)	孔径 (mm)	累计留筛土质量 (g)	小于该孔径的土质量 (g)	小于该孔径土质量百分比 (%)	占总土质量百分比 (%)
				2.0	2 190	810	100	27.0
60				1.0	2 410	590	72.8	19.7
40	0	3 000	100	0.5	2 740	260	32.1	8.7
20	350	2 650	88.3	0.25	2 920	80	9.9	2.7
10	920	2 080	69.3	0.075	2 980	20	2.5	0.7
5	1 600	1 400	46.7					
2	2 190	810	27.0					

在进行粒度成分分析时,先把一定质量的干土制成一定体积的悬液,搅拌均匀后,各种粒径的土在悬液中分布是均匀的,即各种粒径在悬液中的浓度在不同深处都是相等的。静置一段时间后,悬液中不同粒径的颗粒以相应的速度在水中沉降,较粗颗粒沉降较快,细颗粒沉降较慢,这样悬液中各段的密度有不同程度的减小,粒度成分发生变化。利用这一基本规律现象,可以采用密度计法分别测出各粒级的粒径大小。

2)粒度成分的表示方法

粒度成分经分析后,常用的表示方法有:表格法、累积曲线法和三角坐标法。

(1)表格法

表格法是以列表形式直接表达各粒组的相对含量。表格法有两种不同的表示方法,一种是以累计含量百分比表示的,见表 1-1-3;另一种是以粒组表示的,见表 1-1-4。

粒度成分的累计百分含量表示法　　　　表 1-1-3

粒径 d_i(mm)	粒径小于或等于 d_i 的累计百分含量 p_i(%)		
	土样 a	土样 b	土样 c
10	—	100	—
5	100.0	75.0	—
2	98.9	55.0	—
1	92.9	42.7	—
0.5	76.5	34.7	—
0.25	35.0	28.5	100.0

续上表

粒径 d_i(mm)	粒径小于等于 d_i 的累计百分含量 p_i(%)		
	土样 a	土样 b	土样 c
0.10	9.0	23.6	92.0
0.075	—	19.0	77.6
0.01	—	10.9	40.0
0.005	—	6.7	28.0
0.001	—	1.5	10.0

粒度成分的分析结果　　　　　表1-1-4

粒组(mm)	粒度成分(以质量计,%)		
	土样 a	土样 b	土样 c
10~5	—	25.0	—
5~2	1.1	20.0	—
2~1	6.0	12.3	—
1~0.5	16.4	8.0	—
0.5~0.25	41.5	6.2	—
0.25~0.10	26.0	4.9	8.0
0.10~0.075	9.0	4.6	14.4
0.075~0.01	—	8.1	37.6
0.01~0.005	—	4.2	11.1
0.005~0.001	—	5.2	18.9
<0.001	—	1.5	10.0

(2)累积曲线法

通常用半对数坐标纸绘制。横坐标表示粒径 d_i,纵坐标表示小于某一粒径的累计百分数 p_i。图1-1-2是根据表1-1-3提供的数据,在半对数坐标纸上绘制的土样粒度成分累积曲线。

从累积曲线图上可以看出：曲线平缓,表明土的粒度成分混杂,大小粒组都有,各粒组的相对含量都差不多；曲线坡度较陡,表明土粒比较均匀,斜率最大线段所包括的粒组,在土样中的含量最多,成为具有代表性的粒组。

累积曲线的用途主要有以下两个方面：

第一,由累积曲线可以直观地判断土中各粒组的分布情况。曲线 a 表示该土绝大部分是由比较均匀的砂粒组成；曲线 b 表示该土是由各种粒组的土粒组成,土粒极不均匀；曲线 c 表示该土中砂粒极少,主要由粉粒和黏粒组成。

第二,由累积曲线可确定土粒的两个级配指标：

不均匀系数 C_u：

$$C_u = \frac{d_{60}}{d_{10}} \tag{1-1-3}$$

曲率系数(或称级配系数) C_c：

$$C_c = \frac{d_{30}^2}{d_{10}d_{60}} \tag{1-1-4}$$

式中：d_{10}——有效土粒径，即土中小于该粒径的颗粒质量为 10% 的粒径(mm)；

d_{60}——限制粒径，即土中小于该粒径的颗粒质量为 60% 的粒径(mm)；

d_{30}——平均粒径，即土中小于该粒径的颗粒质量为 30% 的粒径(mm)。

不均匀系数 C_u 反映土的粗细情况和级配情况。C_u 值愈大，曲线越平缓，表明土颗粒大小分布范围大，土的级配良好。C_u 值愈小，曲线愈陡，表明土粒大小相近似，土的级配不良。一般将不均匀系数 $C_u < 5$ 的土称为匀粒土，其级配不好；将 $C_u \geq 5$ 的土称为非匀粒土，其级配良好。

实际上，仅单靠不均匀系数 C_u 来确定土的级配情况是不够的，还必须同时考虑曲率系数 C_c 的值。C_c 值愈高，表明土的均匀程度高；反之，均匀程度低。在工程上，常利用累积曲线确定的土粒两个级配指标值来判定土的级配优劣情况。当同时满足不均匀系数 $C_u \geq 5$ 和曲率系数 $C_c = 1 \sim 3$ 这两个条件时，土为级配良好的土；若不能同时满足，土为级配不良的土。

例如，图 1-1-2 中曲线 a，$d_{10} = 0.11$mm，$d_{30} = 0.22$mm，$d_{60} = 0.39$mm，则 $C_u = 3.55$，$C_c = 1.13$，表明土样 a 为级配不良的土。

(3) 三角坐标法

此法可用来表达黏粒、粉粒和砂粒三种粒组的百分含量。它是利用几何上等边三角形中任意一点到三边的垂直距离之和等于三角形的高的原理，即 $h_1 + h_2 + h_3 = H$ 来表达粒度成分。如取三角形的高 $H = 100\%$，h_1 为黏土颗粒的含量，h_2 为砂土颗粒的含量，h_3 为粉土颗粒的含量，图 1-1-3 中 m 点即表示土样的粒度成分中黏粒、粉粒和砂粒的百分含量分别为 23%、47% 和 30%。

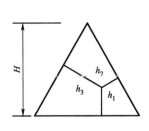
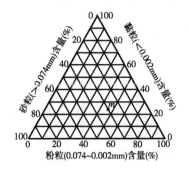

图 1-1-3　三角坐标表示粒度成分

上述三种方法各有其特点和适用条件。表格法能很清楚地用数量说明土样的各粒组含量，但对于大量土样之间的比较就显得过于冗长，且无直观概念，使用比较困难。

累计曲线法能用一条曲线表示一种土的粒度成分，而且可以在一张图上同时表示多种土的粒度成分，能直观地比较其级配状况。

三角坐标法能用一点表示一种土的粒度成分，在一张图上能同时表示许多种土的粒度成分，便于进行土料的级配设计。三角坐标图中不同的区域表示土的不同组成，因而，还可以用来确定按粒度成分分类的土名(见课题四土的工程分类)。

课题二　土的物理性质及其指标

土的物理性质是指土的各组成部分(固相、液相和气相)的数量比例、性质和排列方式以及所表现的物理状态,如轻重、干湿、松密程度等。土的物理性质是土最基本的工程性质,在工程建筑过程中,不仅要结合土的成分、结构、含水含气的情况来了解其物理性质的特点和变化规律,而且还要通过试验取得其物理性质各项指标的数据,以作为工程设计的依据。

土的物理性质指标,就是指土中固相、液相、气相三者在体积和质量方面的相互配比的数值。为了分析和计算方便,一般将土的三相关系用简图加以表达,如图1-2-1所示。

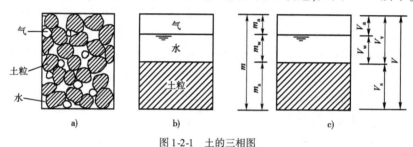

图1-2-1　土的三相图
a)实际土体;b)土的三相图;c)各相的体积与质量

土的物理性质指标分两类:一类是通过试验直接测定的土的天然密度、含水率和土的相对密度;另一类是以这三项指标为依据,由推导而得到的土的干密度、孔隙比、孔隙率、饱和密度、水下密度和饱和度等。

一、确定三相比例关系的基本物理性质指标

1. 土的相对密度(土粒比重)G_s

土的相对密度是指土在105~110℃下烘干至恒重时的质量与同体积4℃蒸馏水质量的比值。它是土的基本物理性质指标之一。

$$G_s = \frac{\text{固体颗粒的质量}}{\text{同体积4℃蒸馏水质量}} = \frac{m_s}{V_s \rho_w} \tag{1-2-1}$$

式中:G_s——土粒的相对密度;

m_s——干土粒的质量(g);

V_s——干土粒的体积(cm^3);

ρ_w——水在4℃时的密度(g/cm^3)。

土的相对密度只与土的组成成分有关,而与土的孔隙大小无关。一般砂土的相对密度为2.65,黏土的相对密度可达2.75,含腐殖质多的黏质土其相对密度较小,约为2.60。

常用测定方法有:比重瓶法、浮力法、浮称法与虹吸筒法。

比重瓶法适用于粒径小于5mm的土;浮力法、浮称法与虹吸筒法适用于粒径大于或等于5mm的土,且其中粒径大于或等于20mm的土质量应小于总土质量的10%。

2. 土的密度(ρ)

土的密度是指土的总质量与土的总体积的比值。这里所说的总质量包括:土粒的质量

(m_s)、土孔隙中的水分(m_w)和气体(m_a)的质量。因气体质量极小,可视为$m_a \approx 0$。根据孔隙中水分情况不同,可将土的密度分为天然密度(ρ)、干密度(ρ_d)、饱和密度(ρ_f)和水下密度(ρ')。

(1)天然密度(ρ)

天然密度也称湿密度,是指在天然状态下,土的单位体积的质量,包括土粒的质量(m_s)和孔隙中天然水分(m_w)的质量。它是土的基本物理性质指标之一。

$$\rho = \frac{m_s + m_w}{V} = \frac{m}{V} \tag{1-2-2}$$

式中:ρ——土的天然密度(g/cm^3);
  m_w——土中水的质量(g);
  V——土的总体积(cm^3);
  m——土的总质量(g)。

土的密度与土的结构和所含水分的多少以及矿物成分有关,所以在测定土的天然密度时,必须用原状土样,以保持其天然结构状态下的天然含水率。如果土的结构破坏了或水分变化了,则土的密度也就改变了,这就不能正确测得真实的天然密度。另外,也可根据工程的需要制备所需状态的扰动土样。

土的孔隙中含水率的多少,对土的密度影响很大,随含水率的不同,土的密度值一般为1.60~2.20 g/cm^3。

测定土的天然密度的方法通常有环刀法、灌砂法。在工程中,根据土情况不同,也可用电动取土器法、灌水法和蜡封法。

环刀法适用于细粒土;电动取土器法适用于无机结合料稳定细粒土和硬塑土密度的快速测定;灌水法适用于现场测定粗粒土和巨粒土的密度;灌砂法适用于现场测定细粒土、砂粒土和砾类土的密度;蜡封法适用于易破裂土和形态不规则的坚硬土。

(2)干密度(ρ_d)

干密度是指干燥状态下单位体积土的质量,即土中固体土粒的质量(m_s)与土的体积(V)的比值。

$$\rho_d = \frac{m_s}{V} \tag{1-2-3}$$

或

$$\rho_d = \frac{\rho}{1 + 0.01w} \tag{1-2-4}$$

式中:ρ_d——干密度(g/cm^3);
  ρ——湿密度(g/cm^3);
  w——含水率(%)。

土的干密度实际上是土中完全不含水分的密度,它是土的密度的最小值。某一土样的干密度值的大小,主要取决于土的结构,因为它在这一状态下与含水率无关,加之土粒部分的矿物成分又是固定的。因此,土的结构,即孔隙率的大小,影响着干密度值,一般规律是:土的干密度值愈大,土愈密集,孔隙率也就愈小。干密度在一定程度上反映了土粒排列的紧密程度,在工程中常用它计算压实度 δ,作为人工填土压实的控制指标。

$$\delta = \frac{\rho_d}{\rho_{max}} \qquad (1\text{-}2\text{-}5)$$

式中：δ——压实度；

ρ_d——工地实测的干密度；

ρ_{max}——标准击实试验所得的最大干密度。

3. 土的含水率

土的含水率是指土的孔隙中所含水分的数量。它是土的基本物理性质指标之一。表征土中含水情况的指标有天然含水率、饱和含水率和饱和度。

土的天然含水率是指在 105~110℃ 下烘至恒量时所失去的水分质量和达恒量后干土质量的比值，一般用百分数表示。

$$w = \frac{水的质量}{固体颗粒质量} = \frac{m_w}{m_s} \times 100 \qquad (1\text{-}2\text{-}6)$$

式中：w——土的天然含水率(%)；

其余符号意义同前。

土的含水率只能表明土中固相与液相之间的数量关系,不能描述有关土中水的性质；只能反映孔隙中水的绝对值,不能说明其充满程度。当 $w = 0$ 时,砂土呈松散状态,黏土呈坚硬状态。当黏性土的含水率很大时,其压缩性高,强度低。

土的天然含水率要求直接采用原状土测定,对野外采集的天然土样,保护土中水分不被蒸发损失。土的天然含水率测定的标准方法是烘干法,在工地为了快速测定含水率,可采用简易酒精燃烧法(含有机质的土除外),在特殊情况下也可采用比重法。

二、确定土的松密程度的指标及其他指标

土不是致密无隙的固体,而是土粒间存在着孔隙的物体。有的孔隙互相连通或与大气连通,有些微小孔隙则互相隔绝,形成封闭的小气泡夹在土粒中间。密实土的孔隙总体积较小,疏松土的孔隙总体积较大。土中存在着许多孔隙及其所具有的这些特性,称为土的孔隙性。土的透水性、压缩性等物理特性,都与土的孔隙性有密切的关系。

1. 土的孔隙率 n

土的孔隙率表示土中孔隙大小的程度,为土样中孔隙的体积 V_n 占总体积的百分比,又称孔隙度。

$$n = \frac{V_n}{V} \times 100 \qquad (1\text{-}2\text{-}7)$$

在工程计算中,n 是常用指标,一般为 30%~50%。

具有散粒结构的土,由于颗粒排列松紧不同,孔隙率也有变化,排列紧密的孔隙率小,排列松散的孔隙率大。粒度成分对孔隙率也有很大影响,不均粒土的孔隙率要小于均粒土的孔隙率。具有海绵结构的黏性土,单个孔隙很小,但数量很多,水在其中为结合水,所以黏质土的孔隙率可以大于 50%,即 V_n 可能大于 V_s。

当土的结构因受外力而改变时,孔隙率也随之改变,即V和V_n都在改变,故通常用孔隙比来说明。

2. 孔隙比 e

孔隙比是土中孔隙的体积(V_n)与土粒的体积(V_s)的比值,常用小数表示。

$$e = \frac{V_n}{V_s} \tag{1-2-8}$$

土的孔隙比直接反映土的紧密程度,孔隙比愈大,土愈疏松;孔隙比愈小,土愈密实。一般在天然状态下的土,若$e<0.6$,可作为良好的地基;若$e>1$,表明土中$V_n>V_s$,是工程性质不良的土。

n与e都是反映孔隙性的指标,但在应用上却有所不同。凡是与整个土的体积有关的测试,一般用n较为方便;但若是要对比一种土的变化状态时,则用e较为准确。由于V_s是不变的,可视为定值,土在荷载作用下引起变化的是V_n,而e的变化直接与n的变化成正比,所以e能明显地反映孔隙体积的变化。因此,在工程设计计算中常用e这一指标。

孔隙率与孔隙比的相互关系如下:

$$n = \frac{e}{1+e} \quad \text{或} \quad e = \frac{n}{1-n} \tag{1-2-9}$$

3. 砂类土的密实度 D_r

密实度是反映砂类土松紧状态的指标,常用相对密度来表示,也称无凝聚性土的相对密度。砂类土天然结构(即土粒排列松紧)的状况,对其工程性质有极大影响。砂类土在最松散状况下的孔隙比值为最大孔隙比e_{max};经振动或捣实后,砂砾间相互靠拢压密,其孔隙比为最小孔隙比e_{min};在天然状态下的孔隙比为e。

砂类土的相对密度就是指最大孔隙比和天然孔隙比之差与最大孔隙比和最小孔隙比之差的比值。一般用小数或百分数表示。

$$D_r = \frac{e_{max} - e}{e_{max} - e_{min}} \tag{1-2-10}$$

当$D_r=0$,即$e=e_{max}$时,表示砂类土处于最疏松状态;当$D_r=1$时,即$e=e_{min}$,表示砂类土处于最紧密状态。

《公路桥涵地基与基础设计规范》(JTG D63—2007)中规定,用密实度D_r将砂土分为四级,见表1-2-1。

砂土密实度划分   表1-2-1

分级		密实度 D_r	标准贯入平均击实数 N(63.5kg)
密实		$D_r \geq 0.67$	30~50
中密		$0.33 < D_r < 0.67$	10~29
松散	稍松	$0.20 \leq D_r \leq 0.33$	5~9
	极松	$D_r < 0.20$	<5

目前对e_{max}、e_{min}不能准确测定,加之要取原状砂土的土样也十分困难,故对砂土D_r值进行测定时误差也很大。因此,在实际工程中,常利用标准贯入试验法或静力触探试验法,在现场测其近似值,以作为D_r分级的参考。

标准贯入试验是在现场进行的一种原位测试。这项试验的方法是:将质量为63.5kg的钢锤提升至76cm高度使其自由落下,打击贯入器,从贯入器进入砂土层中15cm后开始计数,直至贯入30cm,把锤击数记为$N_{63.5}$(简化为N),对照表1-2-1的分级标准来鉴定该土层的密实程度。例如,某砂土层在现场的锤击数N为18,其D_r应在0.33~0.67,该土层应为中密砂土。

土的九个物理性质指标:G_s、ρ、w、ρ_d、ρ_f、ρ'、S_r、n、e,它们并非各自独立、互不相关的。G_s、ρ和w为基本物理性质指标,必须通过试验直接测定,称为三项试验指标,其余指标可由三个试验指标计算导出。其换算关系见表1-2-2。

土的物理性质主要指标一览 表1-2-2

指标名称	表达式	参考数值	指标来源	实际应用
相对密度 G_s(比重)	$G_s = \dfrac{m_s}{V_s \cdot \rho_w}$	2.65~2.75	由试验测定	换算n、e、ρ_d;工程计算
密度 ρ(g/cm³)	$\rho = \dfrac{m}{V}$	1.60~2.20	由试验测定	换算n、e
干密度 ρ_d(g/cm³)	$\rho_d = \dfrac{m_s}{V}$	1.30~2.00	$\rho_d = \dfrac{\rho}{1+w}$	换算n、e、S_r;粒度分析,压缩试验资料整理
饱和密度 ρ_f(g/cm³)	$\rho_f = \dfrac{m_s + V_n\rho_w}{V}$	1.80~2.30	$\rho_f = \dfrac{\rho(G_s-1)}{G_s(1+w)} + 1$ 或 $\rho_f = \rho_d + n\rho_w$	
水下密度 ρ'(g/cm³)	$\rho' = \dfrac{m_s - V_s\rho_w}{V}$	0.80~1.30	$\rho' = \dfrac{\rho(G_s-1)}{G_s(1+w)}$ 或 $\rho' = \rho_f - \rho_w$	计算潜水面以下地基土自重应力;分析人工边坡稳定
天然含水率 w(%)	$w = \dfrac{m_w}{m_s} \times 100$	$0 < w < 100\%$	由试验测定	换算S_r、ρ_d、n、e;计算土的稠度指标
饱和含水率 w_g(%)	$w_g = \dfrac{v_n\rho_w}{m_s} \times 100$	0~100%	$w_g = \dfrac{G_s(1+w) - \rho}{G_s \cdot \rho} \times 100$	
饱和度 S_r(%)	$S_r = \dfrac{V_w}{V_n} \times 100$		$S_r = \dfrac{G_s\rho_w}{G_s(1+w) - \rho} \times 100$	说明土的饱水状态;计算砂土、黄土地基承载力
天然孔隙率 n(%)	$n = \dfrac{V_n}{V} \times 100$		$n = \left[1 - \dfrac{\rho}{G_s(1+w)}\right] \times 100$	计算地基承载力;估计砂土密度和渗透系数;压缩试验资料整理
天然孔隙比 e	$e = \dfrac{V_n}{V_s}$		$e = \dfrac{G_s(1+w)}{\rho} - 1$	说明土中孔隙体积;换算e和ρ'

【例1-2-1】 某原状土样,经试验测得天然密度 $\rho = 1.91\text{kg/m}^3$,含水率 $w = 9.5\%$,土粒相对密度 $G_s = 2.7$。试计算:①土的孔隙比 e、饱和度 S_r;②当土中孔隙充满水时,土的饱和密度 ρ_f 和饱和含水率 $w_{\max}$。

【解】 设土的体积 $V = 1.0(\text{m}^3)$

土样质量 $m = \rho V = 1.91 \times 1 = 1.91(\text{kg})$

土样中水质量 $m_w = w m_s = 0.095 m_s$

而 $m = m_s + m_w = 1.095 m_s = 1.91(\text{kg})$

即 $m_s = 1.744\text{kg}, m_w = 0.166\text{kg}$

土粒密度 $\rho_s = G_s \rho_w = 2.7 \times 1 = 2.7(\text{kg/m}^3)$

土粒体积 $V_s = \dfrac{m_s}{\rho_s} = \dfrac{1.744}{2.7} = 0.646(\text{m}^3)$

水的体积 $V_w = \dfrac{m_w}{\rho_w} = \dfrac{0.166}{1} = 0.166(\text{m}^3)$

气体体积 $V_a = V - V_s - V_w = 1 - 0.646 - 0.166 = 0.188(\text{m}^3)$

孔隙体积 $V_V = V_w + V_a = 0.166 + 0.188 = 0.354(\text{m}^3)$

① 土的孔隙比 $e = \dfrac{V_V}{V_s} = \dfrac{0.354}{0.646} = 0.548$

饱和度 $S_r = \dfrac{V_w}{V_V} = \dfrac{0.166}{0.354} \times 100\% = 46.9(\%)$

② 饱和密度 $\rho_f = \dfrac{m_s + V_V \rho_w}{V} = \dfrac{1.744 + 0.354 \times 1}{1} = 2.1(\text{kg/m}^3)$

饱和含水率 $w_{\max} = \dfrac{V_V \rho_w}{m_s} = \dfrac{0.354 \times 1}{1.744} \times 100\% = 20.3(\%)$

课题三　土的水理与力学性质

一、黏性土的界限含水率及其测定

1. 黏性土的稠度、稠度状态和界限含水率

含水率对黏性土的工程性质(如强度、压缩性等)有极大影响。黏性土随含水率的多少而表现出的稀稠程度叫稠度。当土从很湿逐渐变干时,会表现出几个不同的物理状态,如固态、半固态、塑态、液态等,称为土的稠度状态。黏性土的稠度状态表征着土中含水率在不同情况下,固体颗粒的活动程度和土抵抗外力的能力。

在黏性土中,当只含有强结合水时,土呈固态,能够抵挡较大的外力而不变形;当土中含水率增大,含有弱结合水时,土呈半固态,在外力作用下易变形;当土中含水率加大到出现极弱结合水时,土呈塑性状态,在外力作用下易变形但不发生断裂;当土中含有自由液态水时,黏粒间

距离较大,水胶结力几乎消失,则土呈液性状态,在土的自重作用下可发生液流现象。

相邻的两种稠度状态有明显的区别,但并无截然划分的标准,而是一个连续渐变的过程。当含水率变化到一定界限时,就会出现质的变化,即表现出不同的物理状态。通常将土从一种稠度状态变为另一种稠度状态的界限,称为稠度界限。在稠度状态处于转变界限下的含水率,称为界限含水率,见表1-3-1。

土的稠度及界限含水率 表1-3-1

稠度状态	稠度特征	界限含水率	含水率减少方向	土体积缩小方向
流塑的	呈层状流动	液限 w_L		
可塑的	塑性变形	塑限 w_P	↓	↓
半干硬的	不易变形	缩限 w_S		
干硬的	坚硬难变形		土体积不变	

注:液限(w_L)又称塑性上限或液性下限,是土的流塑状态和可塑状态之间的界限含水率;
塑限(w_P)又称塑性下限,是可塑状态和半干硬状态之间的界限含水率;
缩限(w_S)在干硬状态范围内,是半干硬状态与干硬状态之间的界限含水率,是土的体积收缩与不收缩之间的转变点。

2. 黏性土的塑性及其指标

塑性状态是黏性土的一种特殊状态,因此,黏性土又称为塑性土。土的塑性是指土在一定外力作用下可以塑造成任何形状而不改变其整体性,当外力取消后,在一段时间内仍保持其已变形后的形态而不恢复原状的性能,也称土的可塑性。

判断土的可塑性强弱的指标采用塑性指数 I_P,即土的液限与塑限之差。

$$I_P = w_L - w_P \tag{1-3-1}$$

此式表明,塑性指数 I_P 值愈大,可塑性愈强,反之则愈小。

黏性土的塑性指数大小,主要取决于土中黏粒、胶粒及矿物成分的亲水性。即,土中黏粒、胶粒含量越多,亲水性越强,土的塑性指数越大,反之则越小。在工程地质实践中常用 I_P 值对黏性土进行分类和命名,分为黏土和粉质黏土,见表1-3-2。

黏性土按塑性指数(I_P)的分类 表1-3-2

土的名称	粉质黏土	黏土
塑性指数	$10 < I_P \leq 17$	$I_P > 17$

3. 液性指数

黏性土的塑性指数,只能反映黏性土某一方面的物理性能,不能反映黏性土在天然状态下的稠度状态。同一类的黏性土,由于稠度状态不同,其物理性质相差很大,为了反映黏性土在天然情况下的稠度状态,可以用液性指数 I_L 来表示,即土的天然含水率与塑限的差值和塑性指数之比,即

$$I_L = \frac{w - w_P}{w_L - w_P} \tag{1-3-2}$$

式中:I_L——土的液性指数;
w_L——土的液限;

w_P——土的塑限。

对于某种黏性土,其液限 w_L 和塑限 w_P 都是一定值,土的天然含水率越大,液性指数越大,土越稀软。在工程上,为了更好地掌握天然土的软硬状态,按液性指数将土划分为坚硬、硬塑、可塑、软塑和流塑五级,见表 1-3-3。

黏性土软硬状态　　　　　　　表 1-3-3

液性指数	$I_L \leq 0$	$0 < I_L \leq 0.25$	$0.25 < I_L \leq 0.75$	$0.75 < I_L \leq 1$	$I_L > 1$
软硬状态	坚硬状态	硬塑状态	可塑状态	软塑状态	流塑状态

另外,液性指数在公路工程中是确定黏性土承载力的重要指标。根据液性指数所判定的稠度状态的标准值,是以室内扰动土样测定的,因未考虑土的结构影响,故只能做参考。在自然界中,一般黏土都具有较强的结构连接,故天然含水率大于塑限时,并不表现为塑性状态,仍呈半固态;天然含水率超过液限时,也不表现液流状态。只有在天然结构被破坏后,才表现出塑态或流态,自然界黏土的这种现象称为潜塑状态和潜流状态。

4. 黏性土界限含水率的测定方法

黏性土界限含水率的测定方法很多,现在常用液塑限联合测定仪同时测定液限和塑限。在工程实际中也可用滚搓法测定塑限。

任务实施

根据现行行业标准《公路土工试验规程》(JTG E40—2007),采用液塑限联合测定法(T 0118—2007)测定土的液限和塑限,并计算塑性指数,判定土的种类。

说明:由于目前工程中普遍采用的是光电式和数码式液塑限联合测定仪,游标式和百分表式已不常见。因此本任务为避免步骤叙述过于烦琐,对游标式和百分表式液塑限联合测定仪的操作步骤和 76g 锥部分的叙述进行了部分删减。本任务主要叙述 100g 锥的光电式或数码式液塑限联合测定仪的操作。

其中,76g 锥的不同在于:

(1) 使用 76g 锥测定 a 点的锥入深度为 17mm,c 点锥入深度为 2mm 以下。对于砂类土,c 点的锥入深度可大于 2mm。

(2) 在 $h-w$ 图上,以锥入深度 $h = 17$mm(即 a 点)所对应的含水率为该土样的液限 w_L;以锥入深度 $h = 2$mm 所对应的含水率为该土样的塑限 w_P。

T 0118—2007　液塑限联合测定法

一、目的和适用范围

(1) 本试验的目的是联合测定土的液限和塑限,用于划分土类、计算天然稠度和塑性指数,供公路工程设计和施工使用。

(2) 本试验适用于粒径不大于 0.5mm、有机质含量不大于试样总质量 5% 的土。

二、仪器设备

(1) 圆锥仪:锥质量为 100g 或 76g,锥度为 30°,读数显示形式宜采用光电式、数码式、游标式和百分表式。

(2)盛土杯:直径50mm,深度40~50mm。

(3)天平:称量200g,感量0.01g。

(4)其他:筛(孔径0.5mm)、调土刀、调土皿、称量盒、研钵(附带橡皮头的研杵或橡皮板、木棒)、干燥器、吸管、凡士林等,如图1-3-1所示。

三、试验步骤

(1)取有代表性的天然含水率土样或风干土样进行试验。如土样中含大于0.5mm的土粒或杂物时,应将风干土样用带橡皮头的研杵研碎或用木棒在橡皮板上压碎,过0.5mm的筛,如图1-3-2所示。

图1-3-1　部分试验仪器　　　　　图1-3-2　压碎土样并过筛

(2)取0.5mm筛下代表性土样200g,分开放入三个盛土皿中,加入不同数量的蒸馏水,土样的含水率分别控制在液限(a点),略大于塑限(c点)和二者的中间状态(b点)。用调土刀调匀,盖上湿布,放置18h以上,如图1-3-3所示。测定a点的锥入深度,应为20mm±0.2mm。测定c点的锥入深度,应控制在5mm以下。对于砂类土,测定c点的锥入深度可大于5mm。

图1-3-3　三个盛土皿,加不同数量的蒸馏水,调匀后,盖上湿布,放置18h以上

(3)将制备的土样充分搅拌均匀,分层装入盛土杯,用力压密,使空气逸出。对于较干的土样,应先充分搓揉,用调土刀反复压实。试杯装满后,刮成与杯边齐平,如图1-3-4所示。

图1-3-4　土样分层装入盛土杯、压实、刮平

(4) 用光电式或数码式液塑限联合测定仪测定时,接通电源,调平机身,打开开关,上提锥体(此时刻度或数字应显示为零),锥头上涂少许凡士林。

(5) 将装好土样的试杯放在联合测定仪的升降座上,转动升降旋钮,试杯徐徐上升,锥尖与土样表面刚好接触(指示灯亮),如图1-3-5所示,停止升降,按下测量键,锥体立刻自行下沉,经5s时,自动停止下落,读数窗上或数码管上显示锥入深度h_1,如图1-3-6所示。试验完毕,将锥体复位,按动复位按钮,读数显示为零。

(6) 改变锥尖与土接触位置(锥尖两次锥入位置距离不小于1cm),重复步骤(4)和(5),得锥入深度h_2。h_1、h_2允许平行误差为0.5mm,否则应重做。取h_1、h_2平均值作为该点的锥入深度h。

(7) 去掉锥尖入土处的凡士林,取10g以上土样两个,分别装入称量盒内,称质量(准确至0.01g),如图1-3-7所示测定其含水率w_1、w_2(计算到0.1%)。计算含水率平均值w。

(8) 重复步骤(3)~(7),对其他两个含水率土样进行试验,测其锥入深度和含水率。

图1-3-5 锥尖刚好接触土样　　图1-3-6 锥入5s后读数　　图1-3-7 称取土样,测含水率

四、结果整理

(1) 在双对数坐标上,以含水率w为横坐标,锥入深度h为纵坐标,点绘a、b、c三点含水率的$h-w$曲线,连接此三点,应呈一条直线,如图1-3-8所示。如三点不在同一条直线上,要通过a点与b、c两点连成两条直线,根据液限(a点含水率)在h_P-w_L曲线上查得h_P,以此h_P再在$h-w$曲线上的ab及ac两直线上求出相应的两个含水率,当两个含水率的差值小于2%时,以该两点含水率的平均值与a点连成一条直线;当两个含水率的差值大于或等于2%时,应重做试验。

(2) 液限的确定方法。在$h-w$曲线上,查得纵坐标入土深度$h=20$mm所对应的横坐标的含水率w,即为该土样的液限w_L。

(3) 塑限的确定方法。根据求出的液限,通过液限w_L与塑限时入土深度h_P的关系曲线(图1-3-9),查得h_P,再由$h-w$曲线(图1-3-8)求出入土深度为h_P时所对应的含水率,即为该土样的塑限w_P。

液限w_L与塑限时入土深度h_P的关系曲线,是按经验公式的计算值绘制成的,其经验公式为:

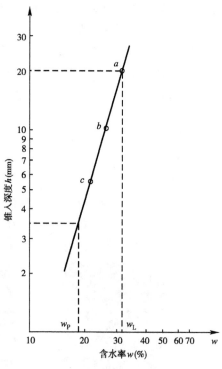

图 1-3-8 锥入深度与含水率 $(h-w)$ 关系

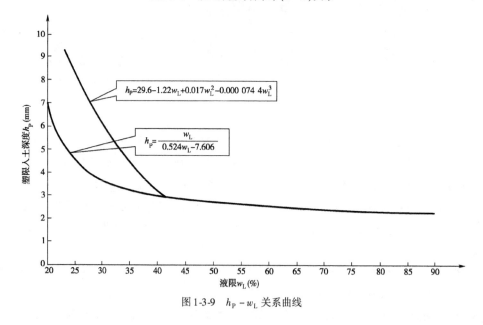

图 1-3-9 $h_P - w_L$ 关系曲线

$$h_P = \frac{w_L}{0.524 \times w_L - 7.606} \tag{1-3-3}$$

它只适应于细粒土,对于砂类土则用多项式曲线确定 h_P 的值,相应的计算公式为:

$$h_P = 29.6 - 1.22w_L + 0.017w_L^2 - 0.0000744w_L^3 \tag{1-3-4}$$

在使用这两个公式之前,须先通过简易鉴别法及筛分法,把砂类土与细粒土区分开来。

五、精密度和允许差

本试验进行两次平行测定,取其算术平均值,以整数(%)表示。其允许差值为:高液限土小于或等于2%,低液限土小于或等于1%。

二、在动荷载作用下的压实性

土的力学性质是土在外力作用下所表现的特性,主要包括在静荷载压力作用下的压缩性和抗剪性,以及在动荷载作用下的压实性。

1. 土的压实性对工程的意义

在工程建设中,经常遇到填土或软弱地基,为了改善这些土的工程性质,常采用压实的方法使土变得密实,这是一种经济合理的改善土的工程性质的方法。这里所说的使土变密实的方法是指采用人工或机械对土施以夯压能量(如夯、碾、振动等),使土在短时间内颗粒重新排列变密,获得最佳结构以改善和提高土的力学性能。

在工程建设中,经常遇到填土压实问题,如路堤、土坝以及某些建筑物如桥台、挡土墙、埋设管道基础的垫层或回填土等,都是以土作为建筑材料,按一定要求和范围进行堆填而成。填土不同于天然土层,因为经过挖掘、搬运之后,原状结构已被破坏,含水率也已变化,堆填时必然在土团之间留下许多大孔隙。未经压实的填土强度低,压缩性大而且不均匀,遇水发生塌陷、崩解等现象也是显而易见的。为使其满足工程要求,必须按一定标准压实。特别是像路堤这样的土工构筑物,在车辆的频繁运行和反复动荷载作用下,可能出现不均匀或过大的沉陷或坍落,甚至失稳滑动,从而恶化道路运行条件以及增加维修工作量。所以路堤填土必须具有足够密实度以确保行车平顺和安全。

2. 击实试验

击实试验是研究土的压实性能的室内基本试验方法。击实是指对土瞬时地重复施加一定的机械功使土体变密的过程。在击实过程中,由于击实功是瞬时作用于土,土中气体有所排出,而土中含水率则基本不变,土样可预先调制成所需含水率,再将它击实成所需要的密度。

T 0131—2007 击实试验

一、目的和适用范围

本试验分轻型击实和重型击实。小击实筒适用于粒径不大于20mm的土,大击实筒适用于粒径不大于40mm的土。

当土中最大颗粒粒径大于或等于40mm,并且大于或等于40mm颗粒粒径的质量含量大于5%时,则应使用大尺寸试筒进行击实试验,或进行最大干密度校正。大尺寸试筒要求其最小尺寸大于土样中最大颗粒粒径的5倍以上,并且击实试验的分层厚度应大于土样中最大颗粒粒径的3倍以上。单位体积击实功控制在2 677.2~2 687.0kJ/m³范围内。

当细粒土中的粗粒土总含量大于40%或粒径大于0.005mm颗粒的含量大于土总质量的

70%（即 d_{30}≤0.005mm）时，还应做粗粒土最大干密度试验，其结果与重型击实试验比较，最大干密度取两种结果的最大值。

二、仪器设备

（1）标准击实仪：（图1-3-10～图1-3-13）。轻、重型试验方法和设备的主要参数见表1-3-4。

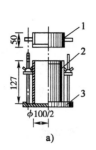 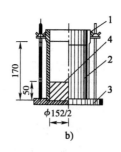

图1-3-10 标准击实仪的击实筒示意图（尺寸单位：mm）
a）小击实筒；b）大击实筒
1-套筒；2-击实筒；3-底板；4-垫块

图1-3-11 标准击实仪

图1-3-12 击实锤

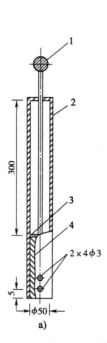 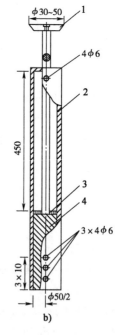

图1-3-13 击实锤尺寸示意图（尺寸单位：mm）
a）2.5kg击锤（落高30cm）；b）4.5kg击锤（落高45cm）
1-提手；2-导筒；3-硬橡皮垫；4-击锤

击实试验方法种类　　　　　　　　　　表1-3-4

试验方法	类别	锤底直径(cm)	锤质量(kg)	落高(cm)	试筒尺寸 内径(cm)	试筒尺寸 高(cm)	试样所占尺寸 高(cm)	试样所占尺寸 体积(cm³)	层数	每层击数	击实功(kg/m³)	最大粒径(mm)
轻型Ⅰ法	Ⅰ₁	5	2.5	30	10	12.7	12.7	997	3	27	598.2	20
轻型Ⅰ法	Ⅰ₂	5	2.5	30	15.2	17	12	2 177	3	59	598.2	40
重型Ⅱ法	Ⅱ₁	5	4.5	45	10	12.7	12.7	997	5	27	2 687.0	20
重型Ⅱ法	Ⅱ₂	5	4.5	45	15.2	17	12	2 177	3	98	2 677.2	40

(2)烘箱及干燥器。
(3)天平:感量0.01g。
(4)台秤:称量10kg,感量5g。
(5)圆孔筛:孔径40mm、20mm和5mm各1个。
(6)拌和工具:400mm×600mm、深70mm的金属盘、土铲。
(7)其他:喷水设备、碾土器、盛土盘、量筒、推土器、铝盒、修土刀、平直尺等,如图1-3-14所示。

图1-3-14　击实筒和脱模器

三、试样

(1)本试验可采用不同的方法准备试样,各方法可按表1-3-5准备试料。

试料用量　　　　　　　　　　表1-3-5

使用方法	类别	试筒内径(cm)	最大粒径(mm)	试料用量
干土法,试样不重复使用	b	10	20	至少5个试样,每个3kg
干土法,试样不重复使用	b	15.2	40	至少5个试样,每个6kg
湿土法,试样不重复使用	c	10	20	至少5个试样,每个3kg
湿土法,试样不重复使用	c	15.2	40	至少5个试样,每个6kg

(2)干土法(土样不重复使用):按四分法至少准备5个试样,分别加入不同水分(按2%~3%含水率递增),拌匀后闷料一夜备用,如图1-3-15和图1-3-16所示。

图 1-3-15 拌和土样

图 1-3-16 闷料

（3）湿土法（土样不重复使用）：对于高含水率土，可省略过筛步骤，用手拣除粒径大于40mm的粗石子即可。保持天然含水率的第一个土样，可立即用于击实试验。其余几个土样，将土分成小土块，分别风干，使含水率按2%～3%递减。

四、试验步骤

（1）根据工程要求，按表1-3-4规定选择轻型或重型试验方法。根据土的性质（含易击碎风化石数量多少、含水率高低），按表1-3-5选用干土法（土不重复使用）或湿土法。

（2）将击实筒放在坚硬的地面上，在筒壁上抹一薄层凡士林，并在筒底（小试筒）或垫块（大试筒）上放置蜡纸或塑料薄膜。取制备好的土样分3～5次倒入筒内，如图1-3-17～图1-3-20所示。对于小筒，按三层法时，每次800～900g（其量应使击实后的试样等于或略高于筒高的1/3）；按五层法时，每次需400～500g（其量应使击实后的土样等于或略高于筒高的1/5）。对于大试筒，先将垫块放入筒内底板上，按三层法，每层需试样1700g左右。整平表面并稍加压紧，然后按规定的击数进行第一层土的击实，击实时击锤应自由垂直落下，锤迹必须均匀分布于土样面，第一层击实完后，将试样表面"拉毛"，然后装入套筒，重复上述方法进行其余各土层的击实。小试筒击实后，试样不应高出筒顶面5mm；大试筒击实后，试样不应高出筒顶面6mm。

图 1-3-17 将土样倒入击实筒

图 1-3-18 用调土刀拨平表面

(3)用修土刀沿套筒内壁削刮,使试样与套筒脱离后,扭动并取下套筒,齐筒顶细心削平试样(图1-3-21),拆除底板,擦净筒外壁,称量,准确至1g。

图1-3-19 用钢板尺量高控制每层土厚度　　图1-3-20 击实完成后的土样　　图1-3-21 削平试样

(4)用推土器推出筒内试样,从试样中心处取样测其含水率,计算至0.1%,如图1-3-22和图1-3-23所示。测定含水率用试样的数量按表1-3-6规定取样(取出有代表性的土样),两个试样含水率的精度应符合表1-3-7规定。

图1-3-22 脱模

图1-3-23 从试样中心处取样,测含水率

测定含水率用试样数量　　　　　　　　表 1-3-6

最大粒径(mm)	试样质量(kg)	个　　数
<5	15~20	2
约5	约50	1
约20	约250	1
约40	约500	1

含水率测定的允许平行差值　　　　　　　　表 1-3-7

含水率(%)	允许平行差值(%)	含水率(%)	允许平行差值(%)
5以下	0.3	40以上	≤2
40以下	≤1		

(5)对于干土法(土样不重复使用)和湿土法(土样不重复使用),将试样搓散,然后按上述方法进行洒水、拌和,每次增加2%~3%的含水率,其中两个大于最佳含水率,两个小于最佳含水率。所需加水量按下式计算:

$$m_w = \frac{m_i}{1 + 0.01w_i} \times 0.01(w - w_i) \quad (1\text{-}3\text{-}5)$$

式中:m_w——所需的加水量(g);
　　　m_i——含水率为 w_i 时土样的质量(g);
　　　w_i——土样原有的含水率(%);
　　　w——要求达到的含水率(%)。

按上述步骤进行其他含水率试样的击实试验。

五、结果整理

(1)按下式计算击实后各点的干密度:

$$\rho_d = \frac{\rho}{1 + 0.01w} \quad (1\text{-}3\text{-}6)$$

式中:ρ_d——干密度(g/cm³),计算至0.01;
　　　ρ——湿密度(g/cm³);
　　　w——含水率(%)。

(2)以干密度为纵坐标,含水率为横坐标,绘制干密度与含水率的关系曲线(图1-3-24),曲线上峰值点的纵、横坐标分别为最大干密度和最佳含水率。如果曲线不能绘出明显的峰值点,应进行补点或重做。

饱和曲线的饱和含水率 w_{max}、最大干密度和最佳含水率的校正此处略。

六、精密度与允许差

本试验含水率需进行两次平行测定,取其算术平均值,允许平行差值应符合表1-3-7的规定。

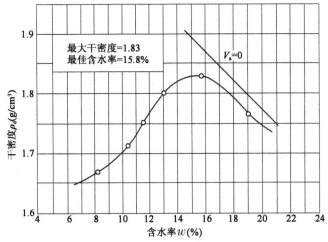

图 1-3-24 含水率与干密度的关系曲线

3. 压实特性

1）压实曲线形状

击实试验所得到的击实曲线是研究土的压实特性的基本关系。从图中可见，击实曲线上有一峰值，此处的干密度最大，称为最大干密度 ρ_{dmax}。与之对应的含水率则称为最佳含水率 w_{OP}（或称最优含水率）。峰点表明，在一定的击实功作用下，只有当压实土为最佳含水率时，压实效果最好，土才能被击实至最大干密度，达到最为密实的填土密度。而土的含水率小于或大于最佳含水率时，所得干密度均小于最大值。

最佳含水率 w_{OP} 和最大干密度 ρ_{dmax} 这两个指标对于路基设计和施工都是很重要的依据。表 1-3-8 是我国一般黏性土的最大干密度和最佳含水率经验值。

最佳含水率经验数值表　　表 1-3-8

塑性指数 I_P	最大干密度 ρ_{dmax}（g/cm³）	最佳含水率 w_{OP}（%）
<10	>1.85	<13
10~14	1.75~1.85	13~15
14~17	1.70~1.75	15~17
17~20	1.65~1.70	17~19
20~22	1.60~1.65	19~21

2）土的压实特性的机理解释

压实作用是使土块变形和结构调整以致密实。当松散湿土的含水率处于偏干状态时，由于粒间引力（可能还包括了毛细管压力）使土保持着比较疏松的状态或呈凝聚结构，土中孔隙大都相互连通，水少而气多，在一定的外力压实作用下，虽然土孔隙中气体易被排出，密度可以增大，但由于水膜润滑作用不明显以及外力功能也不足以克服粒间引力，土粒相对运动不显著，因而压实效果比较差；含水率逐渐增大，水膜变厚，土块变软，引力也减弱。施以外力压实功能使土粒移动（加之以水膜润滑）而挤密，以致被击实至最大干密度；当含水率逐渐增大到偏湿状态时，孔隙中出现了自由水，击实时不可能使土中水分排出而孔隙压力却更为显著，抵消了部分击实功，所以击实功效反而下降，如图 1-3-24 中的右段击实曲线为干密度下降的趋势及结果。

三、土基的承载能力

在车轮荷载作用下,路基路面结构的强度与刚度除了与材料的品质有关之外,路基的支承起着决定性的作用。路基作为公路路面结构的基础,其抵抗荷载变形能力的大小,主要取决于路基顶面在一定应力级位下抵抗变形的能力。所以,路基的承载能力都采用在一定应力级位下抵抗变形的能力来表征。用于表征土基承载力的参数指标有回弹模量、地基反应模量和加州承载比等。

加州承载比是早年由美国加利福尼亚州(California)提出的一种评定土基及路面材料承载能力的主要指标。承载能力以材料抵抗局部荷载压入变形的能力表征,并采用高质量标准碎石为标准,以它们的相对比值表示 CBR 值(指试件抵抗局部荷载压入变形达 2.5mm 时的强度与标准碎石压入相同贯入量时标准荷载强度的比值)。标准碎石强度是用高质量碎石材料由试验求得,其与贯入量之间的关系见表1-3-9。

不同贯入量时的标准荷载强度和标准荷载　　　　表1-3-9

贯入量(mm)	标准荷载强度(kPa)	标准荷载(kN)
2.5	7 000	13.7
5.0	10 500	20.3
7.5	13 400	26.3
10.0	16 200	31.8
12.5	18 300	36.0

承载比 CBR:

$$CBR = \frac{试验荷载单位压力}{标准荷载单位压力} \times 100\%$$

计算 CBR 值时,取贯入量为 2.5mm 时的承载比。但当贯入量为 2.5mm 时的 CBR 值小于贯入量为 5mm 时的 CBR 值时,应以后者为准。

任务实施

T 0134—1993　承载比 CBR 试验(室内)

一、目的和适用范围

(1)本试验方法只适用在规定的试筒内制件后,对各种土和路面基层、底基层材料进行承载比试验。

(2)试样的最大粒径宜控制在20mm以内,最大不得超过40mm且含量不超过5%。

二、仪器设备

(1)圆孔筛:孔径40mm、20mm及5mm筛各1个。

(2)试筒:内径152mm、高170mm的金属圆筒;套环,高50mm;筒内垫块,直径151mm、高50mm;夯击底板,同击实仪。试筒的形式和主要尺寸如图1-3-25所示,也可用(T 0131—

2007)击实试验的大击实筒。

(3)夯锤和导管:夯锤的底面直径 50mm,总质量 4.5kg。夯锤在导管内的总行程为 450mm,夯锤的形式和尺寸与重型击实试验法所用的相同。

(4)贯入杆:端面直径 50mm、长约 100mm 的金属柱。

(5)路面材料强度仪或其他载荷装置:能量不小于 50kN,能调节贯入速度至每分钟贯入 1mm,可采用测力计式,如图 1-3-26 和图 1-3-27 所示。

(6)百分表:3 个,如图 1-3-28 所示。

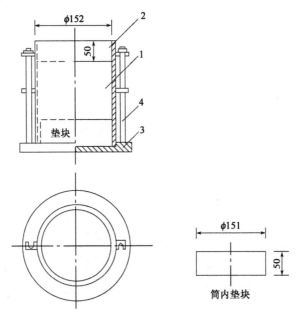

图 1-3-25　承载比试筒尺寸示意图(尺寸单位:mm)
1-试筒;2-套环;3-夯击底板;4-拉杆

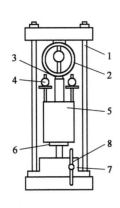

图 1-3-26　路面材料强度试验仪示意图
1-框架;2-量力环;3-贯入杆;4-百分表;5-试件;6-升降台;7-涡轮涡杆箱;8-摇把

图 1-3-27　路面材料强度试验仪

图 1-3-28　百分表

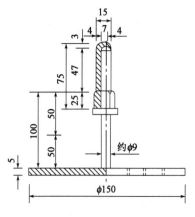

(7) 试件顶面上的多孔板(测试件吸水时的膨胀量)，如图 1-3-29 和图 1-3-30 所示。

(8) 多孔底板(试件放上后浸泡水中)，如图 1-3-31 所示。

(9) 测膨胀量时支承百分表的架子，如图 1-3-32 所示，或采用压力传感器测试。

(10) 荷载板：直径 150mm，中心孔眼直径 52mm，每块质量 1.25kg，共 4 块，并沿直径分为两个半圆块，如图 1-3-33 所示。

(11) 水槽：浸泡试件用，槽内水面应高出试件顶面 25mm。

图 1-3-29　多孔板示意图(尺寸单位：mm)

图 1-3-30　带调节杆的多孔板

图 1-3-31　多孔底板

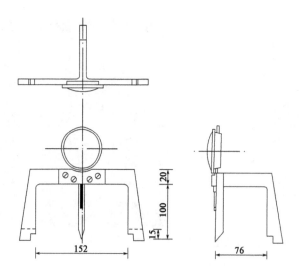

图 1-3-32　百分表架(尺寸单位：mm)

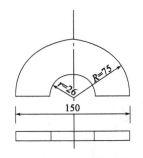 

图 1-3-33 荷载板(尺寸单位:mm)

(12)其他:台秤,感量为试件用量的 0.1%,拌和盘、直尺、滤纸、脱模器等与击实试验相同。

三、试样

(1)将具有代表性的风干试料(必要时可在 50℃烘箱内烘干),用木棒捣碎,但应尽量注意不使土或粒料的单个颗粒破碎。土团均应捣碎到通过 5mm 的筛孔。

(2)采取有代表性的试样 50kg,用 40mm 筛筛除大于 40mm 的颗粒,并记录超尺寸颗粒的百分数。将已过筛的试料按四分法取出约 25kg。再用四分法将取出的试料分成 4 份,每份质量 6kg,供击实试验和制试件之用。

(3)在预定做击实试验的前一天,取有代表性的试料测定其风干含水率,测含水率用的试样数量参照表 1-3-6 的规定。

四、试验步骤

(1)称试筒本身质量(m_1),将试筒固定在底板上,将垫块放入筒内,并在垫块上放一张滤纸,安上套环。

(2)将试料按击实试验(重型法 $Ⅱ_2$)中规定的层数和每层击数进行击实,求试料的最佳含水率和最大干密度。

(3)将其余 3 份试料,按最佳含水率制备 3 个试件。将一份试料平铺于金属盘内,按事先计算得的该份试料应加的水量[按式(1-3-5)]均匀地喷洒在试料上。

用小铲将试料充分拌和到均匀状态,然后装入密闭容器或塑料口袋内浸润备用。

浸润时间:重黏土不得少于 24h,轻黏土可缩短到 12h,砂土可缩短到 1h,天然砂砾可缩短到 2h 左右。

制每个试件时,都要取样测定试料的含水率。

注:需要时,可制备三种干密度试件。如每种干密度试件制 3 个,则共制 9 个试件。每层击数分别为 30、50 和 98,使试件的干密度从低于 95%到等于 100%的最大干密度。这样,9 个试件共需试料约 55kg。

(4)将试筒放在坚硬的地面上,取备好的试样分 3 次倒入筒内(视最大粒径而定),每层需试样 1 700g 左右(其量应使击实后的试样高出 1/3 筒高 1~2mm)。整平表面,并稍加压紧,然后按规定的击数进行第一层试样的击实。击实时锤应自由垂直落下,锤迹必须均匀分布于试样面上。第一层击实完后,将试样层面"拉毛",然后再装入套筒,重复上述方法进行其余每层试样的击实。大试筒击实后,试样不宜高出筒高 10mm。

(5)卸下套环,用直刮刀沿试筒顶修平击实的试件,表面不平整处用细料修补。取出垫块,称试筒和试件的质量(m_2)。

(6)泡水测膨胀量的步骤如下:

①在试件制成后,取下试件顶面的残破滤纸,放一张好滤纸,并在其上安装附有调节杆的多孔板,在多孔板上加4块荷载板,如图1-3-34所示。

图1-3-34 取下残滤纸,放新滤纸,安装多孔板和荷载板

②将试筒与多孔板一起放入槽内(先不放水),并用拉杆将模具拉紧,安装百分表,并读取初读数,如图1-3-35所示。

图1-3-35 安装百分表,读取初读数

③向水槽内放水,使水自由进到试件的顶部和底部。在泡水期间,槽内水面应保持在试件顶面以上大约25mm,如图1-3-36所示通常试件要泡水4昼夜。

提示 应先读取初读数,再向水槽中加水。向水槽中加水后,读数随即会发生变化。

④泡水终了时,读取试件上百分表的终读数,并用下式计算膨胀量:

$$膨胀量 = \frac{浸水后试件高度变化}{原试件高度(120\text{mm})} \times 100 \quad (1\text{-}3\text{-}7)$$

图1-3-36　水槽内加水,水面在试件顶面以上约25mm

⑤从水槽中取出试件,倒出试件顶面的水,静置15min,让其排水,然后卸去附加荷载和多孔板、底板和滤纸,并称量(m_3),以计算试件的湿度和密度的变化。

(7)贯入试验步骤如下:

①将泡水试验终了的试件放到路面材料强度试验仪(简称路强仪)的升降台上,调整偏球座,对准、整平使贯入杆与试件顶面全面接触,在贯入杆周围放置4块荷载板,如图1-3-37所示。

提示　1.在贯入杆周围放置4块荷载板,此为4个半圆块还是8个半圆块?
　　　　2.按规程要求的荷载板质量控制。

②先在贯入杆上施加45N荷载,然后将测力和测变形的百分表的指针都调整至整数,并记读起始读数,如图1-3-38所示。

图1-3-37　将试件安装在路强仪上　　　图1-3-38　测力百分表调整起始读数

③加荷使贯入杆以1~1.25mm/min的速度压入试件,同时测记3个百分表的读数。记录测力计内百分表某些整读数(如20、40、60)时的贯入量,并注意使贯入量为250×10^{-2}mm时,能有5个以上的读数。因此,测力计内的第一个读数应是贯入量,约为30×10^{-2}mm。

五、结果整理

(1)以单位压力(p)为横坐标,贯入量为(l)为纵坐标,绘制$p-l$关系曲线,如图1-3-39

所示。

图上曲线1是合适的。曲线2开始段是凹曲线,需要进行修正。修正时在变曲率点引一切线,与纵坐标交于O'点,O'即为修正后的原点。

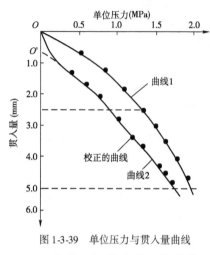

图1-3-39 单位压力与贯入量曲线

(2)一般采用贯入量为2.5mm时的单位压力与标准压力之比作为材料的承载比(CBR),即:

$$CBR = \frac{p}{7\,000} \times 100 \quad (1\text{-}3\text{-}8)$$

式中:CBR——承载比(%),计算至0.1;
p——单位压力(kPa)。

同时计算贯入量为5mm时的承载比:

$$CBR = \frac{p}{10\,500} \times 100 \quad (1\text{-}3\text{-}9)$$

如贯入量为5mm时的承载比大于2.5mm时的承载比,则试验要重做。如结果仍然如此,则采用5mm时的承载比。

(3)试件的湿密度用下式计算:

$$\rho = \frac{m_2 - m_1}{2\,177} \quad (1\text{-}3\text{-}10)$$

式中:ρ——试件的湿密度(g/cm³),计算至0.01;
m_2——试筒和试件的合质量(g);
m_1——试筒的质量(g);
2 177——试筒的容积(cm³)。

(4)试件的干密度用下式计算:

$$\rho_d = \frac{\rho}{1 + 0.01w} \quad (1\text{-}3\text{-}11)$$

式中:ρ_d——试件的干密度(g/cm³),计算至0.01;
w——试件的含水率(%)。

(5)泡水后试件的吸水量按下式计算:

$$w_a = m_3 - m_2 \quad (1\text{-}3\text{-}12)$$

式中:w_a——泡水后试件的吸水量(g);
m_3——泡水后试筒和试件的合质量(g);
m_2——试筒和试件的合质量(g)。

六、精密度与允许差

如根据3个平行试验结果计算得的承载比变异系数C_v大于12%,则去掉一个偏离大的值,取其余两个结果的平均值。如C_v小于12%,且3个平行试验结果计算的干密度偏差小于0.03g/cm³,则取3个结果的平均值。如3个试验结果计算的干密度偏差超过0.03g/cm³,则去掉一个偏离大的值,取其余两个结果的平均值。

承载比小于100,相对偏差不大于5%;承载比大于100,相对偏差不大于10%。

课题四　土的工程分类及野外鉴别

自然界的土是在各种不同成土环境里形成的,其结构、组成、成分及物理、水理、力学性质千差万别,即便是组成结构和成分很相近的土,由于沉积深度或所经历的年代不同,土的工程性质也可能差别很大。为了正确评价土的工程特性,并从中测得其指标数据,以便采取合理的施工方案,必须对其进行工程分类。

一、分类原则和分类方法

1. 分类原则

粗粒土按粒度成分及级配特征分类;细粒土根据塑性指数和液限,按塑性图分类;有机土和特殊土则分别单独列为一类;对定出的土名给以明确的含义和文字符号,既可一目了然,又便于查找。

2. 分类方法

在进行土的工程分类时,应根据土类、土组和土名的次序区分,首先按相应的粒级含量超过50%来划分土类。对于混合土类,其中粒组含量小于5%为不含,5%~15%为微含,15%~20%为含量界限。对于细粒土类,按液限划分为低、高两级。对已知土样应在试验室进行分类试验,用土的颗粒大小分析试验,确定各粒组的含量;用液塑限联合测定法测定土的液限、塑限,并计算出塑性指数。对土的野外鉴别,可用眼看、手摸、嗅觉对土进行概略区分,最后将土分类、命名。

3. 土类名称表示方式

土的分类符号见表1-4-1。

土的分类符号　　　　　　　　　　　　　　　　表1-4-1

土类	巨粒土(石)		粗粒土		细粒土		特殊土	
成分代号	漂石 块石 卵石 小块石	B Ba Cb Cba	砾石 角砾 砂	G Ga S	粉土 黏土 细粒土(C和M合称) (混合)土粗、细粒 土合称 有机质土	M C Sl O	黄土 红黏土 盐渍土 膨胀土	Y R St E
级配或特性			级配良好 级配不良	W P	高液限 低液限	H L		

(1)土类名称可用一个基本代号表示。

(2)当由两个基本代号构成时,第一个代号表示土的主成分,第二个代号表示土的副成分(土的液限或级配),例如:

GW　良好级配砾石；　　　　ML　　低液限粉土

（3）当由三个基本代号构成时,第一个代号表示土的主成分,第二个代号表示液限的高低（或级配的好坏）,第三个代号表示土中所含次要成分。例如：

MHG　含砾高液限粉土；　　　　CLM　　粉质低液限黏土

二、关于公路系统的土质分类

《公路土工试验规程》（JTG E40—2007）（以下简称《规程》）根据上述原则,提出了工程土质分类的总体系,如图1-4-1所示。

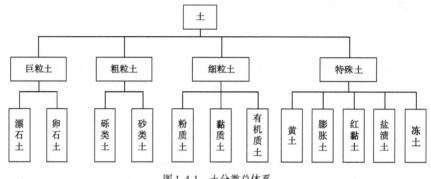

图1-4-1　土分类总体系

1. 巨粒土分类

试样中巨粒组质量多于总质量50%的土称为巨粒土,分类体系如图1-4-2所示。

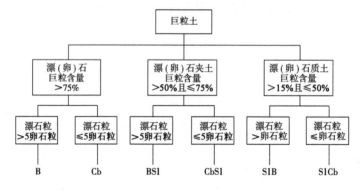

图1-4-2　巨粒土分类体系

注：1.巨粒土分类体系中的漂石换成块石,B换成Ba,即构成相应的块石分类体系；
　　2.巨粒土分类体系中的卵石换成小块石,Cb换成Cba,即构成相应的小块石分类体系。

（1）巨粒组质量多于总质量75%的土称漂（卵）石,按下述规定定名：
①漂石粒组质量多于卵石粒组质量的土称为漂石,记为B；
②漂石粒组质量少于或等于卵石粒组质量的土称为卵石,记为Cb。

（2）巨粒组质量为总质量50%～75%（含75%）的土称漂（卵）石夹土,按下述规定定名：
①漂石粒组质量多于卵石粒组质量的土称为漂石夹土,记为BSl；

②漂石粒组质量少于或等于卵石粒组质量的土称为卵石夹土,记为 CbSl。

(3)巨粒组质量为总质量15%~50%(含50%)的土称漂(卵)石质土。按下述规定定名:

①漂石粒组质量多于卵石粒组质量的土称为漂石质土,记为 SlB;

②漂石粒组质量少于或等于卵石粒组质量的土称为卵石质土,记为 SlCb;

③如有必要,可按漂(卵)石质土中的砾、砂、细粒土含量定名。

(4)巨粒组质量少于或等于总质量15%的土,可扣除巨粒,按粗粒土或细粒土的相应规定分类定名。

2. 粗粒土分类

试样中巨粒组土粒质量少于或等于15%,且巨粒组土粒与粗粒组土粒质量之和多于总质量50%的土称为粗粒土。

(1)粗粒土中砾粒组质量多于砂砾组质量的土称为砾类土,砾类土应根据其中细粒含量和类别以及粗粒组的级配进行分类,分类体系如图1-4-3所示。

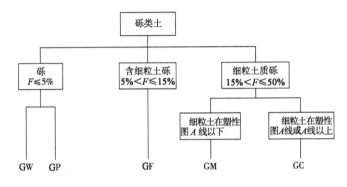

图1-4-3　砾类土分类体系

注:砾类土分类体系中的砾石换成角砾,G 换成 Ga,即构成相应的角砾土分类体系。

①砾类土中细粒组质量少于或等于总质量5%的土称为砾,按下列级配指标定名:

a. 当 $C_u \geq 5$,且 $C_c = 1 \sim 3$ 时,称为级配良好砾,记为 GW;

b. 不同时满足条件 a. 时,称为级配不良砾,记为 GP。

②砾类土中细粒组质量为总质量5%~15%(含15%)的土称为含细粒土砾,记为 GF。

③砾类土中细粒组质量大于总质量15%,并小于或等于总质量50%时,称为细粒土质砾,按细粒土在塑性图中的位置定名。

a. 当细粒土位于塑性图 A 线以下时,称为粉土质砾,记为 GM;

b. 当细粒土位于塑性图 A 线或 A 线以上时,称为黏土质砾,记为 GC。

(2)粗粒土中砾粒组质量少于或等于砂砾组质量的土称为砂类土,砂类土应根据其中的细粒含量和类别以及粗粒组的级配进行分类,分类体系如图1-4-4所示。

根据粒径分组由大到小,以首先符合者命名。

①砂类土中细粒组质量少于或等于总质量5%的土称为砂,按下列级配指标定名:

a. 当 $C_u \geq 5$,且 $C_c = 1 \sim 3$ 时,称为级配良好砂,记为 SW;

b. 不同时满足条件 a. 时,称为级配不良砂,记为 SP。

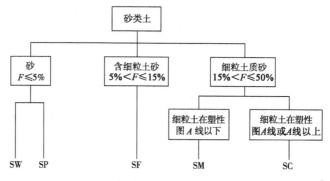

图 1-4-4　砂类土分类体系

②砂类土中细粒组质量为总质量 5%～15%（含 15%）的土称为含细粒土砂,记为 SF。

③砂类土中细粒组质量大于总质量的 15%,并小于或等于总质量的 50% 的土称为细粒土质砂,按细粒土在塑性图中的位置定名。

a. 当细粒土位于塑性图 A 线以下时,称为粉土质砂,记为 SM；

b. 当细粒土位于塑性图 A 线或 A 线以上时,称为黏土质砂,记为 SC。

3. 细粒土分类

试样中细粒组质量多于或等于总质量 50% 的土称细粒土,分类体系如图 1-4-5 所示。

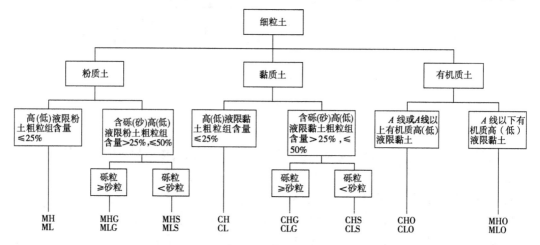

图 1-4-5　细粒土分类体系

（1）细粒土应按下列规定划分：

①细粒土中粗粒组质量小于或等于总质量 25% 的土称为粉质土或黏质土；

②细粒土中粗粒组质量为总质量 25%～50%（含 50%）的土称为含粗粒的粉质土或含粗粒的黏质土；

③试样中有机质含量多于或等于总质量的 5%,且少于总质量的 10% 的土称为有机质土。试样中有机质含量多于或等于 10% 的土称为有机土。

（2）细粒土应按塑性图分类：

塑性图采用下列液限分区：低液限指 $w_L < 50\%$,高液限指 $w_L \geq 50\%$。

塑性图是在颗粒级配和塑性的基础上,以塑性指数 I_P 值为纵坐标,以液限 w_L(%)值为横坐标的直角坐标图。在图 1-4-6 中,用几条直线将直角坐标系分割成若干区域,不同区域代表着不同性质的土类。以 A 线的方程:$I_P = 0.73(w_L - 20)$,将直角坐标图分为 C(黏土)区和 M(粉土)区。再以 B 线方程:$w_L = 50$,将坐标图按液限高低分割成两个区域,即由左到右分为:L(低液限)区和 H(高液限)区。又在 L(低液限)区,以 $I_P = 10$ 的水平线作为 C(黏土)和 M(粉土)的分界线。

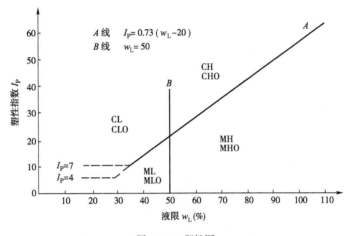

图 1-4-6　塑性图

塑性图的功能在于能较快和有效地在图上定出土类的性质及土名,即根据实测的 I_P 值及 w_L 值在图上找出相对应的坐标点,就可得到其稠度特征及土类名称。

细粒土应按其在塑性图(图 1-4-6)中的位置确定土名称:

①当细粒土位于塑性土 A 线或 A 线以上时,按下列规定定名:

a. 在 B 线或 B 线以右,称为高液限黏土,记为 CH;

b. 在 B 线以左,$I_P = 7$ 线以上,称为低液限黏土,记为 CL。

②当细粒土位于 A 线以下时,按下列规定定名:

a. 在 B 线或 B 线以右,称为高液限粉土,记为 MH;

b. 在 B 线以左,$I_P = 4$ 线以下,称为低液限粉土,记为 ML。

③黏土~粉土过渡区(CL~ML)的土可以按相邻土层的类别考虑细分。

④含粗粒的细粒土应先按塑性图确定细粒土部分的名称,再按以下规定最终定名:

a. 当粗粒组中砾粒组质量多于砂粒组质量时,称为含砾细粒土,应在细粒土代号后缀以代号 G;

b. 当粗粒组中砂粒组多于或等于砾粒组质量时,称为含砂细粒土,应在细粒土代号后缀以代号 S。

⑤土中有机质包括未完全分解的动植物残骸和完全分解的无定形物质。后者多呈黑色、青黑色或暗色,有臭味、有弹性和海绵感,借目测、手摸及嗅感判别。

当不能判定时,可采用下列方法:将试样在 105~110℃的烘箱中烘烤,若烘烤 24h 后试样的液限小于烘干前的四分之三,该试样为有机质土。

有机质土应根据塑性图(图 1-4-6)按下列规定定名:

a. 位于塑性图 A 线或 A 线以上时：

在 B 线或 B 线以右，称为有机质高液限黏土，记为 CHO；

在 B 线以左，$I_P = 7$ 线以上，称为有机质低液限黏土，记为 CLO。

b. 位于塑性图 A 线以下：

在 B 线或 B 线以右，称为有机质高液限粉土，记为 MHO；

在 B 线以左，$I_P = 4$ 线以下，称为有机质低液限粉土，记为 MLO。

三、工程土按三角图分类

三角图分类法，亦称三因分类法，它是利用等边三角形的三个边代表三个粒组每个粒组的边长按顺时针方向以百分刻度分段取点，然后将三边分段各点相互连接成三角坐标网，就构成了三角图分类法的底图。

粗碎屑土(砾石类土)三角图分类法，如图 1-4-7 所示。

以粉粒(0.074~0.002mm)为底边，砂粒(2~0.074mm)为左上边，砾粒(>2mm)为右上边。作两腰边中垂线交于重心点，以砾粒边上的 10%、50% 处作平行于粉粒边的两条直线分别交于砂粒边的 90%、50% 处，将砂粒边 50% 处和砾粒边 50% 处的连线的中点与三角形的重心相连，再将砂粒边 50% 处和砾粒边 50% 处分别与三角形的重心相连，这样便将整个等边三角形分割成五个土类区：砾石、砂砾、粉砾、"砾质"土和"含少量砾"土。根据粒度分析试验的结果，按三个粒组的百分数即可在图中找到相对应的土类区的点位，从而定出土名。例如，表 1-1-3 中土样 a，其砾粒含量占 9.1%，砂粒含量占 90.9%，粉粒为 0，按此三因法在图中的点位于"含少量砾"土区内的砂粒边线上，故定名为微含砾石砂土。土样 b 砾粒含量占 57.3%，砂粒含量占 23.7%，粉粒含量占 19%，这三个百分数在三角图中的交点位于砾石区内，故应定名为砾石。

细碎屑土三角图分类法，如图 1-4-8 所示。

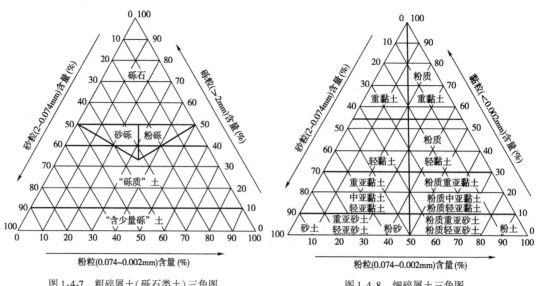

图 1-4-7　粗碎屑土(砾石类土)三角图　　　　图 1-4-8　细碎屑土三角图

三角坐标网的原理同上,只是三边所代表的粒组有点变动,底边代表粉粒组(0.074 ~ 0.002mm),左边代表砂粒组(2 ~ 0.074mm),右边代表黏粒组(<0.002mm)。作底边的中垂线交于底边一点,将图分割成两大区,然后,以黏粒边上百分刻度 10、20、30、55 等点分别向砂粒组作平行线。这样,将整个等边三角形分割成了若干不同土名的区域。同样的,根据粒度分析试验的结果,按三个粒组的百分数即可在图中按相应点位定处土名。例如,表 1-1-3 中土样 c,三个粒组相对含量分别是:砂粒23%、粉粒47%、黏粒30%。这三个百分数在三角图中定出的土名为粉质重亚黏土。

三角图分类法的优点是,只要测得某土样的三大粒组的百分数含量,就能很快在三角坐标网中找到相对应区域,并定出该土样的土名,同时还可以在同一张图上表示出若干土样的粒度成分,便于路基选土级配设计。它是道路工程中常用的方法。

单元二　集料与岩石

【理论要求】　熟练掌握细集料各种物理指标的概念、计算公式;粗集料各种物理、力学指标的概念、计算公式;粗、细集料的颗粒级配。掌握粗集料的级配类型。

【技能要求】　掌握细集料物理指标的测定方法;粗集料的物理、力学指标的测定方法。熟练掌握细集料的密度、颗粒级配的测定方法;粗集料的密度、颗粒级配、压碎值的测定方法。具备正确出具试验报告及结果分析的能力。

集料是道路与桥梁建筑中用量最大的一种建筑材料,它可以直接用于道路或桥梁的圬工结构,亦可用于配制水泥混凝土、沥青混合料。用作道路与桥梁建筑的砂石材料都应具备一定的技术性质,以适应不同工程建筑的技术要求。特别是作为水泥(或沥青)混凝土用集料,应严格按级配理论组成符合一定要求的矿质混合料。因此,必须掌握其组成设计的方法。

集料是指在混合料中起骨架和填充作用的粒料,包括天然风化而成的漂石、砾石(卵石)、细集料等,以及由人工轧制的不同尺寸的碎石、石屑。

工程上一般将集料分为细集料和粗集料两类。下面分别介绍这两类集料的技术性质。

课题一　细集料的技术性质

在水泥混凝土中,细集料是指粒径小于4.75mm的天然砂、人工砂;在沥青混合料中,细集料是指粒径小于2.36mm的天然砂、人工砂及石屑。

砂按来源分为两类,一类为天然砂,另一类为人工砂。天然砂是岩石在自然条件下风化形成的,因产源不同可分为河砂、山砂、海砂。河砂颗粒表面圆滑,比较洁净,质地较好,产源广;山砂颗粒表面粗糙有棱角,含泥量和含有机质多;海砂虽然具有河砂的特点,但因为在海中,所以常含有贝壳碎片和盐分等有害杂质。一般工程上多使用河砂。在缺乏河砂地区,可采用山砂或海砂,但在使用时必须按规定做技术检验;人工砂是将岩石轧碎而成的颗粒,表面多棱角,较洁净,因为是由人工轧制而成,所以造价较高。

细集料的技术性质主要包括物理性质及细集料的颗粒级配与粗度。

一、细集料的物理性质

集料的物理性质是集料结构状态的反映,它与集料的技术性质有着密切的联系。集料的内部结构主要是由矿质实体、闭口孔隙(不与外界相通的)、开口孔隙(与外界相通的)和空隙(颗粒之间的)四个部分组成,如图2-1-1所示。细集料在公路工程中的主要物理性质有表观密度、堆积密度、紧装密度、空隙率、含水率、细集料中有害杂质含量等。

1. 表观密度

表观密度是指单位体积(含材料的实体矿物成分和闭口孔隙体积)物质颗粒的干质量。由图 2-1-1 可知：

$$\rho_a = \frac{m}{V_s + V_c} \quad (2-1-1)$$

式中：ρ_a——细集料的表观密度(g/cm^3)；
　　　V_s——细集料实体体积(cm^3)；
　　　V_c——细集料闭口孔隙体积(cm^3)；
　　　m——干燥细集料的质量(g)。

细集料表观密度的大小，主要取决于细集料的种类

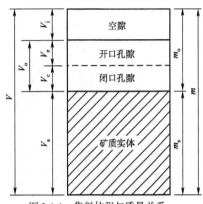

图 2-1-1　集料体积与质量关系

和风化程度。风化严重的细集料表观密度小，强度低，稳定性差，所以表观密度是衡量细集料品质的主要技术指标之一。细集料的表观密度应大于 $2\,500kg/m^3$。

任务实施

T 0328—2005　细集料表观密度试验(容量瓶法)

01-细集料的表观密度试验(容量瓶法)

一、目的和适用范围

用容量瓶法测定细集料(天然砂、石屑、机制砂)在 23℃ 时对水的表观相对密度和表观密度。本方法适用于含有少量粒径大于 2.36mm 部分的细集料。

二、仪具与材料

(1)天平：称量1kg，感量不大于1g。
(2)容量瓶：500mL。
(3)烘箱：能使温度控制在 105℃±5℃。
(4)烧杯：500mL。
(5)洁净水。
(6)其他：干燥器、浅盘、铝制料勺、温度计等。

三、试验准备

将缩分至650g左右的试样在温度为 105℃±5℃ 的烘箱中烘干至恒重，并在干燥器内冷却至室温，分成两份备用。

四、试验步骤

(1)称取烘干的试样约 $300g(m_0)$，装入盛有半瓶洁净水的容量瓶中，如图 2-1-2 所示。
(2)摇转容量瓶，使试样在已保温至 23℃±1.7℃ 的水中充分搅动以排除气泡，塞紧瓶塞，在恒温条件下静置24h左右，然后用滴管添水，使水面与瓶颈刻度线平齐，再塞紧瓶塞，擦干瓶外水分，称其总质量(m_2)，如图 2-1-3 所示。

> **提示**　为什么要静置24h以后测定？
> 通过充分浸泡，使砂的开口孔隙中充满水分，即开口孔隙中的空气被水排开。

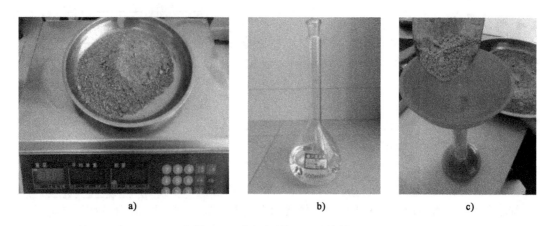

图 2-1-2　称取砂试样 m_0 置于容量瓶
a)砂称量；b)容量瓶装入半瓶洁净水；c)容量瓶装入砂

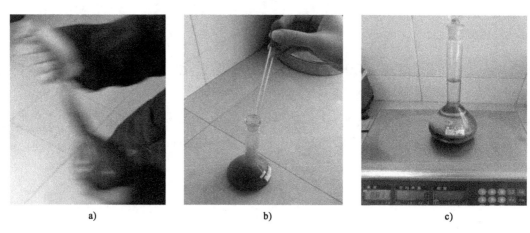

图 2-1-3　称容量瓶中的总质量
a)摇晃充分；b)静置 24h，添加水至刻度线；c)称质量 m_2

(3)倒出瓶中的水和试样，将瓶的内外表面洗净，再向瓶内注入同样温度的洁净水(温差不超过 2℃)至瓶颈刻度线，塞紧瓶塞，擦干瓶外水分，称其总质量(m_1)。

注：在砂的表观密度试验过程中应测量并控制水的温度，试验期间的温差不得超过 1℃。

五、结果计算

1. 细集料的表观相对密度

按下式计算至小数点后 3 位：

$$\gamma_a = \frac{m_0}{m_0 + m_1 - m_2} \qquad (2\text{-}1\text{-}2)$$

式中：γ_a——细集料的表观相对密度，无量纲；

　　　m_0——试样的烘干质量(g)；

　　　m_1——水及容量瓶总质量(g)；

　　　m_2——试样、水及容量瓶总质量(g)。

2. 表观密度 ρ_a

按下式计算，准确至小数点后 3 位：

$$\rho_a = \gamma_a \times \rho_T \quad \text{或} \quad \rho_a = (\gamma_a - \alpha_T) \times \rho_w \tag{2-1-3}$$

式中：ρ_a——细集料的表观密度（g/cm^3）；

ρ_w——水在 4℃时的密度（g/cm^3）；

α_T——试验时水温对水密度影响的修正系数，按表 2-1-1 取用；

ρ_T——试验温度 T 时水的密度（g/cm^3），按表 2-1-1 取用。

以两次平行试验结果的算术平均值作为测定值，如两次结果之差大于 $0.01g/cm^3$，应重新取样进行试验。

不同水温时水的温度 ρ_T 及水温修正系数 α_T　　　　表 2-1-1

水温（℃）	15	16	17	18	19	20
水的密度 ρ_T（g/cm^3）	0.999 13	0.998 97	0.998 80	0.998 62	0.998 43	0.998 22
水温修正系数 α_T	0.002	0.003	0.003	0.004	0.004	0.005
水温（℃）	21	22	23	24	25	
水的密度 ρ_T（g/cm^3）	0.998 02	0.997 79	0.997 56	0.997 33	0.997 02	
水温修正系数 α_T	0.005	0.006	0.006	0.007	0.007	

2. 堆积密度和紧装密度

堆积密度是指单位体积（含材料的实体矿物成分及其闭口孔隙、开口孔隙体积及颗粒间空隙体积）物质颗粒的质量。有干堆积密度及湿堆积密度之分。由图 2-1-1 可知：

$$\rho = \frac{m}{V} \tag{2-1-4}$$

式中：ρ——细集料的堆积密度（g/cm^3）；

m——细集料的质量（g）；

V——细集料的堆积体积（cm^3）。

细集料的堆积密度一般为 $1\,350 \sim 1\,650 kg/m^3$。堆积密度大小与细集料颗粒组成及含水率有关。

紧装密度与堆积密度是同一类物理概念，只是试验方法不同。细集料的紧装密度一般为 $1\,600 \sim 1\,700 kg/m^3$。

3. 空隙率

空隙率是指集料颗粒之间的空隙体积占集料总体积的百分率。细集料的空隙率与其级配和颗粒形状有关。细集料的空隙率一般在 35% ~ 45%，特细细集料可达 50%左右。

细集料的空隙率按下式计算：

$$n = \left(1 - \frac{\rho}{\rho_a}\right) \times 100 \tag{2-1-5}$$

式中：n——细集料的空隙率（%）；

ρ——细集料的堆积密度或紧装密度（g/cm^3）；

ρ_a——细集料的表观密度（g/cm^3）。

T 0331—1994 细集料堆积密度及紧装密度试验

一、目的与适用范围

测定砂自然状态下堆积密度、紧装密度及空隙率。

02-细集料的堆积密度及紧装密度试验

二、仪具与材料

（1）台秤：称量5kg，感量5g。

（2）容量筒：金属制圆形筒，内径108mm，净高109mm，筒壁厚2mm，筒底厚5mm，容积约为1L。

（3）标准漏斗（图2-1-4）。

（4）烘箱：能控温在105℃±5℃。

（5）其他：小勺、直尺、浅盘等。

三、试验制备

（1）试样准备：用浅盘装来样约5kg，在温度为105℃±5℃的烘箱中烘干至恒重，取出并冷却至室温，分成大致相等的两份备用。

注：试样烘干后如有结块，应在试验前先予捏碎。

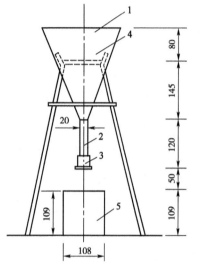

图2-1-4 标准漏斗（尺寸单位：mm）
1-漏斗；2-ϕ20mm 管子；3-活动门；4-筛；5-金属量筒

（2）容量筒容积的校正方法：以温度为20℃±5℃的洁净水装满容量筒，用玻璃板沿筒口滑移，使其紧贴水面，玻璃板与水面之间不得有空隙，如图2-1-5所示。擦干筒外壁水分，然后称量，按下式计算筒的容积V：

$$V = m_2' - m_1' \tag{2-1-6}$$

式中：V——容量筒的容积（mL）；

m_1'——容量筒和玻璃板总质量（g）；

m_2'——容量筒、玻璃板和水总质量（g）。

图2-1-5 用水校正容量筒容积

四、试验步骤

(1)堆积密度:将试样装入漏斗中,打开底部的活动门,将砂流入容量筒中,也可直接用小勺向容量筒中装试样,但漏斗出料口或料勺距容量筒筒口均应为50mm左右,试样装满并超出容量筒筒口后,用直尺将多余的试样沿筒口中心线向两个相反方向刮平,称取质量(m_1),如图2-1-6所示。

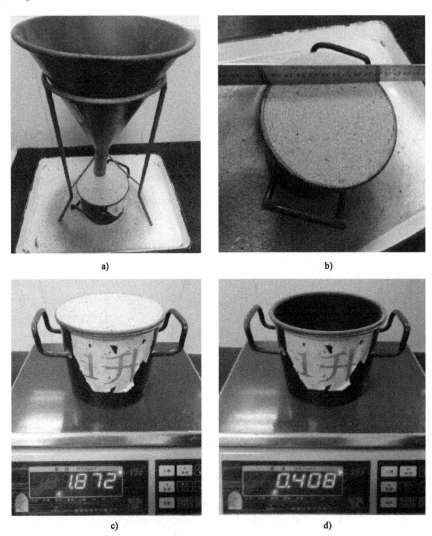

图 2-1-6　堆积密度的测定
a)将砂流入容量筒中,直到漫出;b)刮平;c)称总质量;d)称空桶质量

提示　1.为方便刮平,刮平前是将漏斗移除还是将容量筒移至别处?
　　　　2.勿扰动容量筒中装砂的密实程度。

(2)紧装密度:取试样1份,分两层装入容量筒。装完一层后,在筒底垫放一根直径为10mm的钢筋,将筒按住,左右交替颠击地面各25下,然后再装入第二层。

第二层装满后用同样方法颠实(但筒底所垫钢筋的方向应与第一层放置方向垂直)。两层装完并颠实后,添加试样超出容量筒筒口,然后用直尺将多余的试样沿筒口中心线向两个相反方向刮平,称其质量(m_2)。

五、结果计算

(1) 堆积密度及紧装密度分别按式(2-1-7)和式(2-1-8)计算至小数点后3位。

$$\rho = \frac{m_1 - m_0}{V} \tag{2-1-7}$$

$$\rho' = \frac{m_2 - m_0}{V} \tag{2-1-8}$$

式中:ρ——砂的堆积密度(g/m^3);
ρ'——砂的紧装密度(g/m^3);
m_0——容量筒的质量(g);
m_1——容量筒和堆积砂的总质量(g);
m_2——容量筒和紧装砂的总质量(g);
V——容量筒容积(mL)。

(2) 砂的空隙率按下式计算至0.1%:

$$n = \left(1 - \frac{\rho}{\rho_a}\right) \times 100 \tag{2-1-9}$$

式中:n——砂的空隙率(%);
ρ——砂的堆积或紧装密度(g/cm^3);
ρ_a——砂的表观密度(g/cm^3)。

以两次试验结果的算术平均值作为测定值。

4. 含水率

含水率是指细集料中所含水的质量占干细集料质量的百分率。

在工程应用中细集料是露天堆放的,含水率随天气而变化,其体积亦发生变化。当施工采用体积计量时,由于体积是随含水率而变化的,故在计算细集料的用量时,必须了解其含水率与体积的关系(图2-1-7)。

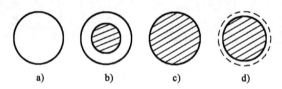

图 2-1-7 细集料的不同含水率状态
a)干燥状态;b)气干状态;c)饱和面干状态;d)湿润状态

细集料的表面结构是凹凸不平的,并有裂隙,内部还有孔隙。

(1) 完全干燥状态(烘干状态),它在105℃±5℃温度下烘至表面与内部都不含水分,如图2-1-7a)所示。

(2) 气干状态(风干状态)。在自然条件下使它吸收一些水分,然后又在空气中任其风干一些时间,此时外面一层已经干燥,而内部还是湿的,如图2-1-7b)所示。

(3)饱和面干状态(表干状态):细集料的内部吸水饱和,而表面仍是干燥的,而且外部凹凸和缝隙没有水,如图2-1-7c)所示。

(4)湿润状态(潮湿状态):细集料内部吸水饱和后,外部凹凸、缝隙等都充盈着水,而且整个表面为一层水膜所包裹,如图2-1-7d)所示。

细集料从全干至饱和面干状态,它的体积都不变化,及至湿润状态后,由于细集料颗粒表面水膜的存在,颗粒相互接触处积存一些水,如图2-1-7d)所示。由于液体表面张力作用,湿细集料的体积膨胀起来,及至细集料中水分增加至完全充满所有的粒间空隙,其膨胀即结束,细集料的体积又恢复至原来状态。

由于细集料的含水率大小对细集料的外观体积影响较大,在施工现场按体积计算细集料的用量时,应了解细集料的含水率。细集料的含水率测定方法有烘干法以及快速测定的酒精燃烧法,其中以烘干法为准。

5.有害杂质的含量

细集料中常含有的有害杂质,主要有泥土和泥块、云母、轻物质、硫酸盐和硫化物以及有机质等。

(1)含泥量和泥块含量

含泥量是指细集料中粒径小于0.075mm的尘屑、淤泥和黏土的含量。泥块含量是指原粒径大于1.18mm,经水浸洗、手捏后小于0.6mm的颗粒含量。

这些颗粒在集料表面形成包裹层,妨碍集料与水泥的黏附,或者以松散的颗粒存在,增加集料的表面积,增大需水量,特别是黏土颗粒,体积不稳定,干燥时收缩,潮湿时膨胀,对混凝土有很大的破坏作用,影响混凝土的强度和耐久性。

任务实施

T 0333—2000　细集料含泥量试验(筛洗法)

一、目的与适用范围

本方法仅用于测定天然砂中粒径小于0.075mm的尘屑、淤泥和黏土的含量。

本方法不适用于人工砂、石屑等矿粉成分较多的细集料。

二、仪具与材料

(1)天平:称量1kg,感量不大于1g。

(2)烘箱:能控温在105℃±5℃。

(3)标准筛:孔径0.075mm及1.18mm的方孔筛。

(4)其他:托盘、浅盘等。

三、试验准备

将来样用四分法缩分至每份约1000g,置于温度为105℃±5℃的烘箱中烘干至恒重,冷却至室温后,称取约400g(m_0)的试样两份备用。

四、试验步骤

(1)取烘干的试样一份置于浅盘中,并注入洁净的水,使水面高出砂面约200mm,充分拌和均匀后,浸泡24h,然后用手在水中淘洗试样,使尘屑、淤泥和黏土与砂粒分离,并使之悬浮水中,缓缓地将浑浊液倒入1.18mm筛和0.075mm筛组成的套筛上,滤去小于0.075mm的颗粒,如图2-1-8所示。试验前筛的两面应先用水湿润,在整个试验过程中应注意避免砂粒丢失。

注:不得直接将试样放在0.075mm筛上用水冲洗,或者将试样放在0.075mm筛上后在水中淘洗,以免误将小于0.075mm的细集料颗粒当作泥冲走。

> **提示** 浑浊液必须倒入1.18mm筛和0.075mm筛组成的套筛上,而不得直接将全部试样放在0.075mm筛上用水冲洗或者在水中淘洗。以避免误将小于0.075mm的细集料颗粒当作泥尘冲走。

图2-1-8 淘洗细集料砂
a)称量;b)水面高出砂面约200mm,淘洗;c)缓缓倒入套筛上

(2)再次加水,重复上述过程,直至筒内砂样洗出的水清澈为止。

(3)用水冲洗存留在筛上的细粒,并将0.075mm筛放在水中(使水面略高出筛中砂粒的上表面)来回摇动,以充分洗除小于0.075mm的颗粒;然后将两筛上筛余的颗粒和筒中已经洗净的试样一并装入浅盘,置于温度为105℃±5℃的烘箱中烘干至恒重,冷却至室温,称取试样的质量(m_1),如图2-1-9所示。

五、结果计算

砂的含泥量按下式计算至0.1%:

$$Q_n = \frac{m_0 - m_1}{m_0} \times 100 \tag{2-1-10}$$

式中:Q_n——砂的含泥量(%);
　　m_0——试验前的烘干试样质量(g);
　　m_1——试验后的烘干试样质量(g)。

以两个试样试验结果的算术平均值作为测定值。当两次结果的差值超过0.5%时,应重新取样进行试验。

图 2-1-9 细集料含泥量测定

a) 0.075mm筛在盛水的盘中来回摇动；b) 筛上和筒中试样一并装入浅盘；c) 烘干；d) 称量

（2）云母含量

某些细集料中含有云母，云母呈薄片状，表面光滑且极易沿节理裂开，因此，它与水泥的黏附性较差。

二、细集料的颗粒级配与粗度

1. 细集料的颗粒级配

细集料的颗粒级配是指细集料中大小颗粒的相互搭配情况，如图 2-1-10 所示。图 2-1-10a) 所示为采用相同粒径的细集料，其空隙最大；图 2-1-10b) 所示为采用两种不同粒径的细集料相互搭配，中粒径填充大粒径空隙，其细集料的空隙减小；图 2-1-10c) 所示为采用两种以上粒径的细集料相互搭配，小粒径填充中粒径空隙，中粒径填充大粒径空隙，细集料的空隙就会更小。如果细集料的大小颗粒搭配得恰当，就会使细集料的空隙不断地被填充，空隙率达到最小，可得到密实的混凝土骨架，同时节省水泥浆。

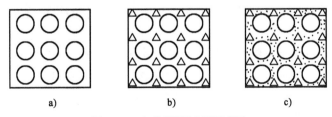

图 2-1-10 细集料颗粒级配示意图

a) 单粒径砂；b) 两种粒径砂；c) 多种粒径砂

细集料的颗粒级配可通过细集料的筛分试验确定。筛分试验是将预先通过 9.50mm 筛的干细集料,称取 500g 置于一套标准筛上,分别求出试样存留在各筛上的质量,然后按下述方法计算其级配有关参数,即分计筛余百分率(a_i)、累计筛余百分率(A_i)和通过百分率(P_i)。

(1)分计筛余百分率:各号筛上的筛余量除以试样总量的百分率,按下式计算:

$$a_i = \frac{m_i}{m} \times 100 \tag{2-1-11}$$

式中:a_i——某号筛的分计筛余百分率(%)。

　　　m_i——存留在某号筛上的质量(g)。

　　　m——试样的总质量(g)。

(2)累计筛余百分率:该号筛上分计筛余百分率与大于该号筛的各号筛上的分计筛余百分率总和,按下式计算:

$$A_i = a_1 + a_2 + \cdots + a_n \tag{2-1-12}$$

式中:　A_i——累计筛余百分率(%);

a_1、a_2、$\cdots$、a_n——各筛分计筛余百分率(%)。

(3)通过百分率:通过某筛的质量占试样总质量的百分率,即 100 与累计筛余百分率之差,按下式计算:

$$P_i = 100 - A_i \tag{2-1-13}$$

式中:P_i——通过百分率(%);

　　　A_i——累计筛余百分率(%)。

分计筛余百分率、累计筛余百分率及通过百分率三者的关系列于表 2-1-2。

分计筛余、累计筛余、通过量三者关系　　　　表 2-1-2

筛孔尺寸(mm)	分计筛余(%)	累计筛余(%)	通过量(%)
4.75	a_1	$A_1 = a_1$	$P_1 = 100 - A_1$
2.36	a_2	$A_2 = a_1 + a_2$	$P_2 = 100 - A_2$
1.18	a_3	$A_3 = a_1 + a_2 + a_3$	$P_3 = 100 - A_3$
0.6	a_4	$A_4 = a_1 + a_2 + a_3 + a_4$	$P_4 = 100 - A_4$
0.3	a_5	$A_5 = a_1 + a_2 + a_3 + a_4 + a_5$	$P_5 = 100 - A_5$
0.15	a_6	$A_6 = a_1 + a_2 + a_3 + a_4 + a_5 + a_6$	$P_6 = 100 - A_6$

用累计筛余百分率绘制级配曲线表示细集料的颗粒级配情况。

2. 粗度

粗度是指不同粒径的砂搭配后总体的粗细程度,它是评价砂粗细程度的一种指标,通常用细度模数指标来表示。

根据累计筛余百分率计算细度模数。细集料的细度模数按下式计算:

$$M_x = \frac{A_{0.15} + A_{0.3} + A_{0.6} + A_{1.18} + A_{2.36} - 5A_{4.75}}{100 - A_{4.75}} \tag{2-1-14}$$

式中:　　　M_x——细度模数;

$A_{0.15}$、$A_{0.3}$、$\cdots$、$A_{4.75}$——分别为 0.15mm、0.3mm、$\cdots$、4.75mm 各筛的累计筛余百分率(%)。

根据现行规程《公路工程桥涵施工规范》(JTG/T F50—2011)的规定,砂按其细度模数分为三大类,见表2-1-3。细度模数越大,表示砂越粗。

砂 分 类 表　　　　表2-1-3

分类	粗砂	中砂	细砂
细度模数 M_x	3.7~3.1	3.0~2.3	2.2~1.6

细度模数虽能表示细集料的粗细程度,但不能完全反映细集料的颗粒级配情况,因为相同细度模数的细集料可有不同的颗粒级配。因此,要全面表征细集料的颗粒性质,必须同时使用细度模数和级配两个指标。

T 0327—2005　细集料筛分试验

一、目的与适用范围

测定细集料(天然砂、人工砂、石屑)的颗粒级配及粗细程度。对水泥混凝土用细集料可采用干筛法,如果需要也可采用水洗法筛分;对沥青混合料及基层用细集料必须用水洗法筛分。

注:当细集料中含有粗集料时,可参照此方法用水洗法筛分,但需要特别注意保护标准筛筛面不遭损坏。

二、仪具与材料

(1)标准筛,如图2-1-11所示。
(2)天平:称量1 000g,感量不大于0.5g。
(3)摇筛机。
(4)烘箱:能控温在105℃±5℃。
(5)其他:浅盘和硬、软毛刷等。

三、试样制备

根据样品中最大粒径的大小,选用适宜的标准筛,通常为9.5mm筛(水泥混凝土用天然砂)或4.75mm筛(沥青路面及基层用天然砂、石屑、机制砂等)筛除其中的超粒径材料。然后将样品在潮湿状态下充分拌匀,用分料器法或四分法缩分至每份不少于550g的试样两份,在105℃±5℃的烘箱中烘干至恒重,冷却至室温后备用。

图2-1-11　标准套筛

注:恒重系指相邻两次称量间隔时间大于3h(通常不少于6h)的情况下,前后两次称量之差小于该项试验所要求的称量精密度。

四、试验步骤

1. 干筛法试验步骤

(1)准确称取烘干试样约500g(m_1),准确至0.5g,置于套筛的最上面一只,即4.75mm筛上,将套筛装入摇筛机,摇筛约10min,如图2-1-12所示,然后取出套筛,再按筛孔大小顺序,从最大的筛号开始,在清洁的浅盘上逐个进行手筛,直到每分钟的筛出量不超过筛上剩余量的0.1%时为止。将筛出通过的颗粒并入下一号筛,和下一号筛中的试样一起过筛,以此顺序进行至各号筛全部筛完为止。如图 2-1-13 所示。

图 2-1-12 摇筛机摇筛
a)称量约 500g；b)套筛装入摇筛机；c)摇筛 10min

图 2-1-13 手工筛析
a)分筛逐个手工筛砂；b)筛余称量；c)过筛的砂颗粒倒入下一层筛中；d)毛刷刷筛底

注：① 试样如为特细砂时，试样质量可减少到 100g。

② 如试样含泥量超过 5%，不宜采用干筛法。

③ 无摇筛机时，可直接用手筛。

(2) 称量各筛筛余试样的质量，精确至 0.5g。所有各筛的分计筛余量和底盘中剩余量的总量与筛分前的试样总量，相差不得超过后者的 1%。

提示 筛网上嵌挤留存的砂颗粒使用毛刷清理 1~2 遍即可,无须反复清理。只要保持操作一致性,每次嵌挤留存在筛网上的砂颗粒数量基本一致。

2. 水洗法试验步骤

(1) 准确称取烘干试样约 500g(m_1),准确至 0.5g。

(2) 将试样置于洁净容器中,加入足够数量的洁净水,将集料全部淹没。

(3) 用搅棒充分搅动集料,将集料表面洗涤干净,使细粉悬浮在水中,但不得有集料从水中溅出。

(4) 用 1.18mm 筛及 0.075mm 筛组成套筛。仔细将容器中混有细粉的悬浮液徐徐倒出,经过套筛流入另一容器中,但不得将集料倒出。

注:不可直接倒至 0.075mm 筛上,以免集料掉出,损坏筛面。

(5) 重复步骤(2)~(4),直至倒出的水洁净且小于 0.075mm 的颗粒全部倒出。

(6) 将容器中的集料倒入搪瓷盘中,用少量水冲洗,使容器上黏附的集料颗粒全部进入搪瓷盘中。将筛子反扣过来,用少量的水将筛上集料冲入搪瓷盘中。操作过程中不得有集料散失。

(7) 将搪瓷盘连同集料一起置于 105℃±5℃ 烘箱中烘干至恒重,称取干燥集料试样的总质量(m_2),准确至 0.1g。m_1 与 m_2 之差即为通过 0.075mm 筛的部分。

提示 细集料中粒径小于 0.075mm 部分的试验步骤与含泥量试验步骤基本一致(天平感量不一致)。

(8) 将全部要求筛孔组成套筛(但不需 0.075mm 筛),将已经洗去小于 0.075mm 部分的干燥集料置于套筛上(通常为 4.75mm 筛),将套筛装入摇筛机,摇筛约 10min,然后取出套筛,再按筛孔大小顺序,从最大的筛号开始,在清洁的浅盘上逐个进行手筛,直至每分钟的筛出量不超过筛上剩余量的 0.1% 时为止。将筛出通过的颗粒并入下一号筛,和下一号筛中的试样一起过筛,这样依序进行,直至各号筛全部筛完为止。

注:如为含有粗集料的集料混合料,套筛筛孔根据需要选择。

提示 细集料中大于 0.075mm 部分的试验步骤与第 1 步干筛法试验步骤基本一致。

(9) 称量各筛筛余试样的质量,精确至 0.5g。所有各筛的分计筛余量和底盘中剩余量的总质量 m_2 与筛分前试样总量 m_1 的差值不得超过后者的 1%。

五、结果计算

(1) 计算分计筛余百分率。各号筛的分计筛余百分率为各号筛上的筛余量除以试样总量(m_1)的百分率,精确至 0.1%。对沥青路面细集料而言,0.15mm 筛下部分即为 0.075mm 的分计筛余,测得的 m_1 与 m_2 之差即为小于 0.075mm 的筛底部分。

(2) 计算累计筛余百分率。各号筛的累计筛余百分率为该号筛及大于该号筛的各号筛的分计筛余百分率之和,准确至 0.1%。

(3)计算质量通过百分率。各号筛的质量通过百分率等于 100 减去该号筛的累计筛余百分率,准确至 0.1%。

(4)根据各筛的累计筛余百分率或通过百分率,绘制级配曲线。

(5)天然砂的细度模数按下式计算,准确至 0.01。

$$M_x = \frac{A_{0.15} + A_{0.3} + A_{0.6} + A_{1.18} + A_{2.36} - 5A_{4.75}}{100 - A_{4.75}} \tag{2-1-15}$$

式中: M_x ——细集料的细度模数;

$A_{0.15}$、$A_{0.3}$、…、$A_{4.75}$ ——分别为 0.15mm、0.3mm、…、4.75mm 各筛上的累计筛余百分率(%)。

应进行两次平行试验,以试验结果的算术平均值作为测定值。如两次试验所得的细度模数之差大于 0.2,应重新进行试验。

课题二　粗集料的技术性质

粗集料包括人工轧制的碎石和天然风化而成的砾石。在道路、桥梁工程中,粗集料主要是水泥混凝土和沥青混合料中的骨架材料。在沥青混合料中,粗集料是指粒径大于 2.36mm 的碎石、破碎砾石、筛选砾石和矿渣等;在水泥混凝土中,粗集料是指粒径大于 4.75mm 的碎石、砾石和破碎砾石。粗集料的技术性质主要包括物理性质、力学性质。

一、粗集料的物理性质

1. 密度

粗集料的密度,由于材料状态及测定条件的不同,衍生出如下几种密度。

(1)毛体积密度:单位体积(含材料的实体矿物成分及闭口孔隙、开口孔隙等颗粒表面轮廓线所包围的毛体积)物质颗粒的干质量。

(2)毛体积相对密度:毛体积密度与同温度水的密度之比值。

(3)表观密度:单位体积(含材料的实体矿物成分及闭口孔隙体积)物质颗粒的干质量。

(4)表观相对密度:表观密度与同温度水的密度之比值。

(5)表干密度:单位体积(含材料的实体矿物成分及其闭口孔隙、开口孔隙等颗粒表面轮廓线所包围的全部毛体积)物质颗粒的饱和面干质量。

(6)表干相对密度:表干密度与同温度水的密度之比值。

测量粗集料密度的方法有网篮法、容量瓶法。

T 0301—2005　粗集料取样法

一、目的和适用范围

本方法适用于对粗集料的取样,也适用于含粗集料的集料混合料如级配碎石、天然砂砾等的取样方法。

二、取样方法和试样份数

(1)通过皮带运输机的材料如采石场的生产线、沥青拌和楼的冷料输送带、无机结合料稳定集料、级配碎石混合料等,应从皮带运输机上采集样品。取样时,可在皮带运输机骤停的状态下取其中一截的全部材料,或在皮带运输机的端部连续接一定时间的料得到,并间隔3次以上所取的试样组成一组试样,作为代表性试样。

(2)在材料场同批来料的料堆上取样时,应先铲除堆脚等处无代表性的部分,再在料堆的顶部、中部和底部,各由均匀分布的几个不同部位,取得大致相等的若干份组成一组试样,务必使所取试样能代表本批来料的情况和品质。

(3)从火车、汽车、货船上取样时,应从各不相同部位和深度处,抽取大致相等的试样若干份,组成一组试样。抽取的具体份数,应视能够组成本批来料代表样的需要而定。

(4)从沥青拌和楼的热料仓取样时,应在放料口的全断面上取样。通常宜将一开始按正式生产的配比投料拌和的几锅(至少5锅以上)废弃,然后分别将每个热料仓放出至装载机上,倒在水泥地上,适当拌和,从3处以上的位置取样,拌和均匀,取要求数量的试样。

三、取样数量

对每一单项试验,每组试样的取样数量宜不少于表2-2-1所规定的最少取样量。需做几项试验时,如确能保证试样经一项试验后不致影响另一试验的结果时,可用同一组试样进行几项不同的试验。

各试验项目所需粗集料的最小取样质量　　　　　　　　表2-2-1

试验项目	相对于下列公称最大粒径(mm)的最小取样量(kg)										
	4.75	9.5	13.2	16	19	26.5	31.5	37.5	53	63	75
筛分	8	10	12.5	15	20	20	30	40	50	60	80
表观密度	6	8	8	8	8	8	12	16	20	24	24
含水率	2	2	2	2	2	2	3	3	4	4	6
吸水率	2	2	2	2	4	2	4	4	6	6	8
堆积密度	40	40	40	40	40	40	80	80	100	120	120
含泥量	8	8	8	8	24	24	40	40	60	80	80
泥块含量	8	8	8	8	24	24	40	40	60	80	80
针片状含量	0.6	1.2	2.5	4	8	8	20	40	—	—	—
硫化物、硫酸盐	1.0										

四、试样的缩分

(1)分料器法:将试样拌匀后,通过分料器分为大致相等的两份,再取其中的一份分成两份,缩分至需要的数量为止。

(2)四分法:将所取试样置于平板上,在自然状态下拌和均匀,大致摊平,然后沿互相垂直的两个方向,把试样由中向边摊开,分成大致相等的四份,取其对角的两份重新拌匀,重复上述过程,直至缩分后的材料量略多于进行试验所必需的量,如图2-2-1所示。

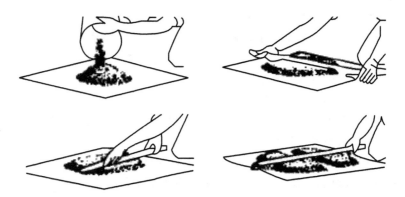

图 2-2-1 四分法示意图

(3)缩分后的试样数量应符合各项试验规定数量的要求。

T 0304—2005 粗集料密度及吸水率试验(网篮法)

一、目的与适用范围

本方法适用于测定各种粗集料的表观相对密度、表干相对密度、毛体积相对密度、表观密度、表干密度、毛体积密度,以及粗集料的吸水率。

04-粗集料密度及吸水率试验(网篮法)

二、仪具与材料

(1)天平或浸水天平:可悬挂吊篮测定集料的水中质量,称量应满足试样数量称量要求,感量不大于最大称量的0.05%,如图2-2-2所示。

(2)吊篮:耐锈蚀材料制成,直径和高度为150mm左右,四周及底部用1~2mm的筛网编制或具有密集的孔眼。

(3)溢流水槽:在称量水中质量时能保持水面高度一定。

(4)烘箱:能控温在105℃±5℃。

(5)毛巾:纯棉制,洁净,也可用纯棉的汗衫布代替。

(6)温度计。

(7)标准筛。

(8)盛水容器(如搪瓷盘)。

(9)其他:刷子等。

三、试样制备

(1)将试样用标准筛过筛,除去其中的细集料,对较粗的粗集料可用4.75mm筛过筛,对2.36~4.75mm集料,或者混在4.75mm以下石屑中的粗集料,则用2.36mm标准筛过筛,用四分法或分料器法缩分至要求的质量,分两份备用,如图2-2-3所示。对沥青路面用粗集料,应对不同规格的集料分别测定,不得混杂,所取的每一份集料试样应基本上保持原有的级配。在测定2.36~4.75mm的粗集料时,试验过程中应特别小心,不得丢失集料。

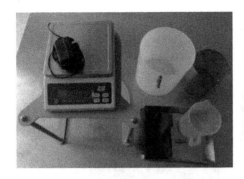
图 2-2-2 仪具准备

图 2-2-3 根据最大公称粒径确定最小试样用量,称取两份备用

(2)经缩分后供测定密度和吸水率的粗集料质量应符合表 2-2-2 的规定。

测定密度所需要的试样最小质量　　　　表 2-2-2

公称最大粒径(mm)	4.75	9.5	16	19	26.5	31.5	37.5	63	75
每一份试样的最小质量(kg)	0.8	1	1	1	1.5	1.5	2	3	3

(3)将每一份集料试样浸泡在水中,并适当搅动,仔细洗去附在集料表面的尘土和石粉,经多次漂洗干净至水完全清澈为止。清洗过程中不得散失集料颗粒。

四、试验步骤

(1)取试样一份装入干净的搪瓷盘中,注入洁净的水,水面至少应高出试样 20mm,轻轻搅动石料,使附着在石料上的气泡完全逸出。在室温下保持浸水 24h。

(2)将吊篮挂在天平的吊钩上,浸入溢流水槽中,向溢流水槽中注水,水面高度至水槽的溢流孔,将天平调零,如图 2-2-4 和图 2-2-5 所示。吊篮的筛网应保证集料不会通过筛孔流失,对 2.36~4.75mm 粗集料应更换小孔筛网,或在网篮中加放入一个浅盘。

a)

b)

c)

图 2-2-4 通过溢流孔控制溢流水槽中的水面高度
a)将吊篮挂在天平吊钩上;b)注水至溢流孔出水;c)水面高度由溢流孔控制

(3)调节水温在 15~25℃ 范围内。将试样移入吊篮中。溢流水槽中的水面高度由水槽的溢流孔控制,维持不变。称取集料的水中质量(m_w),如图 2-2-5 所示。

提示　称取水中质量,天平读数时必须保证溢流孔溢流完成(水呈滴状)。

图 2-2-5 称取水中质量

a)称取吊篮水中质量；b)将试样移入吊篮中称取水中质量

(4)提起吊篮，稍稍滴水后，较粗的粗集料可以直接倒在拧干的湿毛巾上。将较细的粗集料(2.36~4.75mm)连同浅盘一起取出，稍稍倾斜搪瓷盘，仔细倒出余水，将粗集料倒在拧干的湿毛巾上，用毛巾吸走从集料中漏出的自由水。此步骤需特别注意不得有颗粒散失，或有小颗粒附在吊篮上。再用拧干的湿毛巾轻轻擦干集料颗粒的表面水，至表面看不到发亮的水迹，即为饱和面干状态，如图 2-2-6 所示。当粗集料尺寸较大时，宜逐颗擦干。注意对较粗的粗集料，拧湿毛巾时不要太用劲，防止拧得太干，对较细的含水较多的粗集料，毛巾可拧得稍干些。擦颗粒的表面水时，既要将表面水擦掉，又千万不能将颗粒内部的水吸出。整个过程中不得有集料丢失，且已擦干的集料不得继续在空气中放置，以防止集料干燥。

注：对2.36~4.75mm集料，用毛巾擦拭时容易黏附细颗粒集料从而造成集料损失，此时宜改用洁净的纯棉汗衫布擦拭至表干状态。

提示 1. 擦粗集料表面水时，既要将表面水擦掉(即颗粒表面不得发亮)，又不能反复擦拭(即不能吸出颗粒内部的水)。
2. 擦干的集料应迅速称量。

(5)立即在保持表干状态下，称取集料的表干质量(m_f)，如图 2-2-7 所示。

图 2-2-6 擦颗粒表面水分呈表干状态　　　　图 2-2-7 称取集料表干质量

(6)将集料置于浅盘中,放入105℃±5℃的烘箱中烘干至恒重。取出浅盘,放在带盖的容器中冷却至室温,称取集料的烘干质量(m_a)。

注:恒重指相邻两次称量间隔时间大于3h的情况下,其前后两次称量之差小于该项试验所要求的精密度,即0.1%。一般在烘箱中烘烤的时间不得少于4~6h。

(7)对同一规格的集料应平行试验两次,取平均值作为试验结果。

五、结果计算

(1)粗集料的表观相对密度γ_a、表干相对密度γ_s、毛体积相对密度γ_b按式(2-2-1)~式(2-2-3)计算至小数点后3位:

$$\gamma_a = \frac{m_a}{m_a - m_w} \tag{2-2-1}$$

$$\gamma_s = \frac{m_f}{m_f - m_w} \tag{2-2-2}$$

$$\gamma_b = \frac{m_a}{m_f - m_w} \tag{2-2-3}$$

式中:γ_a——集料的表观相对密度;
　　　γ_s——集料的表干相对密度;
　　　γ_b——集料的毛体积相对密度;
　　　m_a——集料的烘干质量(g);
　　　m_f——集料的表干质量(g);
　　　m_w——集料的水中质量(g)。

(2)集料的吸水率以烘干试样为基准,按下式计算,精确至0.01%。

$$W_x = \frac{m_f - m_a}{m_a} \times 100 \tag{2-2-4}$$

式中:W_x——粗集料的吸水率(%)。

(3)粗集料的表观密度ρ_a、表干密度ρ_s、毛体积密度ρ_b按式(2-2-5)~式(2-2-7)计算,准确至小数点后3位。不同水温条件下测量的粗集料表观密度需进行水温修正,不同试验温度下水的密度ρ_T及水的温度修正系数α_T按表2-1-1选用。

$$\rho_a = \gamma_a \rho_T \quad 或 \quad \rho_a = (\gamma_a - \alpha_T) \times \rho_w \tag{2-2-5}$$

$$\rho_s = \gamma_s \rho_T \quad 或 \quad \rho_s = (\gamma_s - \alpha_T) \times \rho_w \tag{2-2-6}$$

$$\rho_b = \gamma_b \rho_T \quad 或 \quad \rho_b = (\gamma_b - \alpha_T) \times \rho_w \tag{2-2-7}$$

式中:ρ_a——粗集料的表观密度(g/cm³);
　　　ρ_s——粗集料的表干密度(g/cm³);
　　　ρ_b——粗集料的毛体积密度(g/cm³);
　　　ρ_T——试验温度T时水的密度(g/cm³),按表2-1-1取用;
　　　α_T——试验温度T时的水温修正系数,按表2-1-1取用;
　　　ρ_w——水在4℃时的密度,$\rho_w = 1.000$ g/cm³。

六、精度或允许差

重复试验的精密度,对表观相对密度、表干相对密度、毛体积相对密度,两次结果相差不得超过 0.02。

2. 堆积密度

粗集料的堆积密度包括堆积状态、振实状态、捣实状态下的堆积密度。

(1)堆积密度:单位体积(含材料的实体矿物成分及闭口、开口孔隙体积及颗粒间空隙体积)物质颗粒的质量。

(2)振实密度、捣实密度:在规定条件(两者试验条件不同)下,粗集料以紧密装填状态装入容器中,包括空隙、孔隙在内的单位体积的质量。

05-粗集料的堆积密度及空隙率试验

3. 空隙率

空隙率是指集料颗粒之间的空隙体积占集料总体积的百分率。

粗集料的空隙率与其级配和颗粒形状有关。粗集料的空隙率一般在 35% ~ 45%。粗集料的空隙率按下式计算:

$$n = \left(1 - \frac{\rho}{\rho_a}\right) \times 100 \tag{2-2-8}$$

式中:n——粗集料的空隙率(%);

ρ——粗集料的堆积密度或紧装密度(g/cm³);

ρ_a——粗集料的表观密度(g/cm³)。

4. 含水率

含水率是指粗集料中所含水分的质量占干燥质量的百分率。

在水泥混凝土配合比设计时,试验室配合比是以干燥材料为基准的,而实际施工现场堆放的材料都有一定的含水率,且经常变化,因此在应用时需测定其含水率。其测定方法有烘干法和酒精燃烧法,以烘干法为准。

5. 级配

粗集料中各组成颗粒的分级和搭配称为级配。各种不同粒径的集料,按照一定的比例搭配起来,以达到较高的密实度和较大摩擦力,可以采用下列两种级配组成。

(1)连续级配:采用标准套筛对某一混合料进行筛析试验,所得级配曲线平顺圆滑,具有连续性。这种由大到小、逐级粒径均有、按比例互相搭配组成的矿质混合料,称为连续级配混合料。

(2)间断级配:在矿质混合料中剔除其一个分级或几个分级而形成一种不连续的混合料,这种混合料称为间断级配混合料。

连续级配曲线和间断级配曲线如图 2-2-8 所示。

一个良好的级配,要求空隙率最小且总表面积也不大。前者的目的是使集料本身最为紧密,后者的目的是使水泥用量最为节约。只有正确选用各级尺寸粗集料的含量,才能达到上述两个目的。

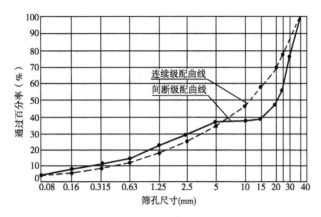

图 2-2-8　连续级配和间断级配曲线

任务实施

T 0302—2005　粗集料及集料混合料的筛分试验

一、目的与适用范围

测定粗集料(碎石、砾石、矿渣等)的颗粒组成。对水泥混凝土用粗集料可采用干筛法筛分,对沥青混合料及基层用粗集料必须采用水洗法试验。

本方法也适用于同时含有粗集料、细集料、矿粉的集料混合料筛分试验,如未筛碎石、级配碎石、天然砂砾、级配砂砾、无机结合料稳定基层材料、沥青拌和楼的冷料混合料、热料仓材料、沥青混合料经溶剂抽提后的矿料等。

二、仪具与材料

(1)试验筛:根据需要选用规定的标准筛。

(2)摇筛机。

(3)天平或台秤:感量不大于试样质量的 0.1%。

(4)其他:盘子、铲子、毛刷等。

06-粗集料的筛分试验（干筛法）　　07-粗集料的筛分试验（水洗法）

三、试验步骤

将来样用分料器或四分法缩分至表 2-2-3 要求的试样所需量,风干后备用。根据需要可按要求的集料最大粒径的筛孔尺寸过筛,除去超粒径部分颗粒后,再进行筛分。

筛分用的试样最小质量　　表 2-2-3

公称最大粒径(mm)	75	63	37.5	31.5	26.5	19	16	9.5	4.75
试样最小质量(kg)	10	8	5	4	2.5	2	1	1	0.5

四、水泥混凝土用粗集料干筛法试验步骤

(1)取试样一份置于 105℃±5℃ 的烘箱中烘干至恒重,称取干燥集料试样的总质量(m_0),准确至 0.1%。

(2)用搪瓷盘作筛分容器,按筛孔大小排列顺序逐个将集料过筛。人工筛分时,需使集料在筛面上同时有水平方向及上下方向的不停顿的运动,使小于筛孔的集料通过筛孔,直到1min内通过筛孔的质量小于筛上残余量的0.1%为止;当采用摇筛机筛分后,应在摇筛机筛分后再逐个由人工补筛。将筛出通过的颗粒并入下一号筛,和下一号筛中的试样一起过筛,依序进行,直至各号筛全部筛完为止。应确认1min内通过筛孔的质量确实小于筛上残余量的0.1%。

注:由于0.075mm筛干筛几乎不能把沾在粗集料表面的小于0.075mm部分的石粉筛过去,而且对水泥混凝土用粗集料而言,0.075mm通过率的意义不大,所以也可以不筛,且把通过0.15mm筛的筛下部分全部作为0.075mm的分计筛余,将粗集料的0.075mm通过率假设为0。

(3)如果某个筛上的集料过多,影响筛分作业时,可以分两次筛分。当筛余颗粒的粒径大于19mm时,筛分过程中允许用手指轻轻拨动颗粒,但不得逐颗塞过筛孔。

(4)称取每个筛上的筛余量,准确至总质量的0.1%。各筛分计筛余量及筛底存量的总和与筛分前试样的干燥总质量 m_0 相比,其相差不得超过 m_0 的0.5%。

五、沥青混合料及基层用粗集料水洗法试验步骤

(1)取一份试样,将试样置于105℃±5℃的烘箱中烘干至恒重,称取干燥集料试样的总质量(m_3),准确至0.1%。

注:恒重系指相邻两次称量间隔时间大于3h(通常不少于6h)的情况下,前后两次称量之差小于该项试验所要求的称量精密度。下同。

(2)将试样置于洁净容器中,加入足够数量的洁净水,将集料全部盖没,但不得使用任何洗涤剂、分散剂或表面活性剂。

(3)用搅棒充分搅动集料,使集料表面洗涤干净,使细粉悬浮在水中,但不得破碎集料或有集料从水中溅出。

(4)根据集料粒径大小选择组成一组套筛,其底部为0.075mm标准筛,上部为2.36mm或4.75mm筛。仔细将容器中混有细粉的悬浮液倒出,经过套筛流入另一容器中,尽量不将粗集料倒出,以免损坏标准筛筛面。

注:无须将容器中的全部集料都倒出,只倒出悬浮液。且不可直接倒至0.075mm筛上,以免集料掉出损坏筛面。

(5)重复步骤(2)~(4),直到倒出的水洁净为止,必要时可采用水流缓慢冲洗。

(6)将套筛每个筛子上的集料及容器中的集料全部回收在一个搪瓷盘中,容器上不得有黏附的集料颗粒。

注:黏在0.075mm筛面上的细粉很难回收到搪瓷盘中,此时需将筛子倒扣在搪瓷盘上,用少量的水并助以毛刷将细粉刷落入搪瓷盘中,并注意不要散失。

(7)在确保细粉不散失的前提下,小心泌去搪瓷盘中的积水,将搪瓷盘连同集料一起置于105℃±5℃的烘箱中烘干至恒重,称取干燥集料试样的总质量(m_4),准确至0.1%。以 m_3 与 m_4 之差作为0.075mm的筛下部分。

(8)将回收的干燥集料按干筛法筛分出0.075mm以上各筛的筛余量,此时0.075mm筛下部分应为0,如果尚能筛出,则应将其并入水洗得到的0.075mm的筛下部分,且表示水洗得不干净。

六、计算

1. 干筛法筛分结果的计算

(1)计算各筛分计筛余量及筛底存量的总和与筛分前试样的干燥总质量 m_0 之差,作为筛

分时的损耗,并计算损耗率,若损耗率大于0.3%,应重新进行试验。

$$m_5 = m_0 - (\sum m_i + m_底) \quad (2\text{-}2\text{-}9)$$

式中:m_5——由于筛分造成的损耗(g);

m_0——用于干筛的干燥集料总质量(g);

m_i——各号筛上的分计筛余(g);

i——依次为0.075mm、0.15mm…至集料最大粒径的排序;

$m_底$——筛底(0.075mm以下部分)集料总质量(g)。

(2)干筛分计筛余百分率。干筛后各号筛上的分计筛余百分率按式(2-2-10)计算,精确至0.1%。

$$P'_i = \frac{m_i}{m_0 - m_5} \times 100 \quad (2\text{-}2\text{-}10)$$

式中:P'_i——各号筛上的分计筛余百分率(%);

m_5——由于筛分造成的损耗(g);

m_0——用于干筛的干燥集料总质量(g);

m_i——各号筛上的分计筛余(g);

i——依次为0.075mm、0.15mm…至集料最大粒径的排序。

(3)干筛累计筛余百分率。各号筛的累计筛余百分率为该号筛以上各号筛的分计筛余百分率之和,精确至0.1%。

(4)干筛各号筛的质量通过百分率。各号筛的质量通过百分率P_i等于100减去该号筛累计筛余百分率,精确至0.1%。

(5)由筛底存量除以扣除损耗后的干燥集料总质量,计算0.075mm筛的通过率。

(6)试验结果以两次试验的平均值表示,精确至0.1%。当两次试验结果$P_{0.075}$的差值超过1%时,试验应重新进行。

2.水筛法筛分结果的计算

(1)按式(2-2-11)和式(2-2-12)计算粗集料中0.075mm筛下部分质量$m_{0.075}$和含量$P_{0.075}$,精确至0.1%。当两次试验结果$P_{0.075}$的差值超过1%时,应重新进行试验。

$$m_{0.075} = m_3 - m_4 \quad (2\text{-}2\text{-}11)$$

$$P_{0.075} = \frac{m_{0.075}}{m_3} = \frac{m_3 - m_4}{m_3} \times 100 \quad (2\text{-}2\text{-}12)$$

式中:$P_{0.075}$——粗集料中小于0.075mm的颗粒含量(通过率)(%);

$m_{0.075}$——粗集料中水洗得到的小于0.075mm部分的质量(g);

m_3——用于水洗的干燥粗集料总质量(g);

m_4——水洗后的干燥粗集料总质量(g)。

(2)计算各筛分计筛余量及筛底存量的总和与筛分前试样的干燥总质量m_4之差,作为筛分时的损耗,并计算损耗率,若损耗率大于0.3%,应重新进行试验。

$$m_5 = m_3 - (\sum m_i + m_{0.075}) \quad (2\text{-}2\text{-}13)$$

式中:m_5——由于筛分造成的损耗(g);

m_3——用于水筛的干燥集料总质量(g);

m_i——各号筛上的分计筛余(g);

i——依次为 0.075mm、0.15mm…至集料最大粒径的排序;

$m_{0.075}$——水洗后得到的 0.075mm 以下部分质量(g),即$(m_3 - m_4)$。

(3)计算其他各筛的分计筛余百分率、累计筛余百分率、质量通过百分率,计算方法与干筛法相同。当干筛时筛分有损耗时,应按干筛法从总质量中扣除损耗部分,并计算结果。

(4)试验结果以两次试验的平均值表示。

七、报告

(1)筛分结果以各筛孔的质量通过百分率表示。

(2)对用于沥青混合料、基层材料配合比设计用的集料,宜绘制集料筛分曲线,其横坐标为筛孔尺寸的 0.45 次方,纵坐标为普通坐标。

(3)同一种集料至少取两个试样平行试验两次,取平均值作为每号筛上筛余量的试验结果,报告集料级配组成通过百分率及级配曲线。

6. 含泥量

粗集料的含泥量是指卵石、碎石中粒径小于 0.075mm 的颗粒含量。

粗集料的含泥量试验方法同细集料,只在取样数量上有所区别,即将来样用四分法缩分至表 2-2-4 所规定的量(注意防止细粉丢失并防止所含黏土块被压碎),置于温度为 105℃±5℃的烘箱内烘干至恒重,冷却至室温后分成两份备用。

含泥量试验所需试样的最小质量 表 2-2-4

最大粒径(mm)	圆孔筛	10	16	20	25	31.5	40	63	80
	方孔筛	9.5	16	19	26.5	31.5	37.5	63	75
试样最小质量(kg)		2	2	6	6	10	10	20	20

7. 针、片状颗粒含量

卵石和碎石颗粒的长度大于该颗粒所属相应粒级的平均粒径 2.4 倍者为针状颗粒;厚度小于平均粒径 0.4 倍者为片状颗粒(平均粒径指该粒级上、下限粒径的平均值)。

针、片状颗粒的存在会增加粗集料的空隙率,降低密实性,影响新拌混凝土的工作性,降低硬化后的水泥混凝土强度和耐久性,同时针、片状颗粒的存在会影响沥青路面的质量。因此,在粗集料中应限制其含量。其测定方法有:

(1)规准仪法:适用于测定水泥混凝土用的 4.75mm 以上的粗集料的针、片状颗粒含量。

(2)游标卡尺法:适用于测定沥青混合料、各种路面基层及底基层用的 4.75mm 以上粗集料的针状及片状颗粒含量。

任务实施

T 0311—2005 水泥混凝土用粗集料针片状颗粒含量试验(规准仪法)

一、目的和适用范围

(1)本方法适用于测定水泥混凝土使用的 4.75mm 以上的粗集料的针状及片状颗粒含

量,以百分率计。

(2)本方法测定的针片状颗粒,是指使用专用规准仪测定的粗集料颗粒的最小厚度(或直径)方向与最大长度(或宽度)方向的尺寸之比小于一定比例的颗粒。

(3)本方法测定的粗集料中针片状颗粒的含量,可用于评价集料的形状及其在工程中的适用性。

二、仪具与材料

(1)水泥混凝土集料针状规准仪和片状规准仪(图2-2-9和图2-2-10),尺寸要求见表2-2-5。

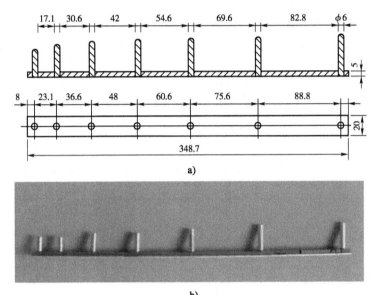

图2-2-9 针状规准仪(尺寸单位:mm)
a)针状规准仪示意图;b)针状规准仪实物

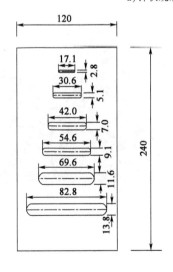

图2-2-10 片状规准仪(尺寸单位:mm)
a)片状规准仪示意图;b)片状规准仪实物

(2) 天平或台秤:感量不大于称量值的0.1%。

(3) 标准筛:孔径分别为4.75mm、9.5mm、16.0mm、19.0mm、26.5mm、31.5mm及37.5mm,试验时根据需要选用。

水泥混凝土集料针片状颗粒试验的粒级划分及其相应的规准仪孔宽或间距　　表 2-2-5

粒级(方孔筛)(mm)	4.75~9.5	9.5~16	16~19	19~26.5	26.5~31.5	31.5~37.5
针状规准仪上相对应的立柱间距(mm)	17.1	30.6	42.0	54.6	69.6	82.8
片状规准仪上相对应孔宽(mm)	2.8	5.1	7.0	9.1	11.6	13.8

三、试验准备

将来样在室内风干至表面干燥,并用四分法或分料器法缩分至满足表2-2-6规定的质量,称量(m_0),然后筛分成表2-2-5所规定的粒级备用。

针片状颗粒试验所需试样的最小质量　　表 2-2-6

公称最大粒径(mm)	9.5	16	19	26.5	31.5	37.5	63.0	75.0
试样最小质量(kg)	0.3	1	2	3	5	10	10	10

四、试验步骤

(1) 目测挑出接近立方体形状的规则颗粒,将目测有可能属于针片状颗粒的集料按表2-2-5所规定的粒级用规准仪逐粒对试样进行针状颗粒鉴定,挑出颗粒长度大于针状规准仪上相应间距而不能通过者,为针状颗粒,如图2-2-11所示。

(2) 将通过针状规准仪上相应间距的非针状颗粒逐粒对试样进行片状颗粒鉴定,挑出厚度小于片状规准仪上相应孔宽而不能通过者,为片状颗粒,如图2-2-12所示。

图 2-2-11　针状颗粒的鉴定

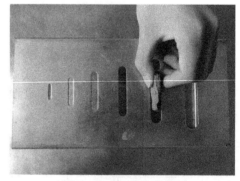

图 2-2-12　片状颗粒的鉴定

(3) 称量由各粒级挑出的针状颗粒和片状颗粒的质量,其总质量为m_1。

五、计算

碎石或砾石针片状颗粒含量按下式计算,精确至0.1%:

$$Q_e = \frac{m_1}{m_0} \times 100 \tag{2-2-14}$$

式中:Q_e——试样的针片状颗粒的含量(%);
m_1——试样中所含针状颗粒与片状颗粒的总质量(g);
m_0——试样总质量(g)。

T 0312—2005　粗集料针片状颗粒含量试验(游标卡尺法)

一、目的和适用范围

(1)本方法适用于测定粗集料的针状及片状颗粒含量,以百分率计。

(2)本方法测定的针片状颗粒,是指用游标卡尺测定的粗集料颗粒的最大长度(或宽度)方向与最小厚度(或直径)方向的尺寸之比大于3倍的颗粒。有特殊要求采用其他比例时,应在试验报告中注明。

(3)本方法测定的粗集料中针片状颗粒的含量,可用于评价集料的形状和抗压碎能力,以评定石料生产厂的生产水平及该材料在工程中的适用性。

二、仪器设备

(1)标准筛:方孔筛4.75mm。

(2)游标卡尺:精密度为0.1mm。

(3)天平:感量不大于1g。

三、试验步骤

(1)现行集料随机取样的方法,采集集料试样。

(2)按分料器法或四分法选取1kg左右的试样。对每一种规格的粗集料,应按照不同的公称粒径,分别取样检验。

(3)用4.75mm标准筛将试样过筛,取筛上部分供试验用,称取试样的总质量m_0,准确至1g,试样数量不少于800g,并不少于100颗。

(4)将试样平摊于桌面上,首先用目测挑出接近立方体的符合要求的颗粒,剩下可能属于针状(细长)和片状(扁平)的颗粒。

(5)按图2-2-13所示的方法将欲测量的颗粒放在桌面上成一稳定的状态,图中颗粒平面方向的最大长度为L,侧面厚度的最大尺寸为t,颗粒最大宽度为$w(t<w<L)$,用卡尺逐颗测量石料的L及t,将$L/t \geq 3$的颗粒(即最大长度方向与最大厚度方向的尺寸之比大于3的颗粒)分别挑出作为针片状颗粒。称取针片状颗粒的质量m_1,准确至1g。

注:稳定状态是指平放的状态,不是直立状态,侧面厚度的最大尺寸t为图2-2-13中状态的颗粒顶部至平台的厚度,是在最薄的一个面上测量的,但并非颗粒中最薄部位的厚度。

提示　1.稳定状态是指碎石平放的状态,不是直立状态。
　　　2.L是指在平放的这个平面上(图中平面图)量测的最大尺寸。
　　　3.t是指垂直于该平面的竖直面(图中侧面图)上的最大厚度。

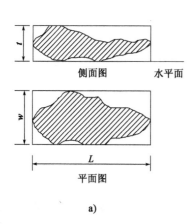
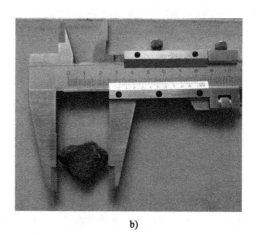

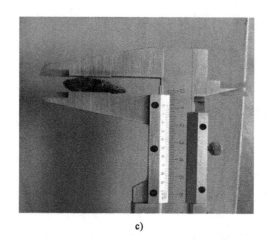

图 2-2-13 针片状颗粒稳定状态
a)示意图;b)测定最大长度 L;c)测定厚度最大尺寸 t

四、计算

按式(2-2-15)计算针片状颗粒含量。

$$Q_e = \frac{m_1}{m_0} \times 100 \tag{2-2-15}$$

式中:Q_e——针片状颗粒含量(%);
  m_0——试验用的集料总质量(g);
  m_1——针片状颗粒的质量(g)。

五、报告

(1)试验要平行测定两次,计算两次结果的平均值。如两次结果的差小于平均值的20%,取平均值为试验值;如大于或等于20%,应追加测定一次,取三次结果的平均值为测定值。

(2)试验报告应报告集料的种类、产地、岩石名称、用途。

8. 坚固性

坚固性是指在气候、环境变化或其他物理因素作用下，粗集料抵抗碎裂的能力。其测定方法为硫酸钠溶液法。

试验方法即将试样缩分至规定的数量，用水淋洗干净，放在烘箱中烘干至恒重，筛除小于4.75mm 的颗粒，然后筛分。称取试样，将不同粒级的试样分别装入网篮，并浸入盛有硫酸钠溶液的容器中。网篮浸入溶液时，上下升降25 次，以排除试样的气泡，然后静置于该容器中。浸泡20h 后，把装试样的网篮从溶液中取出，放在烘箱中烘4h，至此，完成了第一次试验循环。待试样冷却至20～25℃后，再按上述方法进行第二次循环。从第二次循环开始，浸泡与烘干时间均为4h，共循环5 次。最后一次循环后，用清洁的温水淋洗试样，直至淋洗试样后的水加入少量氯化钡溶液不出现白色浑浊为止，洗过的试样放在烘箱中烘干至恒重。用孔径为试样粒级下限的筛过筛，称出各粒级试样试验后的筛余量。计算各粒级颗粒的分计质量损失百分率及总质量损失百分率。

二、粗集料的力学性质

粗集料力学性质主要是压碎值和磨耗度；其次是抗滑表层用集料的三项试验值，即磨光值、道瑞磨耗值和冲击值。

1. 压碎值

粗集料压碎值是指粗集料在连续增加的荷载下，抵抗压碎的能力。它作为相对衡量岩石强度的一个指标，用以评价水泥混凝土、路面基层、底基层及沥青面层的粗集料品质。

其测定方法有：

(1)水泥混凝土集料压碎指标值试验：适用于鉴定水泥混凝土用粗集料的品质。

(2)沥青路面用集料压碎值试验：适用于鉴定公路路面基层、底基层及沥青面层的粗集料的品质，以评定其在工程中的适用性。

T 0316—2005 粗集料压碎值试验

一、目的和适用范围

集料压碎值用于衡量石料在逐渐增加的荷载下抵抗压碎的能力，是衡量石料力学性质的指标，以评定其在工程中的适用性。

08-粗集料的压碎值试验

二、仪器与材料

(1)石料压碎值试验仪：由内径150mm、两端开口的钢制圆形试筒、压柱和底板组成。其形状和尺寸如图2-2-14 所示。试筒内壁、压柱的底面及底板的上表面等与石料接触的表面都应进行热处理，使表面硬化，达到维氏硬度65°并保持光滑状态。

(2)金属棒：直径10mm，长450～600mm，一端加工成半球形。

(3)天平：称量2～3kg，感量不大于1g。

(4)方孔筛：筛孔尺寸13.2mm、9.5mm、2.36mm 筛各一个。

(5)压力机:500kN,应能在10min内达到400kN。

(6)金属筒:圆柱形,内径112.0mm,高179.4mm,容积1 767cm³。

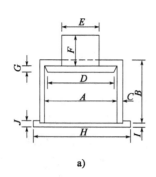
a)

b)

图 2-2-14 仪具准备
a)压碎值试验仪示意图;b)实物

三、试验准备

(1)采用风干石料用9.5mm和13.2mm标准筛过筛,取13.2~9.5mm的试样3组各3 000g,供试验用,如图2-2-15所示。如过于潮湿需加热烘干时,烘箱温度不应超过100℃,烘干时间不超过4h。试验前,石料应冷却至室温。

(2)每次试验的石料数量应满足按下述方法夯击后石料在试筒内的深度为100mm。

图 2-2-15 13.2mm 和 9.5mm 标准筛过筛

在金属筒中确定石料数量的方法如下:将试样分3次(每次数量大体相同)均匀装入试模中,每次均将试样表面整平,用金属棒的半球面端从石料表面上均匀捣实25次,最后用金属棒作为直刮刀将表面仔细整平。称取量筒中试样质量(m_0)。以相同质量的试样进行压碎值的平行试验,如图2-2-16所示。

a)

b)

c)

图 2-2-16 在金属筒中确定石料数量
a)取9.5~13.2mm试样分3次装料捣实;b)捣实25次;c)表面平整

四、试验步骤

(1)将试筒安放在底板上。

(2)将要求质量的试样分3次(每次数量大体相同)均匀装入试模中,每次均将试样表面整平,并用金属棒的半球面端从石料表面上均匀捣实25次,最后用金属棒作为直刮刀将表面仔细整平。

(3)将装有试样的试模放到压力机上,同时加压头放入试筒内石料面上,注意使压柱摆平,勿楔挤试模侧壁,如图2-2-17所示。

提示 为保证压头放入试筒内不楔挤,应尽量整平试样表面,使压头四周高差一致。

图2-2-17 粗集料压碎值试验的测定
a)集料装入试模;b)400kN荷载稳压5s;c)卸出试样;d)2.36mm标准筛筛分经压碎的全部试样

(4)开动压力机,均匀地施加荷载,在10min左右的时间内达到总荷载400kN,稳压5s,然后卸荷。

(5)将试模从压力机上取下,取出试样。

(6)用2.36mm标准筛筛分经压碎的全部试样,可分几次筛分,均需筛到在1min内无明显的筛出物为止。

(7)称取通过2.36mm筛孔的全部细料质量(m_1),准确至1g。

五、结果计算

石料压碎值按式(2-2-16)计算,准确至0.1%。

$$Q'_a = \frac{m_1}{m_0} \times 100 \qquad (2\text{-}2\text{-}16)$$

式中：Q'_a——石料压碎值(%)；
　　　m_0——试验前试样质量(g)；
　　　m_1——试验后通过2.36mm筛孔细料质量(g)。

以3次试样平行试验结果的算术平均值作为压碎值的测定值。

2. 磨耗损失

磨耗损失是指集料抵抗摩擦、撞击剪切等综合作用的性能。其测定方法为洛杉矶法。集料的磨耗损失是集料力学性质的另一个重要指标，也是评定集料等级的依据之一。

09-粗集料的磨耗率试验

3. 磨光值

现代高速交通的行车条件对路面的抗滑性提出更高的要求，在车辆轮胎作用下，不仅要求具有高的抗磨耗性，而且要求具有高的抗磨光性。集料的抗磨光性以磨光值表示。

集料磨光值愈高，抗滑性愈好。抗滑面层应选用磨光值高的集料，如玄武岩石、安山岩、砂岩、花岗岩等。

不同道路等级对抗滑表层集料的磨光值、道瑞磨耗值和冲击值的技术要求按现行交通行业标准《公路沥青路面施工技术规范》(JTG F40—2004)。

4. 集料冲击值(AIV)

集料抵抗多次连续重复冲击荷载作用的性能，可采用集料冲击值表示。

5. 集料磨耗值

集料磨耗值用于评定抗滑表层的集料抵抗车轮磨耗的能力。按我国现行试验规程《公路工程集料试验规程》(JTG E42—2005)采用道瑞磨耗试验机来测定集料磨耗值。

集料磨耗值愈高，表示集料耐磨性愈高。

课题三　岩　石

一、岩石的技术性质

岩石的技术性质，主要从物理性质、力学性质和化学性质三个方面进行评价。

1. 物理性质

岩石的物理性质包括物理常数(真实密度、毛体积密度和孔隙率等)、吸水性(吸水率、饱水率)和耐候性(耐冻性、坚固性等)。

(1) 物理常数

岩石的物理常数是岩石矿物组成结构状态的反映，它与岩石的技术性质有着密切的关系。岩石的内部组成结构主要是矿物实体和孔隙(包括与外界连通的开口孔隙和不与外界连通的闭口孔隙),如图 2-3-1 所示。各部分质量与体积的关系图如图 2-3-2 所示。

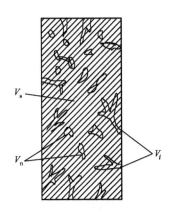
图 2-3-1　岩石组成结构外观示意图

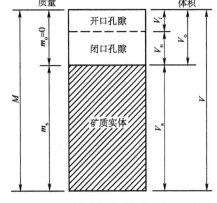
图 2-3-2　岩石结构的质量与体积关系示意图

为了反映岩石的组成结构以及它与物理-力学性质之间的关系,通常采用物理常数来表征它。在路桥工程用块状岩石中,常用的物理常数主要是真实密度、毛体积密度和孔隙率。通过这些指标可以间接预测岩石有关物理性质和力学性质。

①真实密度:岩石在规定条件(105℃±5℃下烘干至恒重,温度20℃±2℃)下,烘干岩石矿质单位体积(不包括开口与闭口孔隙)的质量。

岩石真实密度的测定方法按照我国行业标准《公路工程岩石试验规程》(JTG E41—2005)规定,采用密度瓶法。为测得岩石矿质实体体积,即去除岩石中开口与闭口孔隙体积,必须将岩石加工粉碎成全部能通过 0.315mm 筛孔的岩粉,采用密度瓶法测得。

②毛体积密度:在规定条件下,烘干岩石(包括孔隙在内)的单位体积固体材料的质量。

③孔隙率:岩石的孔隙率是指孔隙体积占岩石总体积的百分率。

(2)吸水性

岩石的吸水性是岩石在规定条件下吸水的能力。岩石与水作用后,水很快湿润岩石的表层并填充了岩石的孔隙,因此水对岩石破坏作用的大小,主要取决岩石造岩矿物性质及其组成结构状态(即孔隙分布情况和孔隙率大小)。为此,我国现行《公路工程岩石试验规程》(JTG E41—2005)规定,采用吸水率和饱水率两项指标来表征岩石的吸水性。

①吸水率:在室内常温(20℃±2℃)和大气压条件下,岩石试件最大的吸水质量占烘干岩石试件质量的百分率。

②饱水率:在室内常温(20℃±2℃)和真空抽气(抽至真空度为残压)条件下,岩石最大吸水的质量占烘干岩石试件质量的百分率。

岩石的吸水率与饱和吸水率之比,称为饱水系数,它是评价岩石抗冻性的一种指标。一般来说,岩石的饱水系数为 0.5~0.8,饱水系数愈大,说明常压下吸水后留余的空间有限,岩石愈容易被冻胀破坏,因而岩石的抗冻性就差。

(3)耐候性

道路与桥梁都是暴露于大自然中无遮盖的建筑物,经常受到各种自然因素的影响,用于道路与桥梁建筑的岩石抵抗大气自然因素作用的性能称为耐候性。目前对于道路与桥梁用石料,在某些气候条件下,必须考虑其抗冻融耐久性(简称抗冻性)。

岩石抗冻性是指岩石在吸水饱和状态下,抵抗多次冻结和融化作用而不发生显著破坏,同时也不严重降低强度的性质。

通常以岩石在饱水状态下,能经受冻融循环的次数来表示。根据冻融循环次数,可将岩石分为5、10、15、20、25、50等标号。在温度下降至-15℃冻结4h后,放入20℃±5℃水中融解4h为冻融循环一次。如无条件进行冻融试验,也可采用坚固性简易快速测定法,这种方法是通过岩石经饱和硫酸钠溶液多次浸泡—烘干循环后来测定。

判断岩石抗冻性能好坏有两个指标:
①质量损失:要求冻融后岩石的质量损失不大于5%。
②冻融后强度变化:一般要求抗压强度降低不大于25%。

2. 力学性质

公路与桥梁工程结构物中用石料,除受上述物理性质影响外,还受到外力的作用,所以岩石还应具备一定的力学性质。除了一般材料力学所述及的抗压、抗拉、抗剪、抗弯、弹性模量等纯粹力学性质外,还有一些为路用性能特殊要求的力学指标,如抗磨光、抗冲击和抗磨耗等。

将岩石制备成50mm±0.5mm的正立方体(或直径与高均为50mm±0.5mm的圆柱体)试件,经吸水饱和后,在单轴受压并规定的加载条件下,达到极限破坏时,单位面积承压的强度。

岩石的抗压强度是岩石力学性质中最重要的一项指标,它是划分岩石等级的主要依据。岩石抗压强度值取决于岩石的组成结构(如矿物组成、裂隙的分布等),同时也取决于试验的条件(如试件尺寸和形状、加载速度、试验状态等)。

含水状态对岩石强度的影响称为软化性,以软化系数表示,软化系数为试件饱和状态下的单轴抗压强度与烘干状态下的单轴抗压强度之比值。岩石中含有较多的黏土或易溶物质时,软化系数则较小,其耐水性较差。根据软化系数大小,可将岩石分为高、中、低三个等级。软化系数>0.90为高耐水性,软化系数在0.75~0.90为中耐水性,软化系数在0.6~0.75为低耐水性,软化系数<0.60者不允许用于重要土木工程中。

3. 化学性质

在道路与桥梁的建筑中,各种矿质集料是与结合料(水泥或沥青)组成混合料而使用于结构物中的。早年的研究认为矿质集料是一种惰性材料,它在混合料中起着物理作用,但随着科学发展,科学家们认为矿质集料在混合料中与结合料起着物理-化学作用。岩石的化学性质将影响着混合料的物理-力学性质。

根据试验研究的结果,按SiO_2的含量多少将岩石划分为酸性、碱性及中性。按克罗斯的分类法,岩石化学组成中SiO_2含量大于65%的岩石称为酸性材料;SiO_2含量在52%~65%的岩石称为中性岩石;SiO_2含量小于52%的岩石称为碱性岩石。所以在选择与沥青结合的岩石时,应考虑岩石的酸碱性对沥青与岩石间黏结的影响。

二、岩石的技术要求

1. 路用岩石的技术分级

按我国现行行业标准《公路工程岩石试验规程》(JTG E41—2005),道路建筑用天然岩石按其技术性质分为4个等级。由不同矿物组成的岩石,对其技术性质的要求是不同的。因此,在分级之前首先应按其造岩矿物的成分、含量以及组织结构来确定岩石名称,然后划分其所属的岩类。按路用岩石技术要求的不同,分为4个岩类,现将各岩类划分及其主要代表性岩分列如下。

Ⅰ岩浆岩类:如花岗岩、正长岩、辉长岩、辉绿岩、闪长岩、橄榄岩、玄武岩、安山岩、流纹岩等。

Ⅱ石灰岩类:石灰岩、白云岩、泥灰岩、凝灰岩等。

Ⅲ砂岩与片岩类:石英岩、砂岩、片麻岩、石英片麻岩等。

Ⅳ砾岩类。

以上各岩类按其物理-力学性质(主要为饱水状态的抗压强度和磨耗率)又各分为下列4个等级。

1级——最坚硬的岩石;

2级——坚硬的岩石;

3级——中等坚硬的岩石;

4级——较软的岩石。

2.路用岩石的技术标准

路用天然岩石根据上述分级方法,技术指标要求列于表2-3-1。

道路建筑用天然岩石等级和技术标准　　　　表2-3-1

岩石类别	主要岩石名称	岩石等级	技术标准		
			极限抗压强度(饱水状态)(MPa)	磨耗率(%)	
				洛杉矶式耗试验法	狄法尔式磨耗试验法
Ⅰ岩浆岩类	花岗岩 玄武岩 安山岩 辉绿岩等	1	>120	<25	<4
		2	100~200	25~30	4~5
		3	80~100	30~45	5~7
		4	—	45~60	7~10
Ⅱ石灰岩类	石灰岩 白云岩等	1	>100	<30	<5
		2	80~100	30~35	5~6
		3	60~80	35~50	6~12
		4	30~60	50~60	12~20
Ⅲ砂岩与片岩类	石英岩 片麻岩 石英片麻岩 砂岩等	1	>100	<30	<5
		2	80~100	30~35	5~7
		3	50~80	35~45	7~10
		4	30~50	45~60	10~15
Ⅳ砾岩类		1	—	<20	<5
		2		20~30	5~7
		3		30~50	7~12
		4		50~60	12~20

单元三　水泥及水泥混凝土

【理论要求】　熟练掌握硅酸盐水泥的技术性质与技术标准、水泥混凝土主要技术性质及水泥混凝土配合比设计方法;掌握水泥砂浆的主要技术性质及水泥砂浆的配合比设计方法。

【技能要求】　掌握水泥标准稠度用水量、凝结时间、体积安定性、强度等级的测定方法,水泥混凝土的相关试验方法及水泥砂浆的相关试验方法;具备出具试验报告及结果分析的能力。

课题一　水　　泥

水泥是建筑工程中用量最大的建材之一,它是一种水硬性胶凝材料。

通用硅酸盐水泥是以硅酸盐水泥熟料、适量的石膏以及规定的混合材料制成的水硬性胶凝材料。通用硅酸盐水泥有硅酸盐水泥、普通硅酸盐水泥、矿渣硅酸盐水泥、火山灰硅酸盐水泥、粉煤灰硅酸盐水泥和复合硅酸盐水泥六种。在某些特殊工程中,还使用铝酸盐水泥、膨胀水泥、快硬水泥等。水泥品种很多,但在道路与桥梁建筑中仍以硅酸盐水泥与普通硅酸盐水泥为主,本课题主要对通用硅酸盐水泥作详细阐述,其他水泥仅作一般介绍。

一、硅酸盐水泥生产工艺

1. 硅酸盐水泥生产原料

硅酸盐水泥的生产原料主要是石灰质原料和黏土质原料两类。石灰质原料(如石灰石、白垩、石灰质凝灰岩等)主要提供 CaO,黏土质原料(如黏土、黏土质页岩、黄土等)主要提供 SiO_2、Al_2O_3 以及 Fe_2O_3。有时两种原料化学组成不能满足要求,还要加入少量校正原料(如黄铁矿渣)等调整。

2. 硅酸盐水泥生产工艺

硅酸盐水泥的生产工艺,概括起来为"两磨一烧",其生产流程如图 3-1-1 所示。

二、硅酸盐水泥熟料的矿物组成及其性质

1. 熟料的矿物组成

经过高温煅烧后,CaO、SiO_2、Al_2O_3、Fe_2O_3 四种成分化合为熟料中的主要矿物组成:

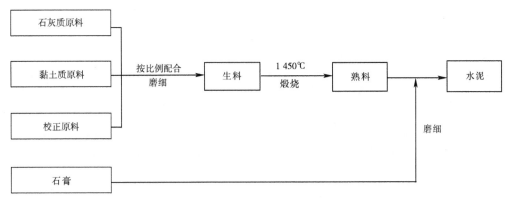

图 3-1-1 水泥生产流程

硅酸三钙：$3CaO \cdot SiO_2$，简式为 C_3S；
硅酸二钙：$2CaO \cdot SiO_2$，简式为 C_2S；
铝酸三钙：$3CaO \cdot Al_2O_3$，简式为 C_3A；
铁铝酸四钙：$4CaO \cdot Al_2O_3 \cdot Fe_2O_3$，简式为 C_4AF。

2. 水泥熟料主要矿物组成的性质

（1）硅酸三钙

硅酸三钙是硅酸盐水泥中最主要的矿物成分，其含量通常在 50% 左右，对硅酸盐水泥的性质有重要的影响。硅酸三钙水化速度快，水化热高；早期强度高，28d 强度可达一年强度的 70%~80%。

（2）硅酸二钙

硅酸二钙在硅酸盐水泥中的含量为 10%~40%，亦为主要矿物成分。硅酸二钙遇水时与水反应较慢，水化热很低；其早期强度较低而后期强度高，耐化学侵蚀性和干缩性较好。

（3）铝酸三钙

铝酸三钙在硅酸盐水泥中的含量通常在 15% 以下，是四种组分中遇水反应速度最快、水化热最高的组分。铝酸三钙的含量决定水泥的凝结速度和释热量。为调节水泥凝结速度通常需掺加石膏，铝酸三钙与石膏形成的水化产物，对提高水泥早期强度起一定作用。其耐化学侵蚀性差，干缩性大。

（4）铁铝酸四钙

铁铝酸四钙在硅酸盐水泥中的含量通常为 5%~15%。其遇水反应较快，水化热较高；强度较低，但对水泥抗折强度起重要作用；耐化学侵蚀性好，干缩性小。

3. 水泥熟料主要矿物组成的性质

硅酸盐水泥主要矿物组成的特性见表 3-1-1。

硅酸盐水泥主要矿物成分的特性　　　　表 3-1-1

矿物组成	硅酸三钙（C_3S）	硅酸二钙（C_2S）	铝酸三钙（C_3A）	铁铝酸四钙（C_4AF）
与水反应速度	中	慢	快	中
水化热	中	低	高	中

续上表

矿物组成		硅酸三钙(C_3S)	硅酸二钙(C_2S)	铝酸三钙(C_3A)	铁铝酸四钙(C_4AF)
对强度的作用	早期	良	差	良	良
	后期	良	优	中	中
耐化学侵蚀		中	良	差	优
干缩性		中	小	大	小

水泥矿物成分水化后,其抗压强度和释热量随龄期增长而增长,如图3-1-2和图3-1-3所示。

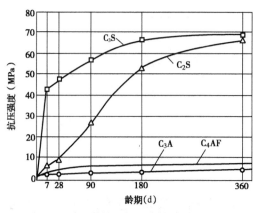

图3-1-2 水泥熟料矿物在不同龄期的抗压强度　　图3-1-3 水泥熟料矿物在不同龄期的释热量

水泥是由多种矿物组分组成的,改变各矿物组分的含量比例以及它们之间的匹配,则可生产性能各异的水泥。例如,提高C_3S含量可制得高强度水泥;降低C_3S、C_3A含量,增加C_2S含量则可制得低热大坝水泥;提高C_4AF和C_3S含量则可制得具有较高抗折强度的道路水泥。

三、通用硅酸盐水泥的凝结和硬化

1. 硅酸盐水泥的水化

充分水化的水泥浆体中,主要水化产物水化硅酸钙(C-S-H)凝胶约占70%,氢氧化钙(CH)结晶约占20%,钙矾石(AFt)和单硫盐(AFm)约占7%,其余是未水化的水泥和次要组分。

2. 硅酸盐水泥的凝结和硬化

水泥加水拌和后成为水泥浆,经过一定时间,浆体逐渐失去塑性,进而硬化产生强度,这个物理化学过程,可分为以下四个阶段来描述:

(1)初始反应期

水泥与水接触后立即发生水化反应。初期C_3S水化,释放出$Ca(OH)_2$,立即溶解于溶液中,使其pH值增大至14,浓度达到饱和后,$Ca(OH)_2$结晶析出。暴露在水泥颗粒表面的C_3A也溶解于水,并与已溶解的石膏反应,生成钙矾石结晶析出。在此阶段1%左右的水泥产生水化。

(2) 诱导期

在初始反应期后,水泥微粒表面覆盖一层以 CSH 凝胶为主的渗透膜,使水化反应缓慢进行。这期间生成的水化产物数量不多,水泥颗粒仍然分散,水泥浆体基本保持塑性。

(3) 凝结期

由于渗透压的作用,包裹在水泥微粒表面的渗透膜破裂,水泥微粒进一步水化,除继续生成 $Ca(OH)_2$ 及钙矾石外,还生成了大量 CSH 凝胶。水化产物不断填充了水泥颗粒之间的空隙,随着接触点的增多,结构趋向密实,使水泥浆逐渐失去塑性。

(4) 硬化期

凝结期后,水泥继续水化,水化铝酸钙和水化铁酸钙也开始形成,硅酸钙继续进行水化。水化生成物以凝胶与结晶状态进一步填充孔隙,水泥浆体逐渐产生强度,进入硬化阶段。只要温度、湿度合适,而且无外界腐蚀,水泥强度在几年甚至几十年还会继续增长。

四、通用硅酸盐水泥的技术性质和技术标准

按照我国现行标准《通用硅酸盐水泥》(GB 175—2007)规定,硅酸盐水泥的技术性质包括下列项目。

1. 化学性质

水泥的化学性质指标主要是控制水泥中有害的化学成分含量,若超过最大允许限量,即意味着对水泥性能和质量可能产生有害或潜在的影响。

(1) 氧化镁含量

在水泥熟料中,常含有少量未与其他矿物结合的游离氧化镁,这种氧化镁是高温时形成的方镁石,它水化为氢氧化镁的速度很慢,常在水泥硬化以后才开始水化,产生体积膨胀,可导致水泥石结构产生裂缝甚至破坏。因此,它是引起水泥安定性不良的原因之一。

(2) 三氧化硫含量

水泥中的三氧化硫主要是在生产时为调节凝结时间加入石膏而产生的,石膏超过一定限量后,水泥性能会变坏,甚至引起硬化后水泥石体积膨胀,导致结构物破坏。

(3) 烧失量

水泥煅烧不佳或受潮后,均会导致烧失量增加。烧失量的测定是以水泥试样在 950~1 000℃下灼烧 15~20min 后冷却至室温称量,如此反复灼烧,直至恒重,计算灼烧后质量损失率。

(4) 不溶物

水泥中不溶物的测定是用盐酸溶解滤去不溶残渣,经碳酸钠处理再用盐酸中和,高温灼烧至恒重后称量,灼烧后不溶物质量占试样总质量的比例为不溶物含量。

(5) 氯离子含量

水泥中的氯离子含量过高的主要原因是掺加了混合材料和外加剂(如工业废渣、助磨剂等)。同时,氯离子又是混凝土中钢筋锈蚀的重要因素,因此必须加以限制。

通用硅酸盐水泥的化学指标应符合表 3-1-2 的规定。

通用硅酸盐水泥化学指标(%)　　　　　表3-1-2

品　种	代　号	不溶物	烧失量	三氧化硫	氧化镁	氯离子
硅酸盐水泥	P·Ⅰ	≤0.75	≤3.0	≤3.5	≤5.0	≤0.06
	P·Ⅱ	≤1.50	≤3.5			
普通硅酸盐水泥	P·O		≤5.0			
矿渣硅酸盐水泥	P·S·A			≤4.0	≤6.0	
	P·S·B					
火山灰质硅酸盐水泥	P·P			≤3.5	≤6.0	
粉煤灰硅酸盐水泥	P·F					
复合硅酸盐水泥	P·C					

2.碱含量(选择性指标)

水泥熟料中含有少量的碱性氧化物(Na_2O 及 K_2O)。若水泥中碱含量高,当选用含有活性集料配制混凝土时,会产生碱—集料反应,引起水泥石胀裂。水泥中碱含量按 $Na_2O + 0.658K_2O$ 计算值表示。若使用活性集料,用户要求提供低碱水泥时,水泥中的碱含量应不大于0.60%或由买卖双方协商确定。

3.物理性质

(1)相对密度

硅酸盐水泥的密度一般为 3 100～3 200kg/m³,计算混凝土配合比时通常采用水泥密度为 2 900～3 100kg/m³。

(2)细度

细度是水泥颗粒的粗细程度。水泥颗粒愈细,水化时与水的接触面愈大,水化速度愈快,早期强度愈高,凝结速度愈快,但颗粒过细,硬化后收缩变形大,易产生裂缝,且成本增加,不宜长期储存。因此,对水泥细度必须予以合理控制。水泥细度有两种表示方法:

①筛析法:以80μm方孔筛上的筛余质量百分率表示。

②比表面积法:是以每千克水泥所具有的总表面积(平方米,m²)表示。

10-水泥比表面积试验(一)　11-水泥比表面积试验(二)　12-水泥比表面积试验(三)

要求硅酸盐水泥和普通硅酸盐水泥的细度以比表面积表示,不小于300m²/kg。矿渣硅酸盐水泥、火山灰硅酸盐水泥、粉煤灰硅酸盐水泥和复合硅酸盐水泥的细度以筛余量表示,其80μm方孔筛筛余不大于10%或45μm方孔筛筛余不大于30%。

任务实施

水泥细度的检验是按照《水泥细度检验方法筛析法》(GB/T 1345—2005)的要求操作。在此标准中规定了45μm方孔标准筛和80μm方孔标准筛的水泥细度试验方法,下文主要介绍 80μm 方孔标准筛的水泥细度试验方法。

GB/T 1345—2005 水泥细度检验方法（80μm筛筛析法）

一、目的及适用范围

本方法规定用 80μm 筛检验水泥细度的试验方法。

本方法适用于硅酸盐水泥、普通硅酸盐水泥、矿渣硅酸盐水泥、粉煤灰硅酸盐水泥、火山灰硅酸盐水泥、复合硅酸盐水泥及指定采用本方法的其他品种水泥。

13-水泥细度（80μm筛筛析法）试验

二、仪器设备

1. 试验筛

由圆形筛框和筛网组成，筛网应符合 GB/T 6005 R20/3 80μm 的要求，分负压筛、水筛和手工筛三种，如图 3-1-4 和图 3-1-5 所示。

图 3-1-4 负压筛

图 3-1-5 水筛

负压筛应附有透明筛盖，筛盖与筛上口应有良好的密封性。由于物料会对晒网产生磨损，试验筛每使用 100 次后需要重新标定，标定方法列于下文第五条中。

2. 负压筛析仪

（1）负压筛析仪由筛座、负压筛、负压源及收尘器组成，如图 3-1-6 所示。其中筛座由转速为 30r/min ± 2r/min 的喷气嘴、负压表、控制板、微电机及壳体等构成，如图 3-1-7 所示。

图 3-1-6 负压筛析仪

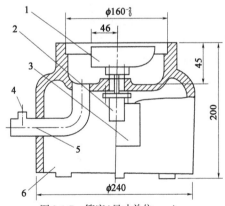
图 3-1-7 筛座（尺寸单位：mm）
1-喷气嘴；2-微电机；3-控制板开口；4-负压表接口；
5-负压源及收尘器接口；6-壳体

(2) 负压可调范围为 4 000 ~ 6 000Pa。

(3) 喷气嘴上口平面与筛网之间距离为 2 ~ 8mm。

(4) 负压源及收尘器由功率≥600W 的工业吸尘器和小型旋风收尘筒等组成或用其他具有相当功能的设备。

3. 水筛架和喷头

水筛架和喷头的结构尺寸应符合《水泥物理检验仪器》(JC/T 728—96)的规定。

4. 天平

最小分度值不大于 0.01g。

三、样品要求

水泥样品取样应有代表性,不同部位所取样品应充分拌匀,并通过 0.9mm 方孔筛。样品处理方法按《水泥取样方法》(GB/T 12573—2008)进行。

四、试验步骤

(1) 筛析试验前,应把负压筛放在筛座上,盖上筛盖,接通电源,检查控制系统,调节负压到 4 000 ~ 6 000Pa 范围内。

(2) 称取试样 25g,精确至 0.01g,置于洁净的负压筛中,放在筛座上,盖上筛盖,开动筛析仪连续筛析 2min,在此期间如有试样附着在筛盖上,可轻轻敲击筛盖使试样落下。筛毕,用天平称量筛余物。操作步骤如图 3-1-8 所示。

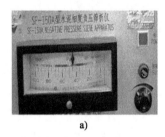

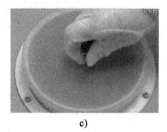

a)　　　　　　　　　b)　　　　　　　　　c)

图 3-1-8　试验步骤

a)检查控制系统,调节压力;b)称取试样 25g;c)负压筛放在筛座上,盖上筛盖

(3) 当工作负压小于 4 000Pa 时,应清理吸尘器内水泥,使负压恢复正常。

水筛法和手工筛析法此处略。

五、试验结果

1. 水泥试样筛余百分数

按下式计算,计算结果精确至 0.1%。

$$F = \frac{R_s}{m} \times 100 \tag{3-1-1}$$

式中:F——水泥试样的筛余百分数(%);

　　　R_s——水泥筛余物的质量(g);

　　　m——水泥试样的质量(g)。

2. 水泥试验筛的标定方法

(1) 标定操作。将标准样装入干燥洁净的密闭广口瓶中,盖上盖子摇动 2min,消除结块。

静置 2min 后,用一根干燥洁净的搅拌棒搅匀样品。称取标准样品 25g,精确至 0.01g,将标准样品倒进被标定试验筛,中途不得有任何损失。接着按照上文中试样的试验步骤进行筛析试验操作。每个试验筛的标定应称取两个标准样品连续进行,中间不得插做其他样品试验。

(2)标定结果。两个样品结果的算术平均值为最终值,但当两个样品筛余结果相差大于 0.3% 时,应称第三个样品进行试验,并取接近的两个结果进行平均作为最终结果。

(3)修正系数计算。修正系数按下式计算,计算结果精确至 0.01。

$$C = \frac{F_s}{F_t} \tag{3-1-2}$$

式中:C——试验筛修正系数;

F_s——标准样品的筛余标准值,单位为质量百分数(%);

F_t——标准样品在试验筛上的筛余值,单位为质量百分数(%)。

(4)合格判定。当 C 值在 0.80~1.20 范围内时,试验筛可继续使用,C 作为结果修正系数;当 C 值超出 0.80~1.20 范围时,试验筛应予以淘汰。

3. 水泥试样筛余百分数结果修正

按下式计算:

$$F_c = C \cdot F \tag{3-1-3}$$

式中:F_c——水泥试样修正后的筛余百分数(%);

C——试验筛修正系数;

F——水泥试样修正前的筛余百分数(%)。

合格评定时,每个样品应称取两个试样分别筛析,取筛余平均值为筛析结果。若两次筛余结果绝对误差大于 0.5% 时(筛余值大于 5.0% 时可放至 1.0%),应再做一次试验,取两次相近结果的算术平均值作为最终结果。

负压筛法、水筛法、手工筛析法测定的结果发生争议时,以负压筛法为准。

(3)水泥净浆标准稠度用水量

水泥净浆是指水泥加水拌和而成的均匀浆体。为使水泥凝结时间和安定性的测定结果具有可比性,必须采用同一稠度的水泥净浆,该稠度称为标准稠度。我国现行国家标准(GB/T 1346—2011)规定,水泥净浆稠度采用维卡仪测定,以试杆沉入净浆并距底板 6mm±1mm 的稠度为"标准稠度",此时的用水量为标准稠度用水量。

(4)凝结时间

凝结时间是指水泥从加水开始到水泥浆失去可塑性所需的时间。凝结时间分为初凝时间和终凝时间。初凝时间是水泥从加水开始到水泥浆开始失去可塑性所需的时间;终凝时间是水泥从加水开始到水泥浆完全失去可塑性所需的时间。

水泥的凝结时间对水泥混凝土的施工有重要意义。初凝时间太短,将影响混凝土拌和物的运输、浇筑和振捣等各工序的操作;终凝时间过长,则影响混凝土的施工进度。

硅酸盐水泥初凝时间不小于 45min,终凝时间不大于 390min。

普通硅酸盐水泥、矿渣硅酸盐水泥、火山灰质硅酸盐水泥、粉煤灰硅酸盐水泥和复合硅酸盐水泥的初凝时间不小于45min,终凝时间不大于600min。

(5)体积安定性

水泥体积安定性是表征水泥硬化后体积变化均匀性的物理性能指标。各种水泥在凝结硬化过程中,如果产生不均匀变形或变形过大,使构件产生膨胀裂缝,就是水泥体积安定性不良,将影响工程质量,甚至造成结构物破坏。

影响水泥体积安定性的因素主要为:熟料中氧化镁含量;水泥中三氧化硫含量。

安定性的测试方法有沸煮法和试饼法,其中沸煮法为标准法,试饼法为代用法。安定性的技术要求为沸煮法合格。

GB/T 1346—2011 水泥标准稠度用水量、凝结时间、安定性检验方法

14-水泥标准稠度用水量试验　　15-水泥凝结时间试验　　16-水泥体积安定性试验

一、目的和适用范围

本标准规定了水泥标准稠度用水量、凝结时间和由游离氧化钙造成的体积安定性检验方法的原理、仪器设备、材料、试验条件和测定方法。

本标准适用于硅酸盐水泥、普通硅酸盐水泥、矿渣硅酸盐水泥、粉煤灰硅酸盐水泥、火山灰质硅酸盐水泥、复合硅酸盐水泥以及指定采用本方法的其他品种水泥。

二、仪器设备

(1)水泥净浆搅拌机,符合《注浆搅拌机》(JC/T 729—2005)的要求,如图3-1-9所示。

(2)标准法维卡仪,如图3-1-10所示。标准稠度试杆由有效长度为50mm±1mm,直径为$\phi 10mm \pm 0.05mm$的圆柱形耐腐蚀金属制成。初凝用试针由钢制成,有效长度初凝针为50mm±1mm,终凝针为30mm±1mm,直径为$\phi 1.13mm \pm 0.05mm$。滑动部分的总质量为300g±1g。与试杆、试针连接的滑动杆表面应光滑,能靠重力自由下落,不得有紧涩和松动现象。

盛装水泥净浆的试模由耐腐蚀的、有足够硬度的金属制成。试模为深40mm±0.2mm、顶内径$\phi 65mm \pm 0.5mm$、底内径$\phi 75mm \pm 0.5mm$的截顶圆锥体。每个试模应配备一个边长或直径约为100mm、厚度4~5mm的平板玻璃底板或金属底板。

(3)雷氏夹,由铜质材料制成,如图3-1-11所示。当一根指针的根部先悬挂在一根金属丝或尼

图3-1-9　水泥净浆搅拌机

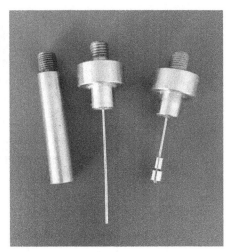

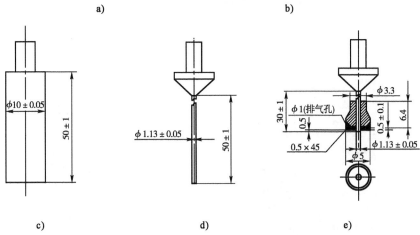

图 3-1-10 标准法维卡仪(尺寸单位:mm)
a)标准法维卡仪实物;b)顺序为试杆、初凝针、终凝针;c)标准稠度试杆;d)初凝用试针;e)终凝用试针

龙丝上,另一根指针的根部再挂上300g质量砝码时,两根指针针尖的距离增加应在17.5mm±2.5mm范围内,即$2x = 17.5mm \pm 2.5mm$,如图3-1-12所示。当去掉砝码后针尖的距离能恢复至挂砝码前的状态,如图3-1-13所示。

(4)水泥安定性试验沸煮箱,符合《水泥安定性试验用沸煮箱》(JC/T 955—2005)的要求。

(5)雷氏夹膨胀测定仪,如图3-1-12所示。标尺最小刻度为0.5mm。

(6)量筒或滴定管,精度±0.5mL。

(7)天平,最大称量不小于1 000g,分度值不大于1g。

三、材料

试验用水应是洁净的饮用水,如有争议时应以蒸馏水为准。

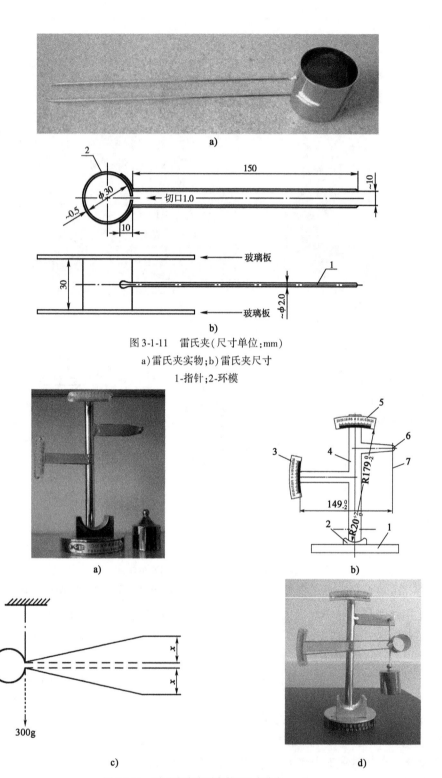

图 3-1-11 雷氏夹(尺寸单位:mm)
a)雷氏夹实物;b)雷氏夹尺寸
1-指针;2-环模

图 3-1-12 雷氏夹膨胀测定仪(尺寸单位:mm)
a)实物;b)尺寸示意图;c)雷氏夹受力示意图;d)雷氏夹受力
1-底座;2-模子座;3-测弹性标尺;4-立柱;5-测膨胀值标尺;6-悬臂;7-悬丝

四、试验条件

(1) 试验室温度为20℃±2℃,相对湿度应不低于50%;水泥试样、拌和水、仪器和用具的温度应与试验室一致。

(2) 湿气养护箱的温度为20℃±1℃,相对湿度应不低于90%。

五、标准稠度用水量测定(标准法)

1. 试验前准备工作

(1) 维卡仪的滑动杆能自由滑动。试模和玻璃底板用湿布擦拭,将试模放在底板上。

(2) 调整至试杆接触玻璃板时指针对准零点。

(3) 搅拌机运行正常。

2. 水泥净浆拌制

用水泥净浆搅拌机搅拌,搅拌锅和搅拌叶片先用湿布擦过,将拌和水倒入搅拌锅内,然后在5~10s内小心将称好的500g水泥加入水中,防止水和水泥溅

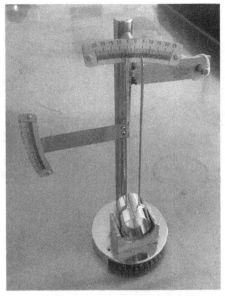

图3-1-13 去掉砝码后雷氏夹针尖的距离能恢复到10mm

出;拌和时,先将锅放在搅拌机的锅座上,升至搅拌位置,启动搅拌机,低速搅拌120s,停15s,同时将叶片和锅壁上的水泥浆刮入锅中间,接着高速搅拌120s停机。

3. 标准稠度用水量的测定步骤

拌和结束后,立即取适量水泥净浆一次性将其装入已置于玻璃底板上的试模中,如图3-1-14所示,用宽约25mm的直边刀轻轻拍打超出试模部分的浆体5次以排除浆体中的空隙,然后在试模表面约1/3处,略倾斜于试模分别向外轻轻锯掉多余净浆,再从试模边沿轻抹顶部一次,使净浆表面光滑,在刮掉多余净浆和抹平的操作过程中,注意不要压实净浆;抹平后迅速将试模和底板移到维卡仪上,并将其中心定在试杆上,降低试杆直至与水泥净浆表面接触,拧紧螺钉1~2s后,突然放松,使试杆垂直自由地沉入水泥净浆中,如图3-1-14所示。在试杆停止沉入或释放试杆30s时记录试杆距底板之间的距离,升起试杆后,立即擦净;整个操作应在搅拌后1.5min内完成。以试杆沉入净浆并距底板6mm±1mm的水泥净浆为标准稠度净浆。其拌和水量为该水泥的标准稠度用水量(P),按水泥质量的百分比计。

六、凝结时间测定

1. 试验前准备工作

调整凝结时间测定仪的试针接触玻璃板时指针对准零点。

2. 试件的制备

以标准稠度用水量按上述净浆拌制方法制成标准稠度净浆,按标准稠度用水量的操作步骤装模和刮平后,立即放入湿气养护箱中。记录水泥全部加入水中的时间作为凝结时间的起始时间。

3. 初凝时间的测定

试件在湿气养护箱中养护至加水后30min时进行第一次测定。测定时,从湿气养护箱中

图 3-1-14 标准稠度用水量的测定步骤

a)将水泥净浆装入试模;b)从试模边沿轻抹顶部一次;c)试模和底板移到维卡仪;d)试杆与净浆表面接触;e)试杆沉入水泥净浆;f)记录试杆距底板距离

取出试模放到试针下,降低试针与水泥净浆表面接触。拧紧螺钉 1~2s 后,突然放松,试针垂直自由地沉入水泥净浆。观察试针停止下沉或释放试针 30s 时指针的读数。临近初凝时间时每隔 5min(或更短时间)测定一次,当试针沉至距底板 4mm±1mm 时,水泥达到初凝状态;由水泥全部加入水中至初凝状态的时间为水泥的初凝时间,用分钟(min)表示,如图 3-1-15 所示。

4. 测定注意事项

测定时应注意,在最初测定的操作时应轻轻扶持金属柱,使其徐徐下降,以防试针撞弯,但结果以自由下落为准;在整个测试过程中试针沉入的位置至少要距试模内壁 10mm。临近初凝时,每隔 5min(或更短时间)测定一次,临近终凝时每隔 15min(或更短时间)测定一次,到达初凝或终凝时应立即重复测一次,当两次结论相同时才能定为到达初凝。要判断是否到达终凝,则需要在试体另外两个不同点测试,确认结论相同才能确定到达终凝状态。每次测定不能让试针落入原针孔,每次测试完毕须将试针擦净并将试模放回湿气养护箱内,整个测试过程要防止试模受振,如图 3-1-16 所示。

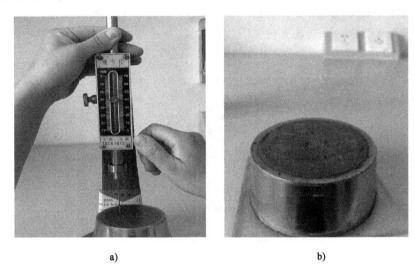

图 3-1-15 初凝时间测定
a)初凝针与净浆表面接触;b)初凝测定以后的针孔

图 3-1-16 终凝时间测定
a)终凝针与净浆表面接触;b)终凝测定以后的针孔

七、安定性测定(标准法)

1. 试验前准备工作

每个试样需成型两个试件,每个雷氏夹需配备两个边长或直径约 80mm、厚度 4~5mm 的玻璃板,凡与水泥净浆接触的玻璃板和雷氏夹内表面都要稍稍涂上一层油。(注:有些油会影响凝结时间、矿物油比较合适。)

2.雷氏夹试件的成型

将预先准备好的雷氏夹放在已稍擦油的玻璃板上,立即将已制好的标准稠度水泥净浆一次性装满雷氏夹。装浆时一只手轻轻扶持雷氏夹,另一只手用宽度约25mm的直边刀在浆体表面轻轻插捣3次,然后抹平,盖上稍擦油的玻璃板,接着立即将试件移至湿气养护箱内养护24h±2h,如图3-1-17所示。

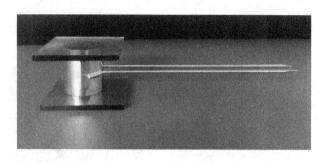

图3-1-17 雷氏夹试件成型

3.沸煮

(1)调整好煮沸箱内水位,使水能保证在整个沸煮过程中都超过试件,不需中途添补试验用水,同时又能保证在30min±5min内升至沸腾。

(2)脱去玻璃板取下试件,先测量雷氏夹指针尖端间的距离(A),精确到0.5mm,接着将试件放入沸煮箱中的试件架上,指针朝上,然后在30min±5min内加热至沸腾,并恒沸180min±5min。

4.结果判别

沸煮结束后,立即放掉箱中的热水,打开箱盖,待箱体冷却至室温,取出试件进行判别。测定雷氏夹指针尖端的距离C,精确到0.5mm,当两个试件煮后指针尖端增加距离($C-A$)的平均值不大于5.0mm时,即认为该水泥安定性合格。当两个试件煮后增加距离($C-A$)的平均值大于5.0mm时,应用同一样品立即重做一次试验。以复检结果为准。

(6)强度

强度是确定水泥强度等级的主要依据,也是反映水泥胶结能力的重要指标,强度愈高,承受荷载的能力愈强,胶结能力也愈强。

按我国国家标准《水泥胶砂强度检验方法(ISO法)》(GB/T 17671—1999)规定用水泥胶砂来评定水泥的强度。此方法是以1:3的水泥和中国ISO标准砂,按规定的水胶比0.5,用标准制作方法制成40mm×40mm×160mm的标准试件,在标准养护条件下,达到规定龄期(3d、28d)时,测定其抗折强度和抗压强度,根据28d抗压强度确定水泥强度等级。

按照我国国家标准《通用硅酸盐水泥》(GB/T 175—2007)规定,硅酸盐水泥的强度等级分为42.5、42.5R、52.5、52.5R、62.5和62.5R六个等级;普通硅酸盐水泥的强度等级分为42.5、42.5R、52.5和52.5R四个等级;矿渣硅酸盐水泥、火山灰质硅酸盐水泥、粉煤灰硅酸盐水泥、复合硅酸盐水泥的强度等级分为32.5、32.5R、42.5、42.5R、52.5和52.5R六个等级。通用硅酸盐水泥各强度等级不同龄期强度应符合表3-1-3的规定。

通用硅酸盐水泥各龄期强度(GB/T 175—2007)　　　表 3-1-3

品　种	强度等级	抗压强度(MPa)		抗折强度(MPa)	
		3d	28d	3d	28d
硅酸盐水泥	42.5	≥17.0	≥42.5	≥3.5	≥6.5
	42.5R	≥22.0		≥4.0	
	52.5	≥23.0	≥52.5	≥4.0	≥7.0
	52.5R	≥27.0		≥5.0	
	62.5	≥28.0	≥62.5	≥5.0	≥8.0
	62.5R	≥32.0		≥5.5	
普通硅酸盐水泥	42.5	≥17.0	≥42.5	≥3.5	≥6.5
	42.5R	≥22.0		≥4.0	
	52.5	≥23.0	≥52.5	≥4.0	≥7.0
	52.5R	≥27.0		≥5.0	
矿渣硅酸盐水泥 火山灰质硅酸盐水泥 粉煤灰硅酸盐水泥 复合硅酸盐水泥	32.5	≥10.0	≥32.5	≥2.5	≥5.5
	32.5R	≥15.0		≥3.5	
	42.5	≥15.0	≥42.5	≥3.5	≥6.5
	42.5R	≥19.0		≥4.0	
	52.5	≥21.0	≥52.5	≥4.0	≥7.0
	52.5R	≥23.0		≥4.5	

任务实施

GB/T 17671—1999　水泥胶砂强度检验方法(ISO 法)

一、试验目的适用范围

本方法规定水泥胶砂强度检验基准方法的仪器、材料、胶砂组成、试验条件、操作步骤和结果计算。

本方法适用于硅酸盐水泥、普通硅酸盐水泥、矿渣硅酸盐水泥、粉煤灰硅酸盐水泥、复合硅酸盐水泥、石灰石硅酸盐水泥的抗折与抗压强度的检验。其他水泥采用本标准时必须研究本标准的适用性。

17-水泥胶砂强度(ISO 法)试验

二、试验室

(1)试体成型试验室的温度应保持在 20℃±2℃(包括强度试验室),相对湿度应不低于 50%。

(2)试体带模养护的养护箱或雾室温度 20℃±1℃,相对湿度不低于 90%,试体养护水的温度 20℃±1℃。

(3)试验室空气温度和相对湿度及养护池水温在工作期间每天至少记录 1 次。养护箱或雾室的温度和相对湿度至少每 4h 记录 1 次,在自动控制的情况下记录次数可以酌减至 1d 记录 2 次。

三、仪器设备

(1)胶砂搅拌机属行星式,应符合《行星式胶砂搅拌机》(JC/T 681)的规定,如图3-1-18所示。叶片与锅之间的间隙是指叶片与锅壁最近的距离,应每月检查一次。

图 3-1-18 胶砂搅拌机

(2)振实台(图3-1-19)应符合《水泥胶砂试体成型振实台》(JC/T 682)的规定。振实台应安装在高度约400mm的混凝土基座上。混凝土体积约为$0.25m^3$时,质量约600kg。需防止外部振动影响振实效果时,可在整个混凝土基座下放一层厚约5mm天然橡胶弹性衬垫。将仪器用地脚螺旋固定在基座上,安装后设备成水平状态,仪器底座与基座之间要铺一层砂浆以保证它们完全接触。

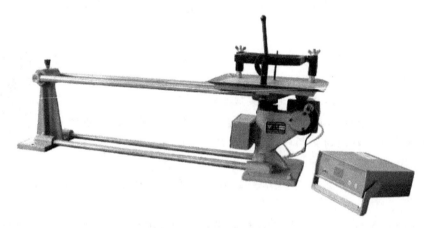

图 3-1-19 水泥胶砂振实台

(3)试模制造质量应符合《水泥胶砂试模》(JC/T 726)的规定。试模由三个水平的模槽组成,如图3-1-20c)所示,可同时成型三条截面为40mm×40mm×160mm的棱柱形试件。

在组装试模时,应用黄干油等密封材料涂覆模型的外接缝。试模的内表面应涂上一薄层模型油或机油,如图3-1-20所示。

图 3-1-20 试模准备工作
a) 成型前将试模擦净；b) 四周模板及底座涂刷黄油；c) 内壁涂刷机油

成型操作时，应在试模上面加一个壁高 20mm 的金属模套，当从上向下看时，模套壁与模型内壁应该重叠，超出内壁不应大于 1mm。

为了控制料层厚度和刮平胶砂，应备有图 3-1-21 所示的两个播料器和一把金属刮平直尺。

(4) 抗折试验机应符合《水泥胶砂电动抗折试验机》(JC/T 724) 的要求，如图 3-1-22 所示。抗折夹具也应符合《水泥胶砂电动抗折试验机》(JC/T 724) 的要求，如图 3-1-23a) 所示。试件在夹具中受力状态如图 3-1-23b) 所示。

图 3-1-21 大小播料器（右侧为大播料器）

图 3-1-22 抗折试验机

(5) 抗压试验机的最大荷载以 200～300kN 为宜。抗压试验机，在较大的 4/5 量程范围内使用时，记录的荷载应有 ±1.0% 的精度，并具有按 2 400N/s ±200N/s 速率的加荷能力，应具有一个能指示试件破坏时荷载的指示器。

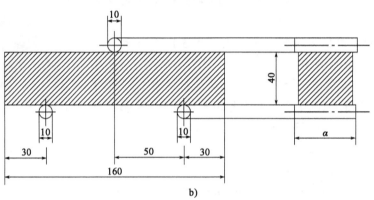

图 3-1-23 抗折试验(尺寸单位:mm)
a)抗折夹具;b)抗折强度测定加荷

压力机的活塞竖向轴应与压力机的竖向轴重合,在加荷时也不例外,而且活塞作用的合力要通过试件中心。压力机的下压板表面应与该机的轴线垂直并在加荷过程中一直保持不变。

当需要使用抗压夹具时,应把它放在压力机的上下压板之间并与压力机处于同一轴线,以便将压力机的荷载传递至胶砂试件表面。抗压夹具由硬质钢材制成,受压面积为40mm×40mm,并应符合《40mm×40mm水泥抗压夹具》(JC/T 683)的规定,如图3-1-24所示。

(6)天平:感量为1g。

四、材料

(1)试验水泥从取样到试验要保持24h以上时,应将其储存在基本装满和气密的容器中,这个容器不能与水泥反应。

图 3-1-24 抗压夹具

(2)ISO 标准砂。各国生产的 ISO 标准砂都可以按本方法测定水泥强度。中国标准砂符合 ISO697 中 5.1.3 要求,其质量控制按《水泥胶砂强度检验方法(ISO)》(GB/T 17671—1999)的第 11 章进行。

(3)试验用水为饮用水。仲裁试验时用蒸馏水。

五、胶砂制备

1. 配合比

胶砂的质量配合比应为一份水泥、三份标准砂和半份水(水胶比 0.5)。一锅胶砂成型三条试体,每锅材料需要量为:水泥 450g±2g;标准砂 1 350g±5g;水 225mL±1mL。

2. 配料

水泥试样、ISO 砂、拌和水和试验用具的温度应与试验室相同,称量用的天平精度应为 ±1g。当用自动滴管加 225mL 水时,滴管精度应达到 ±1mL。

3. 搅拌

每锅胶砂用搅拌机进行机械搅拌。先使搅拌机处于待工作状态,然后按以下的程序进行操作。

将水加入锅中,再加入水泥,把锅放在固定架上并上升至固定位置。然后立即开动机器,低速搅拌 30s 后,在第二个 30s 开始的同时均匀将砂子加入。当砂是分级装时,应从最粗粒级开始,依次加入,再高速搅拌 30s,如图 3-1-25 所示。

图 3-1-25 胶砂制作过程

a)将水加入锅里;b)倒入水泥;c)锅放在固定位置;d)低速搅拌 30s;e)第二个 30s 开始加入砂子;f)高速搅拌 30s

停拌 90s,在停拌中的第一个 15s 内用胶皮刮具将叶片和锅壁上的胶砂刮入锅中。在高速下继续搅拌 60s。各阶段时间误差应在 ±1s 内。

六、试件制备

(1) 用振实台成型时,胶砂制备后立即进行成型。将空试模和模套固定在振实台上,用适当的勺子直接从搅拌锅中将胶砂分两层装入试模。装第一层时,每个槽里约放 300g 砂浆,用大播料器垂直架在模套顶部,沿每个模槽来回一次将料层播平,接着振实 60 次。再装入第二层胶砂,用小播料器播平,再振实 60 次。移走模套,从振实台上取下试模,用一金属直尺以近似 90°的角度架在试模模顶的一端,沿试模长度方向以横向锯割动作慢慢向另一端移动,一次将超过试模部分的胶砂刮去,并用同一直尺以近乎水平的情况下将试体表面抹平,如图 3-1-26 所示。

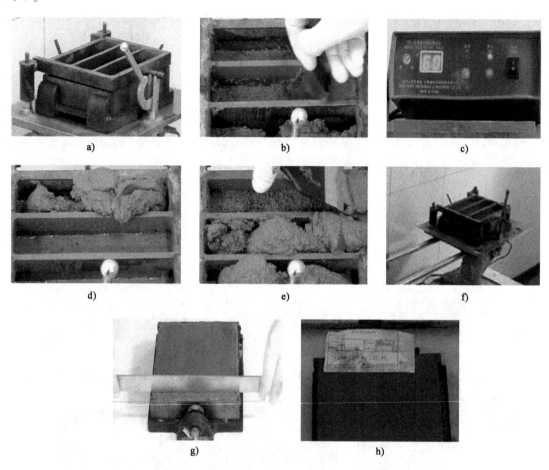

图 3-1-26 胶砂试块制作过程

a)空试模和模套固定在振实台;b)来回一次将料层播平;c)振实 60 次;d)装入第二层胶砂;e)小播料器播平;f)再振实 60 次;g)用刮尺以 90°的角度刮去多余胶砂;h)在试模上做标记

(2) 在试模上做标记或加字条标明试件的编号和试件相对于振实台的位置。

七、试件养护

1. 脱模前的处理和养护

去掉留在模子四周的胶砂。立即将做好标记的试模放入雾室或湿箱的水平架子上养护,湿空气应能与试模各边接触。养护时不应将试模放在其他试模上。一直养护到规定的脱模时间时取出脱模,如图 3-1-27 所示。

a)

b)

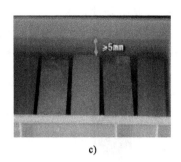
c)

图 3-1-27 胶砂试件养护
a)将试模放入养护箱养护;b)试块脱模;c)放入水槽中养护

脱模前,用防水墨汁或颜料笔对试体进行编号和做其他标记。两个龄期以上的试体,在编号时应将同一试模中的三条试体分在两个以上龄期内。

2. 脱模

脱模应非常小心(可用塑料槌或橡皮槌等),如图 3-1-27b)所示。对于 24h 龄期的试样,应在破型试验前 20min 内脱模。对于 24h 以上龄期的,应在成型后 20~24h 脱模。

注:如经 24h 养护,会因脱模对强度造成损害时,可以延迟到 24h 以后脱模,但在试验报告中应予说明。

已确定作为 24h 龄期试验(或其他不下水直接做试验)的已脱模试体,应用湿布覆盖至做试验时为止。

3. 水中养护

将做好标记的试件立即水平或竖直放在 20℃±1℃ 水中养护,水平放置时刮平面应朝上,如图 3-1-27 所示。

试件放在不易腐烂的篦子上,并彼此间保持一定间距,以便水与试件的六个面接触。养护期间试件之间间隔或试体上表面的水深不得小于 5mm。

注:不宜用木篦子。

每个养护池只养护同类型的水泥试件。

最初用自来水装满养护池(或容器),然后随时加水保持适当的恒定水位,不允许在养护期间全部换水。

除 24h 龄期或延迟至 48h 脱模的试体外,任何到龄期的试体应在试验(破型)前 15min 从水中取出。揩去试体表面沉积物,并用湿布覆盖至试验为止。

4. 强度试验试体的龄期

试体龄期是从水泥加水搅拌开始试验时算起。不同龄期强度试验在下列时间里进行:

——24h±15min;
——48h±30min;
——72h±45min;
——7d±2h;
——>28d±8h。

八、强度试验

以中心加荷法测定抗折强度。在折断后的棱柱体上进行抗压试验,受压面是试体成型时的两个侧面,面积为40mm×40mm。

1. 抗折强度试验

(1)将试体一个侧面放在试验机支撑圆柱上,试体长轴垂直于支撑圆柱,通过加荷圆柱以50N/s±10N/s的速度均匀地将荷载垂直地加在棱柱体相对侧面上,直至折断,如图3-1-28和图3-1-29所示。保持两个半截棱柱体处于潮湿状态直至进行抗压试验。

图3-1-28 恒应力抗折试验机加载试验

(2)抗折强度按下式计算,计算值精确至0.1MPa。

$$R_f = \frac{1.5F_f L}{b^3} \tag{3-1-4}$$

式中:R_f——抗折强度(MPa);
F_f——破坏荷载(N);
L——支撑圆柱中心距,$L=100$mm;
b——棱柱体正方形截面的边长,$b=40$mm。

图3-1-29 杠杆式抗折试验机加载试验
a)将杠杆调成水平状态;b)试件成型侧面朝上放入;c)调整夹具

(3)抗折强度结果取三个试件平均值,精确至0.1MPa。当三个强度值中有超出平均值±10%时,应剔除后再取平均值,以平均值作为抗折强度试验结果。

2. 抗压强度试验

(1)抗折试验后的断块应立即进行抗压试验,在半截棱柱体的侧面上进行,如图3-1-30所示。试验前应清除试件受压面与加压板间的砂粒或杂物。半截棱柱体中心与压力机压板受压中心差应在±0.5mm内,棱柱体露在压板外的部分约有10mm(试件的底面靠紧夹具定位销)。

(2)在整个加荷过程中以2 400N/s±200N/s的速率均匀地加荷直至破坏。

抗压强度R_c以兆帕(MPa)为单位,按下式计算,计算值精确至0.1MPa。

$$R_c = \frac{F_c}{A} \tag{3-1-5}$$

式中:R_c——抗压强度(MPa);
F_c——破坏荷载(N);
A——受压面积,$A=40$mm×40mm=1 600mm²。

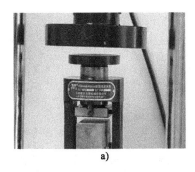  

图 3-1-30 试件放入抗压夹具
a)放入试块；b)断块试件应对准抗压夹具中心；c)加压

(3)抗压强度结果为一组 6 个断块试件抗压强度的算术平均值,精确至 0.1MPa。如果 6 个强度值中有一个值超过平均值±10%,应剔除后以剩下 5 个值的算术平均值作为最后结果。如果 5 个值中再有超过平均值±10%的,则此组试件无效。

九、试验报告

我国现行国家标准《通用硅酸盐水泥》(GB 175—2007)规定,检验结果符合化学指标、凝结时间、体积安定性和强度规定的为合格品;检验结果不符合其中任何一项技术要求为不合格品。

五、常用通用硅酸盐水泥的性质与用途

普通硅酸盐水泥、矿渣硅酸盐水泥、火山灰硅酸盐水泥及粉煤灰硅酸盐水泥虽有许多相同之处,但又各有特点,使用时应根据工程要求,合理选择水泥的品种,常用的通用硅酸盐水泥的特性及适用范围见表 3-1-4。

常用水泥特性及适用范围　　　　表 3-1-4

名　　称		硅酸盐水泥		普通硅酸盐水泥	矿渣硅酸盐水泥	火山灰硅酸盐水泥	粉煤灰硅酸盐水泥	复合硅酸盐水泥
代号		P.Ⅰ	P.Ⅱ	P.O	P.S	P.P	P.F	P.C
特性	硬化	快		较快	慢	慢	慢	慢
	早期强度	高		较高	低	低	低	低
	水化热	高		高	低	低	低	低
	抗冻性	好		好	差	差	差	差
	耐热性	差		较差	较好	较差	较差	好
	干缩性	较小		较小	较大	较大	较小	较小
	抗渗性	较好		较好	差	较好	较好	较好
	耐蚀性	较差		较差	较强	除混合材料含 Al_2O_3 较多者抗硫酸盐腐蚀性较弱外,一般均较强		较强
	泌水性	较小		较小	明显	小	小	小

续上表

名　　称	硅酸盐水泥	普通硅酸盐水泥	矿渣硅酸盐水泥	火山灰硅酸盐水泥	粉煤灰硅酸盐水泥	复合硅酸盐水泥
适用范围	1.一般土木建筑工程中的地上、地下和水中结构，无腐蚀、无压力水作用； 2.要求早期强度较高和低温施工无蒸汽养护的工程； 3.有抗冻性要求的工程		1.一般地上、地下和水中工程； 2.有硫酸盐侵蚀的工程； 3.有耐热要求的工程； 4.大体积混凝土结构； 5.有蒸气养护的工程	除不适于有耐热性要求的工程外，其他同矿渣硅酸盐水泥		1.厚大体积混凝土工程； 2.高湿度或水下的工程； 3.有抗渗要求的工程
不宜使用范围	1.不宜用于大体积混凝土工程； 2.不宜用于受腐蚀作用的工程； 3.不宜用于有压力水作用的工程		1.不宜用于早期强度要求较高的混凝土工程； 2.不得用于严寒地区处在水位升降范围内的混凝土工程	1.不宜用于干热环境或耐磨性要求较高的工程； 2.其他同矿渣水泥	1.不宜用于有抗炭化要求的工程； 2.其他同矿渣水泥	1.不宜用于有快硬或者抗冻要求的工程； 2.其他同矿渣水泥

六、其他品种水泥

1. 道路硅酸盐水泥

以适当成分生料烧至部分熔融，得到以硅酸钙为主要成分和较多量的铁铝酸钙的硅酸盐水泥熟料，加 0~10% 活性混合材料和适量石膏磨细制成的水硬性胶凝材料称为道路硅酸盐水泥(简称道路水泥)。

道路水泥要求有较高的抗折强度，熟料中 C_4AF 含量不得小于 16%。

道路水泥强度高，特别是具有较高的抗折强度，耐磨性好，干缩性小，抗冲击性好，抗冻性和抗硫酸盐腐蚀性较好。其适用于道路路面、机场跑道、城市广场等工程，可减少水泥混凝土路面的裂缝和磨耗等病害，减少维修，延长路面使用年限，因而可获得显著的社会效益和经济效益。

2. 快硬硅酸盐水泥

凡由硅酸盐水泥熟料和适量石膏磨细制成的，以 3d 抗压强度表示强度等级的水硬性胶凝材料称为快硬硅酸盐水泥(简称快硬水泥)。

快硬水泥有 32.5、37.5、42.5 三个强度等级。快硬水泥硬化速度快，早期强度高，故其适用于配制早强、高强度等级混凝土及紧急抢修工程，低温施工工程和高强度预应力钢筋混凝土或混凝土预制构件等。缺点是干缩变形大，容易吸湿降低强度，储存期超过一个月，必须重新检验；不宜用于大体积工程。

3. 抗硫酸盐硅酸盐水泥

以适当成分的生料,烧至部分熔融,得到以硅酸钙为主的特定矿物组成的熟料,加入适量石膏磨细制成的具有一定抗硫酸盐侵蚀性能的水硬性胶凝材料称为抗硫酸盐硅酸盐水泥(简称抗硫酸盐水泥)。

抗硫酸盐水泥有 32.5、42.5、52.5 三个强度等级。抗硫酸盐水泥要求熟料中 C_3S 含量小于 50%,C_3A 含量小于 5%,C_3A 和 C_4AF 总含量小于 22%。抗硫酸盐水泥除具有抗硫酸盐侵蚀的能力外,水化热也低,适用于一般受硫酸盐侵蚀的海港、水利、地下、隧道、引水、道路和桥涵基础工程。

4. 中热硅酸盐水泥和低热矿渣硅酸盐水泥(大坝水泥)

以适当成分的硅酸盐水泥熟料,加入适量石膏,磨细制成的具有中等水化热的水硬性胶凝材料称为中热硅酸盐水泥(简称中热水泥)。

以适当成分的硅酸盐水泥熟料,加入矿渣和适量石膏磨细制成的具有低水化热的水硬性胶凝材料,称为低热矿渣硅酸盐水泥(简称低热矿渣水泥)。

中热水泥和低热矿渣水泥通过限制水泥熟料中水化热大的 C_3A 和 C_3S 的含量,从而降低水化热。中热水泥和低热矿渣水泥主要适用于水化热较低的大坝和大体积混凝土工程。

七、水泥石的腐蚀与防止、水泥的储运

1. 水泥石的腐蚀

普通水泥混凝土在适宜的环境中,水泥石强度将不断增长,但在某些环境中水泥石强度降低,甚至引起混凝土结构物的破坏,这种现象称为水泥石的腐蚀。水泥石腐蚀一般有以下几种类型。

(1)淡水腐蚀:又称溶析性腐蚀,是指水泥石的水化产物被淡水溶解而带走,造成水泥混凝土中孔隙率增大,强度降低的一种侵蚀现象。

在硅酸盐水泥的水化产物中,$Ca(OH)_2$ 在水中的溶解度最大,首先被溶出。在水量小、静水或无压情况下,由于 $Ca(OH)_2$ 的迅速溶出,周围的水很快饱和,溶出作用也就中止。但在大量或流动的水中,由于 $Ca(OH)_2$ 不断被溶析,不仅混凝土的密度和强度降低,还会导致水化硅酸钙和水化铝酸钙的分解,最终可能引起整体结构物的破坏。

(2)硫酸盐的侵蚀:海水、沼泽水和工业污水中,常含有易溶的硫酸盐类,它们与水泥中的氢氧化钙反应生成石膏,石膏在水泥孔隙中结晶体积膨胀,且石膏与水泥中的水化铝酸钙作用,生成水化硫铝酸钙(即钙矾石),其体积可增大 1.5 倍,因此水泥石产生很大的内应力,使混凝土结构的强度降低,甚至破坏。

(3)镁盐侵蚀:在海水、地下水或矿泉水中,常含有较多的镁盐,如氯化镁、硫酸镁。镁盐与水泥石中的 $Ca(OH)_2$ 反应生成无胶结能力、极易溶于水的氯化钙,或生成二水石膏,导致水泥石的破坏。

(4)碳酸侵蚀:在工业污水或地下水中常溶解有较多的 CO_2,CO_2 与水泥石中的 $Ca(OH)_2$ 反应生成不溶于水的 $CaCO_3$,$CaCO_3$ 再与水中的 H_2CO_3 作用生成易溶于水的 $Ca(HCO_3)_2$,这种可溶性使水泥石的强度下降。

2. 水泥石腐蚀的防止

(1) 根据腐蚀环境特点,合理选用水泥品种。
(2) 提高水泥石的密实度。
(3) 敷设耐蚀保护层。

3. 水泥的储运

水泥容易与水作用结成硬块,降低使用品质。所以在水泥的应用、存储、运输过程中应特别注意:

(1) 防止受潮。
(2) 进场的水泥应按不同生产厂、品种、强度等级、批量分别存放,做好标记,严禁混杂,施工中不应将品种不同的水泥随意换用或混合使用。
(3) 水泥存放时间不宜过长,否则会自行水化,降低强度或结成硬块。硅酸盐水泥、普通水泥、矿渣水泥、火山灰水泥、粉煤灰水泥的有效存放期为三个月(自出厂之日算起)。超过有效期的水泥应视为过期水泥,使用前必须经过检验,重新鉴定其强度等级,才能使用。

课题二 水泥混凝土

水泥混凝土是由水泥、水和粗集料(碎石或卵石)、细集料(砂),必要时掺入外加剂,按适当比例配合,经搅拌、成型、养护而成的复合材料。这种材料具有许多优点:较高的抗压强度和较好的耐久性,可以浇筑成任意形状、不同强度、不同性能的建筑物,原材料来源广泛,价格低廉。因此,水泥混凝土已成为道路与桥梁工程的主要建筑材料。但水泥混凝土存在抗拉强度低、受拉时变形能力小、容易受温度和湿度变化而开裂、自重大等缺点。

一、水泥混凝土对组成材料的技术要求

水泥混凝土是由水泥、水、砂石集料配制而成。其中水泥和水起胶结作用,集料起骨架填充作用,水泥与水发生反应后形成黏结性很强的水泥浆,将集料颗粒牢固地黏结成整体,使混凝土具有一定强度。此外,常在混凝土中加入各种外加剂,以改善混凝土性能。

1. 水泥

1) 水泥品种的选择

五种常用水泥可根据混凝土工程的特点、所处环境、施工气候和条件等因素,参照表3-2-1进行选用。

五种常用水泥的选用 表3-2-1

工程性质	适用范围 水泥品种	硅酸盐水泥 (P)	普通硅酸盐水泥 (P.O)	矿渣硅酸盐水泥 (P.S)	火山灰硅酸盐水泥 (P.P)	粉煤灰硅酸盐水泥 (P.F)
工程特点	1. 厚大体积混凝土	不得使用	可以使用	优先选用	优先选用	优先选用
	2. 快硬混凝土	优先选用	可以使用	不得使用	不得使用	不得使用
	3. 高强(大于50级)混凝土	优先选用	可以使用	可以使用	不得使用	不得使用

续上表

适用范围 水泥品种 工程性质		硅酸盐水泥 (P)	普通 硅酸盐水泥 (P.O)	矿渣 硅酸盐水泥 (P.S)	火山灰 硅酸盐水泥 (P.P)	粉煤灰 硅酸盐水泥 (P.F)
工程特点	4.有抗渗要求的混凝土	优先选用	优先选用	不得使用	优先选用	优先选用
	5.耐磨混凝土(水泥强度等级≥32.5)	优先选用	优先选用	可以使用	不得使用	不得使用
环境条件	1.在普通气候环境中	可以使用	优先选用	可以使用	可以使用	可以使用
	2.在干燥环境中	可以使用	优先选用	可以使用	不得使用	不得使用
	3.在高温环境或永远处于水下的混凝土	可以使用	可以使用	优先选用	可以使用	可以使用
	4.寒冷地区的露天混凝土,寒冷地区处于水位升降范围内的混凝土(水泥强度等级≥32.5)	优先选用	优先选用	可以使用	不得使用	不得使用
	5.严寒地区处于水位升降范围内的混凝土(水泥强度等级≥32.5)	优先选用	优先选用	不得使用	不得使用	不得使用

2)水泥强度等级的选择

水泥强度等级选择,应与要求配制的混凝土强度等级相适应。如水泥强度等级选用过高,则混凝土中水泥用量过低,影响混凝土的和易性和耐久性。反之,如水泥强度等级选用过低,则混凝土中水泥用量太多,非但不经济,而且降低混凝土的某些技术品质(如收缩率增大等)。

2.细集料

混凝土用细集料应采用级配良好、质地坚硬、颗粒洁净的天然砂,也可使用机制砂。细集料不宜采用海砂,不得不采用海砂时,其氯离子含量应符合要求。砂按技术要求分为Ⅰ类、Ⅱ类、Ⅲ类。Ⅰ类宜用于强度等级大于C60的混凝土;Ⅱ类宜用于强度等级C30~C60及抗冻、抗渗或其他要求的混凝土;Ⅲ类宜用于强度等级小于C30的混凝土和建筑砂浆。

按照《公路桥梁施工技术规范》(JTG/T F50—2011)规定,配制混凝土时,对细集料的品质有以下要求,见表3-2-2。

细集料的技术指标　　　　　　　　表3-2-2

项　目			技 术 要 求		
			Ⅰ类	Ⅱ类	Ⅲ类
有害物质含量	云母(按质量计,%)		≤1.0	≤2.0	≤2.0
	轻物质(按质量计,%)		≤1.0	≤1.0	≤1.0
	有机物(比色法)		合格	合格	合格
	硫化物及硫酸盐(按SO_3质量计,%)		≤1.0	≤1.0	≤1.0
	氯化物(以氯离子质量计,%)		<0.01	<0.02	<0.06
天然砂含泥量(按质量计,%)			≤2.0	≤3.0	≤5.0
泥块含量(按质量计,%)			≤0.5	≤1.0	≤2.0
人工砂的石粉含量(按质量计,%)	亚甲蓝试验	MB值<1.4或合格	≤5.0	≤7.0	≤10.0
		MB值≥1.4或不合格	≤2.0	≤3.0	≤5.0

续上表

项　目		技术要求		
		Ⅰ类	Ⅱ类	Ⅲ类
坚固性	天然砂(硫酸钠溶液法经5次循环后的质量损失,%)	≤8	≤8	≤10
	人工砂单级最大压碎指标(%)	<20	<25	<30
表观密度(kg/m³)		>2 500		
松散堆积密度(kg/m³)		>1 350		
空隙率		<47		
碱集料反应		经碱集料反应试验后,由砂配制的试件无裂缝、酥裂、胶体外溢现象,在规定试验龄期的膨胀率应小于0.10%		

1) 有害杂质含量

砂中含泥量和泥块含量、云母、轻物质、有机物、硫化物及硫酸盐、氯盐含量应符合表 3-2-2 的规定。

2) 砂的粗细程度和颗粒级配

砂的粗细程度和颗粒级配应使所配制的混凝土达到设计强度等级和节约水泥的目的。

砂的粗细程度是指不同粒径的砂粒,混合在一起后的总体的粗细程度。在相同质量条件下,粗砂的表面积较小,细砂的表面积较大。在混凝土中,砂的表面需由水泥浆包裹,砂的表面积越小,则需要包裹砂粒表面的水泥浆越少,从而在保证混凝土质量的前提下节省水泥,因此配制混凝土用粗砂比用细砂节约水泥。

砂的颗粒级配,表示砂的大小颗粒搭配的情况。在混凝土中砂粒之间的空隙是由水泥浆所填充,为了达到节约水泥和提高强度的目的,应当尽量减少砂粒之间的空隙。为此,必须有大小不同粒径的颗粒搭配。

混凝土用砂的颗粒级配应符合表 3-2-3 的规定或图 3-2-1 中任何一个级配区所规定的级配范围。

颗粒级配　　　　　　　表 3-2-3

方孔筛(mm)	累计筛余(%) 级配区		
	Ⅰ区	Ⅱ区	Ⅲ区
9.5	0	0	0
4.75	10~0	10~0	10~0
2.36	35~5	25~0	15~0
1.18	65~35	50~10	25~0
0.6	85~71	70~41	40~16
0.3	95~80	92~70	85~55
0.15	100~90	100~90	100~90

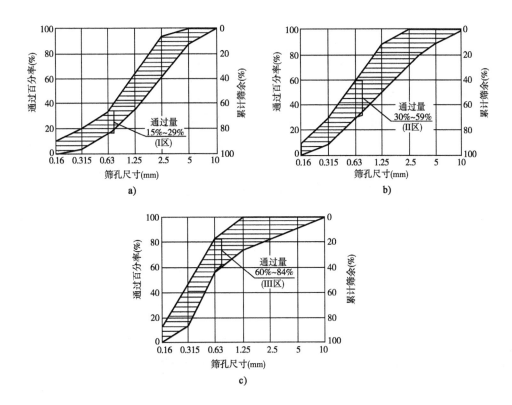

图 3-2-1　水泥混凝土用砂级配范围曲线
a) Ⅰ区砂；b) Ⅱ区砂；c) Ⅲ区砂

Ⅰ区砂属于粗砂范畴，用Ⅰ区砂配制混凝土时，应较Ⅱ区砂采用较大的砂率。否则，新拌制混凝土的内摩擦阻力较大、保水性差、不易捣实成型。Ⅱ区砂是由中砂和一部分偏粗的细砂组成，Ⅲ区砂系是由细砂和一部分偏细的中砂组成。当用Ⅲ区砂配制混凝土时，应较Ⅱ区砂采用较小的砂率，因应用Ⅲ区砂所配制成的新拌混凝土黏性略大，比较细软，易振捣成型，而且因为Ⅲ区砂的级配细、比表面积大，所以对新拌混凝土的工作性影响比较敏感。

3. 粗集料

普通混凝土中采用的粗集料主要是碎石和卵石。按卵石、碎石的技术要求分为Ⅰ类、Ⅱ类、Ⅲ类。Ⅰ类宜用于强度等级大于C60的混凝土；Ⅱ类宜用于强度等级大于C30~C60及抗冻、抗渗或其他要求的混凝土；Ⅲ类宜用于强度等级小于C30的混凝土。

配制混凝土时，对粗集料的品质有以下几方面的要求。

1）粗集料的技术指标

粗集料宜采用质地坚硬、洁净、级配合理、粒形良好、吸水率小的碎石或卵石，按照《公路桥梁施工技术规范》(JTG/T F50—2011)规定，其技术指标应符合表3-2-4的规定。

水泥混凝土中水泥的碱与某些碱活性集料发生化学反应，可引起混凝土产生膨胀、开裂甚至破坏，这种化学反应称为碱集料反应。

粗集料的技术指标　　　　　　　　表3-2-4

项　目		技术要求		
		Ⅰ类	Ⅱ类	Ⅲ类
有害物质含量	含泥量(按质量计,%)	<0.5	<1.0	<1.5
	泥块含量(按质量计,%)	0	<0.5	<0.7
	有机物含量(比色法)	合格	合格	合格
	硫化物及硫酸盐(按SO_3质量计,%)	<0.5	<1.0	<1.0
坚固性	碎石压碎指标(%)	<10	<20	<30
	卵石压碎指标(%)	<12	<16	<16
	(硫酸钠溶液法经5次循环后的质量损失,%)	<5	<8	<12
吸水率(%)		<1.0	<2.0	<2.5
针片状颗粒含量(按质量计,%)		<5	<15	<25
岩石抗压强度(水饱和状态,MPa)		火成岩>80,变质岩>60,水成岩>30		
表观密度(kg/m³)		>2 500		
松散堆积密度(kg/m³)		>1 350		
空隙率		<47		
碱集料反应		经碱集料反应试验后,试件无裂缝、酥裂、胶体外溢现象,在规定试验龄期的膨胀率应小于0.10%		

2)颗粒级配

粗集料应具有良好的颗粒级配,以减少空隙率,增强密实性,从而可以节约水泥,保证混凝土拌和物的和易性及混凝土强度。特别是配制高强混凝土,粗集料级配尤为重要。

粗集料应根据混凝土最大粒径采用连续两级配或连续多级配,不宜采用单粒级或间断级配配置。按照《公路桥梁施工技术规范》(JTG/T F50—2011)规定,粗集料的级配范围应符合表3-2-5的要求。

颗粒级配　　　　　　　　表3-2-5

	累计筛余(%) 方孔筛(mm)	2.36	4.75	9.50	16.0	19.0	26.5	31.5	37.5	53	63.0	75.0	90
公称粒径(mm)													
连续粒级	5~10	95~100	80~100	0~15	0								
	5~16	95~100	85~100	30~60	0~10	0							
	5~20	95~100	90~100	40~80		0~10	0						
	5~25	95~100	90~100		30~70		0~5	0					
	5~31.5	95~100	90~100	70~90		15~45		0~5	0				
	5~40		95~100	70~90		30~65			0~5	0			

续上表

累计筛余(%) \ 方孔筛(mm) 公称粒径(mm)		2.36	4.75	9.50	16.0	19.0	26.5	31.5	37.5	53	63.0	75.0	90
单粒粒级	10~20		95~100	85~100		0~15	0						
	16~31.5		95~100		85~100			0~10	0				
	20~40			95~100		80~100			0~10	0			
	31.5~63					95~100		75~100	45~75		0~10	0	
	40~80						95~100		70~100		30~60	0~10	0

(1)连续级配:优点是新拌混凝土较为密实,特别是具有优良的工作性,不易产生离析,故为经常采用的级配;缺点是配制相同强度的混凝土,比间断级配所需要的水泥用量要多。

(2)间断级配:优点是空隙率低,可以制成密实高强的混凝土,而且水泥用量少;缺点是间断级配混凝土拌和物容易产生离析现象,适宜于配制稠硬性拌和物,必须采用强力振捣。

3)最大粒径的选择

粗集料中公称粒级的上限称为该粒级的最大粒径。新拌混凝土随最大粒径的增大,单位用水量相应减少。在固定用水量和水胶比的条件下,加大最大粒径,可获得较好的工作性,通常在结构断面允许条件下,尽量增大最大粒径以节约水泥(注意最大粒径增大,抗拉强度会降低)。《公路桥梁施工技术规范》(JTG/T F50—2011)规定,粗集料最大粒径不得大于结构物最小尺寸的1/4和钢筋最小净距的3/4;对于混凝土实心板,允许采用最大粒径为1/3板厚的颗粒级配,但最大粒径不得超过37.5mm。

4)颗粒表面特征

粗集料的表面特征主要指集料表面的粗糙程度及孔隙特征等。一般情况下,当混凝土的水泥用量与用水量相同时,碎石混凝土比卵石混凝土的强度高20%左右,但卵石混凝土拌和物的和易性较好。

4.拌和用水

凡符合国家标准的生活饮用水,均可用以拌制混凝土。

二、水泥混凝土的技术性质

水泥混凝土的技术性质主要包括:混凝土拌和物的工作性、硬化后混凝土的力学性质和耐久性。

1.新拌混凝土的工作性(和易性)

水泥混凝土在尚未凝结硬化以前,称为新拌混凝土或混凝土拌和物。新拌混凝土的工艺性质,称为工作性(或称和易性)。

1)新拌混凝土工作性的概念

水泥混凝土的工作性,也称和易性,是指混凝土拌和物易于施工操作(拌和、运输、浇筑、振捣)且成型后质量均匀、密实的性能。实际上,混凝土拌和物的和易性是一项综合技术性质,包括流动性、黏聚性和保水性三个方面含义。流动性是指混凝土拌和物在自重或机械振捣作用下,能产生流动,并均匀密实地填满模板的性能。黏聚性是指混凝土拌和物在施工过程中其组成材料之间有一定的黏聚力,不致产生分层和离析的现象。保水性是指混凝土拌和物在施工过程中,具有一定的保水能力,不致产生严重的泌水现象。

2)新拌混凝土工作性的测定方法

混凝土拌和物工作性常用的测定方法,有坍落度试验和维勃稠度试验两种。

任务实施

T 0521—2005 水泥混凝土拌和物的拌和方法

一、目的和适用范围

本方法规定了在常温环境中室内水泥混凝土拌和物的拌和方法。

轻质水泥混凝土、防水水泥混凝土、碾压水泥混凝土等其他特种水泥混凝土的拌和方法,可以参照本方法进行,但因其特殊性所引起的对试验设备及方法的特殊要求,均应遵照对这些水泥混凝土的有关技术规定进行。

18-水泥混凝土拌和物的拌和与现场取样方法

二、仪器设备

(1)搅拌机:自由式或强制式。

(2)振动台:标准振动台,符合《混凝土试验用振动台》(JG/T 245)的要求。

(3)磅秤:感量满足称量总量1%的磅秤。

(4)天平:感量满足称量总量0.5%的天平。

(5)其他:铁板、铁铲等。

三、材料

(1)所有材料均应符合有关要求,拌和前材料应放在温度20℃±5℃的室内。

(2)为防止粗集料的离析,可将集料按不同粒径分开,使用时再按一定比例混合。试样从抽取至试验完毕过程中,不要风吹日晒,必要时应采取保护措施。

四、拌和步骤

(1)拌和时保持室温20℃±5℃。

(2)拌和物的总量至少应比所需量高20%以上。拌制混凝土的材料用量应以质量计,称量的精确度:集料为±1%,水、水泥、掺合料和外加剂为±0.5%。

(3)粗集料、细集料均以干燥状态为基准,计算用水量时应扣除粗集料、细集料的含水率。

注:干燥状态是指含水率小于0.5%的细集料和含水率小于0.2%的粗集料。

(4)外加剂的加入:对于不溶于水或难溶于水且不含潮解型盐类,应先和一部分水泥拌和,以保证充分分散;对于不溶于水或难溶于水但含潮解型盐类,应先和细集料拌和;对于水溶性或液体,应先和水拌和;其他特殊外加剂,应遵守有关规定。

(5)拌制混凝土所用各种用具,如铁板、铁铲、抹刀,应预先用水润湿,使用完后必须清洗干净。

(6)使用搅拌机前,应先用少量砂浆进行涮膛,再刮出涮膛砂浆,以避免正式拌和混凝土时水泥砂浆黏附筒壁的损失。涮膛砂浆的水胶比及砂灰比,应与正式的混凝土配合比相同。

(7)用搅拌机拌和时,拌和量宜为搅拌机公称容量的1/4~3/4。

(8)搅拌机搅拌。按规定称好原材料,向搅拌机内按顺序加入粗集料、细集料、水泥。开动搅拌机,将材料拌和均匀,在拌和过程中徐徐加水,全部加料时间不宜超过2min。水全部加入后,继续拌和2min,而后将拌和物倾倒在铁板上,再经人工翻拌1~2min,务必使拌和物均匀一致,如图3-2-2所示。

图3-2-2 搅拌机拌和

(9)人工拌和。采用人工拌和时,先用湿布将铁板、铁铲润湿,再将称好的砂和水泥在铁板上拌匀,加入粗集料,再混合搅拌均匀。而后将此拌和物堆成长堆,中心扒成长槽,将称好的水倒入约一半,将其与拌和物仔细拌匀,再将材料堆成长堆,扒成长槽,倒入剩余的水,继续进行拌和,来回翻拌至少6遍,如图3-2-3所示。

图3-2-3 人工拌和

(10)从试样制备完毕到开始做各项性能试验不宜超过5min(不包括成型试件)。

任务实施

T 0522—2005 水泥混凝土拌和物稠度试验方法(坍落度仪法)

一、目的和适用范围

本方法规定了采用坍落度仪测定水泥混凝土拌和物稠度的方法和步骤。

19-水泥混凝土拌和物的和易性

本方法适用于坍落度大于10mm,集料公称最大粒径不大于31.5mm的水泥混凝土的坍落度测定。

二、仪器设备

(1)坍落筒:如图3-2-4所示,符合《混凝土坍落度仪》(JG/T 248—2009)中有关技术要求。

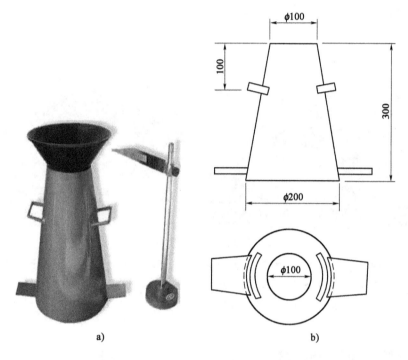

图3-2-4 坍落度试验用坍落筒(尺寸单位:mm)
a)实物图;b)坍落筒尺寸

(2)捣棒:符合《混凝土坍落度仪》(JG/T 248—2009)中有关技术要求,为直径16mm、长约600mm并具有半球形端头的钢质圆棒。

(3)其他:小铲、木尺、小钢尺、镘刀和钢平板等。

三、试验步骤

(1)试验前将坍落筒内外洗净,放在经水润湿过的平板上(平板吸水时应垫以塑料布),踏紧脚踏板。

(2)将代表样分三层装入筒内,每层装入高度稍大于筒高的1/3,用捣棒在每一层的横截面上均匀插捣25次。插捣在全部面积上进行,沿螺旋线由边缘至中心,插捣底层时插至底部,插捣其他两层时,应插透本层并插入下层20~30mm,插捣须垂直压下(边缘部分除外),不得冲击。在插捣顶层时,装入的混凝土应高出坍落筒口。随插捣过程随时添加拌和物,如图3-2-5所示。当顶层插捣完毕后,将捣棒用锯和滚的动作清除掉多余的混凝土,用镘刀抹平筒口,刮净筒底周围的拌和物。而后立即垂直地提起坍落筒,提筒在5~10s完成,并使混凝土不受横向及扭力作用。从开始装料到提出坍落度筒整个过程应在150s内完成。

（3）将坍落筒放在锥体混凝土试样一旁，筒顶平放木尺，用小钢尺量出木尺底面至试样顶面最高点的垂直距离，即为该混凝土拌和物的坍落度，精确至1mm，如图3-2-6所示。

图3-2-5　用捣棒均匀插捣

图3-2-6　坍落度测量

（4）当混凝土试件的一侧发生崩坍或一边剪切破坏，则应重新取样另测。如果第二次仍发生上述情况，则表示该混凝土和易性不好，应记录。

（5）当混凝土拌和物的坍落度大于220mm时，用钢尺测量混凝土扩展后最终的最大直径和最小直径，在这两个直径之差小于50mm的条件下，用其算术平均值作为坍落扩展度值；否则，此次试验无效。

（6）坍落度试验的同时，可用目测方法评定混凝土拌和物的下列性质，并予记录。

①棍度：按插捣混凝土拌和物时难易程度评定，分"上""中""下"三级。

"上"：表示插捣容易；

"中"：表示插捣时稍有石子阻滞的感觉；

"下"：表示很难插捣。

②含砂情况：按拌和物外观含砂多少而评定，分"多""中""少"三级。

"多"：表示用镘刀抹拌和物表面时，一两次即可使拌和物表面平整无蜂窝；

"中"：表示抹五六次才可使拌和物表面平整无蜂窝；

"少"：表示抹面困难，不易抹平，有空隙及石子外露等现象。

③黏聚性：观测拌和物各组分相互黏聚情况。评定方法是用捣棒在已坍落的混凝土锥体侧面轻打，如锥体在轻打后逐渐下沉，表示黏聚性良好；如锥体突然倒坍、部分崩裂或发生石子离析现象，即表示黏聚性不好。

④保水性：指水分从拌和物中析出情况，分"多量""少量""无"三级评定。

"多量"：表示提起坍落筒后，有较多水分从底部析出；

"少量"：表示提起坍落筒后，有少量水分从底部析出；

"无"：表示提起坍落筒后，没有水分从底部析出。

四、试验结果

混凝土拌和物坍落度和坍落扩展度值以毫米(mm)为单位,测量精确至1mm,结果修约至最接近的5mm。

3)新拌混凝土工作性的选择

新拌混凝土的坍落度,应根据结构物的断面尺寸、钢筋疏密和振捣方式来确定。当构件断面尺寸较小、钢筋较密或人工振捣时,应选择坍落度大一些,易于浇捣密实,以保证施工质量。反之,对于构件断面尺寸较大,钢筋配置稀疏,采用机械振捣时,尽可能选择较小的坍落度,以节约水泥。公路桥涵用混凝土坍落度参考表3-2-6选用。

公路桥涵用混凝土坍落度参考值 表3-2-6

项次	结构种类	坍落度(mm)	
		机械振捣	人工振捣
1	桥涵基础、墩台、仰拱、挡土墙及大型预制块,便于灌筑捣实的混凝土的结构	0~20	20~40
2	上列桥涵墩台等工程中较不便施工处	10~30	30~50
3	普通配筋的钢筋混凝土结构,如钢筋混凝土板、梁、柱等	30~50	50~70
4	钢筋较密、断面较小的钢筋混凝土结构(梁、柱、墙等)	50~70	70~90
5	钢筋配置特密、断面高而狭小极不便灌筑捣实的特殊结构部位	70~90	100~140

4)影响新拌混凝土工作性的因素

新拌混凝土工作性的影响因素主要有混合料的集浆比、水胶比和砂率,具体表现在混合料中水泥浆的数量与稠度以及砂石用量比例。此外,还与组成材料的品种和环境、温度、时间等因素有关。

(1)单位用水量的影响

增加用水量,流动性增大,但硬化后混凝土会产生较大的孔隙,从而降低混凝土的强度和耐久性。另外,用水量过多,会使新拌混凝土产生分层、泌水现象,反而降低工作性。因此,在保证混凝土的强度和耐久性的条件下,应根据流动性要求来确定单位用水量。

(2)集浆比的影响

集浆比就是单位混凝土拌和物中,集料与水泥浆绝对体积之比。水泥浆在混凝土拌和物中,除了填充集料间的空隙外,还包裹集料的表面,以减少集料颗粒间的摩阻力,使拌和物具有一定的流动性。在单位体积的混凝土拌和物中,如水胶比保持不变,则水泥浆数量越多,即集浆比越小,拌和物的流动性越大。但水泥浆过多,则出现流浆、泌水、分层等不良现象。

(3)水胶比的影响

水胶比指水的质量与胶凝材料(水泥及掺合料)质量之比。在水泥浆数量固定的情况下,水胶比即决定水泥浆的稠度,水胶比越大,水泥浆越稀,拌和物流动性也越大,但黏聚性和保水性却随之变差。在实际工作中常采用保持水胶比不变,同时增加或减少水与水泥用量来调整工作性。

(4)砂率的影响

砂率是指混凝土中砂的质量占砂、石总量的百分率。砂率反映了粗细集料的相对比例,它影响混凝土集料的空隙率和总表面积。砂率过大时集料的空隙率和总表面积增大，在水泥浆用量一定的条件下，拌和物流动性小。当砂率过小时，虽集料总表面积减小，但砂浆量不足，不能起润滑作用，流动性降低，更严重的是影响拌和物的黏聚性和保水性。因此，砂率应有一个合理值。合理砂率是指在水泥浆用量一定时，能使新拌混凝土获得最大流动性，且能保持黏聚性和保水性良好的砂率值。

(5) 水泥特性的影响

水泥的品种、细度、矿物组成及混合料的掺量都会影响需水量。不同品种的水泥达到标准稠度用水量不同，配制的混凝土拌和物具有不同的流动性。通常普通水泥比矿渣水泥和火山灰水泥混凝土拌和物的工作性好。矿渣水泥拌和物的流动性虽大，但黏聚性差，易泌水离析；火山灰水泥拌和物的流动性小，但黏聚性最好。

(6) 集料特性的影响

集料表面光滑、形状较圆、少棱角的卵石，所拌制的混合料流动动性好，但强度较表面粗糙、有棱角的碎石混凝土低。此外，具有优良级配、集料最大粒径较大的混凝土拌和物工作性较好。

(7) 温度和时间的影响

温度升高会导致坍落度减小，混合料随时间延长而变得干稠，造成坍落度损失。

(8) 外加剂的影响

在混凝土拌和物中加入少量外加剂，可在不增加用水量和水泥用量的情况下，有效地改善其工作性，同时可提高混凝土的强度和耐久性。

5) 改善新拌混凝土工作性的主要措施

(1) 调节混凝土的材料组成

在保证混凝土强度、耐久性和经济性的前提下，适当调整混凝土配合比以提高工作性。

(2) 掺加外加剂

如减水剂、引气剂等均能提高新拌混凝土的工作性，同时提高强度和耐久性且节约水泥。

2. 硬化后混凝土的力学性质

硬化后混凝土的力学性质包括强度和变形两个方面。

1) 强度

强度是硬化后混凝土的主要力学性质。混凝土强度有抗压强度、轴心抗压强度、劈裂抗拉强度和抗折强度等，其中主要指标有抗压强度和抗折强度。

(1) 抗压强度标准值和强度等级

在结构设计时，混凝土材料的强度是用强度等级作为依据的。混凝土各种力学强度值均可由强度等级换算，所以强度等级是混凝土各种力学强度标准值的基础。

①立方体抗压强度(f_{cc})。按照标准的制作方法制成边长为150mm的立方体试件，在标准养护条件（温度20℃±2℃，相对湿度95%以上）下，养护至28d龄期，按标准的测定方法测其抗压强度值，即为混凝土立方体试件抗压强度（简称立方体抗压强度）。

②立方体抗压强度标准值($f_{cu,k}$)。按照标准方法制作和养护的边长为150mm的立方体

试件,在28d龄期,用标准试验方法测得的具有95%保证率的抗压强度(以 MPa 计),以 $f_{cu,k}$ 表示。

③强度等级。混凝土强度等级是按立方体抗压强度标准值来确定的,是用符号"C"和"立方体抗压强度标准值"两项内容表示。例如,"C30"即表示混凝土立方体抗压强度标准值 $f_{cu,k} = 30\text{MPa}$。

我国现行行业标准《公路钢筋混凝土及预应力混凝土桥涵设计规范》(JTG 3362—2018)规定,普通混凝土按立方体抗压强度标准值划分为:C20、C25、C30、C35、C40、C45、C50、C55、C60、C65、C70、C75 和 C80 共 13 个强度等级。

(2)抗折强度(f_f)

道路路面或机场道面用水泥混凝土,以抗折强度(或称抗弯拉强度)为主要强度指标,抗压强度为参考强度指标。

道路水泥混凝土抗折强度是以标准制作方法制成 150mm×150mm×550mm 的棱柱体试件,在标准养护条件(温度20℃±2℃,相对湿度大于95%)下,养护28d龄期,按三分点加荷方式测定的抗折强度值。

任务实施

T 0551—2005 水泥混凝土试件制作方法

20-水泥混凝土试件的制作 21-水泥混凝土试件的制作
与养护(一)试件制作　　　与养护(二)试件养护

一、目的和适用范围

本方法规定了在常温环境中室内试验时水泥混凝土试件制作方法。

轻质水泥混凝土、防水水泥混凝土、碾压混凝土等其他特种水泥混凝土的制作方法,可以参照本方法进行。

二、仪器设备

(1)搅拌机:自由式或强制式。

(2)振动台:符合《混凝土试验用振动台》(JG/T 245)中技术要求的规定。

(3)混凝土试模:符合《混凝土试模》(JG 237)中技术要求的规定。

(4)捣棒、铁锹、抹刀等。

三、试件的制作

(1)成型前试模内壁涂一薄层矿物油。

(2)取拌和物的总量至少应比所需量高20%以上,并取出少量混凝土拌和物代表试样,在5min 内进行坍落度或维勃试验,认为品质合格后,应在 15min 内开始制作或做其他试验。

(3)对于坍落度小于 25mm 时,可采用φ25mm 的插入式振捣棒成型。将混凝土拌和物一次装入试模,装料时应用抹刀沿各试模壁插捣,并使混凝土拌和物高出试模口;振捣时振捣棒距底板 10~20mm,且不要接触底板。振捣直到表面出浆为止,且应避免过振,以防止混凝土离析,一般振捣时间为 20s。振捣棒拔出时要缓慢,拔出后不得留有孔洞。用刮刀刮去多余的混凝土,在临近初凝时,用抹刀抹平。试件抹面与试模边缘高低差不得超过 0.5mm。

注:这里不适合用水量非常低的水泥混凝土;同时不适于直径或高度不大于 100mm 的试件。

(4)当坍落度大于 25mm 且小于 70mm 时,用标准振动台成型。将试模放在振动台上夹牢,防止试模自由跳动,将拌和物一次装满试模并稍有富余,开动振动台至混凝土表面出现乳状水泥浆为止,振动过程中随时添加混凝土使试模常满,记录振动时间(约为维勃秒数的 2~3 倍,一般不超过 90s),如图 3-2-7 所示。振动结束后,用金属直尺沿试模边缘刮去多余的混凝土,用镘刀将表面初次抹平,待试件收浆后,再次用镘刀将试件仔细抹平,试件抹面与试模边缘的高低差不得超过 0.5mm。

(5)当坍落度大于 70mm 时,用人工成型。拌和物分厚度大致相等的两层装入试模。捣固时按螺旋方向从边缘到中心均匀地进行。插捣底层混凝土时,捣棒应达到模底,如图 3-2-8 所示;插捣上层时,捣棒应贯穿上层后插入下层 20~30mm 处。插捣时应用力将捣棒压下,保持捣棒垂直,不得冲击,捣完一层后,用橡皮锤轻轻击打试模外端面 10~15 下,以填平插捣过程中留下的孔洞。

图 3-2-7 标准振动台成型

图 3-2-8 人工成型

每层插捣次数 100cm² 截面积内不得少于 12 次。试件抹面与试模边缘高低差不得超过 0.5mm。

四、养护

(1)试件成型后,用湿布覆盖表面(或其他保持湿度办法),在室温 20℃±5℃,相对湿度大于 50% 的环境下,静放 1~2 个昼夜,然后拆模并作第一次外观检查、编号,对有缺陷的试件应除去,或加工补平。

(2)将完好试件放入标准养护室进行养护,标准养护室温度为 20℃±2℃,相对湿度在 95% 以上,试件宜放在铁架或木架上,间距至少 10~20mm,试件表面应保持一层水膜,并避免用水直接冲淋。当无标准养护室时,将试件放入温度 20℃±2℃ 的不流动的 $Ca(OH)_2$ 饱和溶液中养护。

(3)标准养护龄期为 28d(从搅拌加水开始)。非标准养护龄期为 1d、3d、7d、60d、90d、180d。

任务实施

T 0553—2005 水泥混凝土立方体抗压强度试验方法

一、试验目的和适用范围

本方法规定测定水泥混凝土抗压极限强度的方法和步骤。本方法可用于确定水泥混凝土的强度等级,作为评定水泥混凝土品质的主要指标。

本方法适用于各类水泥混凝土立方体试件的极限抗压强度试验。

二、仪器设备

(1)压力机或万能试验机:压力机除符合《液压式压力试验机》(GB/T 3159)及《试验机通用技术要求》(GB/T 2611)中的要求外,其测量精度为 ±1%,试件破坏荷载应大于压力机全量程的20%且小于压力机全量程的80%。同时应具有加荷速度指示装置或加荷速度控制装置。

22-水泥混凝土立方体抗压强度试验

(2)球座:钢质坚硬,面部平整度要求在100mm距离内高低差值不超过0.05mm,球面及球窝粗糙度 $Ra = 0.32\mu m$,研磨、转动灵活。

(3)混凝土强度等级大于等于C60时,试验机上、下压板之间应各垫一钢垫板,平面尺寸应不小于试件的承压面,其厚度至少为25mm。试件周围应设置防崩裂网罩。

三、试件制备和养护

(1)试件制备和养护应符合 T 0551 中有关规定。

(2)混凝土抗压强度试件尺寸符合 T 0551 中表 T 0551-1(本教材略)规定。

(3)集料公称最大粒径符合 T 0551 中表 T 0551-1(本教材略)规定。

(4)混凝土抗压强度试件应同龄期者为一组,每组为3个同条件制作和养护的混凝土试块。

四、试验步骤

(1)至试验龄期时,自养护室取出试件,应尽快试验,避免其湿度变化。

(2)取出试件,检查其尺寸及形状,相对两面应平行。量出棱边长度,精确至1mm。试件受力截面积按其与压力机上下接触面的平均值计算。在破型前,保持试件原有湿度,在试验时擦干试件。

(3)以成型时侧面为上下受压面,试件中心应与压力机几何对中。

(4)强度等级小于C30的混凝土取0.3~0.5MPa/s的加荷速度;强度等级大于C30小于C60时,则取0.5~0.8MPa/s的加荷速度;强度等级大于C60的混凝土取0.8~1.0MPa/s的加荷速度。当试件接近破坏而开始迅速变形时,应停止调整试验机油门,直至试件破坏,记录破坏极限荷载 $F(N)$,如图3-2-9所示。

图3-2-9 水泥混凝土立方体抗压强度试验

五、试验结果

（1）混凝土立方体抗压强度应按下式计算，精确至 0.1MPa。

$$f_{cu} = \frac{F}{A} \tag{3-2-1}$$

式中：f_{cu}——混凝土立方体试件抗压强度（MPa）；

F——极限荷载（N）；

A——受压面积（mm^2）。

（2）以3个试件测值的算术平均值作为测定值，计算精确至 0.1MPa。3个测值中的最大值或最小值中如有一个与中间值之差超过中间值的15%，则取中间值为测定值；如最大值和最小值与中间值之差均超过中间值的15%，则该组试件的试验结果无效。

（3）混凝土强度等级小于C60时，非标准试件的抗压强度应乘以尺寸换算系数（表3-2-7），并应在报告中注明。当混凝土强度等级大于等于C60时，宜用标准试件，使用非标准试件时，换算系数由试验确定。

立方体抗压强度尺寸换算系数　　　表3-2-7

试件尺寸（mm）	尺寸换算系数	试件尺寸（mm）	尺寸换算系数
100×100×100	0.95	200×200×200	1.05

T 0558—2005 水泥混凝土抗弯拉强度试验方法

一、目的和适用范围

本方法规定测定水泥混凝土抗弯拉极限强度的方法，以提供设计参数，检查水泥混凝土施工品质和确定抗弯拉弹性模量试验加荷标准。

本方法适用于各类水泥混凝土棱柱体试件。

23-水泥混凝土抗弯拉强度试验

二、仪器设备

（1）压力机或万能试验机：符合 T 0553 中二.1 的规定。

（2）抗弯拉试验装置（即三分点处双点加荷和三点自由支承式混凝土抗弯拉强度与抗弯拉弹性模量试验装置），如图 3-2-10 所示。

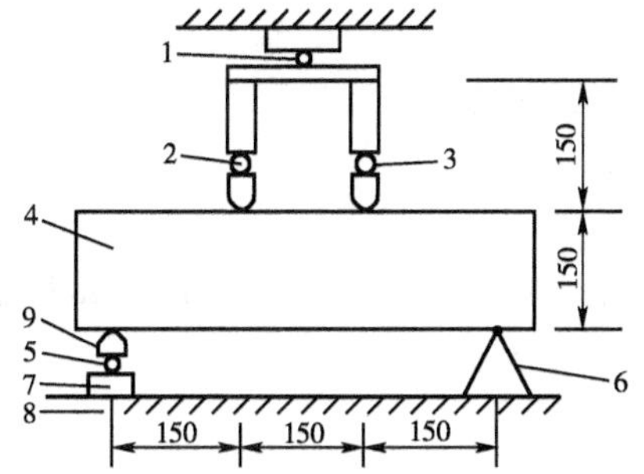

图 3-2-10　抗弯拉试验装置（尺寸单位：mm）
1、2—一个钢球；3、5—两个钢球；4—试件；6—固定支座；7—活动支座；8—机台；9—活动船形垫块

三、试件制备和养护

（1）试件尺寸应符合 T 0551 的规定，同时在试件长向中部1/3区段内表面不得有直径超过5mm、深度超过2mm的孔洞。

（2）混凝土抗弯拉强度试件应取同一龄期者为一组，每组3根同条件制作和养护的试件。

四、试验步骤

（1）试件取出后，用湿毛巾覆盖并及时进行试验，保持试件干湿状态不变。在试件中部量出其宽度和高度，精确至1mm。

(2)调整两个可移动支座,将试件安装在支座上,试件成型时的侧面朝上,几何对中后,务必使支座及承压面与活动船形垫块的接触面平稳、均匀,否则应垫平。

(3)加荷时应保持均匀、连续。当混凝土的强度等级小于C30时,加荷速度为0.02～0.05MPa/s;当混凝土的强度等级大于等于C30且小于C60时,加荷速度为0.05～0.08MPa/s;当混凝土的强度等级大于等于C60时,加荷速度为0.08～0.10MPa/s。当试件接近破坏而开始迅速变形时,不得调整试验机油门,直至试件破坏,记下破坏极限荷载$F(N)$,如图3-2-11所示。

图3-2-11 水泥混凝土抗弯拉强度试验

(4)记录下最大荷载和试件下边缘断裂的位置。

五、试验结果

(1)当断面发生在两个加荷点之间时,抗弯拉强度f_f按下式计算:

$$f_f = \frac{FL}{bh^2} \tag{3-2-2}$$

式中:f_f——抗弯拉强度(MPa);
　　F——极限荷载(N);
　　L——支座间距离(mm);
　　b——试件宽度(mm);
　　h——试件高度(mm)。

(2)以3个试件测值的算术平均值为测定值。3个试件中最大值或最小值中如有一个与中间值之差超过中间值的15%,则把最大值和最小值舍去,以中间值作为试件的抗弯拉强度;如最大值和最小值与中间值之差均超过中间值的15%,则该组试验结果无效。

3个试件中如有一个断裂面位于加荷点外侧,则混凝土抗弯拉强度按另外两个试件的试验结果计算。如果这两个测值的差值不大于这两个测值中较小值的15%,则以两个测值的平均值为测试结果,否则结果无效。

如果有两个试件均出现断裂面位于加荷点外侧,则该组结果无效。

注:断面位置在试件断块短边一侧的底面中轴线上量得。

抗弯拉强度计算应精确至0.1MPa。

(3)采用100mm×100mm×400mm非标准试件时,应乘以尺寸换算系数0.85;当混凝土强度等级大于等于C60时,应采用标准试件。

2)影响水泥混凝土强度的因素

(1)水泥强度和水胶比

试验表明,在配合比相同的条件下,水泥强度越高,制成的混凝土强度也越高。当水泥强度一定时,混凝土的强度主要取决于水胶比的大小,水胶比越小,水泥混凝土强度越高。

(2) 集料的品种、质量与数量

在其他条件相同的情况下,用碎石拌制的混凝土比卵石混凝土的强度高。集料强度过低、集料中有害杂质含量过多时会降低混凝土的强度。集浆比对混凝土、特别对高强度混凝土强度有一定影响。在水胶比相同的条件下,达到最优集浆比后,混凝土的强度随集浆比的减小而降低。

(3) 养护条件

混凝土在潮湿条件下养护强度高,在干燥条件下强度低。试验资料表明,混凝土在干燥条件下经过几个月后放在水中养护,强度仍会继续增长,时间愈长强度愈高。在湿度相同的养护条件下,低温养护强度发展较慢,当温度降至零度时,混凝土强度不仅停止增长,遭遇严寒还会引起混凝土崩溃。高温养护可以提高早期强度。温度对强度的影响如图 3-2-12 所示。

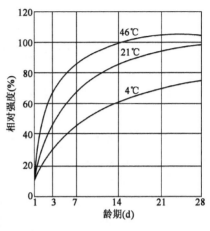

图 3-2-12 养护温度条件对混凝土强度的影响

(4) 龄期

混凝土在标准养护条件下,其强度与龄期的对数呈正比,如图 3-2-13 所示。

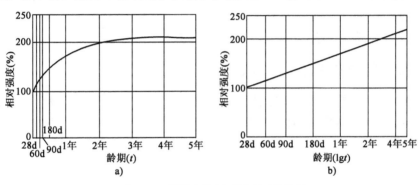

图 3-2-13 混凝土强度与龄期的对数关系
a) 龄期为常数坐标;b) 龄期为对数坐标

(5) 试验条件

相同材料组成、制备和养护条件相同的混凝土试件,其力学强度还取决于试验条件。影响混凝土力学强度的试验条件主要有:试件形状和尺寸、试件温度和湿度、支承条件和加载方式等。

3) 提高水泥混凝土强度的措施

选用高强度水泥和早强型水泥;降低水胶比和浆集比以提高混凝土的密实度;采用蒸汽养护和蒸压养护以提高混凝土的早期强度;掺加外加剂和掺合料,采用机械搅拌和振捣。

4) 变形

硬化后水泥混凝土的变形,包括非荷载作用下的化学变形、干湿变形和温度变形,以及荷载作用下的弹-塑性变形和徐变。

3. 混凝土的耐久性

道路与桥梁用混凝土长期遭受风霜雨雪的侵蚀,对耐久性要求首要为抗冻性;其次,路面混凝土还要求具有一定的耐磨性;桥梁墩台混凝土要求具有对海水、污水的耐蚀性;隧道混凝土要求具有对气体的耐蚀性。此外,近年来碱-集料反应导致高速公路及桥梁结构破坏,亦引起人们的关注。

1)抗冻性

混凝土抗冻性是指混凝土在饱水状态下,能经受多次冻融循环而不破坏的性能,一般以抗冻标号表示。

影响混凝土抗冻性的因素很多,主要是材料本身的性质及混凝土的密实度、强度等。

2)耐磨性

耐磨性是路面和桥梁用混凝土的重要性能之一。作为高级路面的水泥混凝土,必须具有抵抗车辆轮胎磨耗和磨光的性能,大型桥梁的墩台混凝土要具有抵抗湍流空蚀的能力。

3)碱-集料反应

碱-集料反应会导致高速公路路面或大型桥梁墩台的开裂和破坏,并且会不断发展,难以补救。因此,引起世界各国的普遍关注。

碱-集料反应必须具备三个条件:①混凝土中的集料具有活性;②混凝土中含有一定量可溶性碱;③有一定湿度。

提高混凝土耐久性的措施有:合理选用水泥品种;合理选用水胶比和水泥用量,对"最大水胶比"和"最小水泥用量"加以限制;选用良好的砂石材料,改善集料的级配;采用减水剂或加气剂;施工中加强搅拌、振捣、养护,严格控制施工质量。

三、普通水泥混凝土的配合比设计概述

混凝土中各组成材料用量之比即混凝土的配合比。混凝土的配合比设计就是根据原材料的性能和对混凝土的技术要求,通过计算和试配调整,确定满足工程技术经济指标的混凝土各组成材料的用量。

1. 混凝土配合比表示方法

(1)单位用量表示法:以每立方米混凝土中各种材料的用量表示。例如,水泥:矿物掺合料:水:细集料:粗集料 = 264kg:66kg:170kg:706kg:1 264kg。

(2)相对用量表示法:以水泥质量为1,并按水泥:矿物掺合料:细集料:粗集料;水胶比的顺序排列表示。例如,1:0.25:2.68:4.79;$W/B = 0.45$。

2. 配合比设计的基本要求

(1)满足结构物设计强度的要求;
(2)满足施工工作性的要求;
(3)满足环境耐久性的要求;
(4)满足经济性的要求。

3. 混凝土配合比设计的三个参数

由胶凝材料、水、细集料和粗集料组成的普通混凝土的配合比设计,就是确定这四个组分的分配比例,四个组分的比例关系通常用三个参数表示。

(1) 水胶比：水与胶凝材料组成水泥浆体。水泥浆体的性能，在水与胶凝材料性质固定的条件下，就取决于水与胶凝材料的比例，即"水胶比"。

(2) 砂率：细集料与粗集料组成矿质混合料，矿料骨架的性能在砂石性质固定的条件下，就取决于砂与石子之间的用量比例，即"砂率"。

(3) 单位用水量：当水胶比固定的条件下，用水量既定，水泥用量亦随之确定。在 1m³ 拌和物中，水与胶凝材料用量既定，集料的总用量亦确定。所以用水量即表示水泥浆与集料之间的用量比例关系。

4. 混凝土配合比设计的步骤

(1) 计算初步配合比

根据原始资料，按我国现行的配合比设计方法，计算配合比，即水泥:矿物掺合料:水:细集料:粗集料 = $m_{co} : m_{fo} : m_{wo} : m_{so} : m_{go}$。

(2) 校核工作性，调整基准配合比

根据计算的初步配合比，采用施工实际材料进行试拌，测定混凝土拌和物的工作性（坍落度或维勃稠度），调整材料用量，提出一个满足工作性要求的基准配合比，即 $m_{ca} : m_{fa} : m_{wa} : m_{sa} : m_{ga}$。

(3) 检验强度，确定试验室配合比

以上述根据工作性调整后的配合比为基础，增加和减少水胶比，拟定几组（通常为三组）适合工作性要求的配合比，通过制备试块，测定强度，确定既符合强度和工作性要求，又较经济的试验室配合比，即 $m_{cb} : m_{fb} : m_{wb} : m_{sb} : m_{gb}$。

(4) 换算"施工配合比"

根据工地现场材料的实际含水率，将试验室配合比换算为施工配合比，即 $m_c : m_f : m_w : m_s : m_g$。

四、普通混凝土配合比设计（以抗压强度为指标的计算方法）

根据《普通混凝土配合比设计规程》（JGJ 55—2011）进行配合比设计。

1. 基本规定

(1) 混凝土配合比设计应采用工程实际使用的原材料；配合比设计所采用的细集料含水率应小于 0.5%，粗集料含水率应小于 0.2%。

(2) 为满足耐久性要求，混凝土的最大水胶比应符合现行国家标准《混凝土结构设计规程》（GB/T 50010—2010）的规定，见表 3-2-8。

结构混凝土材料耐久性对最大水胶比的基本要求　　　　　　表 3-2-8

环境等级	一	二ª	二ᵇ	三ª	三ᵇ
最大水胶比	0.6	0.55	0.5(0.55)	0.45(0.50)	0.40

注：表中 a、b 分别是指环境类别中的作用等级，即 a——轻微，b——中度。

(3) 为满足耐久性要求，除配制 C15 及其以下强度等级的混凝土外，混凝土的最小胶凝材料用量应符合表 3-2-9 的规定。

混凝土的最小胶凝材料用量　　　　　　　　表 3-2-9

最大水胶比	最小胶凝材料用量(kg/m³)		
	素混凝土	钢筋混凝土	预应力混凝土
0.6	250	280	300
0.55	280	300	300
0.50	320		
≤0.45	330		

2. 混凝土初步配合比计算

1) 混凝土配制强度的确定($f_{cu,o}$)

为了使配制的混凝土具有必要的强度保证率(即 $P=95\%$),要求配制强度必须大于标准值,根据《普通混凝土配合比设计规程》(JGJ 55—2011)规定,混凝土配制强度应按下列规定确定。

(1) 当混凝土的设计强度小于 C60 时,配制强度应按下式确定:

$$f_{cu,o} \geq f_{cu,k} + 1.645\sigma \tag{3-2-3}$$

式中:$f_{cu,o}$——混凝土配制强度(MPa);

$f_{cu,k}$——混凝土立方体抗压强度标准值,这里取混凝土的设计强度等级值(MPa);

σ——混凝土强度标准差(MPa)。

(2) 当混凝土的设计强度不小于 C60 时,配制强度应按下式确定:

$$f_{cu,o} \geq 1.15 f_{cu,k} \tag{3-2-4}$$

(3) 混凝土强度标准差的确定。

① 当具有近 1~3 个月的同一品种、同一强度等级混凝土的强度资料,且试件组数不小于 30 时,其混凝土强度标准差 σ 应按下式进行计算:

$$\sigma = \sqrt{\frac{\sum_{i=1}^{n} f_{cu,i}^2 - n m f_{cu}^2}{n-1}} \tag{3-2-5}$$

式中:$f_{cu,i}$——第 i 组试件的强度值(MPa);

mf_{cu}——n 组试件的强度平均值(MPa);

n——试件的总组数。

对于强度等级不大于 C30 的混凝土,当混凝土强度标准差计算值不小于 3.0MPa 时,应按式(3-2-5)计算结果取值;当混凝土强度标准差计算值小于 3.0MPa 时,应取 3.0MPa。

对于强度等级大于 C30 且小于 C60 的混凝土,当混凝土强度标准差计算值不小于 4.0MPa 时,应按式(3-2-5)计算结果取值;当混凝土强度标准差计算值小于 4.0MPa 时,应取 4.0MPa。

② 当没有近期的同一品种、同一强度等级混凝土强度资料时,其强度标准差 σ 可按表 3-2-10 取值。

混凝土强度标准差 σ 值　　　　　　　　表 3-2-10

混凝土强度等级	≤C20	C25~C45	C50~C55
σ(MPa)	4.0	5.0	6.0

2)计算水胶比(W/B)

(1)根据强度要求计算水胶比。根据我国大量的试验资料统计结果,提出水胶比、胶凝材料实际强度与混凝土 28d 立方体抗压强度的关系式。混凝土强度等级小于 C60 时,相互关系如下:

$$f_{cu,0} = \alpha_a f_b \left(\frac{B}{W} - \alpha_b \right) \tag{3-2-6}$$

式(3-2-6)经变换形式可得到式(3-2-7),计算水胶比(W/B):

$$\frac{W}{B} = \frac{\alpha_a f_b}{f_{cu,0} + \alpha_a \alpha_b f_b} \tag{3-2-7}$$

式中:α_a、α_b——回归系数,回归系数可由表 3-2-11 取值;
f_b——胶凝材料 28d 胶砂抗压强度(MPa),可实测。

回归系数 α_a 和 α_b 选用　　　　表 3-2-11

系　　数	碎　石	卵　石
α_a	0.53	0.49
α_b	0.20	0.13

(2)确定胶凝材料 28d 抗压强度(f_b)。当胶凝材料 28d 抗压强度(f_b)无实测值时,其值可按下式确定:

$$f_b = \gamma_f \cdot \gamma_s \cdot f_{ce} \tag{3-2-8}$$

式中:γ_f、γ_s——粉煤灰影响系数和粒化高炉矿渣粉影响系数,按表 3-2-12 选用;
f_{ce}——水泥 28d 胶砂抗压强度(MPa),可实测。

粉煤灰影响系数 γ_f 和粒化高炉矿渣粉影响系数 γ_s　　　　表 3-2-12

掺量(%)	粉煤灰影响系数(γ_f)	粒化高炉矿渣粉影响系数(γ_s)
0	1.00	1.00
10	0.85~0.95	1.00
20	0.75~0.85	0.95~1.00
30	0.65~0.75	0.90~1.00
40	0.55~0.65	0.80~0.90
50	—	0.70~0.85

注:1. 采用Ⅰ级、Ⅱ级粉煤灰宜取上限值;
2. 采用 S75 级粒化高炉矿渣粉宜取下限值,采用 S95 级粒化高炉矿渣粉宜取上限值,采用 S105 级粒化高炉矿渣粉宜取上限值加 0.05;
3. 当超出表中的掺量时,粉煤灰和粒化高炉矿渣粉影响系数应经试验测定。

(3)确定水泥 28d 胶砂抗压强度(f_{ce})。当水泥无 28d 胶砂抗压强度实测值时,其值可按下式确定:

$$f_{ce} = \gamma_c \cdot f_{ce,g} \tag{3-2-9}$$

式中:γ_c——水泥强度等级值的富余系数(可按实际统计资料确定),当缺乏实际统计资料时,可按表 3-2-13 选用;
$f_{ce,g}$——水泥强度等级值(MPa)。

水泥强度等级值的富余系数(γ_c)　　　　　表 3-2-13

水泥强度等级值	32.5	42.5	52.5
富余系数	1.12	1.16	1.10

3)选定用水量(m_{wo})和外加剂用量(m_{a0})

(1)每立方米干硬性或塑性混凝土用水量的确定(m_{wo})。

水胶比在 0.40~0.80 范围内时,根据粗集料的品种、粒径及施工要求的混凝土拌和物稠度,其用水量可按表 3-2-14 和表 3-2-15 选取。当水胶比小于 0.40 时,可通过试验确定。

干硬性混凝土的用水量(kg/m^3)　　　　　表 3-2-14

拌和物稠度		卵石最大粒径(mm)			碎石最大粒径(mm)		
项目	指标	10.0	20.0	40.0	16.0	20.0	40.0
维勃稠度(s)	16~20	175	160	145	180	170	155
	11~15	180	165	150	185	175	160
	5~10	185	170	155	190	180	165

塑性混凝土的用水量(kg/m^3)　　　　　表 3-2-15

拌和物稠度		卵石最大粒径(mm)				碎石最大粒径(mm)			
项目	指标	10.0	20.0	31.5	40.0	16.0	20.0	31.5	40.0
坍落度(mm)	10~30	190	170	160	150	200	185	175	165
	35~50	200	180	170	160	210	195	185	175
	55~70	210	190	180	172	220	205	195	185
	75~90	215	195	185	175	230	215	205	195

(2)掺外加剂时用水量(m_{wo})的计算。如果外加剂具有减水效果,则用水量(m_{wo})按照其减水率作相应减少。每立方米流动性或大流动性混凝土的用水量可按下式计算:

$$m_{wo} = m'_{wo}(1 - \beta) \qquad (3\text{-}2\text{-}10)$$

式中:m_{wo}——满足实际坍落度要求的每立方米混凝土用水量(kg/m^3);

m'_{wo}——未掺外加剂时推定的满足实际坍落度要求的每立方米混凝土用水量(kg/m^3);以表 3-2-14 中 90mm 坍落度的用水量为基础,按每增大 20mm 坍落度相应增加 $5kg/m^3$ 用水量来计算,当坍落度增大到 180mm 以上时,随坍落度相应增加的用水量可减少;

β——外加剂的减水率,应经混凝土的试验确定(%)。

(3)每立方米混凝土中外加剂用量(m_{ao})应按下式计算:

$$m_{ao} = m_{bo} \cdot \beta_a \qquad (3\text{-}2\text{-}11)$$

式中:m_{ao}——每立方米混凝土中外加剂用量(kg/m^3);

m_{bo}——计算配合比每立方米混凝土中胶凝材料用量(kg/m^3);

β_a——外加剂掺量(%),应经混凝土试验确定。

4)计算胶凝材料(m_{bo})、矿物掺合料(m_{fo})和水泥用量(m_{co})

(1)每立方米混凝土胶凝材料用量(m_{bo})应按下式计算:

$$m_{bo} = \frac{m_{wo}}{W/B} \qquad (3\text{-}2\text{-}12)$$

(2)每立方米混凝土矿物掺合料用量(m_{fo})应按下式计算:

$$m_{fo} = m_{bo}\beta_f \qquad (3\text{-}2\text{-}13)$$

式中:β_f——矿物掺合料掺量(%)。

矿物掺合料在混凝土中的掺量应通过试验确定。采用硅酸盐水泥或普通硅酸盐水泥时,钢筋混凝土和预应力混凝土中矿物掺合料最大掺量宜分别符合表 3-2-16 和表 3-2-17 的规定。对基础大体积混凝土,粉煤灰、粒化高炉矿渣粉和复合掺合料的最大掺量可增加 5%。采用掺量大于 30% 的 C 类粉煤灰的混凝土应以实际使用的水泥和粉煤灰掺量进行安定性检验。

钢筋混凝土中矿物掺合料最大掺量(%) 表 3-2-16

矿物掺合料种类	水 胶 比	最大掺量	
		采用硅酸盐水泥时	采用普通硅酸盐水泥时
粉煤灰	≤0.4	45	35
	>0.4	40	30
粒化高炉矿渣粉	≤0.4	65	55
	>0.4	55	45
钢渣粉	—	30	20
磷渣粉	—	30	20
硅灰	—	10	10
复合掺合料	≤0.4	65	55
	>0.4	55	45

预应力混凝土中矿物掺合料最大掺量(%) 表 3-2-17

矿物掺合料种类	水 胶 比	最大掺量	
		采用硅酸盐水泥时	采用普通硅酸盐水泥时
粉煤灰	≤0.4	35	30
	>0.4	25	20
粒化高炉矿渣粉	≤0.4	55	45
	>0.4	45	35
钢渣粉	—	20	10
磷渣粉	—	20	10
硅灰	—	10	10
复合掺合料	≤0.4	55	45
	>0.4	45	35

(3)每立方米混凝土水泥用量(m_{co})应按下式计算:

$$m_{co} = m_{bo} - m_{fo} \qquad (3\text{-}2\text{-}14)$$

5)选定砂率(β_s)

砂率应根据集料的技术指指标、混凝土拌和物性能和施工要求,参考既有历史资料确定。

当缺乏砂率的历史资料时,混凝土砂率的确定应符合下列规定:

(1)坍落度小于10mm的混凝土,其砂率应经试验确定。

(2)坍落度为10~60mm的混凝土砂率,可根据粗集料品种、最大公称粒径及水胶比按表3-2-18选取。

混凝土的砂率(%)   表3-2-18

水胶比	卵石最大公称粒径(mm)			碎石最大粒径(mm)		
	10.0	20.0	40.0	16.0	20.0	40.0
0.40	26~32	25~31	24~30	30~35	29~34	27~32
0.50	30~35	29~34	28~33	33~38	32~37	30~35
0.60	33~38	32~37	31~36	36~41	35~40	33~38
0.70	36~41	35~40	34~39	39~44	38~43	36~41

(3)坍落度大于60mm的混凝土砂率,可经试验确定,也可在表3-2-18的基础上,按坍落度每增大20mm、砂率增大1%的幅度予以调整。

6)粗、细集料用量(m_{go}、m_{so})

(1)质量法。粗、细集料用量应按式(3-2-15)和式(3-2-16)计算:

$$\beta_s = \frac{m_{so}}{m_{go} + m_{so}} \times 100 \tag{3-2-15}$$

$$m_{co} + m_{fo} + m_{go} + m_{so} + m_{wo} = m_{cp} \tag{3-2-16}$$

式中:m_{co}——每立方米混凝土的水泥用量(kg);

m_{fo}——每立方米混凝土的矿物掺合料用量(kg);

m_{go}——每立方米混凝土的粗集料用量(kg);

m_{so}——每立方米混凝土的细集料用量(kg);

m_{wo}——每立方米混凝土的用水量(kg);

m_{cp}——每立方米混凝土拌和物的假定质量(kg),可取2 350~2 450kg/m³;

β_s——砂率(%)。

(2)体积法。粗、细集料用量应按式(3-2-17)和式(3-2-18)计算:

$$\beta_s = \frac{m_{so}}{m_{go} + m_{so}} \times 100 \tag{3-2-17}$$

$$\frac{m_{co}}{\rho_c} + \frac{m_{fo}}{\rho_f} + \frac{m_{go}}{\rho_g} + \frac{m_{so}}{\rho_s} + \frac{m_{wo}}{\rho_w} + 0.01\alpha = 1 \tag{3-2-18}$$

式中:ρ_c——水泥密度,可按《水泥密度测定方法》(GB/T 208)测定,kg/m³,也可取2 900~3 100kg/m³;

ρ_f——矿物掺合料密度,可按《水泥密度测定方法》(GB/T 208)测定,kg/m³;

ρ_g——粗集料的表观密度(kg/m³),应按标准测定;

ρ_s——细集料的表观密度(kg/m³),应按标准测定;

ρ_w——水的密度(kg/m³),可取1 000kg/m³;

α——混凝土的含气量百分数,在不使用引气剂或引气型外加剂时,α可取1。

3. 混凝土配合比的试配、调整与确定

1)配合比的试配

(1)校核工作性,调整基准配合比。在计算初步配合比的基础上进行试拌,校核工作性。每盘混凝土试配的最小搅拌量应符合表 3-2-19 的规定。计算水胶比宜保持不变,如试拌得出的混凝土的工作性能不能满足要求,或黏聚性和保水性能不好时,应在保证水胶比不变的条件下相应调整用水量或砂率,直到符合要求为止,得出基准配合比。

混凝土试配的最小搅拌量 表 3-2-19

粗集料最大公称粒径(mm)	拌和物数量(L)	粗集料最大公称粒径(mm)	拌和物数量(L)
31.5	20	40.0	25

(2)检验强度、确定试验室配合比。

①应采用三个不同的配合比。其中一个应为确定的试拌配合比,另外两个配合比的水胶比宜较试拌配合比分别增加和减少 0.05,用水量应与试拌配合比相同,砂率可分别增加和减少 1%。

②进行混凝土强度试验时,应继续保持拌和物性能符合设计和施工要求。

③进行混凝土强度试验时,每个配合比至少应制作一组试件,标准养护到 28d 或设计规定龄期时试压。

2)配合比的调整与确定

(1)配合比调整应符合下述规定。

①根据混凝土强度试验结果,宜绘制强度和胶水比的线性关系曲线或插值法确定略大于配制强度的强度对应的胶水比。

②在试拌配合比的基础上,用水量(m_w)和外加剂用量(m_a)应根据确定的水胶比作调整。

③胶凝材料用量(m_b)应以用水量乘以确定的胶水比计算得出。

④粗、细集料用量(m_g 及 m_s)应根据用水量和胶凝材料用量进行调整。

(2)混凝土拌和物表观密度和配合比校正系数的计算应符合下列规定。

①配合比调整后的混凝土拌和物的表观密度应按下式计算:

$$\rho_{c,c} = m_c + m_f + m_g + m_s + m_w \tag{3-2-19}$$

②混凝土配合比校正系数按下式计算:

$$\delta = \frac{\rho_{c,t}}{\rho_{c,c}} \tag{3-2-20}$$

式中:δ——混凝土配合比校正系数;

$\rho_{c,t}$——混凝土拌和物表观密度实测值(kg/m^3);

$\rho_{c,c}$——混凝土拌和物表观密度计算值(kg/m^3)。

当混凝土拌和物表观密度实测值与计算值之差的绝对值不超过计算值的 2% 时,调整的配合比可维持不变;若两者之差超过 2% 时,应将配合比中每项材料用量均乘以校正系数 δ。

配合比调整后,应测定拌和物水溶性氯离子含量,对耐久性有设计要求的混凝土应进行相关耐久性试验验证,符合设计规定的氯离子含量和耐久性能要求的配合比方可确定为设计配合比。

五、施工配合比换算

试验室配合比是以干燥材料为基准的,而工地存放的砂、石材料都含有一定的水分,而且所含水分随时间和环境气候的变化随时不断变动,与试验室配合比有明显差异。所以工地现场进行混凝土拌和时,要按当时工地所测得的砂、石含水率进行材料用量的修正。修正后的配合比称为施工配合比。

现假定工地测出的砂的含水率为 $a(\%)$、石子的含水率为 $b(\%)$,则将上述试验室配合比换算为施工配合比,其材料的称量应为:

$$\begin{cases} 水泥: m'_c = m_c \\ 砂: m'_s = m_s(1 + a\%) \\ 石子: m'_g = m_g(1 + b\%) \\ 水: m'_w = m_w - m_s \times a\% - m_g \times b\% \\ 矿物掺合料: m'_f = m_f \end{cases} \tag{3-2-21}$$

水泥混凝土抗压强度配合比设计例题

【题目】 受××有限公司委托,对某桥梁工程桥台用钢筋混凝土进行配合比设计,设计强度等级为 C30,根据《普通混凝土配合比设计规程》(JGJ 55—2011)进行配合比设计。

【原始资料】

(1)已知混凝土设计强度等级为 C30,无强度历史统计资料,要求混凝土拌和物坍落度为 30~50mm。桥梁所在地区属寒冷地区。

(2)组成材料:普通硅酸盐水泥 42.5 级,密度 $\rho_c = 3\,100\,kg/m^3$;水泥 28d 胶砂抗压强度实测值为 44.5MPa;砂为中砂,表观密度 $\rho_s = 2\,650\,kg/m^3$,施工现场含水率为 3%;碎石最大公称粒径为 31.5mm,表观密度 $\rho_g = 2\,700\,kg/m^3$,施工现场含水率为 1%;粉煤灰为Ⅱ级,表观密度 $\rho_f = 2\,200\,kg/m^3$,掺量 $\beta_f = 20\%$。

【设计要求】

(1)按题给资料计算出初步配合比。
(2)按初步配合比在试验室进行试拌、检验、调整,得出试验室配合比。
(3)按提供的现场材料含水率折算为施工配合比。

【设计步骤】

一、计算初步配合比

1. 确定混凝土配制强度($f_{cu,o}$)

按题意已知:设计要求混凝土强度标准值 $f_{cu,k} = 30\text{MPa}$,无强度历史统计资料,查表 3-2-10 得强度标准差 σ 为 5.0MPa。根据式(3-2-3),混凝土配制强度 $f_{cu,o}$ 为:

$$f_{cu,o} = f_{cu,k} + 1.645\sigma = 30 + 1.645 \times 5 = 38.2(\text{MPa})$$

2. 计算水胶比(W/B)

(1) 计算胶凝材料强度。由题意已知采用Ⅱ级粉煤灰,掺量为20%,查表3-2-12取粉煤灰影响系数$\gamma_f = 0.85$、粒化高炉矿渣粉影响系数$\gamma_s = 1.00$。已知水泥28d胶砂抗压强度实测值为44.5MPa;将$f_{ce} = 44.5$MPa代入式(3-2-8)计算得胶凝材料的强度f_b为:

$$f_b = \gamma_f \cdot \gamma_s \cdot f_{ce} = 0.85 \times 1.00 \times 44.5 = 37.8(\text{MPa})$$

(2) 计算混凝土水胶比。已知混凝土配制强度$f_{cu,o} = 38.2$MPa,胶凝材料的强度$f_b = 37.8$MPa。本书无混凝土强度回归系数统计资料,采用表3-2-11 碎石$\alpha_a = 0.53$,$\alpha_b = 0.20$。按式(3-2-7)计算水胶比为:

$$\frac{W}{B} = \frac{\alpha_a f_b}{f_{cu,o} + \alpha_a \alpha_b f_b} = \frac{0.53 \times 37.8}{38.2 + 0.53 \times 0.20 \times 37.8} = 0.47$$

根据表3-2-8校核耐久性要求,符合最大水胶比要求。

3. 确定单位用水量(m_{wo})和外加剂用量(m_{ao})

由题意已知,要求混凝土拌和物坍落度为30~50mm,碎石最大公称粒径为31.5mm。查表3-2-15选用混凝土用水量$m_{wo} = 185$kg/m³。因为没有掺入外加剂,故$m_{ao} = 0$。

4. 计算胶凝材料用量(m_{bo})、矿物掺合料用量(m_{fo})和水泥用量(m_{co})

(1) 计算每立方米混凝土的胶凝材料用量(m_{bo})

①已知混凝土单位用水量$m_{wo} = 185$kg/m³,水胶比$W/B = 0.47$,按式(3-2-12)计算每立方米混凝土胶凝材料用量为:

$$m_{bo} = \frac{m_{wo}}{W/B} = \frac{185}{0.47} = 394(\text{kg/m}^3)$$

②按耐久性要求校核单位胶凝材料用量。查表3-2-9,混凝土的最小胶凝材料用量为320kg/m³。按强度计算每立方米混凝土胶凝材料用量为394kg/m³,符合耐久性要求。

(2) 计算每立方米混凝土粉煤灰用量(m_{fo})

按题意已知,粉煤灰的掺量为20%,代入式(3-2-13)计算得:

$$m_{fo} = m_{bo}\beta_f = 394 \times 20\% = 79(\text{kg/m}^3)$$

(3) 计算每立方米混凝土的水泥用量(m_{co})

每立方米混凝土的水泥用量(m_{co})按式(3-2-14)计算:

$$m_{co} = m_{bo} - m_{fo} = 394 - 79 = 315(\text{kg/m}^3)$$

5. 选定砂率(β_s)

已知:集料采用碎石的最大公称粒径为31.5mm,水胶比$W/B = 0.47$。查表3-2-18,选定混凝土砂率$\beta_s = 33\%$。

6.计算粗、细集料用量(m_{go}、m_{so})

(1)质量法

已知:每立方米混凝土的水泥用量 $m_{co}=315\text{kg/m}^3$,粉煤灰用量 $m_{fo}=79\text{kg/m}^3$,用水量 $m_{wo}=185\text{kg/m}^3$,混凝土拌和物假定质量 $m_{cp}=2\,400\text{kg/m}^3$,砂率 $\beta_s=33\%$。按式(3-2-15)和式(3-2-16)计算粗、细集料用量 m_{go}、m_{so}:

$$\begin{cases} m_{go}+m_{so}=2\,400-79-315-185 \\ \dfrac{m_{so}}{m_{go}+m_{so}}\times 100\%=33\% \end{cases}$$

解得:砂用量 $m_{so}=601\text{kg/m}^3$,碎石用量 $m_{go}=1\,220\text{kg/m}^3$。

按质量法计算得初步配合比:

$$m_{co}:m_{fo}:m_{wo}:m_{so}:m_{go}=315:79:185:601:1\,220$$

(2)体积法

已知:水泥密度 $\rho_c=3\,100\text{kg/m}^3$,粉煤灰密度 $\rho_f=2\,200\text{kg/m}^3$,砂表观密度 $\rho_g=2\,650\text{kg/m}^3$,碎石表观密度 $\rho_g=2\,700\text{kg/m}^3$,非引气混凝土 $\alpha=1$,由式(3-2-17)和式(3-2-18)计算得:

$$\begin{cases} \dfrac{m_{go}}{2\,700}+\dfrac{m_{so}}{2\,650}=1-\dfrac{315}{3\,100}-\dfrac{79}{2\,200}-\dfrac{185}{1\,000}-0.01\times 1 \\ \dfrac{m_{so}}{m_{go}+m_{so}}\times 100\%=33\% \end{cases}$$

解得:砂用量 $m_{so}=591\text{kg/m}^3$;碎石用量 $m_{go}=1\,200\text{kg/m}^3$。

按体积法计算得初步配合比:

$$m_{co}:m_{fo}:m_{wo}:m_{so}:m_{go}=315:79:185:591:1\,200$$

二、调整工作性、提出基准配合比

1.计算试拌材料用量

按计算初步配合比(以绝对体积法计算结果为例)试拌20L混凝土拌和物,砂石为干燥状态,各种材料用量如下:

水泥　　　　　$315\times 0.020=6.30(\text{kg})$

粉煤灰　　　　$79\times 0.020=1.58(\text{kg})$

水　　　　　　$185\times 0.020=3.70(\text{kg})$

砂　　　　　　$591\times 0.020=11.82(\text{kg})$

碎石　　　　　$1\,200\times 0.020=24.00(\text{kg})$

2.调整工作性

按计算材料用量拌制混凝土拌和物,测定其坍落度为20mm,未满足题给的施工和易性要求。为此,保持水胶比不变,增加3%的水和胶凝材料用量。再经拌和,测坍落

度为 40mm,黏聚性和保水性亦良好,满足施工和易性要求。此时,混凝土拌和物各组成材料实际用量为:

水泥　　　　　　$6.30 \times (1+3\%) = 6.49 (\text{kg})$
粉煤灰　　　　　$1.58 \times (1+3\%) = 1.63 (\text{kg})$
水　　　　　　　$3.70 \times (1+3\%) = 3.81 (\text{kg})$
砂　　　　　　　$11.82 (\text{kg})$
碎石　　　　　　$24.00 (\text{kg})$

3. 提出基准配合比

根据调整工作性后,混凝土拌和物的基准配合比为:
$$m_{ca} : m_{fa} : m_{wa} : m_{sa} : m_{ga} = 324 : 82 : 190 : 591 : 1\,200$$

三、检验强度、确定试验室配合比

1. 检验强度

(1) 采用水胶比分别为 $(W/B)_A = 0.42$、$(W/B)_B = 0.47$ 和 $(W/B)_C = 0.52$ 拌制三组混凝土拌和物。基准用水量均保持不变,其他两组砂率可分别增加和减少 1%。除基准配合比一组外,其他两组经测定坍落度并观察其黏聚性和保水性均满足要求。

(2) 按三组配合比经拌制成型,在标准条件下养护 28d 后,按规定方法测定其立方体抗压强度值列于表 3-2-20。

不同水胶比的混凝土强度值　　　　表 3-2-20

组　别	水胶比(W/B)	胶水比(B/W)	28d 立方体抗压强度 $f_{cu,28}$(MPa)
A	0.42	2.38	45.3
B	0.47	2.13	39.5
C	0.52	1.92	34.2

根据表 3-2-20 的试验结果,绘制混凝土 28d 立方体抗压强度($f_{cu,28}$)与胶水比(B/W)关系如图 3-2-14 所示。

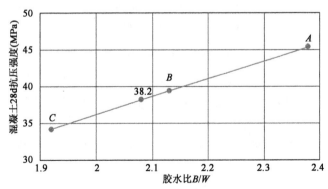

图 3-2-14　混凝土 28d 抗压强度与胶水比关系曲线

由上图可知相应混凝土配制强度 $f_{cu,o} = 38.2\text{MPa}$ 的胶水比 $B/W = 2.08$，即水胶比为 0.48。

2. 确定试验室配合比

(1) 按强度试验结果修正配合比，各材料用量为：

用水量　　　　　　　$m_{wb} = 190(\text{kg/m}^3)$

胶凝材料用量　　　　$m_{bb} = 190/0.48 = 396(\text{kg/m}^3)$

粉煤灰用量　　　　　$m_{fb} = 396 \times 20\% = 79(\text{kg/m}^3)$

水泥用量　　　　　　$m_{fb} = 396 - 79 = 317(\text{kg/m}^3)$

砂、石用量按体积法：

$$\begin{cases} \dfrac{m_{gb}}{2\,700} + \dfrac{m_{sb}}{2\,650} = 1 - \dfrac{317}{3\,100} - \dfrac{79}{2\,200} - \dfrac{190}{1\,000} - 0.01 \times 1 \\ \dfrac{m_{sb}}{m_{gh} + m_{sb}} \times 100\% = 33\% \end{cases}$$

解得：砂用量 $m_{sb} = 586\text{kg/m}^3$；碎石用量 $m_{gb} = 1\,190\text{kg/m}^3$。

修正后的配合比为：

$$m_{cb} : m_{fb} : m_{wb} : m_{sb} : m_{gb} = 317 : 79 : 190 : 586 : 1\,190$$

(2) 根据实测混凝土拌和物表观密度校正配合比：

混凝土拌和物表观密度计算值 $\rho_{c,c} = 317 + 79 + 190 + 586 + 1\,190 = 2\,362(\text{kg/m}^3)$

混凝土拌和物表观密度实测值 $\rho_{c,t} = 2\,425(\text{kg/m}^3)$

校正系数 $\delta = 2\,425/2\,362 = 1.03$

因为混凝土拌和物表观密度实测值与计算值之差的绝对值超过计算值的2%（为2.7%），则按实测表观密度校正后各种材料用量为：

水泥用量　　　　　　$m'_{cb} = 317 \times 1.03 = 327(\text{kg/m}^3)$

粉煤灰用量　　　　　$m'_{fb} = 79 \times 1.03 = 81(\text{kg/m}^3)$

水用量　　　　　　　$m'_{wb} = 190 \times 1.03 = 196(\text{kg/m}^3)$

砂用量　　　　　　　$m'_{sb} = 586 \times 1.03 = 604(\text{kg/m}^3)$

碎石用量　　　　　　$m'_{gh} = 1\,190 \times 1.03 = 1\,226(\text{kg/m}^3)$

因此，试验室配合比为 $m'_{cb} : m'_{fb} : m'_{wb} : m'_{sb} : m'_{gh} = 327 : 81 : 196 : 604 : 1\,226$

四、换算施工配合比

根据工地现场实测，砂的含水率 $w_s = 3\%$，碎石的含水率 $w_g = 1\%$。各种材料的用量为：

水泥用量　　　　　　$m_c = 327(\text{kg/m}^3)$

粉煤灰用量　　　　　$m_f = 81(\text{kg/m}^3)$

砂用量 $m_s = 604 \times (1 + 3\%) = 622 (kg/m^3)$

碎石用量 $m_g = 1\ 226 \times (1 + 1\%) = 1\ 238 (kg/m^3)$

水用量 $m_w = 196 - (604 \times 3\% + 1\ 226 \times 1\%) = 166 (kg/m^3)$

施工配合比为 $m_c : m_f : m_w : m_s : m_g = 327 : 81 : 166 : 622 : 1\ 238$

六、混凝土外加剂

在拌制混凝土过程中掺入量不大于水泥质量5%(特殊情况除外),用以改善混凝土性能的材料,称为混凝土外加剂。

混凝土外加剂的种类繁多,按其主要功能归纳有如下几种,见表3-2-21。

混凝土外加剂分类 表3-2-21

类别		使用效果
减水剂	普通减水剂	减水、提高强度或改善和易性
	高效减水剂(流化剂或称超塑剂)	配制流动混凝土或早强高强混凝土
	引气剂	增加含气量,改善和易性,提高抗冻性
调凝剂	缓凝剂	延缓凝结时间,降低水化热
	早强剂(促凝剂)	提高混凝土早期强度
	速凝剂	速凝、提高早期强度
	防冻剂	使混凝土在负温下水化,达到预期强度
	防水剂	提高混凝土抗渗性,防止潮气渗透
	膨胀剂	减少干缩

1)减水剂

减水剂是在混凝土坍落度基本相同的条件下,能减少拌和用水的外加剂。

加入减水剂的经济效果:

(1)当混凝土配合比不变时,可不同程度地增大坍落度,且不影响混凝土的强度。

(2)如果保持流动性和水泥用量不变时,则可减少拌和用水量10%~20%,使水胶比降低,混凝土强度提高15%~20%,同时也提高了耐久性。

(3)如果保持混凝土强度和流动性不变,则可节约水泥用量10%~15%。

2)引气剂

掺入混凝土中经搅拌能引入大量分布均匀的微小气泡,以改善混凝土拌和物的和易性,并在硬化后仍能保留微小气泡以改善混凝土抗冻性的外加剂称为引气剂。对于新拌混凝土,由于这些气泡的存在,可改善工作性,减少泌水和离析。对于硬化后的混凝土,气泡彼此隔离切断毛细孔道,水分不易渗入,又可缓冲其水分结冰膨胀的作用,因而提高了混凝土的抗冻性、抗渗性和抗蚀性。但是,由于气泡的存在,混凝土强度会有所降低。

3)缓凝剂

缓凝剂的作用是延缓水泥的凝结时间。缓凝剂的缓凝作用是因为在水泥颗粒表面形成了不溶性物质,水泥悬浮体的稳定程度提高并抑制水泥颗粒凝聚,所以延缓水泥的水化和凝聚。

4)早强剂

能提高混凝土早期强度,并对后期强度无显著影响的外加剂,称为早强剂。混凝土中掺入早强剂,可缩短混凝土的凝结时间,提高早期强度,常用于混凝土的快速低温施工。但掺加了氯化钙早强剂,会加速钢筋的锈蚀,为此氯化钙的掺量应加以限制,通常对于配筋混凝土不得超过1%,无筋混凝土掺量亦不宜超过3%。氯化钙早强剂一般与阻锈剂复合使用。

5)速凝剂

速凝剂是促使水泥迅速凝结的外加剂。掺量通常为水泥用量的2.5%~4.0%,可以保证水泥初凝时间在5min之内,终凝在10min内完成。速凝剂可用于桥梁隧道的修补、抢修等工程。

6)防水剂

混凝土防水剂是一种能减少孔隙和堵塞毛细孔道,用以降低混凝土在静水压力下透水性的外加剂。掺入防水剂后,混凝土的抗渗性大大增强。对于水工结构、地下室、隧道等混凝土工程由于抗渗和防水要求均较高,可选用适宜的防水剂和防水复合外加剂。

七、道路混凝土

1. 概述

道路混凝土主要指路面混凝土。混凝土路面板直接承受车辆荷载的冲击、摩擦和反复弯曲作用,同时由于长期暴露在严峻环境条件下,板中的温度、湿度经常随环境的变化而受到影响。这就决定了作为路面面层所用的混凝土应具有较高的抗弯拉强度和抗疲劳强度以及抗滑性,同时还应具有耐久性好、弹性模量低和收缩小等优点,另外为便于施工操作,还要求道路混凝土具有良好的和易性。

路面水泥混凝土的组成材料应符合《公路水泥混凝土路面施工技术细则》(JTG/T F30—2014)规定的要求,此处不再赘述,本节仅介绍路面水泥混凝土配合比设计方法。

2. 路面水泥混凝土配合比设计方法

路面水泥混凝土配合比设计是以抗弯拉强度为指标进行设计,有以下一般规定:

(1)公路面层水泥混凝土的配合比设计应满足其弯拉强度、工作性、耐久性要求,兼顾经济性。

(2)应选用符合本细则规定的质量标准要求、性能稳定的原材料。不同的原材料组合应分别进行配合比设计。

(3)混凝土配合比设计应包括目标配合比设计和施工配合比设计两个阶段。目标配合比设计目的是确定混凝土的水泥用量、集料用量、水胶比、外加剂掺量,纤维混凝土还应确定纤维掺量。施工配合比设计应通过拌和楼试拌确定拌和参数。经批准的配合比在施工过程中不得擅自调整。

(4)目标配合比设计应对混凝土性能进行全面检验,并规定施工配合比设计与目标配合比的允许偏差。目标配合比设计步骤如下:

①计算配合比。根据原材料、路面结构及施工工艺要求,通过计算或正交试验拟定混凝土配合比的控制性参数。其中,粗细集料应按饱和面干状态计算。

②试拌,选定目标配合比。按拟定配合比进行试验室试拌,实测各项性能指标,选择混凝土的弯拉强度、工作性、耐久性满足要求,且经济合理的配合比作为目标配合比。

③检验和调整。根据拌和楼(机)试拌情况,对试拌配合比进行性能检验和调整,直至符合目标配合比要求。

(5)施工配合比应符合目标配合比的实测数据,并符合下列要求:

①施工配合比中的水泥用量可根据拌和过程中的损耗情况,较目标配合比适当增加 5 ~ 10 kg/m^3。

②根据目标配合比计算各种原材料用量,按照实际生产要求进行试拌。

③进行混凝土的弯拉强度、工作性和耐久性检验,确定是否满足要求。

④总结试验数据,提出施工配合比,确定设备参数,明确施工中根据集料实际含水率调整拌和楼(机)上料参数和加水量的有关要求。

3. 目标配合比设计

该目标配合比设计方法适用于滑模摊铺机、三辊轴机组及小型机具施工的水泥混凝土、钢筋混凝土、连续配筋混凝土面层水泥混凝土配合比设计。

(1)配置弯拉强度 f_c。

面层水泥混凝土配制 28d 弯拉强度均值宜按下式计算确定:

$$f_c = \frac{f_r}{1 - 1.04c_v} + ts \tag{3-2-22}$$

式中:f_c——配制 28d 弯拉强度的均值(MPa);

f_r——设计弯拉强度标准值(MPa),按设计确定;

t——保证率系数,应按表 3-2-22 确定;

s——弯拉强度试验样本的标准差(MPa),有试验数据时应使用试验样本的标准差;无试验数据时可按公路等级及设计弯拉强度,参考表 3-2-23 规定范围确定;

c_v——弯拉强度变异系数,应按统计数据取值,小于 0.05 时取 0.05;无统计数据时,可在表 3-2-24 的规定范围内取值,其中高速公路、一级公路变异水平应为低,二级公路变异水平应不低于中。

保证率系数 t 表 3-2-22

公路等级	判别概率 p_1	样本数 n(组)			
		6~8	9~14	15~19	≥20
高速公路	0.05	0.79	0.61	0.45	0.39
一级公路	0.10	0.59	0.46	0.35	0.30
二级公路	0.15	0.46	0.37	0.28	0.24
三、四级公路	0.20	0.37	0.29	0.22	0.19

各级公路水泥混凝土面层弯拉强度试验样本的标准差 s 表 3-2-23

公路等级	高速	一级	二级	三级	四级
目标可靠度(%)	95	90	85	80	70
目标可靠指标	1.64	1.28	1.04	0.84	0.52
样本的标准差 s（MPa）	$0.25 \leq s \leq 0.50$		$0.45 \leq s \leq 0.67$	$0.40 \leq s \leq 0.80$	

变异系数 c_v 的范围 表 3-2-24

弯拉强度变异水平等级	低	中	高
弯拉强度变异系数 c_v 的范围	$0.05 \leq c_v \leq 0.10$	$0.10 \leq c_v \leq 0.15$	$0.15 \leq c_v \leq 0.20$

（2）工作性的选择。

不同施工工艺混凝土拌和物的工作性应符合下列规定：

①碎石混凝土滑模摊铺时的坍落度宜为 10~30mm，卵石混凝土滑模摊铺时的坍落度宜为 5~20mm，振动黏度系数宜为 200~500N·s/m²。

②三辊轴机组摊铺时，拌和物的现场坍落度宜为 20~40mm。

③小型机具摊铺时，拌和物的现场坍落度宜为 5~20mm。

④拌和楼（机）出口拌和物坍落度值，应根据不同工艺摊铺时的坍落度值加上运输过程中坍落度损失值确定。

滑模摊铺机、三辊轴机组、小型机具摊铺的路面混凝土的最大单位用水量也要满足相应要求，见表 3-2-25。

面层水泥混凝土最大单位用水量（kg/m³） 表 3-2-25

施工工艺	滑模摊铺机摊铺	三辊轴机组摊铺	小型机具摊铺
碎石混凝土	160	153	150
卵石混凝土	155	148	145

（3）耐久性要求。

各交通等级路面混凝土为满足耐久性要求，最大水灰（胶）比和最小单位水泥用量应符合表 3-2-26 的规定。最大单位水泥用量不宜大于 420kg/m³；使用掺合料时，最大单位胶材总量不宜大于 450kg/m³。

各级公路面层水泥混凝土最大水灰（胶）比和最小单位水泥用量 表 3-2-26

公路技术等级		高速公路、一级公路	二级公路	三、四级公路
最大水灰（胶）比		0.44	0.46	0.48
抗冰冻要求最大水灰（胶）比		0.42	0.44	0.46
抗盐冻要求最大水灰（胶）比		0.40	0.42	0.44
最小单位水泥用量（kg/m³）	52.5 级	300	300	290
	42.5 级	310	310	300
	32.5 级	—	—	315

续上表

公路技术等级		高速公路、一级公路	二级公路	三、四级公路
抗冰(盐)冻时最小单位水泥用量(kg/m³)	52.5级	310	310	300
	42.5级	320	320	315
	32.5级	—	—	325
掺粉煤灰时最小单位水泥用量(kg/m³)	52.5级	250	250	245
	42.5级	260	260	255
	32.5级	—	—	265
抗冰(盐)冻掺粉煤灰最小单位水泥用量(kg/m³)	52.5级	265	260	255
	42.5级	280	270	265

(4)二级及二级以下公路采用经验公式法时,可按下列规定进行。

①计算水灰比。

无掺合料时,根据粗集料的类型,水灰比可分别按下列统计公式计算。

碎石或碎卵石混凝土:

$$\frac{W}{C} = \frac{1.5684}{f_c + 1.0097 - 0.3595 f_s} \tag{3-2-23}$$

卵石混凝土:

$$\frac{W}{C} = \frac{1.2618}{f_c + 1.5492 - 0.4709 f_s} \tag{3-2-24}$$

式中:$\frac{W}{C}$——水灰比;

f_s——水泥实测28d抗折强度(MPa)。

②计算水胶比。

掺用粉煤灰、硅灰、矿渣粉等掺合料时,应计入超量取代法中代替水泥的那一部分掺合料用量(代替砂的超量部分不计入)计算水胶比。计算水胶比(或水灰比)大于表3-2-26的规定时,应按表3-2-26取值。

③选取砂率。

砂率应根据砂的细度模数和粗集料种类,查表3-2-27取值。

水泥混凝土的砂率　　表3-2-27

砂细度模数		2.2~2.5	2.5~2.8	2.8~3.1	3.1~3.4	3.4~3.7
砂率 S_p (%)	碎石	30~34	32~36	34~38	36~40	38~42
	卵石	28~32	30~34	32~36	34~38	36~40

注:1. 相同细度模数时,机制砂的砂率宜偏低限取用;
　　2. 碎卵石可在碎石和卵石混凝土之间内插取值。

④计算单位用水量。

根据粗集料种类和坍落度的要求,分别按下列经验式计算单位用水量。如果大于最大用水量的规定,应采用外加剂降低用水量。

碎石：
$$W_o = 104.97 + 0.309S_L + 11.27\frac{C}{W} + 0.61S_P \qquad (3\text{-}2\text{-}25)$$

卵石：
$$W_o = 86.89 + 0.370S_L + 11.24\frac{C}{W} + 1.00S_P \qquad (3\text{-}2\text{-}26)$$

式中：W_o——不掺外加剂与掺合料混凝土的单位用水量（kg/m³）；
  S_L——坍落度（mm）；
  S_P——砂率（%）。

⑤计算单位水泥用量。

应由式(3-2-27)计算，计算结果小于表3-2-26规定值时，应取表3-2-26的规定值。

$$C_o = \left(\frac{C}{W}\right)W_o \qquad (3\text{-}2\text{-}27)$$

式中：C_o——单位水泥用量（kg/m³）。

⑥计算集料用量。

可按密度法或体积法计算。按密度法计算时，混凝土单位质量可取2 400~2 450kg/m³；按体积法计算时，应计入设计含气量。

(5)掺用掺合料时，配合比设计应符合下列规定：

①掺用矿渣粉或硅灰时，配合比设计应采用等量取代水泥法，掺量应通过试验确定，并应扣除水泥中相同数量的矿渣粉或硅灰。

②掺用粉煤灰时，配合比设计宜按超量取代法进行，取代水泥的部分应扣除等量水泥量；超量部分应代替砂，并折减用砂量。

③Ⅰ、Ⅱ级粉煤灰的超量取代系数可按表3-2-28初选；粉煤灰最大掺量，Ⅰ型硅酸盐水泥不宜大于30%；Ⅱ型硅酸盐水泥不宜大于25%；道路硅酸盐水泥不宜大于20%；粉煤灰总掺量应通过试验最终确定。

各级粉煤灰的超量取代系数　　　　　　　　表3-2-28

粉煤灰等级	Ⅰ	Ⅱ	Ⅲ
超量取代系数δ_f	1.1~1.4	1.3~1.7	1.5~2.0

(6)重要路面、桥面工程应采用正交试验法进行配合比优选。

水泥混凝土抗弯拉强度配合比设计例题

【题目】 某重交通二级公路面层水泥混凝土（无抗冰冻性要求），要求混凝土设计弯拉强度标准值f_r为5.0MPa，施工单位混凝土弯拉强度样本的标准差s为0.5MPa（$n=9$）。混凝土由机械搅拌并振捣，采用滑模摊铺机摊铺，拌和机出口拌和物坍落度要求为30~50mm。

【原始资料】

普通硅酸盐水泥 42.5 级,实测水泥 28d 抗折强度为 8.3MPa,水泥密度 $P_c = 3\,100 \text{kg/m}^3$;中砂:表观密度 $P_s = 2\,630 \text{kg/m}^3$,细度模数为 2.6;碎石:粒径 4.75~31.5mm,表观密度 $P_g = 2\,700 \text{kg/m}^3$,振实密度 $P_{gh} = 1\,701 \text{kg/m}^3$;水:自来水。掺加 0.6% 的减水剂,减水率为 12%。

【设计步骤】

1. 计算配制弯拉强度(f_c)

由表 3-2-22,当某重交通二级公路面层水泥混凝土样本数为 9 时,保证率系数 t 为 0.37。按照表 3-2-24,二级公路变异水平应不低于"中",混凝土弯拉强度变异系数 $0.10 \leq C_v \leq 0.15$,取中值 0.125。根据设计要求,$f_r = 5.0 \text{MPa}$,将以上参数带入式(3-2-22),混凝土配制弯拉强度为:

$$f_c = \frac{f_r}{1 - 1.04 C_v} + t \cdot s = \frac{5.0}{1 - 1.04 \times 0.125} + 0.37 \times 0.5 = 5.93 (\text{MPa})$$

2. 确定水灰比(W/C)

按弯拉强度计算水灰比。由所给资料水泥实测抗折强度 $f_s = 8.3 \text{MPa}$,计算得到的混凝土配制弯拉强度 $f_c = 5.93 \text{MPa}$,粗集料为碎石,代入式(3-2-23)计算混凝土的水灰比 W/C:

$$\frac{W}{C} = \frac{1.568\,4}{f_c + 1.009\,7 - 0.359\,5 \times f_s} = \frac{1.568\,4}{5.93 + 1.009\,7 - 0.359\,5 \times 8.3} = 0.40$$

经耐久性校核,混凝土为二级公路路面所用,无抗冰冻性要求,查表 3-2-26,得最大水灰比为 0.46,故按照强度计算的水灰比结果符合耐久性要求,取水灰比 $W/C = 0.40$,灰水比 $C/W = 2.50$。

3. 确定砂率(S_p)

由砂的细度模数为 2.6 及采用碎石,查表 3-2-27,取混凝土砂率 $S_p = 34\%$。

4. 确定单位用水量(m_{wo})

(1)由坍落度要求 30~50mm,取 40mm,灰水比 $C/W = 2.50$,砂率 34%,代入式(3-2-25),计算单位用水量。

$$W_o = 104.97 + 0.309 \times 40 + 11.27 \times 2.50 + 0.61 \times 34 = 166 (\text{kg/m}^3)$$

查表 3-2-25 得最大单位用水量为 160kg/m³,故计算单位用水量 166kg/m³ 大于最大单位用水量,应掺加水泥质量的 0.6% 的减水剂降低单位用水量。减水剂的实测减水率为 12%。

(2)掺减水剂的混凝土单位用水量,按式(3-2-10)计算。

$$W_{ad} = W_o(1 - \beta_{ad}) = 166 \times (1 - 12\%) = 146 (\text{kg/m}^3)$$

5. 确定单位水泥用量(m_{co})

将单位用水量 146kg/m³,灰水比 $C/W = 2.50$,代入式(3-2-27)计算单位水泥用量为:

$$C_o = W_{ad} \times (C/W) = 146 \times 2.50 = 365 (kg/m^3)$$

查表3-2-26得满足耐久性要求的最小水泥用量为310kg/m³,由此取计算水泥用量 365kg/m³。

6. 计算减水剂掺量 A_o

$$A_o = C_o \cdot \beta_a = 365 \times 0.6\% = 2.2 (kg/m^3)$$

7. 计算粗、细集料用量 m_{go}、m_{so}

采用体积法计算,将上面的计算结果带入式(3-2-17)和式(3-2-18):

$$\begin{cases} \dfrac{365}{3\,100} + \dfrac{m_{go}}{2\,700} + \dfrac{m_{so}}{2\,630} + \dfrac{146}{1\,000} + 0.01 \times 1 = 1 \\ \dfrac{m_{so}}{m_{go} + m_{so}} \times 100\% = 34\% \end{cases}$$

解得:砂用量 $m_{so} = 663 kg/m^3$;碎石用量 $m_{go} = 1\,286 kg/m^3$。

8. 验算

碎石的填充体积率 $= \dfrac{m_{go}}{p_{gh}} \times 100\% = \dfrac{1\,286}{1\,701} \times 100\% = 75.6(\%)$,大于70%,符合要求。

由此确定路面混凝土的"目标配合比"为:

$$m_{co} : m_{wo} : m_{so} : m_{go} = 365 : 146 : 663 : 1\,286$$

路面混凝土的目标配合比确定后,应对该配合比进行试配、调整,确定其施工配合比,具体步骤参照普通水泥混凝土抗压强度的配合比设计。

八、粉煤灰混凝土

1. 概述

粉煤灰混凝土是指掺加粉煤灰组分的混凝土。粉煤灰是电厂煤粉炉烟道气体中收集的粉末,在混凝土工程中掺加粉煤灰时,应根据工程的性质选用不同质量等级的粉煤灰。《粉煤灰混凝土应用技术规范》(GB/T 50146—2014)对粉煤灰混凝土的基本规定如下:

(1)预应力混凝土宜掺用Ⅰ级F类粉煤灰,掺用Ⅱ级F类粉煤灰时应经过试验论证;其他混凝土宜掺用Ⅰ级、Ⅱ级粉煤灰,掺用Ⅲ级粉煤灰时应经过试验论证。

(2)粉煤灰混凝土宜采用硅酸盐水泥和普通硅酸盐水泥配制。采用其他品种的硅酸盐水泥时,应根据水泥中混合材料的品种和掺量,并通过试验确定粉煤灰的合理掺量。

(3)粉煤灰与其他掺合料同时掺用时,其合理掺量应通过试验确定。

(4)粉煤灰可与各类外加剂同时使用,粉煤灰与外加剂的适应性应通过试验确定。

2. 粉煤灰混凝土的主要技术性质

(1)粉煤灰混凝土的质量检验项目应包括坍落度和强度。掺引气型外加剂的粉煤灰混凝土应测定混凝土含气量,有耐久性或其他特殊要求时,还应测定耐久性或其他检验项目。

(2)现场施工中对粉煤灰混凝土的坍落度进行检验时,每4h应至少测定1次,其测定值允许偏差应符合表3-2-29的规定。

坍落度允许偏差(mm)　　　　　　　　　　　　　　表3-2-29

坍落度	坍落度≤40	40<坍落度≤100	坍落度>100
允许偏差	±10	±20	±30

(3)掺引气型外加剂的粉煤灰混凝土,每4h应至少测定1次含气量,其测定值允许偏差宜为±1.0%。

(4)粉煤灰混凝土的强度检验与评定,应按现行国家标准《混凝土强度检验评定标准》(GB/T 50107—2010)的有关规定执行。粉煤灰混凝土的耐久性检验和评定,应按国家现行有关标准的规定执行。

3. 粉煤灰混凝土配合比设计原则

(1)混凝土中掺用粉煤灰的配合比设计方法,应符合《粉煤灰混凝土应用技术规范》(GB/T 50146—2014)中的下列规定:

①粉煤灰混凝土的配合比应根据混凝土的强度等级、强度保证率、耐久性、拌和物的工作性等要求,采用工程实际使用的原材料进行设计。

②粉煤灰混凝土的设计龄期应根据建筑物类型和实际承载时间确定,并宜采用较长的设计龄期。地上、地面工程宜为28d或60d,地下工程宜为60d或90d,大坝混凝土宜为90d或180d。

③试验室进行粉煤灰混凝土配合比设计时,应采用搅拌机拌和。试验室确定的配合比应通过搅拌楼试拌检验后使用。

④粉煤灰混凝土的配合比设计可按体积法或质量法计算。

(2)粉煤灰在混凝土中的掺量应通过试验确定,最大掺量宜符合表3-2-30的规定。

粉煤灰的最大掺量(%)　　　　　　　　　　　　　　表3-2-30

混凝土种类	硅酸盐水泥		普通硅酸泥水泥	
	水胶比≤0.4	水胶比>0.4	水胶比≤0.4	水胶比>0.4
预应力混凝土	30	25	25	15
钢筋混凝土	40	35	35	30
素混凝土	55		45	
碾压混凝土	70		65	

对早期强度要求较高或环境温度、湿度较低条件下施工的粉煤灰混凝土宜适当降低粉煤灰掺量。

特殊情况下,工程混凝土不得不采用具有碱硅酸反应活性集料时,粉煤灰的掺量应通过碱活性抑制试验确定。

九、其他功能混凝土

在道路与桥梁工程中,除了普通水泥混凝土材料外,对于高强混凝土、聚合物混凝土以及新型混凝土等都有了很大的发展,现对这几种混凝土作简要介绍。

1. 高强混凝土

强度等级在 C60 及其以上的混凝土称为高强混凝土。为了减轻自重、增大跨径,现代高架公路、立体交叉和大型桥梁等混凝土结构均采用高强混凝土。

2. 轻集料混凝土

采用轻集料混凝土作为桥梁建筑材料是近年来研究的新动向。用轻粗集料、轻细集料(或普通砂)和水泥配制成的混凝土,其干表观密度不大于 $1\,900\,kg/m^3$ 者,称为轻集料混凝土。

轻集料混凝土应用于桥梁工程,可减轻自重、增大跨度,节约工程投资。但是由于轻集料混凝土的弹性模量较低和徐变较大等问题还需进一步研究,目前仅应用于中小型桥梁,大跨度桥梁中应用较少。

3. 流态混凝土

流态混凝土是在预拌的坍落度为 80~120mm 的基体混凝土拌和物中,加入外加剂(流化剂),经过二次搅拌,使基体混凝土拌和物的坍落度等于或大于 160mm 能自流填满模型或钢筋间隙的混凝土,又称超塑性混凝土。它是由基体混凝土、流化剂、掺合料组成的新型混凝土。

流态混凝土具有下列特点:

流动性好,能自流填满模型或钢筋间隙,适于泵送,施工方便;由于使用流化剂,可大幅度降低水胶比而不需多用水泥,避免了水泥浆多带来的缺点,可制得高强、耐久、不渗水的优质混凝土,一般具有早强和高强效果。流态混凝土流动度大但无离析和泌水现象。

流态混凝土在道路与桥梁工程中应用日益广泛,越江隧道的水泥混凝土路面、斜拉桥的混凝土主塔以及地铁的衬砌封顶等均须采用流态混凝土。

4. 纤维增强混凝土

纤维增强混凝土简称纤维混凝土。其是以水泥混凝土为基材与不连续而分散的纤维为增强材料所组成的一种复合材料。掺入的短纤维可以改善混凝土的脆性,从而提高混凝土的抗拉强度和韧性。常作为增强材料的纤维有钢纤维、玻璃纤维、合成纤维和天然纤维等。目前用于道路路面或桥梁桥面混凝土的增强纤维主要为钢纤维。

钢纤维与混凝土组成复合材料后,可使混凝土的抗弯拉强度、抗裂强度、韧性和冲击强度等性能得到改善,所以钢纤维混凝土广泛应用于道路与桥隧工程中,如机场道面、高等级路面、桥梁桥面铺装和隧道衬砌等工程。

5. 滑模混凝土

滑模混凝土是采用滑模摊铺机摊铺的,满足摊铺工作性、强度及耐久性等要求的较低塑性水泥混凝土材料。

滑模混凝土广泛使用在水泥混凝土路面、大型桥面、机场跑道、城市快车道、停车场、大面积地坪和广场混凝土道面上,具有良好的使用效果。

课题三 水泥砂浆

砂浆是由胶结料、细集料、掺合料和水配制而成的建筑工程材料,在工程中起黏结、衬垫和传递应力的作用。常用的胶结材料为水泥、石灰等,细集料则多采用天然砂。

在道路和桥隧工程中,砂浆主要用于砌筑挡土墙、桥涵或隧道等圬工砌体及砌体表面的抹面。因此按其用途可分为砌筑砂浆和抹面砂浆。

砌筑砂浆是将砖、石或砌块等黏结成为整体的砂浆,它又分为水泥砂浆和水泥混合砂浆,水泥砂浆是由水泥、细集料和水配制而成的砂浆;水泥混合砂浆是由水泥、细集料、掺合料和水配制而成的砂浆。现就其组成材料的要求、技术性质以及配合比设计简述如下。

一、水泥砂浆对组成材料的技术要求

1. 水泥

砌筑砂浆用水泥的强度等级应根据设计要求进行选择。M15 及以下强度等级的砌筑砂浆宜选用 32.5 级的通用硅酸盐水泥或砌筑水泥;M15 以上强度等级的砌筑砂浆宜选用 42.5 级通用硅酸盐水泥。

2. 掺合料

为提高砂浆的和易性,除水泥外,还掺加各种掺合料(如石灰膏、黏土和粉煤灰等)作为结合料。粉煤灰的品质指标和磨细生石灰的品质指标应符合国家标准《用于水泥和混凝土中的粉煤灰》(GB/T 1596)及行业标准《建筑生石灰》(JC/T 479—2013)的要求。

3. 砂

砌筑砂浆用砂宜选用中砂,其中毛石砌体宜选用粗砂。砂的含泥量不应超过 5%,强度等级为 M2.5 的水泥混合砂浆,砂的含泥量不应超过 10%。

4. 水

配制砂浆用水应符合现行行业标准《混凝土用水标准》(JGJ 63)的规定。

二、水泥砂浆的技术性质

新拌砂浆应保证有较好的和易性,硬化后有足够的强度。

1. 砂浆的和易性

砂浆的和易性包括流动性和保水性两个方面。

(1)流动性:新拌砂浆在自重或外力作用下,易于产生流动的性质。砂浆的流动性采用稠度仪测定。稠度值越大表明砂浆的流动性越好。

砂浆的流动性大小主要取决于用水量以及胶结材料的种类和用量、细集料的种类、颗粒形状及级配、搅拌时间等。砌筑砂浆的稠度应按表 3-3-1 的规定选用。

(2)保水性:新拌砂浆在运输和施工过程中保持水分不流失和各组成材料不离析的能力。保水性优良的砂浆不仅在使用过程中不易产生离析现象,而且在铺筑后仍能保持必要的水分,

以保证胶凝材料在硬化过程中所需的水分。砂浆保水性以保水性试验测定,保水性结果越大表明砂浆的保水性越好。

砌筑砂浆的稠度　　　　表 3-3-1

砌 体 种 类	砂浆稠度(mm)
烧结普通砖砌体	70～90
轻集料混凝土小型空心砌块砌体	60～90
烧结多孔砖、空心砖砌体	60～80
烧结普通砖平拱式过梁空斗墙,筒拱普通混凝土小型空心砌块砌体加气混凝土砌块砌体	50～70
石砌体	30～50

24-砂浆保水性试验

影响保水性的主要因素是胶结材料的种类、用量和用水量,以及砂的品种、细度和用量等。掺有石灰膏和黏土的混合砂浆具有较好的保水性。

任务实施

JGJ/T 70—2009　水泥砂浆稠度试验

一、目的和适用范围

本方法适用于确定配合比或施工过程中控制砂浆的稠度,以达到控制用水量为目的。

二、仪器设备

稠度试验所用仪器应符合下列规定:

(1)砂浆稠度仪:由试锥、容器和支座三个部分组成(图 3-3-1)。试锥由钢材或铜材制成,试锥高度为 145mm、锥底直径为 75mm、试锥连同滑杆的质量应为 300g;盛

25-砂浆稠度试验

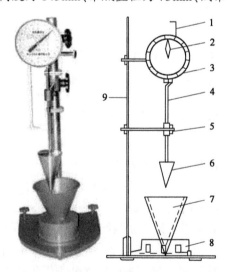

图 3-3-1　砂浆稠度测定仪

1-齿条测杆;2-摆针;3-刻度盘;4-滑杆;5-制动螺旋;6-试锥;7-盛浆容器;8-底座;9-支架

砂浆容器由钢板制成,筒高为180mm,锥底内径为150mm;支座分底座、支架及稠度显示三个部分,由铸铁、钢及其他金属制成。

(2)钢制捣棒:直径10mm、长350mm,端部磨圆。

(3)秒表等。

三、试验步骤

(1)用少量润滑油轻擦滑杆,再将滑杆上多余的油用吸油纸擦净,使滑杆能自由滑动,如图3-3-2所示。

(2)用湿布擦净盛浆容器和试锥表面,将砂浆拌和物一次装入容器,使砂浆表面低于容器口约10mm。用捣棒自容器中心向边缘均匀地插捣25次,然后轻轻地将容器摇动或敲击5~6下,使砂浆表面平整,然后将容器置于稠度测定仪的底座,如图3-3-3所示。

(3)拧松制动螺旋,向下移动滑杆,当试锥尖端与砂浆表面刚接触时,拧紧制动螺旋,使齿条侧杆下端刚接触滑杆上端,读出刻度盘上的读数(精确至1mm),如图3-3-4所示。

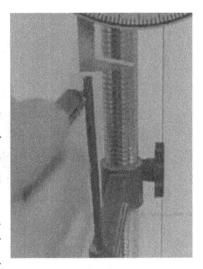

图3-3-2 用少量润滑油轻擦滑杆

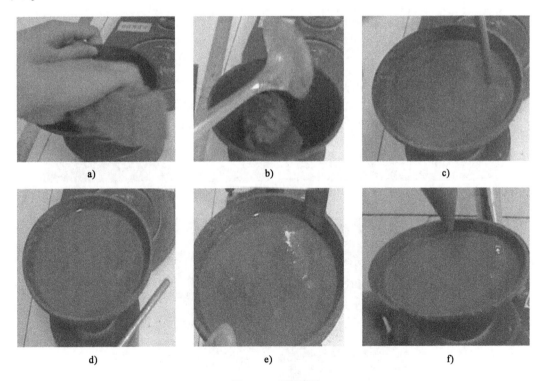

图3-3-3 砂浆装模

a)湿布擦净盛浆容器和试锥表面;b)砂浆拌和物装入容器;c)捣棒均匀插捣;d)敲击容器5~6下;e)测量砂浆表面到容器距离;f)容器置于稠度测定仪下

(4)拧松制动螺旋,同时计时间,10s时立即拧紧螺旋,将齿条测杆下端接触滑杆上端,从刻度盘上读出下沉深度(精确至1mm),二次读数的差值即为砂浆的稠度值,如图3-3-5所示。

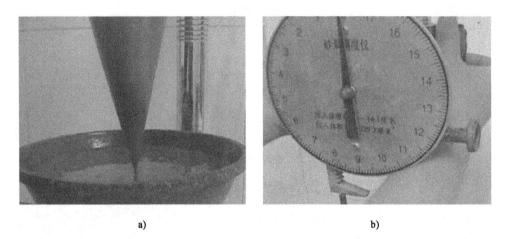

图 3-3-4 测前准备工作
a)调节锥尖端与砂浆表面接触;b)调整齿条侧杆下端接触滑杆上端

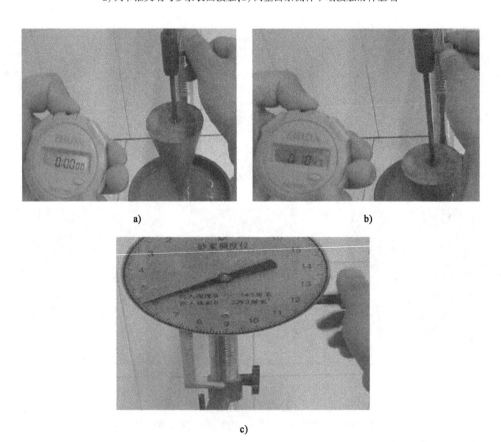

图 3-3-5 测试读数
a)拧松制动螺旋同时计时间;b)10s时立即拧紧螺旋;c)调整齿条测杆下端接触滑杆上端

(5)盛装容器内的砂浆,只允许测定一次稠度,重复测定时,应重新取样测定。

四、试验结果

(1)取两次试验结果的算术平均值,精确至1mm。

(2)两次试验值之差如大于10mm,应重新取样测定。

2. 硬化后砂浆的强度

砂浆硬化后应具有足够的强度。砂浆在圬工砌体中,主要是传递压力,所以要求砌筑砂浆应具有一定的抗压强度。砂浆抗压强度是确定其强度等级的重要依据。

砂浆抗压强度等级是以 70.7mm × 70.7mm × 70.7mm 的正方体试件,在标准条件(温度 20℃ ±3℃,相对湿度对水泥混合砂浆为 60% ~80%,对水泥砂浆为 90% 以上)下,养护 28d 龄期的平均极限抗压强度而确定的。

我国现行标准《砌筑砂浆配合比设计规程》(JGJ/T 98—2010)规定,水泥砂浆及预拌砂浆的强度等级可分为 M5、M7.5、M10、M15、M20、M25、M30;水泥混合砂浆的强度等级可分为 M5、M7.5、M10、M15。

3. 黏结力

砂浆应具有较强的黏结力,以便将砌体材料牢固黏结成为一个整体。砂浆的黏结力与其强度密切相关,通常砂浆强度越高则黏结力越大。此外,砖石表面状态、清洁程度、湿润情况及施工养护条件也对黏结力有一定的影响。

4. 耐久性

圬工砂浆经常受环境水的作用,故除强度外,还应考虑抗渗、抗冻、抗侵蚀等性能。提高砂浆的耐久性,主要是提高其密实度。

JGJ/T 70—2009 水泥砂浆立方体抗压强度试验

一、目的和适用范围

本方法适用于测定水泥砂浆立方体抗压强度。

二、仪器设备

(1)试模:尺寸为 70.7mm × 70.7mm × 70.7mm 的带底试模,应具有足够的刚度并拆装方便。试模的内表面应机械加工,其不平度应为每 100mm 不超过 0.05mm,组装后各相邻面的不垂直度不应超过 ±0.5°。

26-砂浆立方体抗压强度试验

(2)钢制捣棒:直径 10mm、长 350mm 的钢棒,端部应磨圆。

(3)压力试验机:精度为 1%,试件破坏荷载应不小于压力机量程的 20%,且不大于全量程的 80%。

(4)垫板:试验机上、下压板及试件之间可垫以钢垫板,垫板的尺寸应大于试件的承压面,其不平度应为每 100mm 不超过 0.02mm。

(5)振动台:空载中台面的垂直振幅应为 0.5mm ±0.05mm,空载频率应为 50Hz ±3Hz,空载台面振幅均匀度不大于10%,一次试验至少能固定(或用磁力吸盘)3个试模。

三、试件制备及养护

(1)采用立方体试件,每组试件3个。

(2)应用黄油等密封材料涂抹试模的外接缝,试模内涂刷薄层机油或脱模剂,将拌制好的砂浆一次性装满砂浆试模,成型方法根据稠度而定。当稠度≥50mm时采用人工振捣成型,当稠度<50mm时采用振动台振实成型。

①人工振捣:用捣棒均匀地由边缘向中心按螺旋方式插捣25次,插捣过程中如砂浆沉落低于试模口,应随时添加砂浆,可用油灰刀插捣数次,并用手将试模一边抬高5~10mm各振动5次,使砂浆高出试模顶面6~8mm。

②机械振动:将砂浆一次装满试模,放置到振动台上,振动时试模不得跳动,振5~10s或持续到表面出浆为止;不得过振。

③待表面水分稍干后,将高出试模部分的砂浆沿试模顶面刮去并抹平。

④试件制作后应在室温为20℃±5℃的环境下静置24h±2h,当气温较低时,可适当延长时间,但不应超过两个昼夜,然后对试件进行编号、拆模。试件拆模后应立即放入温度为20℃±2℃,相对湿度为90%以上的标准养护室中养护。养护期间,试件彼此间隔不小于10mm,混合砂浆试件上面应覆盖以防有水滴在试件上。

四、试验步骤

(1)试件从养护地点取出后,应及时进行试验,以免试件内部的温、湿度发生显著变化。先将试件擦拭干净,测量尺寸,并检查其外观。并据此计算试件的承压面积,如果实测尺寸与公称尺寸之差不超过1mm,可按公称尺寸进行计算。

(2)将试件安放在试验机的下压板(或下垫板)上,试件的承压面应与成型时的顶面垂直,试件中心应与试验机下压板(或下垫板)中心对准。开动试验机,当上压板与试件(或上垫板)接近时,调整球座,使接触面均衡受压。承压试验应连续而均匀地加荷,加荷速度应为每秒0.25~1.5kN(砂浆强度不大于5MPa时,宜取下限,砂浆强度大于5MPa时,宜取上限),当试件接近破坏而开始迅速变形时,停止调整试验机油门,直至试件破坏,然后记录破坏荷载。

五、试验结果计算

(1)立方体抗压强度应按下式计算:

$$f_{m,cu} = \frac{N_u}{A} \tag{3-3-1}$$

式中:$f_{m,cu}$——砂浆立方体抗压强度(MPa);

N_u——试件破坏荷载(N);

A——试件承压面积(mm^2)。

(2)结果处理。

砂浆立方体试件抗压强度应精确至0.1MPa。

以三个试件测值的算术平均值的1.3倍(f_2)作为该组试件的砂浆立方体试件抗压强度平均值(精确至0.1MPa)。

当三个测值的最大值或最小值中如有一个与中间值的差值超过中间值的15%时,则把最大值及最小值一并舍去,取中间值作为该组试件的抗压强度值;如有两个测值与中间值的差值均超过中间值的15%时,则该组试件的试验结果无效。

三、砌筑砂浆的配合比设计

为统一砌筑砂浆的技术条件和配合比设计方法,满足设计和施工要求,保证砌筑砂浆质量,做到技术先进、经济合理,制定《砌筑砂浆配合比设计规程》(JGJ/T 98—2010)。砌筑砂浆配合比设计应根据原材料的性能、砂浆技术要求、砌体块体种类及施工条件进行计算或查表选择,并应经试配、调整后确定。

1. 现场配置水泥混合砂浆配合比试配

配合比应按下列步骤进行计算:计算砂浆试配强度($f_{m,0}$),计算每立方米砂浆中的水泥用量(Q_C),计算每立方米砂浆中石灰膏用量(Q_D),确定每立方米砂浆砂用量(Q_S),按砂浆稠度选每立方米砂浆用水量(Q_W)。

(1) 计算砂浆试配强度($f_{m,0}$):

$$f_{m,0} = kf_2 \tag{3-3-2}$$

式中:$f_{m,0}$——砂浆的试配强度(MPa),应精确至 0.1MPa;

f_2——砂浆强度等级值(MPa),应精确至 0.1MPa;

k——系数,按表 3-3-2 取值。

砂浆强度标准差 σ 及 k 值　　　　表 3-3-2

强度等级 施工水平	强度标准差 σ(MPa)							k
	M5	M7.5	M10	M15	M20	M25	M30	
优良	1	1.5	2	3	4	5	6	1.15
一般	1.25	1.88	2.5	3.75	5	6.25	7.5	1.2
较差	1.5	2.25	3	4.5	6	7.5	9	1.25

砂浆现场强度标准差的确定应符合下列规定:

①当有统计资料时,应按下式计算:

$$\sigma = \sqrt{\frac{\sum_{i=1}^{n} f_{m,i}^2 - n\mu_{fm}^2}{n-1}} \tag{3-3-3}$$

式中:$f_{m,i}$——统计周期内同一品种砂浆第 i 组试件的强度(MPa);

μ_{fm}——统计周期内同一品种砂浆 n 组试件强度的平均值(MPa);

n——统计周期内同一品种砂浆试件的总组数,$n \geq 25$。

②当无统计资料时,砂浆强度标准差可按表 3-3-2 取值。

(2) 计算每立方米砂浆中的水泥用量(Q_c):

$$Q_c = \frac{1\,000(f_{m,0} - \beta)}{\alpha \cdot f_{ce}} \tag{3-3-4}$$

式中:Q_c——每立方米砂浆的水泥用量(kg),应精确至 1kg;

f_{ce}——水泥的实测强度(MPa),应精确至 0.1MPa;

α、β——砂浆的特征系数,其中 α 取 3.03,β 取 -15.09。

注:各地区也可用本地区试验资料确定 α、β 值,统计用的试验组数不得少于 30 组。

在无法取得水泥的实测强度值时,可按下式计算:

$$f_{ce} = \gamma_c \cdot f_{ce,k} \tag{3-3-5}$$

式中:$f_{ce,k}$——水泥强度等级值(MPa);

γ_c——水泥强度等级值的富余系数,宜按实际统计资料确定;无统计资料时可取 1.0。

(3)计算每立方米砂浆中石灰膏用量(Q_D):

$$Q_D = Q_A - Q_C \tag{3-3-6}$$

式中:Q_D——每立方米砂浆的石灰膏用量(kg),应精确至 1kg;石灰膏使用时的稠度宜为 120mm ± 5mm;

Q_C——每立方米砂浆的水泥用量(kg),应精确至 1kg;

Q_A——每立方米砂浆中水泥和石灰膏总量(kg),应精确至 1kg,可为 350kg。

(4)确定每立方米砂浆砂用量(Q_s);应按干燥状态(含水率小于 0.5%)的堆积密度值作为计算值(kg)。

(5)按砂浆稠度选用每立方米砂浆用水量(Q_w):可根据砂浆稠度等要求选用 210~310kg。

注:①混合砂浆中的用水量,不包括石灰膏中的水;
②当采用细砂或粗砂时,用水量分别取上限或下限;
③稠度小于 70mm 时,用水量可小于下限;
④施工现场气候炎热或干燥季节,可酌量增加用水量。

2. 现场配置水泥砂浆的配合比试配

(1)水泥砂浆材料用量可按表 3-3-3 选用。

每立方米水泥砂浆材料用量(kg)　　　　表 3-3-3

强 度 等 级	水　　泥	砂	用 水 量
M5	200~230	砂的堆积密度值	270~330
M7.5	230~260		
M10	260~290		
M15	290~330		
M20	340~400		
M25	360~410		
M30	430~480		

注:1. M15 及 M15 以下强度等级水泥砂浆,水泥强度等级为 32.5 级;M15 以上强度等级水泥砂浆,水泥强度等级为 42.5 级;
2. 当采用细砂或粗砂时,用水量分别取上限或下限;
3. 稠度小于 70mm 时,用水量可小于下限;
4. 施工现场气候炎热或干燥季节,可酌量增加用水量;
5. 试配强度应按式(3-3-2)计算。

(2)水泥粉煤灰砂浆材料用量可按表3-3-4选用。

每立方米水泥粉煤灰砂浆材料用量(kg/m³)　　　　　表3-3-4

强度等级	水泥和粉煤灰总量	粉煤灰	砂	用水量
M5	210~240	粉煤灰掺量可占胶凝材料总量的15%~25%	1m³砂的堆积密度值	270~330
M7.5	240~270			
M10	270~300			
M15	300~330			

注:1. 表中水泥强度等级为32.5级;
　　2. 当采用细砂或粗砂时,用水量分别取上限或下限;
　　3. 稠度小于70mm时,用水量可小于下限;
　　4. 施工现场气候炎热或干燥季节,可酌量增加用水量。

3. 预拌砌筑砂浆(即专业生产厂生产砂浆)的试配要求

(1)预拌砌筑砂浆应满足下列规定:

①在确定湿拌砂浆稠度时应考虑砂浆在运输和储存过程中的稠度损失。

②湿拌砂浆应根据凝结时间要求确定外加剂掺量。

③不同材料的需水量不同,因此,生产厂家应根据配制结果,明确干混砂浆的加水量范围,以保证其施工性能。干混砂浆应明确拌制时的加水量范围。

④预拌砂浆的搅拌、运输、储存等应符合现行行业标准《预拌砂浆》(JG/T 230)的规定。

⑤预拌砂浆性能应符合现行行业标准《预拌砂浆》(JG/T 230)的规定。

根据相关标准对干混砌筑砂浆、湿拌砌筑砂浆性能进行了规定,预拌砂浆性能应按表3-3-5确定。

预拌砂浆性能　　　　　表3-3-5

项　目	干混砌筑砂浆	湿拌砌筑砂浆
强度等级	M5、M7.5、M10、M15、M20、M25、M30	M5、M7.5、M10、M15、M20、M25、M30
稠度(mm)		50、70、90
凝结时间(h)	3~8	≥8、≥12、≥24
保水率(%)	≥88	≥88

(2)预拌砂浆的试配应满足下列规定:

①预拌砂浆生产前应进行试配,试配强度应按式(3-3-2)计算确定,试配时稠度取70~80mm。

②预拌砂浆中可掺入保水增稠材料、外加剂等,掺量应经试配后确定。

4. 砌筑砂浆配合比试配、调整与确定

(1)砌筑砂浆试配时应考虑工程实际要求,搅拌时间应符合上述规定。

(2)按计算或查表所得配合比进行试拌时,应按现行行业标准《建筑砂浆基本性能试验方法标准》(JGJ/T 70)测定砌筑砂浆拌和物的稠度和保水性。当稠度和保水性不能满足要求时,应调整材料用量,直到符合要求为止,然后确定为试配时的砂浆基准配合比。

(3)试配时至少应采用三个不同的配合比,其中一个配合比应为按本规程得出的基准配合比,其余两个配合比的水泥用量应按基准配合比分别增加及减少10%。在保证稠度、保水率合格的条件下,可将用水量、石灰膏、保水增稠材料或粉煤灰等活性掺合料用量做相应调整。

(4)砂浆试配时稠度应满足施工要求,并应按现行行业标准《建筑砂浆基本性能试验方法标准》(JGJ/T 70)分别测定不同配合比砂浆的表观密度及强度;并应选定符合试配强度及和易性要求、水泥用量最低的配合比作为砂浆的试配配合比。

(5)砂浆试配配合比尚应按下列步骤进行校正。

①根据上述确定的砂浆配合比材料用量,按下式计算砂浆的理论表观密度值:

$$\rho_t = Q_C + Q_D + Q_S + Q_W \tag{3-3-7}$$

式中:ρ_t——砂浆的理论表观密度值(kg/m^3),应精确至$10kg/m^3$。

②应按下式计算砂浆配合比校正系数δ:

$$\delta = \frac{\rho_c}{\rho_t} \tag{3-3-8}$$

式中:ρ_c——砂浆的实测表观密度值(kg/m^3),应精确至$10kg/m^3$。

③当砂浆的实测表观密度值与理论表观密度值之差的绝对值不超过理论值的2%时,可将上述得出的试配配合比确定为砂浆设计配合比;当超过2%时,应将试配配合比中每项材料用量均乘以校正系数(δ)后,确定为砂浆设计配合比。

(6)预拌砂浆生产前应进行试配、调整与确定,并应符合现行行业标准《预拌砂浆》(JG/T 230)的规定。

四、砂浆的配合比设计示例

【例3-3-1】 设计用于砌筑砖墙的水泥混合砂浆的配合比,要求强度等级为M7.5,稠度为70~90mm。施工单位无统计资料,施工水平一般。原材料如下:水泥:32.5级矿渣水泥;细集料:干燥中砂,堆积密度为$1450kg/m^3$。

【解】

(1)确定试配强度$f_{m,o}$

因施工单位无统计资料,施工水平一般,经查表3-3-2,取系数$k=1.20$

故砂浆试配强度为:

$$f_{m,o} = kf_2 = 1.2 \times 7.5 = 9(MPa)$$

(2)确定水泥用量(Q_c)

由特征系数α、β的规定,取$\alpha=3.03$,$\beta=-15.09$,故由式(3-3-4)知,水泥用量为:

$$Q_c = \frac{1000(f_{m,o}-\beta)}{\alpha f_{ce}} = \frac{1000(9+15.09)}{3.03 \times 32.5 \times 1.0} = 245(kg/m^3)$$

(3)确定石灰膏用量(Q_D)

$$Q_D = Q_A - Q_C = 350 - 245 = 105(kg)$$

(4)确定砂用量(Q_s)

因所给干砂堆积密度是$1450kg/m^3$,故砂的用量为:

$$Q_s = 1\,450 \text{ kg/m}^3 \times 1\text{m}^3 = 1\,450(\text{kg})$$

(5)确定用水量(Q_w)

根据对水泥混合砂浆用水量的规定,参考表3-3-3的内容,此处可选用水量300kg/m³,即:

$$Q_w = 300\text{kg/m}^3$$

假如经试配和强度检测,上述材料用量能满足设计要求,则该水泥混合砂浆的设计配合比为:

水泥:石灰膏:砂:水 = 245:104:1 450:300 = 1:0.42:5.92:1.22

需要指出的是,本例所得结果为初步配合比。必须进一步按砂浆配合比设计的相关要求,调整和易性和强度检验合格,且水泥用量最少,此时的材料用量之比才是满足要求的配合比。

单元四　石灰、粉煤灰及稳定材料

【理论要求】　掌握石灰的消化和硬化原理及粉煤灰的成分、技术性质与技术要求；熟练掌握石灰的技术性质与技术要求、无机结合料稳定材料的技术性质与技术要求，及其组成配合比设计。

【技能要求】　具备测定石灰活性含量、粉煤灰烧失量、灰土灰剂量、无机结合料稳定材料击实试验及无侧限抗压强度的能力。

在建筑工程中，能以自身的物理化学作用将松散材料（如砂、石）胶结成为具有一定强度的整体结构材料，统称胶凝材料。胶凝材料按其化学成分不同分为有机胶凝材料（如各种沥青和树脂）和无机胶凝材料两大类。无机胶凝材料根据其硬化条件不同又分为水硬性胶凝材料和气硬性胶凝材料。气硬性胶凝材料只能在空气中硬化、保持或继续提高强度（如石灰、石膏、菱苦土和水玻璃等）。水硬性胶凝材料则不仅能在空气中硬化，而且能更好地在水中硬化，且可在水中或适宜的环境中保持并继续提高强度，各种水泥都属于水硬性胶凝材料。

在粉碎的或原来松散的土（包括各种粗、中、细粒土）中，掺入足量的石灰、水泥、工业废渣后，经拌和、压实及养生后，得到的后期强度较高、整体性和水稳定性均较好的材料，称为无机结合料稳定土。

课题一　石　　灰

石灰俗称白灰，根据成品加工方法的不同，可分为：

(1) 块状生石灰：由原料煅烧而成的原产品，主要成分为 CaO。

(2) 生石灰粉：由块状生石灰磨细而得到的细粉，其主要成分亦为 CaO。

(3) 消石灰：将生石灰用适量的水消化而得的粉末，亦称熟石灰，其主要成分为 $Ca(OH)_2$。

(4) 石灰浆：将生石灰加多量的水（为石灰体积的 3~4 倍）消化而得可塑性浆体，称为石灰膏，主要成分为 $Ca(OH)_2$ 和水。如果水分加得更多，则呈白色悬浮液，称为石灰乳。

石灰按氧化镁含量不同分为钙质石灰和镁质石灰。当氧化镁含量小于 5% 时，称为钙质石灰；超过 5% 时，称为镁质石灰。

一、石灰的生产工艺概述

将富含氧化钙的岩石（如石灰石、白云石、白垩、贝壳等），或用含有氧化钙和部分氧化镁的岩石，经过高温煅烧（通常需加热至 900℃ 以上），逸出 CO_2 气体，得到白色或灰白色的块状材料即为生石灰，其化学反应表示如下：

$$CaCO_3 \xrightarrow{\text{大于}900℃} CaO + CO_2 \tag{4-1-1}$$

优质的石灰,色质洁白或带灰色,质量较轻,块状石灰堆积密度为 $800\sim1000kg/m^3$。石灰在烧制过程中,常由于石灰石原料的尺寸过大或窑中温度不匀等原因,石灰中含有未烧透的内核,这种石灰即称为"欠火石灰"。欠火石灰的未消化残渣含量高,有效氧化钙和氧化镁含量低,使用时缺乏黏结力。另一种情况是由于烧制的温度或时间过长,石灰表面出现裂缝或玻璃状的外壳,体积收缩明显,颜色呈灰黑色,块体密度大,消化缓慢,这种石灰称为"过火石灰"。过火石灰用于建筑结构物中还能继续消化,以致引起体积膨胀,导致产生裂缝等破坏现象,故危害极大。

二、石灰的消化和硬化

1. 石灰的消化

烧制成的生石灰为块状的,在使用时必须加水使其"消化"成为粉末状的"消石灰",这一过程亦称"熟化",故消石灰亦称"熟石灰"。其化学反应为:

$$CaO + H_2O \longrightarrow Ca(OH)_2 + 64.9 J/mol \tag{4-1-2}$$

消石灰的主要化学成分为氢氧化钙 $Ca(OH)_2$。式(4-1-2)中理论需水量仅为石灰的32%,但是由于石灰消化是一个放热反应过程,实际加水量需达70%以上。

在石灰消化时,应注意加水量和加水速度。对消解速度快、活性大的石灰,如加水过慢,水量不够,则已消化的石灰颗粒生成 $Ca(OH)_2$,包围于未消化颗粒周围,使内部石灰不易消化,这种现象称为"过烧"现象;相反,对于活性差的石灰,如加水过快,则发热量少,水温过低,增加了未消化颗粒,这种现象称为"过冷"现象。石灰消化时,为了消除"过火石灰"的危害,可在消化后"陈伏"半月左右再使用。石灰浆在陈伏期间,在其表面应有一层水分,使之与空气隔绝,以防止碳化。

2. 石灰的硬化

石灰的硬化过程包括干燥硬化和碳酸化两个部分。

1) 石灰浆的干燥硬化(结晶作用)

石灰浆在干燥过程中水分逐渐蒸发,或被周围砌体吸收,$Ca(OH)_2$ 从饱和溶液中结晶析出,固体颗粒互相靠拢黏紧,强度也随之提高。

2) 硬化石灰浆的碳化(碳化作用)

$Ca(OH)_2$ 与空气中的二氧化碳作用生成碳酸钙晶体,其化学反应如下:

$$Ca(OH)_2 + H_2O + CO_2 \longrightarrow CaCO_3 + 2H_2O \tag{4-1-3}$$

石灰浆体的硬化包括上面两个同时进行的过程,即表层以碳化为主,内部以结晶为主。随着反应的发生,石灰表面形成一层坚硬的 $CaCO_3$ 薄层,CO_2 不易进入内部,内部水分也不易蒸发,石灰的硬化随时间逐渐减慢。

三、石灰的技术性质和技术标准

1. 技术性质

用于道路或桥梁工程的石灰,应具备下列技术性质:

1）有效氧化钙和氧化镁含量

石灰中产生黏结性的有效成分是活性氧化钙和氧化镁，其含量是指石灰中活性氧化钙和氧化镁的质量占石灰试样总质量的百分率，这是评价石灰质量的主要指标。石灰中活性成分（CaO+MgO）含量愈多，活性愈高，质量也愈好。

2）石灰未消化残渣含量

石灰未消化残渣含量是指石灰在标准消解条件下，存留于2.36mm方孔筛上的残渣质量占石灰试样总质量的百分率。这些残渣为欠火石灰或过火石灰颗粒，它的含量愈多，石灰的品质愈差，必须加以限制。

3）石灰含水率

石灰在消解过程中，由于加水量难以控制，消石灰粉中含有少量的游离水分，对其石灰品质有影响，故对其应加以限制。

4）细度

消石灰粉消解是否完全及生石灰磨细程度直接影响石灰的黏结力，细度与石灰的质量有密切关系。

2. 技术标准

在公路工程中，石灰技术指标应符合我国行业标准《公路路面基层施工技术细则》（JTG/T F20—2015）的规定，见表4-1-1。

石灰的技术指标 表4-1-1

项目	类别/指标	钙质生石灰			镁质生石灰			钙质消石灰			镁质消石灰		
		等级											
有效氧化钙加氧化镁含量（%）		≥85	≥80	≥70	≥80	≥75	≥65	≥65	≥60	≥55	≥60	≥55	≥50
未消化残渣含量（2.36mm方孔筛的筛余，%）		≤7	≤11	≤17	≤10	≤14	≤20						
含水率（%）								≤4	≤4	≤4	≤4	≤4	≤4
细度	0.71mm方孔筛的筛余（%）							0	≤1		0	≤1	
	0.125mm方孔筛的筛余（%）							≤13	≤20	—	≤13	≤20	—
钙镁石灰的分类界限，氧化镁含量（%）		≤5			>5			≤4			>4		

高速公路和一级公路用石灰应不低于Ⅱ级技术要求，二级公路用石灰应不低于Ⅲ级技术要求，二级以下公路宜不低于Ⅲ级技术要求。

高速公路和一级公路的基层，宜采用磨细消石灰。

二级以下公路使用等外石灰时，有效氧化钙含量应在20%以上，且混合料强度应满足要求。

四、石灰的应用和储存

1. 石灰的应用

(1)石灰砂浆:石灰砂浆主要用于地面以上部分的砌筑工程,并可用于抹面等装饰工程。

(2)加固软土地基:在软土地基中打入生石灰桩,可利用生石灰吸水产生膨胀对桩周土起挤密作用,利用生石灰和黏土矿物间产生的胶凝反应使周围的土固结,从而达到提高地基承载力的目的。

(3)石灰和黏土按一定比例拌和制成石灰土,或与黏土、砂石、矿渣制成三合土,用于道路工程的垫层。

(4)在道路工程中,随着半刚性基层在高等级路面中的应用,石灰稳定土、石灰粉煤灰稳定土及其稳定碎石等广泛用于路面基层。在桥梁工程中,石灰砂浆、石灰水泥砂浆、石灰粉煤灰砂浆广泛用于圬工砌体。

2. 石灰的储存

(1)磨细的生石灰粉应储存于干燥仓库内,采取严格防水措施。

(2)如需较长时间储存生石灰,最好将其消解成石灰浆,并使表面隔绝空气,以防碳化。

任务实施

石灰氧化钙和氧化镁的测定方法,按交通行业标准《公路工程无机结合料稳定材料试验规程》(JTG E51—2009)规定,采用(T 0813—1994)石灰有效氧化钙和氧化镁简易测定方法。

T 0813—1994 石灰有效氧化钙和氧化镁简易测定方法

一、适用范围

本试验方法适用于氧化镁含量在5%以下的低镁石灰。

二、仪器设备

(1)方孔筛:0.15mm,1个。

(2)烘箱:50~250℃,1台。

(3)干燥器:ϕ25cm,1个。

(4)称量瓶:ϕ30mm×50mm,10个。

(5)瓷研钵:ϕ12~13cm,1个。

(6)分析天平:量程不小于50g,感量0.0001g,1台。

(7)电子天平:量程不小于500g,感量0.01g,1台。

(8)电炉:1 500W,1个。

(9)石棉网:20cm×20cm,1块。

(10)玻璃珠:ϕ3mm,1袋(0.25kg)。

(11)具塞三角瓶:250mL,20个。

(12)漏斗:短颈,3个。

27-石灰有效
CaO + MgO
含量测定

(13) 塑料洗瓶:1个。
(14) 塑料桶:20L,1个。
(15) 下口蒸馏水瓶:5 000mL,1个。
(16) 三角瓶:300mL,10个。
(17) 容量瓶:250mL、1 000mL,各1个。
(18) 量筒:200mL、100mL、50mL、5mL,各1个。
(19) 试剂瓶:250mL、1 000mL,各5个。
(20) 塑料试剂瓶:1L,1个。
(21) 烧杯:50mL,5个;250mL(或300mL),10个。
(22) 棕色广口瓶:60mL,4个;250mL,5个。
(23) 滴瓶:60mL,3个。
(24) 酸滴定管:50mL,2支。
(25) 滴定台及滴定管夹:各1套。
(26) 大肚移液管:25mL、50mL,各1支。
(27) 表面皿:7cm,10块。
(28) 玻璃棒:8mm×250mm及4mm×180mm,各10支。
(29) 试剂勺:5个。
(30) 吸水管:8mm×150mm,5支。
(31) 洗耳球:大、小各1个。

三、试剂

(1) 0.1%甲基橙指示剂:称取0.05g甲基橙溶于50mL蒸馏水(40~50℃)中。

(2) 1mol/L盐酸标准溶液:取83mL(相对密度1.19)浓盐酸以蒸馏水稀释至1 000mL,按下述方法标定其摩尔浓度后备用。

称取已在180℃烘箱内烘干2h的碳酸钠(优级纯或基准级纯)1.5~2.0g(精确至0.000 1g),记录为m_0,置于250mL三角瓶中,加100mL水使其完全溶解;然后加入2~3滴0.1%甲基橙指示剂,记录滴定管中待标定的盐酸标准溶液初始体积V_1,用待标定的盐酸标准溶液滴定,至碳酸钠溶液由黄色变为橙红色,如图4-1-1所示。

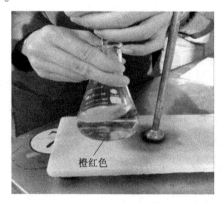

图4-1-1 溶液由黄色滴定至橙红色

将溶液加热至微沸,并保持微沸3min,如图4-1-2所示,然后放在冷水中冷却至室温,如此时橙红色变为黄色,再用盐酸标准溶液滴定,至溶液出现稳定橙红色时为止,记录滴定管中盐酸标准溶液体积V_2。V_1、V_2的差值即为盐酸标准溶液的消耗量V。

盐酸标准溶液的摩尔浓度按下式计算:

$$N = \frac{m_0}{V \times 0.053} \quad (4\text{-}1\text{-}4)$$

式中:N——盐酸标准溶液的摩尔浓度(mol/L);
m_0——称取碳酸钠的质量(g);
V——滴定时消耗盐酸标准溶液的体积(mL);
0.053——与1.00mL盐酸标准溶液[$c(HCL) = 1.000$ mol/L]相当的以克表示的无水碳酸钠的质量。

图4-1-2 加热并保持微沸3min

(3)1%酚酞指示剂:称取0.5g酚酞,溶于50mL 95%的乙醇中。

四、准备试样

(1)生石灰试样:将生石灰样品打碎,使颗粒不大于1.18mm。拌和均匀后用四分法缩减至200g左右,放入瓷研钵中研细。再经四分法缩减至20g左右。研磨所得石灰样品,应通过0.15mm(方孔筛)的筛。从此细样中均匀挑取10g,置于称量瓶中在105℃烘箱烘至恒量,储于干燥器中,供试验用。

(2)消石灰试样:将消石灰样品用四分法缩减至10g。如有大颗粒存在,须在瓷研钵中磨细至无不均匀颗粒存在为止。置于称量瓶中在105℃烘箱烘至恒量,储于干燥器中,供试验用。

五、试验步骤

(1)迅速称取石灰试样0.8~1.0g(精确至0.0001g)放入300mL三角瓶中,记录试样质量(m)。加入150mL新煮沸并已冷却的蒸馏水和10颗玻璃珠。瓶口上插一短颈漏斗,使用带电阻的电炉加热5min(调到最高档),如图4-1-3所示,但勿使液体沸腾,放入冷水中迅速冷却。

(2)向三角瓶中滴入酚酞指示剂2滴,记录滴定管中盐酸标准溶液体积V_3,在不断摇动下以盐酸标准溶液滴定,控制滴定速度为2~3滴/s,至粉红色完全消失,稍停,又出现红色,继续滴入盐酸,如此重复几次,直至5min内不出现红色为止,记录滴定管中盐酸标准溶液体积V_4。V_3、V_4的差值即为盐酸标准溶液的消耗量V_5。如滴定过程持续半小时以上,则结果只能作为参考。

六、计算

有效氧化钙和氧化镁含量按下式计算。

$$X = \frac{V_5 \times N \times 0.028}{m} \times 100 \quad (4\text{-}1\text{-}5)$$

图4-1-3 加短颈漏斗加热5min

式中：X——有效氧化钙和氧化镁的含量(%)；
V_5——滴定消耗盐酸标准溶液的体积(mL)；
N——盐酸标准溶液的摩尔浓度(mol/L)；
m——样品质量(g)；
0.028——氧化钙的毫克当量，因氧化镁含量甚少，并且两者之毫克当量相差不大，故有效氧化钙和氧化镁的毫克当量都以氧化钙的毫克当量计算。

七、结果整理

(1) 读数精确至0.1mL。

(2) 对同一石灰样品至少应做两个试样并进行两次测定，取两次测定结果的平均值代表最终结果。

课题二 粉 煤 灰

一、粉煤灰的来源与成分

粉煤灰是火力发电厂的工业废料。火力发电厂为了提高煤的燃烧程度，一般将块状煤磨细成粉末状煤粉，在温度为1100~1400℃的炉内燃烧，从烟道内依据机械装置或静电聚灰装置收集起来的一种非常细小的轻质粉末状灰尘，就是粉煤灰。它不仅可用作制造粉煤灰水泥的原料，而且在公路与桥梁工程中，除了用作水泥混凝土的组成材料外，更大量的是用于无机结合料稳定土中。

粉煤灰主要是从煤层裂缝中聚集的岩屑得来，占煤质量的百分率为8%~14%。它与煤渣不同，煤渣是从炉底掉下来的粒状副产品。

煤粉经燃烧炉内燃烧时，其内部含有的细粒状铝硅酸盐类黏土被熔化和玻璃化，冷却后，在表面张力作用下，迫使细粉颗粒转变为玻璃质的球形颗粒。因而，粉煤灰颗粒是实心的或空心的球状颗粒，玻璃质含量(非晶质材料)占总质量的71%~88%。粉煤灰的颗粒粒径大小在0.01~0.25mm之间变化，小于0.075mm的颗粒含量可在60%~98%之间变化，它的比表面积一般在2000~3500cm^2/g。粉煤灰的非晶质成分是石灰(或水泥)粉煤灰火山反应中的主要成分。

粉煤灰化学成分以二氧化硅和三氧化二铝为主(氧化硅含量在48%左右，氧化铝含量在27%左右)，其他成分为氧化钙、氧化镁、氧化钾、氧化钠、三氧化硫、三氧化二铁及未燃尽有机质(烧失量)。不同来源的煤和不同燃烧条件下产生的粉煤灰，其化学成分差别很大(表4-2-1)。

我国31个有代表性的火力发电厂粉煤灰的化学成分(%) 表4-2-1

成分	二氧化硅	三氧化二铝	三氧化二铁	氧化钙	氧化镁	氧化钾	氧化钠	三氧化硫	烧失量
变化范围	33.9~59.7	16.5~35.4	1.5~19.7	0.8~10.4	0.7~1.9	0.6~2.9	0.2~1.1	0~1.1	1.2~23.6
平均值	50.6	27.1	7.1	2.8	1.2	1.3	0.5	0.3	8.2

氧化钙(CaO)含量一般在2%～6%,这种粉煤灰可称作硅铝粉煤灰。个别地方的粉煤灰含有10%～40%的氧化钙,这种粉煤灰可称作高钙粉煤灰。

粉煤灰是一种火山灰质材料,是一种硅质或硅铝质材料。因其内含有少量的氧化钙,它本身很少或几乎没有黏结性。细分散状态的粉煤灰与石灰(或水泥)拌和后,在常温下经氧化钙或氢氧化钙的激活,活性氧化硅和氧化铝具有一定的火山灰作用,形成水化硅酸钙和水化铝酸钙,使其具有一定的黏结性。一般组分中玻璃质球体与结晶质之比越大,其火山灰质活性愈强烈,因而,活性氧化硅和氧化铝的含量是评定粉煤灰应用的重要指标,通常要求其含量不低于70%。惰性材料氧化铁及焦炭残留物不具备活性,特别是焦炭,一般对其含量要加以限制。

粉煤灰的品质变化幅度很大,影响品质的因素有:煤的品种、煤的燃烧条件、磨细程度以及收集方法等。煤的品种不同,其化学组成成分含量差别很大。煤粉燃烧时温度越高,时间越长,焦炭残留物越少,玻璃质含量增加,其品质越好。细度越细、比表面积越大,活性越好,但其需水量增大,干缩性越大。

粉煤灰有湿排灰法和干排灰法两种。干排灰法排出的粉煤灰常在露天堆放,为了防止干灰在空气中飞扬,往往向干灰堆浇水。由于其内含有一定数量的CaO,含水堆售的粉煤灰可能产生黏结性并结成块体,在使用前要将其粉碎过筛。在某些情况下,粉煤灰被排放在池中,会有很多水,需用时从池中回收。

二、粉煤灰的技术性质

1. 粉煤灰的细度

粉煤灰颗粒的粗细程度,直接影响与结合料(如石灰、水泥)混合后反应所形成的水化生成物的数量,从而影响混合料的强度。粉煤灰的颗粒越细,比表面积越大,粉煤灰的活性越强,所以细度是粉煤灰分级的一项指标。细度是以0.045mm方孔筛的筛余百分率表示。

2. 粉煤灰的烧失量

粉煤灰的烧失量是指粉煤灰在高温灼烧下损失的质量占总质量的百分率。粉煤灰中含有一定数量未烧尽的固态炭,这些炭成分的增加,即意味活性氧化硅和氧气成分的降低,同时会导致粉煤灰需水量的增加,降低混合料的强度,因此,要加以限制。我国现行国标规定的烧失量的测定方法如下:

(1)通过四分法取粉煤灰试样约10g,准确称量质量(准确至0.0001g),置于已灼烧至恒重的瓷坩埚内。

(2)将瓷坩埚放入高温炉内,从低温开始逐渐升高温度,温度控制在950～1000℃,灼烧15～20min,取出坩埚,置于干燥器中,冷却至室温。

(3)准确称量质量,如此反复灼烧,直至恒重,称其质量为m_n。

(4)按下式计算烧失量X:

$$X = \frac{m_0 - m_n}{m_0} \times 100 \quad (4\text{-}2\text{-}1)$$

式中：X——烧失量(%)；
　　m_0——未灼烧前粉煤灰的质量(g)；
　　m_n——灼烧至恒量时粉煤灰的质量(g)。

3. 粉煤灰的需水量比

粉煤灰的需水量比是指在相同流动度下，粉煤灰的需水量与硅酸盐水泥的需水量之比值。需水量比小的粉煤灰掺入水泥混凝土中，可增加其流动性，改善和易性，提高强度。因此，必须限制粉煤灰的需水量比。

4. 粉煤灰中有害杂质含量

粉煤灰中 SO_3 含量超过一定限量时，可使其制作混合料(如水泥混凝土、稳定土)后期生成有害的钙矾石，对结构物产生危害，因此对其含量必须加以限制。粉煤灰中 SO_3 含量是先测定硫酸盐含量，折算成 SO_3 含量。

5. 氧化物（$SiO_2 + Al_2O_3 + Fe_2O_3$）含量

粉煤灰中氧化物的含量对混合料的强度有明显影响。一般规定粉煤灰中氧化物的含量要大于70%。

三、粉煤灰的技术标准

粉煤灰在路桥工程中分为混凝土用粉煤灰和公路用粉煤灰两种，其技术标准分别按照国家标准《用于水泥和混凝土中的粉煤灰》(GB/T 1596—2017)和行业标准《公路路面基层施工技术细则》(JTG/T F20—2015)执行。

1. 混凝土用粉煤灰技术标准

根据用途分为拌制砂浆和混凝土用粉煤灰、水泥活性混合材料用粉煤灰两类。我国现行国家标准《用于水泥和混凝土中的粉煤灰》(GB/T 1596—2017)规定，水泥活性混合料用粉煤灰不分级；拌制砂浆和混凝土用粉煤灰，按上述细度、需水量比、烧失量、含水率和三氧化硫含量等指标分为Ⅰ级、Ⅱ级、Ⅲ级三个等级，其技术指标见表4-2-2。

拌制砂浆和混凝土用粉煤灰理化性能要求　　　　表4-2-2

项　目		理化性能要求		
		Ⅰ级	Ⅱ级	Ⅲ级
细度(45μm 方孔筛筛余，%)	F 类、C 类粉煤灰	≤12.0	≤30.0	≤45.0
需水量比(%)	F 类、C 类粉煤灰	≤95	≤105	≤115
烧失量(%)	F 类、C 类粉煤灰	≤5.0	≤8.0	≤10.0
含水率(%)	F 类、C 类粉煤灰	≤1.0		
SO_3 含量(%)	F 类、C 类粉煤灰	≤3.0		
游离氧化钙(f-CaO)含量(%)	F 类粉煤灰	≤1.0		
	C 类粉煤灰	≤4.0		
SiO_2、Al_2O_3 和 Fe_2O_3 的总含量(%)	F 类粉煤灰	≥70.0		
	C 类粉煤灰	≥50.0		

续上表

项 目		理化性能要求		
		Ⅰ级	Ⅱ级	Ⅲ级
密度(g/cm³)	F类、C类粉煤灰	≤2.6		
安定性(雷氏法,mm)	C类粉煤灰	≤5.0		
强度活性指数(%)	F类、C类粉煤灰	≥70.0		

注:F类粉煤灰为由无烟煤或烟煤煅烧收集的粉煤灰,C类粉煤灰为由褐煤或次烟煤煅烧收集的粉煤灰。

2.混凝土用粉煤灰的验收和存储

(1)粉煤灰供应单位应根据现行国家标准《用于水泥和混凝土中的粉煤灰》(GB/T 1596—2017)的相关规定,出具批次产品合格证、标识和出厂检验报告,并应按相关标准要求提供型式检验报告。

(2)出厂粉煤灰的标识应包括粉煤灰种类、等级、生产方式、批号、数量、生产厂名称和地址、出厂日期等。

(3)对进场的粉煤灰应按规定及时取样检验。粉煤灰的取样频次宜以同一厂家连续供应的200t相同种类、相同等级的粉煤灰为一批,不足200t时宜按一批计。粉煤灰的取样方法应符合下列规定:

①散装粉煤灰的取样,应从每批10个以上不同部位取等量样品,每份不少于1.0kg,混合搅拌均匀,用四分法缩取比试验需要量约大一倍的试样量。

②袋装粉煤灰的取样,应从每批中任抽10袋,从每袋中各取等量试样一份,每份不应少于1.0kg,混合搅拌均匀,用四分法缩取比试验需要量约大一倍的试样量。

③每批粉煤灰试样应检验细度、含水率、烧失量、需水量比、安定性,需要时应检验三氧化硫含量、游离氧化钙含量、碱含量以及放射性。

3.公路用粉煤灰技术标准

我国现行行业标准《公路路面基层施工技术细则》(JTG/T F20—2015)规定,用于石灰工业废渣稳定土中的粉煤灰,技术要求应符合表4-2-3的规定。

粉煤灰技术要求　　　　表4-2-3

检测项目	SiO_2、Al_2O_3和Fe_2O_3的总含量(%)	烧失量(%)	比表面积(cm²/g)	0.3mm筛孔通过率(%)	0.075mm筛孔通过率(%)	湿粉煤灰含水率(%)
技术要求	>70	≤20	>2500	≥90	≥70	≤35

课题三　无机结合料稳定材料

一、无机结合料稳定材料概述

1.无机结合料稳定材料的概念

采用一定的技术措施,在粉碎的或原来松散的土中,掺入适量的无机结合料(如水泥、石灰等)和水,经拌和均匀、压实和养生后得到的一种强度或耐久性符合规定要求的复合混合料,称为无机结合料稳定材料,又称无机结合料稳定土。无机结合料稳定材料主要用于公路路面的基层与底基层。

工程上用于无机结合料稳定的土,通常按照土中单个颗粒(包括碎石、砾石和砂颗粒,不包括土块或土团)的粒径大小和组成,将土分为下列三种:

(1)细粒材料:是指公称最大粒径小于16mm的材料;
(2)中粒材料:是指公称最大粒径不小于16mm,且小于26.5mm的材料;
(3)粗粒材料:是指公称最大粒径不小于26.5mm的材料。

2. 无机结合料稳定材料的分类

无机结合料稳定材料的种类很多,可按下列情况分类。

1)按无机结合料的种类分类

按无机结合料的种类不同可分为:石灰稳定土类、水泥稳定土类、综合稳定土类、石灰工业废渣稳定土类等。

(1)石灰稳定土类:用石灰(消石灰粉或磨细生石灰粉)稳定各类土而得到的混合料。
(2)水泥稳定土类:用水泥稳定各类土而得到的混合料。
(3)综合稳定土类:同时用石灰和水泥稳定某种土得到的混合料,其中按水泥用量占石灰水泥总用量的百分比可分为:水泥用量占石灰水泥总用量30%以上的,称为水泥综合稳定土;水泥用量占石灰水泥总用量30%以下的,称为石灰综合稳定土。
(4)石灰工业废渣稳定土类:用石灰稳定工业废渣或稳定工业废渣与某种土的混合物而得到的混合料,称为石灰工业废渣稳定土类。其中按稳定土是否含有活性材料,粉煤灰又可分为:①石灰粉煤灰稳定土类:用石灰粉煤灰稳定工业废渣或某种土的混合物而得到的混合料。②石灰其他废渣稳定土类:用石灰废渣稳定某种土或工业废渣与某种土的混合物而得到的混合料。

2)按土的粒径大小和组成分类

按土的粒径大小和组成可分为:无机结合料稳定土和无机结合料稳定粒料。

(1)无机结合料稳定土:用无机结合料稳定细粒土而得到的混合料,如石灰土、水泥土、石灰粉煤灰土(简称二灰土)等。
(2)无机结合料稳定粒料:用无机结合料稳定中粒土或粗粒土等而得到的混合料。其中按粒料种类不同可分为:①无机结合料稳定砂砾:用无机结合料稳定中粒土或粗粒土,原材料为天然砂砾或级配砂砾(砂砾中无土)所得到的混合料。常见的有石灰砂砾土、石灰土砂砾、水泥砂砾、石灰粉煤灰砂砾(简称二灰砂砾)与石灰煤渣砂砾等。②无机结合料稳定碎石:用无机结合料稳定中粒土或粗粒土,原材料为天然碎石土或级配碎石(包括未筛分碎石)所得到的混合料。常见的有:石灰碎石土、石灰土碎石、水泥碎石、石灰粉煤灰碎石(简称二灰碎石)与石灰煤渣碎石等。

3. 无机结合料稳定材料的优缺点

近一二十年来,无机结合料稳定材料在道路工程中的应用发展很快,究其原因主要是它具有很多的优点。

(1)它具有良好的力学性能,其抗压强度和抗弯拉强度较高,而且强度与模量随龄期不断增长,水稳定性好,具有抗冻性,结构本身自成板块,在外力作用下变形小。

(2)便于就地取材,易于实现机械化施工,养护费用低。

(3)利用工矿企业废渣,既可解决筑路材料来源的困难,又可解决废渣的堆放处理问题。它是一种品质优良的筑路材料,已广泛用于修建高等级公路路面的基层和底基层。

但是,无机结合料稳定材料的最大缺点是干缩或低温收缩容易产生裂缝,这种裂缝会反射到路面的表面;另外,其耐磨性差,一般不宜用于路表面。

二、无机结合料稳定材料组成材料的技术要求

为了保证无机结合料稳定材料具有良好的技术性能和使用品质,必须正确选用原材料。

1. 无机结合料

无机结合料目前最常用的有水泥和石灰(消石灰粉与磨细生石灰粉),它们是稳定土强度形成的主要来源,又是组成材料中价格最贵的。正确的选择原则是,既要满足工程质量的要求,又要满足经济性的要求。

(1)水泥

水泥在稳定土中的作用是与水反应后增加土的强度和水稳定性。

宜采用强度等级较低(等级为32.5或42.5)的水泥,且满足技术要求的普通硅酸盐水泥等均可用于稳定土。为了满足施工操作工艺过程的需要,所用水泥初凝时间应大于3h,终凝时间应大于6h且小于10h。快硬水泥、早强水泥以及受潮变质的水泥不得使用。

(2)石灰

各种化学组成的石灰均可用于稳定土,但其石灰质量应符合课题一石灰的技术标准。石灰放置时间过久,其有效钙和有效镁的含量会有很大损失,因此要尽量缩短石灰的存放时间。如需存放较长时间,应采用覆盖封存措施以妥善保管,一般最好在生产后不迟于三个月内投入使用。对于等级低于合格品标准的等外石灰及贝壳石灰或珊瑚石灰,可适当增加剂量,经试验其无侧限抗压强度满足要求,就可使用。

2. 土质

对土的一般要求是易于粉碎,满足一定的级配要求,便于碾压成型。

(1)液限与塑性指数

水泥稳定类土的液限应不大于40%,塑性指数应不大于17;塑性指数大于17时,宜采用石灰稳定或用水泥和石灰综合稳定。用水泥稳定粒径较均匀的砂类,难于碾压,可在砂中掺入少量塑性指数小于10的黏质土、石灰土或粉煤灰,加入比例应通过击实试验确定;添加粉煤灰的比例宜为20%~40%。用水泥稳定时,被稳定材料中含有一定量的碎石和砾石,且小于0.6mm的颗粒含量在30%以下时,塑性指数可大于17,且土的均匀系数应大于5。

(2)粗集料

用作被稳定材料的粗集料宜采用各种硬质岩石或砾石加工成的碎石,也可直接采用天然砾石。粗集料应符合表 4-3-1 中 Ⅰ 类规定,用作级配碎石的粗集料应符合表 4-3-1 中 Ⅱ 类的规定。

粗集料技术要求 表 4-3-1

指标	层位	高速公路和一级公路				二级及二级以下公路		试验方法
		极重、特重交通		重、中、轻交通				
		Ⅰ类	Ⅱ类	Ⅰ类	Ⅱ类	Ⅰ类	Ⅱ类	
压碎值(%)	基层	≤22[a]	≤22	≤26	≤26	≤35	≤30	T 0316
	底基层	≤30	≤26	≤30	≤26	≤40	≤35	
针片状颗粒含量(%)	基层	≤18	≤18	≤22	≤18	—	≤20	T 0312
	底基层	—	≤20	—	≤20	—	≤20	
0.075mm 以下粉尘含量(%)	基层	≤1.2	≤1.2	≤2	≤2	—	—	T 0310
	底基层	—	—	—	—	—	—	
软石含量(%)	基层	≤3	≤3	≤5	≤5	—	—	T 0320
	底基层	—	—	—	—	—	—	

注:[a] 对花岗岩石料,压碎值可放宽至 25%。

基层、底基层的粗集料级配规格应符合表 4-3-2 的要求。

粗集料规格要求 表 4-3-2

规格名称	工程粒径(mm)	通过下列筛孔(mm)的质量百分率(%)									公称粒径(mm)
		53	37.5	31.5	26.5	19.0	13.2	9.5	4.75	2.36	
G1	20~40	100	90~100	—	—	0~10	0~5	—	—	—	19~37.5
G2	20~30	—	100	90~100	—	0~10	0~5	—	—	—	19~31.5
G3	20~25	—	—	100	90~100	0~10	0~5	—	—	—	19~26.5
G4	15~25	—	—	100	90~100	—	0~10	0~5	—	—	13.2~26.5
G5	15~20	—	—	—	100	90~100	0~10	0~5	—	—	13.2~19
G6	10~30	—	100	90~100	—	—	—	0~10	0~5	—	9.5~31.5
G7	10~25	—	—	100	90~100	—	—	0~10	0~5	—	9.5~26.5
G8	10~20	—	—	—	100	90~100	—	0~10	0~5	—	9.5~19
G9	10~15	—	—	—	—	100	90~100	0~10	0~5	—	9.5~13.2
G10	5~15	—	—	—	—	100	90~100	40~70	0~10	0~5	4.75~13.2
G11	5~10	—	—	—	—	—	100	90~100	0~10	0~5	4.75~9.5

(3)细集料

细集料应洁净、干燥、无风化、无杂质,并有适当的颗粒级配。高速公路和一级公路用细集料技术要求应符合表 4-3-3 的要求。细集料级配规格应符合表 4-3-4 的要求。

细集料技术要求　　　　　　　　　　　　　　　　表 4-3-3

项　目	水泥稳定[a]	石灰稳定	石灰粉煤灰综合稳定	水泥粉煤灰综合稳定	试 验 方 法
颗粒分析	满足级配要求				T 0302/0303/0327
塑性指数[b]	≤17	适宜范围 15～20	适宜范围 12～20	—	T 0118
有机质含量(%)	<2	≤10	≤10	<2	T 0313/0336
硫酸盐含量(%)	≤0.25	≤0.8		≤0.25	T 0341

注：[a] 水泥稳定包含水泥石灰综合稳定。
　　[b] 应测定 0.075mm 以下材料的塑性指数。

细集料规格要求　　　　　　　　　　　　　　　　表 4-3-4

规格名称	工程粒径(mm)	通过下列筛孔(mm)的质量百分率(%)								公称粒径(mm)
		9.5	4.75	2.36	1.18	0.6	0.3	0.15	0.075	
XG1	3～5	100	90～100	0～15	0～5	—	—	—	—	2.36～4.75
XG2	0～3	—	100	90～100	—	—	—	—	0～15	0～2.36
XG3	0～5	100	90～100	—	—	—	—	—	0～20	0～4.75

对 0～3mm 和 0～5mm 的细集料应分别严格控制大于 2.36mm 和 4.75mm 的颗粒含量。对 3～5mm 的细集料应严格控制小于 2.36mm 的颗粒含量。

高速公路和一级公路，细集料中小于 0.075mm 的颗粒含量应不大于 15%；二级及二级以下公路，细集料中小于 0.075mm 的颗粒含量应不大于 20%。

3. 工业废料

(1) 活性材料——粉煤灰

粉煤灰质量应符合课题二粉煤灰的技术标准，即符合表 4-2-3 的要求。干粉煤灰和湿粉煤灰都可以使用，干粉煤灰若堆在空地上，应加水湿润，防止飞扬造成污染；湿粉煤灰的含水率不宜超过 35%。使用前，应将凝固的粉煤灰块打碎或过筛，同时清除有害杂质。

(2) 煤渣

煤渣是煤经锅炉燃烧后所得到的残渣，它的主要成分是 SiO_2、Al_2O_3，它的松干密度在 700～1 100kg/m³ 之间。纯粗颗粒不宜碾压密实，纯细颗粒施工对含水率变化很敏感，一般要求所使用的煤渣最大粒径应不大于 30mm，其颗粒组成宜有一定级配，且不宜含有杂质。

4. 水

符合生活饮用水标准的饮用水，均可作为无机结合料稳定材料的拌和与养生用水。遇到可疑水源时，应进行试验鉴定。

三、无机结合料稳定土的技术性质与技术标准

1. 稳定土的压实性

无机结合料稳定土的强度、水稳定性、抗冻性及缩裂现象等均与密实度有关。一般稳定土

的密实度每增加1%,强度约增加4%,同时其水稳定性和抗冻性也会提高,缩裂现象减少,由此可见提高密实度的重要意义。

交通行业标准《公路路面基层施工技术细则》(JTG/T F20—2015)规定,采用重型击实试验确定无机结合料稳定土的最佳含水率和最大干密度,也可采用振动压实方法,以规定工地实际压实机械碾压时的合适含水率和应达到的最大干密度。同时,为确定制备无机结合料稳定土强度试验和耐久性试验的试件应该用的含水率和干密度,以及制备承载比试验试件的材料含水率,规范规定的各种稳定土的压实度见表4-3-5 和表4-3-6。

基层材料压实标准(%)　　　　　　　　　　　　　　表4-3-5

公 路 等 级		水泥稳定材料	石灰粉煤灰稳定材料	水泥粉煤灰稳定材料	石灰稳定
高速公路和一级公路		≥98	≥98	≥98	—
二级及二级以下公路	稳定中、粗粒材料	≥97	≥97	≥97	≥97
	稳定细粒材料	≥95	≥95	≥95	≥95

底基层材料压实标准(%)　　　　　　　　　　　　　　表4-3-6

公 路 等 级		水泥稳定材料	石灰粉煤灰稳定材料	水泥粉煤灰稳定材料	石灰稳定材料
高速公路和一级公路	稳定中、粗粒材料	≥97	≥97	≥97	≥97
	稳定细粒材料	≥95	≥95	≥95	≥95
二级及二级以下公路	稳定中、粗粒材料	≥95	≥95	≥95	≥95
	稳定细粒材料	≥93	≥93	≥93	≥93

任务实施

无机结合料稳定材料击实试验方法,按交通行业标准《公路工程无机结合料稳定材料试验规程》(JTG E51—2009)规定,采用 T 0804—1994 方法测定。

T 0804—1994　无机结合料稳定材料击实试验方法

一、适用范围

(1)本试验法适用于在规定的试筒内,对水泥稳定材料(在水泥水化前)、石灰稳定材料及石灰(或水泥)粉煤灰稳定材料进行击实试验,以绘制稳定材料的含水率—干密度关系曲线,从而确定其最佳含水率和最大干密度。

(2)试验集料的公称最大粒径宜控制在37.5mm以内(方孔筛)。

28-无机结合料稳定材料的压实性(一)试料准备

29-无机结合料稳定材料的压实性(二)试验步骤(甲法)

(3)试验方法类别:本试验方法分三类,各类击实方法的主要参数列于表4-3-7。

试验方法类别 表4-3-7

类别	锤的质量 (kg)	锤击面 直径 (cm)	落高 (cm)	试筒尺寸			锤击 层数	每层锤击 次数	平均单位 击实功 (J)	容许最大 公称粒径 (mm)
				内径 (cm)	高 (cm)	容积 (cm³)				
甲	4.5	5.0	45	10.0	12.7	997	5	27	2.687	19.0
乙	4.5	5.0	45	15.2	12.0	2 177	5	59	2.687	19.0
丙	4.5	5.0	45	15.2	12.0	2 177	3	98	2.677	37.5

二、仪器设备

(1)击实筒:小型,内径100mm、高127mm的金属圆筒,套环高50mm,底座;大型,内径152mm、高170mm的金属圆筒,套环高50mm,直径151mm和高50mm的筒内垫块,底座。

(2)多功能自控电动击实仪:击锤的底面直径50mm,总质量4.5kg。击锤在导管内的总行程为450mm。可设置击实次数,并保证击锤自由垂直落下,落高应为450mm,锤迹均匀分布于试样面。

(3)电子天平:量程4 000g,感量0.01g。

(4)电子天平:量程15kg,感量0.1g。

(5)方孔筛:孔径53mm、37.5mm、26.5mm、19mm、4.75mm、2.36mm的筛各1个。

(6)量筒:50mL、100mL和500mL的量筒各1个。

(7)直刮刀:长200~250mm,宽30mm和厚3mm,一侧开口的直刮刀,用以刮平和修饰粒料大试件的表面。

(8)刮土刀:长150~200mm,宽约20mm的刮刀,用以刮平和修饰小试件的表面。

(9)工字形刮平尺:30mm×50mm×310mm,上下两面和侧面均刨平。

(10)拌和工具:约400mm×600mm×70mm的长方形金属盘、拌和用平头小铲等。

(11)脱模器。

(12)测量含水率用的铝盒、烘箱等其他用具。

(13)游标卡尺。

三、试料准备

(1)将具有代表性的风干试样(必要时,也可以在50℃的烘箱内烘干)用木槌捣碎或用木碾捣碎。土团均应破碎到能通过4.75mm的筛孔。但应注意不使粒料的单个颗粒破碎或不使其破碎程度超过施工中拌和机械的破碎率。

(2)如试料是细粒土,将已破碎的具有代表性的土过4.75mm的筛备用(用甲法或乙法做试验)。

(3)如试料中含有粒径大于4.75mm的颗粒,则先将试料过19mm的筛;如存留在19mm筛上的颗粒的含量不超过10%,则过26.5mm筛,留作备用(用甲法或乙法做试验)。

(4)如试料中粒径大于19mm的颗粒含量超过10%,则将试料过37.5mm筛;如果存留在37.5mm筛上的颗粒的含量不超过10%,则过53mm筛备用(用丙法试验)。

(5)每次筛分后,均应记录超尺寸颗粒的百分率P。

(6)在预定做击实试验的前一天,取有代表性的试料测定其风干含水率。对于细粒土,试样应不少于100g;对于中粒土,试样应不少于1 000g;对于粗粒土的各种集料,试样应不少于2 000g。

(7)在试验前用游标卡尺准确测量试模的内径、高和垫块的厚度,以计算试筒的容积。

四、试验步骤

在试验前应将试验所需要的各种仪器设备准备齐全,测量设备应满足精度要求;调试击实仪器,检查其运转是否正常。

1. 甲法

(1)将已筛分的试样用四分法逐次分小,至最后取出10~15kg试料。再用四分法将已取出的试料分成5~6份,每份试料的干质量为2.0kg(对于细粒土)或2.5kg(对于各种中粒土)。

(2)预定5~6个不同的含水率,依次相差0.5%~1.5%,且其中至少有两个大于最佳含水率和两个小于最佳含水率。

注:对于中、粗粒土,在最佳含水率附近取0.5%,其余取1%。对于细粒土,取1%,但对于黏土,特别是重黏土,可能需要取2%。

(3)按预定含水率制备试样。将1份试料平铺于金属盘内,将事先计算得的该份试料中应加的水量均匀地喷洒在试料上,用小铲将试料充分拌和到均匀状态(如为石灰稳定材料、石灰粉煤灰综合稳定材料、水泥粉煤灰综合稳定材料和水泥、石灰综合稳定材料,可将石灰、粉煤灰和试料一起拌匀),然后装入密闭容器或塑料口袋内浸润备用。

浸润时间要求:黏质土12~24h,粉质土6~8h,砂类土、砂砾土、红土砂砾、级配砂砾等可以缩短到4h左右,含土量很少的未筛分碎石、砂砾和砂可缩短到2h。浸润时间一般不超过24h。

应加水量可按下式计算:

$$m_w = \left(\frac{m_n}{1+0.01w_n} + \frac{m_c}{1+0.01w_c}\right) \times 0.01w - \frac{m_n}{1+0.01w_n} \times 0.01w_n - \frac{m_c}{1+0.01w_c} \times 0.01w_c \quad (4\text{-}3\text{-}1)$$

式中:m_w——混合料中应加的水量(g);

m_n、w_n——分别为混合料中素土(或集料)的质量(g)、其原始含水率即风干含水率(%);

m_c、w_c——分别为混合料中水泥或石灰的质量(g)、其原始含水率(%);

w——混合料要求达到的含水率(%)。

(4)将所需的稳定剂水泥加到浸润后的试样中,并用小铲、泥刀或其他工具充分拌和到均匀状态。水泥应在土样击实前逐个加入。加有水泥的试样拌和后,应在1h内完成下述击实试验。拌和后超过1h的试样,应予作废(石灰稳定材料和石灰粉煤灰稳定材料除外)。

(5)试筒套环与击实底板应紧密联结。将击实筒放在坚实地面上,用四分法取制备好的试样400~500g(其量应使击实后的试样等于或略高于筒高的1/5)倒入筒内,整平其表面并稍加压紧,然后将其安装到多功能自控电动击实仪上,设定所需锤击次数,进行第1层试样的击实。第1层击实完后,检查该层高度是否合适,以便调整以后几层的试样用量。用刮土刀或螺丝刀将已击实层的表面"拉毛",然后重复上述做法,进行其余4层试样的击实。最后一层试样击实后,试样超出试筒顶的高度不得大于6mm,超出高度过大的试件应该作废。

(6)用刮土刀沿套环内壁削挖(使试样与套环脱离)后,扭动并取下套环。齐筒顶细心刮平试样,并拆除底板。如试样底面略突出筒外或有孔洞,则应细心刮平或修补。最后用工字形刮平尺齐筒顶和筒底将试样刮平。擦净试筒的外壁,称其质量 m_1。

(7)用脱模器推出筒内试样。从试样内部从上至下取两个有代表性的样品(可将脱出试件用锤打碎后,用四分法采取),测定其含水率,计算至0.1%。两个试样含水率的差值不得大于1%。所取样品的数量见表4-3-8(如只取一个样品测定含水率,则样品的质量应为表列数值的2倍)。擦净试筒,称其质量 m_2。

测稳定材料含水率的样品数量　　　　　表4-3-8

公称最大粒径(mm)	样品质量(g)	公称最大粒径(mm)	样品质量(g)
2.36	约50	19	约300
37.5	约1 000		

烘箱的温度应事先调整到110℃左右,以使放入的试样能立即在105~110℃的温度下烘干。

(8)按步骤(3)~(7)进行其余含水率下稳定材料的击实和测定工作。凡已用过的试样,一律不再重复使用。

2. 乙法

在缺乏内径10cm的试筒时,以及在需要与承载比等试验结合起来进行时,采用乙法进行击实试验。乙法更适宜于公称最大粒径达19mm的集料。

(1)将已过筛的试料用四分法逐次分小,至最后取出约30kg试料。再用四分法将取出的试料分成5~6份,每份试料的干质量约为4.4kg(细粒土)或5.5kg(中粒土)。

(2)以下各步的做法与甲法步骤(2)~步骤(8)相同,但应该先将垫块放入筒内底板上,然后加料并击实。所不同的是,每层需取制备好的试样约900g(对于水泥或石灰稳定细粒土)或1 100g(对于稳定中粒土),每层的锤击次数为59次。

3. 丙法

(1)将已过筛的试料用四分法逐次分小,至最后取出约33kg试料。再用四分法将取出的试料分成6份(至少要5份),每份质量约5.5kg(风干质量)。

(2)预定5~6个不同的含水率,依次相差0.5%~1.5%。在估计最佳含水率左右可只差0.5%~1%。

注:对于水泥稳定类材料,在最佳含水率附近取0.5%;对于石灰、二灰稳定类材料,根据具体情况在最佳含水率附近取1%。

(3)同甲法步骤(3)和(4)。

(4)将试筒、套环与夯击底板紧密地联结在一起,并将垫块放在筒内底板上。击实筒应放在坚实地面上,取制备好的试样1.8kg左右[其量应使击实后的试样略高于(高出1~2mm)筒高的1/3]倒入筒内,整平其表面,并稍加压紧。其余过程同甲法步骤(5),总共击实3层。

(5)以下各步的做法与甲法步骤(6)~步骤(8)相同,但所取样品的数量应不少于700g,如只取一个样品测定含水率,则样品的数量应不少于1 400g。

五、计算及绘图

(1)按下式计算每次击实后稳定材料的湿密度:

$$\rho_W = \frac{m_1 - m_2}{V} \tag{4-3-2}$$

式中:ρ_W——稳定材料的湿密度(g/cm^3);
$\quad m_1$——试筒与湿试样的总质量(g);
$\quad m_2$——试筒的质量(g);
$\quad V$——试筒的容积(cm^3)。

(2)按下式计算每次击实后稳定材料的干密度:

$$\rho_d = \frac{\rho_W}{1 + 0.01w} \tag{4-3-3}$$

式中:ρ_d——试样的干密度(g/cm^3);
$\quad w$——试样的含水率(%)。

(3)制图。以干密度为纵坐标,含水率为横坐标,绘制含水率—干密度曲线。曲线必须为凸形的,如试验点不足以连成完整的凸形曲线,则应该进行补充试验。

将试验各点采用二次曲线方法拟合曲线,曲线的峰值点对应的含水率及干密度即为最佳含水率和最大干密度。

(4)超尺寸颗粒的校正(具体内容此处略)。

六、结果整理

(1)应做两次平行试验,取两次试验的平均值作为最大干密度和最佳含水率。两次重复性试验最大干密度的差不应超过$0.05g/cm^3$(稳定细粒土)和$0.08g/cm^3$(稳定中粒土和粗粒土),最佳含水率的差不应超过0.5%(最佳含水率小于10%)和1.0%(最佳含水率大于10%)。超过上述规定值,应重做试验,直到满足精度要求。

(2)混合料密度计算应保留小数点后三位有效数字,含水率应保留小数点后1位有效数字。

2. 稳定土的强度

无机结合料稳定土是一种非均质性的复合材料。在土中掺入适量的无机结合料(如水泥、消石灰粉或磨细生石灰粉等),并在最佳含水率时拌匀压实,使结合料与土发生一系列的物理化学作用,从而使土的工程性质发生根本的变化。初期表现为土的结团、塑性降低、最佳含水率增大和最大干密度减小等;后期变化主要表现在结晶结构的形成,致使刚度不断增大,土的强度和稳定性不断提高。

交通行业标准《公路路面基层施工技术细则》(JTG/T F20—2015)规定,采用无机结合料稳定土无侧限抗压强度指标来表征,同时采用它进行材料组成设计,选定最适宜于水泥或石灰稳定的材料(包括土),确定施工中所用的无机结合料的最佳剂量,为工地施工提供质量评定标准。各种无机结合料稳定土的抗压强度见表 4-3-9。

无机结合料稳定材料的 7d 龄期无侧限抗压强度标准 R_d(MPa)　　表 4-3-9

结合料类型	结构层	公路等级	极重、特重交通	重交通	中、轻交通
水泥稳定材料	基层	高速公路和一级公路	5.0~7.0	4.0~6.0	3.0~5.0
		二级及二级以下公路	4.0~6.0	3.0~5.0	2.0~4.0
	底基层	高速公路和一级公路	3.0~5.0	2.5~4.5	2.0~4.0
		二级及二级以下公路	2.5~4.5	2.0~4.0	1.0~3.0
石灰粉煤灰稳定材料	基层	高速公路和一级公路	≥1.1	≥1.0	≥0.9
		二级及二级以下公路	≥0.9	≥0.8	≥0.7
	底基层	高速公路和一级公路	≥0.8	≥0.7	≥0.6
		二级及二级以下公路	≥0.7	≥0.6	≥0.5
水泥粉煤灰稳定材料	基层	高速公路和一级公路	4.0~5.0	3.5~4.5	3.0~4.0
		二级及二级以下公路	3.5~4.5	3.0~4.0	2.5~3.5
	底基层	高速公路和一级公路	2.5~3.5	2.0~3.0	1.5~2.5
		二级及二级以下公路	2.0~3.0	1.5~2.5	1.0~2.0
石灰稳定材料	基层	高速公路和一级公路			
		二级及二级以下公路		≥0.8	
	底基层	高速公路和一级公路		≥0.8	
		二级及二级以下公路		0.5~0.7	

注:1. 公路等级高或交通荷载等级高或结构安全性要求高时,推荐取上限强度标准。
2. 表中强度标准是指 7d 龄期无侧限抗压强度的代表值。
3. 石灰粉煤灰稳定材料强度不满足要求时,可外加混合料质量 1%~2% 的水泥。
4. 石灰土强度不满足要求时,可添加部分水泥,或改用另一种土。塑性指数过小的土,不宜用石灰稳定,宜改用水泥稳定。
5. 在低塑性材料(塑性指数小于 7)地区,石灰稳定砾石土和碎石土的 7d 龄期无侧限抗压强度应大于 0.5MPa(100g 平衡锥测液限)。
6. 低限用于塑性指数小于 7 的黏性土,且低限值宜仅用于二级以下公路。高限用于塑性指数大于 7 的黏性土。

无机结合料稳定土的无侧限抗压强度试件规定如下:按最佳含水率和工地预期达到的压实度计算干密度及材料用量,制备直径:高等于 1:1 的圆柱试件,在规定条件下保湿养生 6d,浸水 1d,进行无侧限抗压强度试验。做平行试验的试件数量应符合表 4-3-10 中的规定。在整个养生期间试验规定温度为 20℃ ±2℃。

按照《公路路面基层施工技术细则》(JTG/T F20—2015)(简称《技术细则》)规定,强度试验应按现场压实度标准采用静压法成型试件。无机结合料稳定细粒材料的试件直径应为 100mm(注意:《公路工程无机结合料稳定材料试验规程》(JTG E51—2009)要求无机结合料稳定细粒材料的试件直径为50mm,应按《技术细则》要求改为100mm),无机结合料稳定中、粗粒材料的试件直径应分别为100mm、150mm。

最少的试件数量　　　　　表4-3-10

稳定土类型	变异系数要求		
	<10%	10%~15%	15%~20%
细粒材料[a]	6	9	—
中粒材料[b]	6	9	13
粗粒材料[c]	—	9	13

注：a. 公称最大粒径小于16mm的材料。
　　b. 公称最大粒径不小于16mm,且小于26.5mm的材料。
　　c. 公称最大粒径不小于26.5mm的材料。

1) 影响石灰土强度的主要因素

(1) 石灰的品质:石灰的品种和等级不同,其稳定效果不同。各种化学组成的石灰均可用于稳定土。在剂量不大的情况下,钙质石灰比镁质石灰稳定土的初期强度高,但镁质石灰稳定土的后期效果并不比钙质石灰差,尤其是在剂量较大时,还优于钙质石灰。石灰的等级愈高,其活性 CaO + MgO 含量愈大,稳定效果愈好。在相同剂量下,石灰细度愈大,其比表面积愈大,石灰与土粒的作用愈充分,反应进行得愈快,因而稳定效果愈好。

对用于高速公路和一级公路稳定土的石灰,为了获得很好的稳定效果,宜采用磨细生石灰粉。生石灰在灰土中消解可放出大量热能加速灰土的硬化。另外,刚消解的石灰呈胶体 $Ca(OH)_2$,其活性和溶解度均较高,能保证石灰与土中的胶粒更好地发生作用。因而,采用生石灰稳定土的稳定效果优于消石灰稳定土。但应注意,用磨细生石灰稳定土时,成型时间对其使用效果有着重要的影响。成型过早,会因产生的水化热过多使土体胀松;成型过晚,则水化热不能得到充分利用,会影响其稳定效果。一般磨细生石灰与土拌匀后闷料约3h成型,则可取得最佳效果。

(2) 石灰的剂量:石灰的剂量是指石灰稳定土中石灰的质量占全部粗细土(即砾石、砂粒、粉粒和黏粒)干质量的百分率,其测定方法有 EDTA 滴定法和直接式测钙仪法。石灰的剂量对石灰稳定土强度影响显著,石灰剂量较低时(小于3%),石灰主要起稳定作用,使土的塑性、膨胀性、吸水性降低,具有一定的水稳定性。随着剂量的增加,石灰稳定土的强度和稳定性均提高,如图4-3-1所示。但当剂量超过一定范围,过多石灰在土中以自由灰形式存在,将导致稳定土的强度反而下降。因此,石灰稳定土中石灰存在一个最佳剂量,其最佳剂量随土质不同而异,同时亦与养生龄期有关。生产实践中,最佳剂量的选用范围,对于黏性土及粉性土为8%~16%,对于砂性土则为10%~18%。

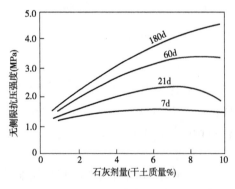

图4-3-1　石灰土强度同石灰剂量的关系

T 0809—2009 水泥或石灰稳定材料中水泥或石灰剂量测定方法

(EDTA 滴定法)

一、适用范围

(1)本方法适用于在工地快速测定水泥和石灰稳定土中水泥和石灰的剂量,并可用以检查现场拌和和摊铺的均匀性。

(2)本方法适用于在水泥终凝之前的水泥含量测量,现场土样的石灰剂量应在路拌后尽快测定,否则需要用相应龄期的 EDTA 二钠标准溶液消耗量的标准曲线确定。

(3)本方法也可以用来测定水泥和石灰综合稳定材料中结合料的剂量。

二、仪器设备

(1)滴定管(酸式):50mL,1 支。

(2)滴定台:1 个。

(3)滴定管夹:1 个。

(4)大肚移液管:10mL、50mL,10 支。

(5)锥形瓶(即三角瓶):200mL,20 个。

(6)烧杯:2 000mL(或 1 000mL),1 只;300mL,10 只。

(7)容量瓶:1 000mL,1 个。

(8)搪瓷杯:容量大于 1 200mL,10 只。

(9)不锈钢棒(或粗玻璃棒):10 根。

(10)量筒:100mL 和 5mL,各一只;50mL,2 只。

(11)棕色广口瓶:60mL,1 只(装钙红指示剂)。

(12)电子天平:量程不小于 1 500g,感量 0.01g。

(13)秒表:1 只。

(14)表面皿:ϕ9cm,10 个。

(15)研钵:ϕ12 ~ 13cm,1 个。

(16)洗耳球:1 个。

(17)精密试纸:pH12 ~ 14。

(18)聚乙烯桶:20L(装蒸馏水和氯化铵及 EDTA 二钠标准溶液),3 个;5L(装氢氧化钠),1 个;5L(大口桶),10 个。

(19)毛刷、去污粉、吸水管、塑料勺、特种铅笔、厘米纸。

(20)洗瓶(塑料):500mL,1 只。

三、试剂

(1)0.1mol/m³ 乙二胺四乙酸二钠标准溶液(简称 EDTA 二钠标准溶液):准确称取 EDTA 二钠(分析纯)37.23g,用 40 ~ 50℃的无二氧化碳蒸馏水溶解,待全部溶解并冷至室温后,定容至 1 000mL。

(2)10% 氯化铵(NH_4Cl)溶液:将 500g 氯化铵(分析纯或化学纯)放在 10L 的聚乙烯桶

内,加蒸馏水4 500mL,充分振荡,使氯化铵完全溶解。也可以分批在1 000mL的烧杯内配制,然后倒入塑料桶内摇匀。

(3)1.8%氢氧化钠(内含三乙醇胺)溶液:用电子天平称18g氢氧化钠(NaOH)(分析纯),放入洁净干燥的1 000mL烧杯中,加1 000mL蒸馏水使其全部溶解,待溶液冷却至室温后,加2mL三乙醇胺(分析纯),搅拌均匀后储于塑料桶中。

(4)钙红指示剂:将0.2g钙试剂羟酸钠(分子式$C_{21}H_{13}N_2NaO_7S$,分子量460.39g/mol)与20g预先在105℃烘箱中烘1h的硫酸钾混合。一起放入研钵中,研成极细粉末,储于棕色广口瓶中,以防吸潮。

四、准备标准曲线

(1)取样:取工地用石灰和土,风干后用烘干法测其含水率(如为水泥,可假定其含水率为0)。

(2)混合料组成的计算(以石灰或水泥稳定土为例):

$$干料质量 = \frac{湿料质量}{1+含水率} \quad (4\text{-}3\text{-}4)$$

$$干混合料质量 = \frac{湿混合料质量}{1+最佳含水率} \quad (4\text{-}3\text{-}5)$$

$$干土质量 = \frac{干混合料质量}{1+石灰或水泥剂量} \quad (4\text{-}3\text{-}6)$$

$$干石灰(或水泥)质量 = 干混合料质量 - 干土质量 \quad (4\text{-}3\text{-}7)$$

$$湿土质量 = 干土质量 \times (1+土的风干含水率) \quad (4\text{-}3\text{-}8)$$

$$湿石灰质量 = 干石灰质量 \times (1+石灰的风干含水率) \quad (4\text{-}3\text{-}9)$$

$$石灰土中应加入的水 = 湿混合料质量 - 湿土质量 - 湿石灰质量 \quad (4\text{-}3\text{-}10)$$

(3)准备5种试样,每种两个样品(以水泥稳定材料为例),如为水泥稳定中、粗粒土,每个样品取1 000g左右(如为细粒土,则可称取300g左右)准备试验。为了减少中、粗粒土的离散,宜按设计级配单份掺配的方式备料。

5种混合料的水泥剂量应为:水泥剂量为0,最佳水泥剂量以及最佳水泥剂量±2%和±4%[①],每种剂量取两个(为湿质量)试样,共10个试样,并分别放在10个大口聚乙烯桶(如为稳定细粒土,可用搪瓷杯或1 000mL具塞三角瓶;如为粗粒土,可用5L的大口聚乙烯桶)内。土的含水率应等于工地预期达到的最佳含水率,土中所加的水应与工地所用的水相同。

注①:准备标准曲线的水泥剂量可为0、2%、4%、6%、8%。如水泥剂量较高或较低,应保证工地实际所用水泥或石灰的剂量位于标准曲线所用剂量的中间。

(4)取一个盛有试样的盛样器,在盛样器内加入2倍试样质量(湿料质量)体积的10%氯化铵溶液(如湿料质量为300g,则氯化铵溶液为600mL;如湿料质量为1 000g,则氯化铵溶液为2 000mL)。料为300g,则搅拌3min(每分钟搅110~120次);料为1 000g,则搅拌5min。如用1 000mL具塞三角瓶,则手握三角瓶(瓶口向上)用力振荡3min(每分钟120次±5次),以代替搅拌棒搅拌。放置沉淀10min[②],然后将上部清液转移到300mL烧杯内,搅匀,加盖表面皿待测,如图 4-3-2 所示。

注②:如 10min 后得到的是混浊悬浮液,则应增加放置沉淀时间,直到出现无明显悬浮颗粒的悬浮液为止,并记录所需的时间。以后所有该种水泥(或石灰)稳定材料的试验,均应以同一时间为准。

图 4-3-2 搅拌、静置,转移上层清液后加盖表面皿

（5）用移液管吸取上层(液面下 1～2cm)悬浮液 10.0mL 放入 200mL 的三角瓶内,如图 4-3-3 所示,用量筒量取 1.8% 氢氧化钠(内含三乙醇胺)溶液 50mL 倒入三角瓶中,此时溶液 pH 值为 12.5～13.0(可用 pH12～14 精密试纸检验),然后加入钙红指示剂(质量约为 0.2g),摇匀,溶液呈玫瑰红色。记录滴定管中 EDTA 二钠标准溶液的体积 V_1,然后用 EDTA 二钠标准溶液滴定,边滴定边摇匀,并仔细观察溶液的颜色;在溶液变为紫色时,放慢滴定速度,并摇匀;直到纯蓝色为终点,如图 4-3-4 所示,记录滴定管中 EDTA 二钠标准溶液的体积 V_2(以 mL 计,读至 0.1mL)。计算 $V_1 - V_2$,即为 EDTA 二钠标准溶液的消耗量。

提示 滴定时要密切观察颜色的变化,从玫瑰红色变为紫色,最终变为纯蓝色,把握好滴定的临界点。观察到紫色后,应放缓滴定速度,一般对于剂量较低的样品,滴加 1～2 滴即可到达纯蓝色终点。

图 4-3-3 吸取 10mL 上层清液至三角瓶

(6)对其他几个盛样器中的试样,用同样的方法进行试验,并记录各自的 EDTA 二钠标准溶液的耗量。

(7)以同一水泥或石灰剂量稳定材料 EDTA 二钠标准溶液消耗量(mL)的平均值为纵坐标,以水泥或石灰剂量(%)为横坐标制图。两者的关系应是顺滑的曲线,如图 4-3-5 所示。如素土、水泥或石灰发生改变,必须重做标准曲线。

图 4-3-4 滴定至纯蓝色为止

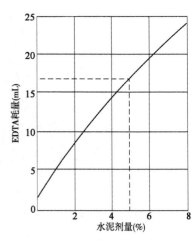

图 4-3-5 标准曲线

五、试验步骤

(1)选取有代表性的无机结合料稳定材料,对稳定中、粗粒土取试样 3 000 g,对稳定细粒土取试样约 1 000 g。

(2)对水泥或石灰稳定细粒土,称 300 g 放在搪瓷杯中,用搅拌棒将结块搅散,加 10% 氯化铵溶液 600 mL;对水泥或石灰稳定中、粗粒土,可直接称取 1 000 g 左右,放入 10% 氯化铵溶液 2 000 mL,然后如前述步骤进行试验。

(3)利用所绘制的标准曲线,根据 EDTA 二钠标准溶液消耗量,确定混合料中的水泥或石灰剂量,如图 4-3-5 所示。

注意:

①每个样品搅拌的时间、速度和方式应力求相同,以增加试验精度。

②配制的氯化铵溶液最好当天用完,不要放置过久,以免影响试验的精度。

③土质:各种成因的亚砂土、亚黏土、粉质土和黏质土都可以用石灰来稳定。一般来说,黏质土颗粒的活性强,比表面积大,其稳定效果显著,强度高。高液限黏质土施工时不易粉碎和拌和,稳定效果反而差些;低液限黏质土易于粉碎拌和,难以压碾成型,稳定效果不显著。粉质土早期强度较低,后期强度可以满足行车要求。因而,粉质黏土的稳定效果较好。

④含水率:水是石灰土的重要组成部分,它能促使石灰土发生物理化学变化,形成强度,施工过程中便于土的粉碎、拌和和压实,并且有利于养护。不同土质的石灰土具有不同的最佳含水率,需通过重型击实试验确定。

⑤密实度:如前所述,石灰土的密实度增加,其强度也会增加,水稳性和抗冻性也会提高,缩裂现象亦会减少。

⑥石灰土的龄期：石灰土的强度随龄期而增长。一般初期强度低，前期（1~2个月）强度增长率较后期快，半年时的强度约为1个月时的1倍以上，并随时间增长趋于稳定。

⑦养护条件：养护条件不同，石灰土的强度形成差异很大。气温高时，物理化学作用强，强度增长快；气温低时强度增长缓慢，在负温度下强度甚至不增长。养护时的湿度对石灰土强度形成也有很大影响，在潮湿条件下养护比在一般空气中养护强度高。

2）影响水泥土强度的因素

（1）水泥的剂量：水泥稳定土的强度随着水泥剂量的增加而增长，如图4-3-6所示。过多使用水泥虽获得强度增加，同时也使温缩和干缩现象增多，在经济上也不一定合理。通常在保证土的技术性能起根本性的变化，且能保证水泥稳定土达到设计规定的强度和稳定性的前提下，考虑水泥稳定土的抗温缩与抗干缩以及经济性，应尽可能降低水泥剂量。水泥剂量控制在5%~10%较为合理。

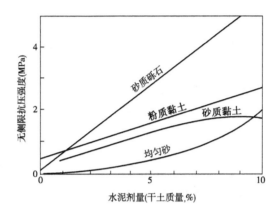

图4-3-6 水泥剂量对强度（7d龄期）的影响

（2）土质：土的类别和性质是影响水泥稳定土的重要因素，除有机质或硫酸盐含量高的土外，各种砂砾土、砂土、粉质土和黏质土均可用水泥稳定，但稳定效果不同。试验和生产实践证明，用水泥稳定级配良好的土，既可节约水泥，又可取得满意的稳定效果。稳定效果最好的是级配良好的碎（砾）石和砂砾，其次是砂性土，再次是粉性土和黏性土。对于重黏土，由于难于粉碎和拌和，不适宜用水泥稳定。

（3）含水率：含水率对水泥稳定土强度影响很大，当含水率不足时，水泥不能在混合料中完全水化和水解，发挥不了水泥对土的稳定作用，影响强度形成。同时，含水率小，混合料达不到最佳含水率，也影响水泥稳定土的压实度。因此，使混合料含水率达到最佳含水率的同时，也要满足水泥完全水化水解的需要。一般水泥正常水化所需的水量约为水泥质量的20%。对于砂性土，完全水化达到最高强度的含水率较最佳密实度时的含水率小，而对于黏质土，则相反。

（4）施工工艺过程：水泥、土和水拌和得愈均匀，且能在最佳含水率下压实，其密实度愈大，强度和稳定性就高。水泥稳定土从开始加水拌和到完全压实的延长时间要尽可能短，一般不要超过6h。若时间过长，则水泥凝结，在碾压时，不但达不到压实度的要求，而且也会破坏已结硬水泥的胶凝作用，反而会使水泥稳定土强度下降。

(5)养护条件:水泥稳定土需要湿法养护,使混合料中能够维持足够的水分,以满足水泥水化水解作用的需要。同时,养护温度越高,强度增长越快。因此,要保证水泥稳定土在养护期间具有一定的温度和湿度,以满足强度不断增长的需要。

任务实施

无机结合料稳定土材料无侧限抗压强度试验方法,按交通行业标准《公路工程无机结合料稳定材料试验规程》(JTG E51—2009)规定,包括试件制作(圆柱形)(T 0843—2009)、养生(T 0845—2009)和无侧限抗压强度(T 0805—1994)三个试验项目。

T 0843—2009 无机结合料稳定材料试件制作方法(圆柱形)
T 0845—2009 无机结合料稳定材料养生试验方法
T 0805—1994 无机结合料稳定材料无侧限抗压强度试验方法

一、目的和适用范围

本试验方法适用于无机结合料稳定材料的无侧限抗压强度的圆柱形试件。

二、仪器设备

(1)方孔筛:孔径53mm、37.5mm、31.5mm、26.5mm、4.75mm和2.36mm的筛各一个。

30-无机结合料稳定材料无侧限抗压强度试验

(2)试模如图4-3-8a)和e)所示:适用于下列不同土的试模尺寸为:

细粒土:试模直径×高为$\phi100mm \times 100mm$;

中粒土、粗粒土:试模直径×高为$\phi150mm \times 150mm$。

> **提示** 按照交通行业标准《公路路面基层施工技术细则》(JTG/T F20—2015)规定,无机结合料稳定细粒材料的试件采用直径×高为$\phi100mm \times 100mm$的中试件,稳定中、粗粒材料的试件应采用直径×高为$\phi150mm \times 150mm$的大试件,不再采用直径×高为$\phi50mm \times 50mm$小试件。本节相应删去原规程中小试件($\phi50mm \times 50mm$)的相关内容。

(3)电动脱模器。

(4)反力架:反力为400kN以上。

(5)液压千斤顶:200~1 000kN。

(6)钢板尺:量程200mm或300mm,最小刻度1mm。

(7)游标卡尺:量程200mm或300mm。

(8)电子天平:量程15kg,感量0.1g;量程4 000g,感量0.01g。

(9)成型用压力试验机:可替代千斤顶和反力架,量程不小于2 000kN,行程、速度可调。

(10)标准养护室:标准养护室温度20℃±2℃,相对湿度在95%以上。

(11)水槽:深度应大于试件高度50mm。

(12)压力机或万能试验机(也可用路面强度试验仪和测力计):压力机应符合现行《液压式万能试验机》(GB/T 3159—2008)及《试验机通用技术要求》(GB/T 2611—2007)中的要求,

其测量精度为±1%,同时应具有加载速率指示装置或加载速率控制装置。上下压板平整并有足够刚度,可以均匀地连续加载卸载,可以保持固定荷载。开机停机均灵活自如,能够满足试件吨位要求,且压力机加载速率可以有效控制在1mm/min。

(13)电子天平:量程15kg,感量0.1g,量程4 000g,感量0.01g。

(14)量筒、拌和工具、大小铝盒、烘箱等。

(15)球形支座。

(16)机油:若干。

三、试件制作

1.试验准备

(1)试件的径高比一般为1:1,根据需要也可成型1:1.5或1:2的试件。试件的成型根据需要的压实度水平,按照体积标准,采用静力压实法制备。

(2)将具有代表性的风干试料(必要时,也可以在50℃烘箱内烘干),用木槌捣碎或用木碾捣碎,但应避免破坏粒料的原粒径。按照公称最大粒径的大一级筛,将土过筛并进行分类。

(3)在预定做试验的前一天,取有代表性的试料测定其风干含水率。对于细粒土,试样应不少于100g;对于中粒土,试样应不少于1 000g;对于粗粒土,试样应不试样应不少于2 000g。

(4)按照无机结合料稳定材料击实试验方法(T 0804—1994)确定无机结合料稳定材料的最佳含水率和最大干密度。

(5)根据击实结果,称取一定质量的风干土,其质量随试件大小而变。对于φ100mm×100mm的中试件,1个试件需干土1 700~1 900g;对于φ150mm×150mm的大试件,1个试件需干土5 700~6 000g。

对于细粒土,一次可称取多个试件的土;对于中粒土,一次宜称取一个试件的土;对于粗粒土,一次只称取1个试件的土。

(6)将准备好的试料分别装入塑料袋中备用。

2.试验步骤

(1)调试成型所需要的各种设备,检查是否运行正常;将成型用的模具擦拭干净,并涂抹机油。成型中、粗粒土时,试模筒的数量应与每组试件的个数相配套。上下垫块应与试模筒相配套,上下垫块能够刚好放入试筒内上下自由移动(一般来说,上下垫块直径比试筒内径小约0.2mm)且上下垫块完全放入试筒后,试筒内未被上下垫块占用的空间体积能满足径高比为1:1的设计要求。

(2)对于无机结合料稳定土φ100mm×100mm中试件和φ150mm×150mm大试件,至少应该分别制备9个和13个。

(3)根据击实结果和无机结合料的配合比按式(4-3-11)计算每份料的加水量、无机结合料的质量。

(4)将称好的土放在长方盘(约400mm×600mm×70mm)内,向土中加水拌料、闷料。石灰稳定材料、水泥和石灰综合稳定材料、石灰粉煤灰综合稳定材料、水泥粉煤灰综合稳定材料,可将石灰或粉煤灰和土一起拌和,将拌和均匀后的试料放在密闭容器或塑料袋(封口)内浸润备用,如图4-3-7所示。

图 4-3-7 将土充分拌和均匀

对于细粒土(特别是黏性土),浸润时的含水率应比最佳含水率小 3%;对于中粒土和粗粒土,可按最佳含水率加水①;对于水泥稳定类材料,加水量应比最佳含水率小 1%~2%。

注①:应加的水量可按下式计算:

$$m_w = \left(\frac{m_n}{1+0.01w_n} + \frac{m_c}{1+0.01w_c}\right) \times 0.01w - \frac{m_n}{1+0.01w_n} \times 0.01w_n - \frac{m_c}{1+0.01w_c} \times 0.01w_c \quad (4\text{-}3\text{-}11)$$

式中:m_w——混合料中应加的水量(g);

m_n、w_n——分别为混合料中素土(或集料)的质量(g)、其含水率即风干含水率(%);

m_c、w_c——分别为混合料中水泥或石灰的质量(g)、其原始含水率(%)(水泥的 w_c 通常很小,也可以忽略不计);

w——混合料要求达到的含水率(%)。

浸润时间要求为:黏质土 12~24h,粉质土 6~8h,砂类土、砂砾土、红土砂砾、级配砂砾等可以缩短到 4h 左右,含土很少的未筛分碎石、砂砾及砂可以缩短到 2h。浸润时间一般不超过 24h。

(5)在试件成型前 1h 内,加入预定数量的水泥并拌和均匀。在拌和过程中,应将预留的水(对于细粒土为 3%,对于水泥稳定类为 1%~2%)加入土中,使混合料达到最佳含水率。拌和均匀的加有水泥的混合料应在 1h 内按下述方法制成试件,超过 1h 的混合料应该作废。其他结合料稳定材料混合料虽不受此限,但也应尽快制成试件。

(6)用反力架和液压千斤顶,或采用压力试验机制件。

将试模配套的下垫块放入试模的下部,但外露 2cm 左右(即上、下垫块露出试模外的部分应该相等),如图 4-3-8 所示。将称量的规定数量 m_2 的稳定材料混合料分 2~3 次灌入试模中,每次灌入后用夯棒轻轻均匀插实。

(7)将整个试模(连同上、下垫块)放到反力框架内的千斤顶上(千斤顶下应放一扁球座)或压力机上,以 1mm/min 的加载速率加压,直到上下压柱都压入试模为止,维持压力 2min,如图 4-3-9 所示。

(8)解除压力后,取下试模,并放到脱模器上将试件顶出(利用千斤顶和下压柱)。用水泥稳定有黏结性的材料(如黏质土)时,制件后可以立即脱模;用水泥稳定无黏结性细粒土时,2~4h 后再脱模;对于中、粗粒土的无机结合料稳定材料,2~6h 后脱模。

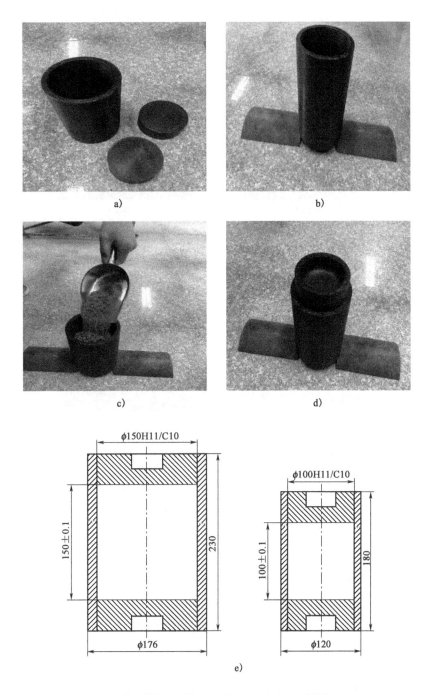

图 4-3-8　将试样装入试模,两端露出 2cm 左右(尺寸单位:mm)

a)试模;b)用铁板垫高,保证下压柱外露 2cm 左右;c)装料;d)加上压头,外露 2cm 左右;e)圆柱形试件和垫块尺寸

(9)在脱模器上取试件时,应用双手抱住试件侧面的中下部,然后沿水平方向轻轻旋转,待感觉到试件移动后,再将试件轻轻捧起,放置到试验台上。切勿直接将试件向上捧起。

图 4-3-9 将试模放入压力机,静压后脱模
a)整个试模(连同上、下垫块);b)加载速率为 1mm;c)静压 2min;d)脱模

(10)称试件的质量 m_2,ϕ100mm×100mm 中试件精确至 0.01g,ϕ150mm×150mm 大试件精确至 0.1g。然后用游标卡尺测量试件高度 h,精确至 0.1mm。检查试件的高度和质量,不满足成型标准的试件作为废件。

(11)试件称量后应立即放在塑料袋中封闭,并用潮湿的毛巾覆盖,移放至养护室。

3. 计算

单个试件的标准质量:

$$m_0 = V \times \rho_{\max} \times (1 + w_{opt}) \times \gamma \tag{4-3-12}$$

考虑试件成型过程中的质量损耗,实际操作过程中每个试件的质量可增加 0~2%,即:

$$m_0' = m_0 \times (1 + \delta) \tag{4-3-13}$$

每个试件的干料(包括干土和无机结合料)总质量:

$$m_1 = \frac{m_0'}{1 + w_{opt}} \tag{4-3-14}$$

每个试件中的无机结合料质量:

外掺法:

$$m_2 = m_1 \times \frac{\alpha}{1 + \alpha} \tag{4-3-15}$$

内掺法：
$$m_2 = m_1 \times \alpha \qquad (4\text{-}3\text{-}16)$$

每个试件中的干土质量：
$$m_3 = m_1 - m_2 \qquad (4\text{-}3\text{-}17)$$

每个试件中的加水量：
$$m_w = (m_2 + m_3) \times w_{opt} \qquad (4\text{-}3\text{-}18)$$

验算：
$$m_0' = m_2 + m_3 + m_w \qquad (4\text{-}3\text{-}19)$$

式中：V——试件的体积(cm^3)；

w_{opt}——混合料最佳含水率(%)；

ρ_{max}——混合料最大干密度(g/cm^3)；

γ——混合料压实度标准(%)；

m_0、m_0'——混合料质量(g)；

m_1——干混合料质量(g)；

m_2——无机结合料质量(g)；

m_3——干土质量(g)；

δ——计算混合料质量的冗余量(%)；

α——无机结合料的掺量(%)；

m_w——加水质量(g)。

4. 结果整理

(1)ϕ100mm×100mm 中试件的高度误差范围应为 -0.10~0.15cm，ϕ150mm×150mm 大试件的高度误差范围应为 -0.1~0.2cm。

(2)质量损失：ϕ100mm×100mm 中试件应不超过 25g，ϕ150mm×150mm 大试件应不超过 50g。

四、养护

1. 标准养护方法

(1)试件从试模内脱出并量高称质量后，应装入塑料袋内。试件装入塑料袋后，将袋内的空气排除干净，扎紧袋口，将包好的试件放入养护室。

(2)标准养护的温度为 20℃±2℃，标准养护的湿度为≥95%。试件宜放在铁架或木架上，间距至少 10~20mm。试件表面应保持一层水膜，并避免用水直接冲淋。

(3)对无侧限抗压强度试验，标准养护龄期是 7d，最后 1d 浸水。对弯拉强度、间接抗拉强度，水泥稳定材料类的标准养护龄期是 90d，石灰稳定材料类的标准养护龄期是 180d。

(4)在养护期的最后 1d，将试件取出，观察试件的边角有无磨损和缺块，并量高称质量，然后将试件浸泡于 20℃±2℃水中，应使水面在试件顶上约 2.5cm。

2. 结果整理

(1)如养护期间有明显的边角缺损，试件应予作废。

(2)对养护 7d 的试件，在养护期间，试件质量损失应符合下列规定：ϕ100mm×100mm 中试件不超过 10g，ϕ150mm×150mm 大试件不超过 20g。质量损失超过此规定的试件，应予作废。

(3)对养护90d和180d的试件,在养护期间,试件质量的损失应符合下列规定:φ100mm×100mm 中试件不超过10g,φ150mm×150mm 大试件不超过20g。质量损失超过此规定的试件,应予作废。

五、无侧限抗压强度试验

1. 试验步骤

(1)根据试验材料的类型和一般的工程经验,选择合适量程的测力计和压力机,试件破坏荷载应大于测力量程的20%且小于测力量程的80%。球形支座和上下顶板涂上机油,使球形支座能够灵活转动。

(2)将已浸水一个昼夜的试件从水中取出,用软布吸去试件表面的水分,并称试件的质量m_4。

(3)用游标卡尺测量试件的高度h,精确至0.1mm。

(4)将试件放在路面材料强度试验仪或压力机上,并在升降台上先放一扁球座,进行抗压试验。试验过程中,应保持加载速率为1mm/min。记录试件破坏时的最大压力$P(N)$。

(5)从试件内部取有代表性的样品(经过打破),测定其含水率w。

2. 计算

试件的无侧限抗压强度按下式计算:

$$R_c = \frac{P}{A} \tag{4-3-20}$$

式中:R_c——试件的无侧限抗压强度(MPa);

P——试件破坏时的最大压力(N);

A——试件的截面积(mm^2)。

3. 结果整理

(1)抗压强度保留1位小数。

(2)同一组试件试验中,采用3倍标准差方法剔除异常值,且同一组试验样本异常值剔除应不多于2个,数量超过的试验应重做。

(3)同一组试验的变异系数$C_V(\%)$应符合下列规定,方为有效试验:中试件$C_V \leq 10\%$,大试件$C_V \leq 15\%$。如不能保证试验结果的变异系数小于规定的值,则应按照表4-3-10的变异系数与试件数量对应关系,增加试件数量并另做新试验。新试验结果与老试验结果一并重新进行统计评定,直到变异系数满足上述规定。

3. 稳定土的缩裂特性

无机结合料稳定土的最大缺点是抗变形能力低,特别是在温度和湿度变化时容易产生裂缝。当采用无机结合料稳定土作为沥青路面的基层时,这些裂缝易于反射到面层,造成路面产生裂缝,进而严重影响沥青路面的使用性能。了解无机结合料稳定土的缩裂规律,对减少裂缝的危害和防治裂缝具有十分重要的意义。

无机结合料稳定土的缩裂现象主要有干缩裂缝和温缩裂缝两种。

1)干缩裂缝

随着无机结合料稳定土强度的不断形成,水分逐渐消耗以及蒸发,体积发生收缩,收缩变形受到约束时,逐渐产生裂缝,称为干缩裂缝。试验研究表明,若以最佳含水率状态下各种无机结合料稳定土的干缩系数的大小排序,则为石灰土＞石灰砂砾＞二灰土＞二灰砂砾＞水泥砂砾。无机结合料稳定土干缩裂缝的产生与结合料的种类与用量、含细粒土的多少及养护条件有关。石灰稳定土比水泥稳定土容易产生干缩裂缝。对于含细粒土较多的无机结合料稳定土,常以干缩为主,故应加强初期养护,保证石灰土表面潮湿,减轻稳定土的干缩裂缝。

2)温缩裂缝

无机结合料稳定土具有热胀冷缩性质。随着气温的降低,稳定土会产生冷却收缩变形,收缩变形受到约束时,逐渐会形成裂缝,称为温缩裂缝。试验研究表明,若以最佳含水率状态下各种无机结合料稳定土的温缩系数大小排序,则为石灰土＞石灰砂砾＞二灰土＞水泥砂砾＞二灰砂砾。无机结合料稳定土温缩裂缝的产生与结合料的种类与用量、土的粗细程度与成分以及养护条件有关。石灰稳定土比水泥稳定土的温缩大,细粒土比粗粒土的温缩大。掺入一定数量的粉煤灰可以降低温缩系数。早期养护良好的无机结合料稳定土易于成形,早期强度高,可以减少裂缝的产生。

无机结合料稳定土裂缝防治措施有:

(1)改善土质。无机结合料稳定土的缩裂性质与用土的黏性有关。用土愈黏,则缩裂愈严重。故应采用黏性较小的土,或在黏性土中掺入砂土、粉煤灰等,以降低土的塑性指数。

(2)控制压实含水率及压实度。稳定土因含水率过多产生的干缩裂缝显著,压实度小时产生的干缩要比压实度大时严重。因此,稳定土压实时含水率比最佳含水率略小为好,并尽可能达到最佳压实效果。

(3)掺加粗粒料。掺入一定数量(掺入量60%~70%)的粗粒料,如砂、碎石、砾石、煤渣及矿渣等,使混合料满足最佳组成要求,可以提高其强度和稳定性,减少缩裂产生,同时可以节约结合料和改善碾压时的拥挤现象。

(4)其他措施。加强初期养护,设立隔裂过渡层等。

四、稳定类材料组成设计

材料组成设计也称混合料设计,它是路面设计和施工质量管理的重要组成部分。稳定类材料主要依据交通行业标准《公路路面基层施工技术细则》(JTG/T F20—2015)进行组成设计。所谓材料组成设计是指根据公路等级、交通荷载等级、结构形式、材料类型等因素确定材料技术要求,选择合适的原材料,选择技术经济合理的混合料类型和配合比。通过设计,铺筑的路面在技术上可靠,经济上合理。

混合料组成的选择必须使稳定类材料:①具有合适的强度和耐久性;②用作高等级道路路面基层时,具有较好的抗裂性能和强抗冲刷能力;③就地取材,便于施工;④技术可行,经济合理。

1.无机结合料稳定材料设计步骤及流程

无机结合料稳定材料组成设计包括原材料检验、混合料的目标配合比设计、混合料的生产配合比设计和施工参数确定四个部分。设计流程如图4-3-10所示。

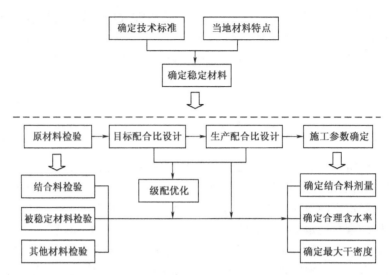

图 4-3-10 无机结合料稳定材料设计流程

(1)原材料检验内容包括:结合料、被稳定材料及其他相关材料的试验。

(2)目标配合比设计内容包括:选择级配范围;确定结合料类型及掺配比例;验证混合料相关的设计及施工技术指标。

(3)生产配合比设计内容包括:确定料仓供料比例;确定水泥稳定材料的容许延迟时间;确定结合料剂量标定曲线;确定混合料的最佳含水率和最大干密度。

(4)施工参数确定内容包括:确定施工中结合料剂量;确定施工合理含水率及最大干密度;验证混合料强度技术指标。

在施工过程中,材料品质或规格发生变化、结合料品种发生变化时,应重新进行材料组成设计。

2. 稳定材料的强度要求

进行无机结合料稳定材料组成设计时,要有规定的强度标准。各种无机结合料稳定材料的强度标准值 R_d 列于表 4-3-9 中。

根据试验结果,应按式(4-3-21)计算强度代表值 R_d^0。强度代表值 R_d^0 应不小于强度标准值 R_d(即设计强度);当 $R_d^0 < R_d$ 时,应重新进行配合比试验。

$$R_d^0 = \overline{R} \cdot (1 - Z_\alpha C_V) \geq R_d \tag{4-3-21}$$

式中:R_d^0——强度代表值;

Z_α——标准正态分布表中随保证率(或置信度 α)而变的系数,高速公路和一级公路应取保证率 95%,即 $Z_\alpha = 1.645$;二级及二级以下公路应取保证率 90%,即 $Z_\alpha = 1.282$;

$\overline{R}$——一组试验的强度平均值;

C_V——一组试验的变异系数(以小数计);

R_d——强度标准值(设计强度)。

3. 无机结合料比例计算

1)无机结合料比例有外掺和内掺两种表达方式

(1)外掺用"剂量"表示。对于仅有一种结合料的,如水泥稳定材料、石灰稳定材料,水泥(或石灰)剂量以水泥(或石灰)质量占全部干燥被稳定材料质量的百分率表示,如水泥稳定碎石剂量为8%,即表示水泥与干燥碎石质量比为8:100的关系,俗称外掺。

(2)内掺用"质量配合比"表示。对于有两种或两种以上结合料的稳定材料,如石灰粉煤灰稳定材料、水泥粉煤灰稳定材料等,则以石灰:粉煤灰:被稳定材料的质量比表示,如石灰粉煤灰稳定土(俗称二灰土)配合比为7:21:72,即表示石灰:粉煤灰:素土三种材料的干燥质量比为7:21:72,总和为100,俗称内掺。

2)水泥推荐剂量

水泥稳定材料配合比试验推荐水泥剂量可采用表4-3-11中的推荐值。为保证拌和均匀性,对水泥稳定材料,水泥的最小剂量还应满足表4-3-12的规定。

水泥稳定材料配合比试验推荐水泥剂量 表4-3-11

被稳定材料	条件		推荐试验剂量(%)
有级配的碎石或砾石	基层	$R_d \geq 5.0\text{MPa}$	5、6、7、8、9
		$R_d < 5.0\text{MPa}$	3、4、5、6、7
土、砂、石屑等	基层	塑性指数<12	5、7、9、11、13
		塑性指数≥12	8、10、12、14、16
有级配的碎石或砾石	底基层		3、4、5、6、7
土、砂、石屑等	底基层	塑性指数<12	4、5、6、7、8
		塑性指数≥12	6、8、10、12、14
碾压贫混凝土	基层		7、8.5、10、11.5、13

水泥的最小剂量(%) 表4-3-12

被稳定材料类型	拌和方法	
	路拌法	集中厂拌法
中、粗粒材料	4	3
细粒材料	5	4

3)石灰粉煤灰、水泥粉煤灰等稳定材料推荐比例

石灰粉煤灰稳定材料和石灰煤渣稳定材料比例可按照表4-3-13中的推荐值选用。水泥粉煤灰稳定材料和水泥煤渣稳定材料比例可按照表4-3-14中的推荐值选用。

石灰粉煤灰稳定材料和石灰煤渣稳定材料推荐比例 表4-3-13

材料类型	材料名称	使用层位	结合料间比例	结合料与被稳定材料间比例
石灰粉煤灰	硅铝粉煤灰的石灰粉煤灰类[a]	基层或底基层	石灰:粉煤灰=1:2~1:9	—
	石灰粉煤灰土	基层或底基层	石灰:粉煤灰=1:2~1:4[b]	石灰粉煤灰:细粒材料=30:70[c]~10:90
	石灰粉煤灰稳定级配碎石或砾石	基层	石灰:粉煤灰=1:2~1:4	石灰粉煤灰:被稳定材料=20:80~15:85[d]

续上表

材料类型	材料名称	使用层位	结合料间比例	结合料与被稳定材料间比例
石灰煤渣	石灰煤渣稳定材料	基层或底基层	石灰:煤渣 = 20:80 ~ 15:85	
	石灰煤渣土	基层或底基层	石灰:煤渣 = 1:1 ~ 1:4	石灰煤渣:细粒材料 = 1:1 ~ 1:4[e]
	石灰煤渣稳定材料	基层或底基层	石灰:煤渣:被稳定材料 = (7~9):(26~33):(67~58)	

注：[a] CaO 含量为 2% ~ 6% 的硅铝粉煤灰。
　　[b] 粉土以 1:2 为宜。
　　[c] 采用此比例时,石灰与粉煤灰之比宜为 1:2 ~ 1:3。
　　[d] 石灰粉煤灰与粒料之比为 15:85 ~ 20:80 时,在混合料中,粒料形成骨架,石灰粉煤灰起填充孔隙和胶结作用。这种混合料称为骨架密实式石灰粉煤灰粒料。
　　[e] 混合料中石灰应不少于 10%,可通过试验选取强度较高的配合比。

水泥粉煤灰稳定材料和水泥煤渣稳定材料推荐比例　　表 4-3-14

材料类型	材料名称	使用层位	结合料间比例	结合料与被稳定材料间比例
水泥粉煤灰	硅铝粉煤灰的水泥粉煤灰类[a]	基层或底基层	水泥:粉煤灰 = 1:3 ~ 1:9	
	水泥粉煤灰土	基层或底基层	水泥:粉煤灰 = 1:3 ~ 1:5	水泥粉煤灰:细粒材料 = 30:70[b] ~ 10:90
	水泥粉煤灰稳定级配碎石或砾石	基层	水泥:粉煤灰 = 1:3 ~ 1:5	水泥粉煤灰:被稳定材料 = 20:80 ~ 15:85[c]
水泥煤渣	水泥煤渣稳定材料	基层或底基层	水泥:煤渣 = 5:95 ~ 15:85	
	水泥煤渣土	基层或底基层	水泥:煤渣 = 1:2 ~ 1:5	水泥煤渣:细粒材料 = 1:2 ~ 1:5[d]
	水泥煤渣稳定材料	基层或底基层	水泥:煤渣:被稳定材料 = (3~5):(26~33):(71~62)	

注：[a] CaO 含量为 2% ~ 6% 的硅铝粉煤灰。
　　[b] 采用此比例时,水泥与粉煤灰之比宜为 1:2 ~ 1:3。
　　[c] 水泥粉煤灰与粒料之比为 15:85 ~ 20:80 时,在混合料中,粒料形成骨架,水泥粉煤灰起填充孔隙和胶结作用。
　　[d] 混合料中水泥应不少于 4%,可通过试验选取强度较高的配合比。

水泥、石灰综合稳定时,水泥用量占结合料总量不小于 30% 时,应按水泥稳定材料的技术要求进行组成设计,水泥和石灰的比例宜取 60:40、50:50 或 40:60。水泥用量占结合料总量小于 30% 时,应按石灰稳定材料设计。

4. 混合料推荐级配及技术要求

无机结合料稳定材料,级配碎石或砾石材料的级配宜采用粗集料间断级配方式构成。粗集料间断级配宜以公称最大粒径、4.75mm 以及 0.075mm 的通过率为 3 个控制点。

无机结合料稳定材料的级配范围应按照交通行业标准《公路路面基层施工技术细则》(JTG/T F20—2015)的推荐级配范围选用。本节仅介绍比较常见的水泥稳定级配碎石或砾石、石灰粉煤灰稳定级配碎石或砾石的推荐级配范围,其余结构类型不再详列。

1) 水泥稳定级配碎石或砾石

水泥稳定级配碎石或砾石的推荐级配范围可采用表4-3-15中推荐的级配范围,并宜符合下列技术要求:

(1) 用于高速公路和一级公路时,级配宜符合表4-3-15中C-B-1、C-B-2的规定。混合料密实时也可采用C-B-3级配。C-B-1级配宜用于基层和底基层,C-B-2级配宜用于基层。

(2) 用于二级及二级以下公路时,级配宜符合表4-3-15中C-C-1、C-C-2、C-C-3的规定。C-C-1级配宜用于基层和底基层,C-C-2和C-C-3级配宜用于基层,C-B-3级配宜用于极重、特重交通荷载等级下的基层。

(3) 被稳定材料的液限宜不大于28%。

(4) 用于高速公路和一级公路时,被稳定材料的塑性指数宜不大于5;用于二级及二级以下公路时,宜不大于7。

水泥稳定级配碎石或砾石的推荐级配范围(%)　　表4-3-15

筛孔尺寸 (mm)	高速公路和一级公路			二级及二级以下公路		
	C-B-1	C-B-2	C-B-3	C-C-1	C-C-2	C-C-3
37.5	—	—	—	100	—	—
31.5	—	—	100	100~90	100	—
26.5	100	—	—	94~81	100~90	100
19	86~82	100	68~86	83~67	87~73	100~90
16	79~73	93~88	—	78~61	82~65	92~79
13.2	72~65	86~76	—	73~54	75~58	83~67
9.5	62~53	72~59	38~58	64~45	66~47	71~52
4.75	45~35	45~35	22~32	50~30	50~30	50~30
2.36	31~22	31~22	16~28	36~19	36~19	36~19
1.18	22~13	22~13	—	26~12	26~12	26~12
0.6	15~8	15~8	8~15	19~8	19~8	19~8
0.3	10~5	10~5	—	14~5	14~5	14~5
0.15	7~3	7~3	—	10~3	10~3	10~3
0.075	5~2	5~2	0~3	7~2	7~2	7~2

2) 石灰粉煤灰稳定级配碎石或砾石

石灰粉煤灰稳定级配碎石或砾石可采用表4-3-16中推荐的级配范围,并宜符合下列技术要求:

(1) 用于高速公路和一级公路基层时,石灰粉煤灰总质量宜占15%,应不大于20%,被稳定材料公称最大粒径应不大于26.5mm,级配宜符合表4-3-16中LF-A-2L、LF-A-2S的规定。

(2) 用于高速公路和一级公路底基层时,各挡被稳定材料总质量宜不小于80%,级配宜符合表4-3-16中LF-A-1L、LF-A-1S的规定。对于极重、特重交通荷载等级,级配宜符合表4-3-16中LF-A-2L、LF-A-2S的规定。

(3) 用于二级及二级以下公路基层时,被稳定材料公称最大粒径应不大于31.5mm,其总质量宜不小于80%,级配符合表4-3-16中LF-B-2L、LF-B-2S的规定。

(4) 用于二级及二级以下公路底基层时,各挡被稳定材料总质量宜不小于70%,级配应符合表4-3-16中LF-B-1L、LF-B-1S的规定。对于极重、特重交通荷载等级,可选择符合表4-3-16中LF-B-2L、LF-B-2S的规定。

石灰粉煤灰稳定级配碎石或砾石的推荐级配范围(%)　　表4-3-16

筛孔尺寸(mm)	高速公路和一级公路				二级及二级以下公路			
	稳定碎石		稳定砾石		稳定碎石		稳定砾石	
	LF-A-1S	LF-A-2S	LF-A-1L	LF-A-2L	LF-B-1S	LF-B-2S	LF-B-1L	LF-B-2L
37.5	—	—	—	—	100	—	100	—
31.5	100	—	100	—	100~90	100	100~90	100
26.5	95~91	100	96~93	100	94~81	100~90	95~84	100~90
19	85~76	89~82	88~81	91~86	83~67	87~73	87~72	91~77
16	80~69	84~73	84~75	87~79	78~61	82~65	83~67	86~71
13.2	75~62	78~65	79~69	82~72	73~54	75~58	79~64	81~65
9.5	65~51	67~53	71~60	73~62	64~45	66~47	72~54	74~55
4.75	45~35	45~35	55~45	55~45	50~30	50~30	60~40	60~40
2.36	31~22	31~22	39~27	39~27	36~19	36~19	44~24	44~24
1.18	22~13	22~13	28~16	28~16	26~12	26~12	33~15	33~15
0.6	15~8	15~8	20~10	20~10	19~8	19~8	25~9	25~9
0.3	10~5	10~5	14~6	14~6	—	—	—	—
0.15	7~3	7~3	10~3	10~3	—	—	—	—
0.075	5~2	5~2	7~2	7~2	7~2	7~2	10~2	10~2

5. 无机结合料稳定材料目标配合比设计技术要求

(1) 确定结合料和技术标准。应根据当地材料的特点,通过原材料性能试验,选择适宜的结合料类型,确定混合料配合比设计的技术标准。

(2) 选择不少于4条级配曲线。对于无机结合料稳定级配碎石或砾石材料,应根据当地材料特点和技术要求,优化设计混合料级配范围。应根据前述级配内容和以往工程经验选择不少于4条级配曲线。

(3) 各挡原材料筛析。原材料不均匀是影响混合料性能稳定性的重要因素,为了全面掌握各挡原材料的级配情况,选定目标级配曲线后,需要从拌和场料堆的不同位置和每一批次进料中分别取料、筛分,然后分别统计各挡料通过率的平均值和变异系数,并按2倍标准差计算各挡材料筛分级配的波动范围。

(4) 确定混合料合成级配。按确定的目标级配,根据各挡材料的平均筛分曲线,确定其使用比例,得到混合料的合成级配。

(5) 成型试件,验证混合料性能。选择不少于5个结合料剂量。根据合成级配进行混合料重型击实试验,分别确定各剂量混合料的最佳含水率和最大干密度;根据最佳含水率、最大干密度及压实度要求进行各剂量7d龄期无侧限抗压强度试验,验证混合料性能,确定满足设计要求的最佳剂量。

(6)验证上、下限性能。应根据已确定的各挡材料使用比例和各挡材料级配的波动范围,计算实际生产中混合料的级配波动范围;并应针对这个波动范围的上、下限验证性能。

6. 无机结合料稳定材料生产配合比设计技术要求

(1)根据目标配合比确定的各挡材料比例,应对拌和设备进行调试和标定,确定合理的生产参数。

(2)拌和设备的调试和标定应包括料斗称量精度的标定、结合料剂量的标定和拌和设备加水量的控制等内容,并应符合下列规定:

①绘制不少于5个点的结合料剂量标定曲线。

②按各挡材料的比例关系,设定相应的称量装置,调整拌和设备各个料仓的进料速度。

③按设定好的施工参数进行第一阶段试生产,验证生产级配。不满足要求时,应进一步调整施工参数。

(3)对于水泥稳定、水泥粉煤灰稳定材料,应分别进行不同成型时间条件下的混合料强度试验,绘制相应的延迟时间曲线,并根据设计要求确定容许延迟时间。

注:混合料在选定的级配、水泥剂量和最佳含水率的条件下拌和好以后,分别按立刻压实、闷料1h再压实、闷料2h再压实、闷料3h再压实等条件,成型标准试件,且每组的样本数量不少于规定的要求。经过标准养护后,测量混合料的7d无侧限抗压强度,从而得到不同延迟时间条件下,混合料强度代表值的变化曲线。根据这条曲线,得到混合料满足设计强度要求的容许延迟时间。

(4)配合比验证工作分为两个阶段:第一阶段是各个料仓生产剂量的标定和调整,使最终的混合料级配能够与室内试验确定的级配曲线尽量吻合一致;第二阶段是对生产过程中水泥剂量和水量的控制手段与标准的确认。水泥剂量和水量的控制是当前水泥稳定材料生产过程中质量控制的盲点,特别是加水量。因此,在正式生产前,需要通过试验,确定水泥剂量和含水率的变化影响曲线,为生产过程中的质量控制提供参照。

应在第一阶段试生产试验的基础上进行第二阶段试验。分别按不同结合料剂量和含水率进行混合料试拌,并取样、试验。试验应符合下列规定:

①通过混合料中实际含水率的测定,确定施工过程中水流量计的设定范围。

②通过混合料中实际结合料剂量的测定,确定施工过程中结合料掺加的相关技术参数。

③通过击实试验,确定结合料剂量变化、含水率变化对混合料最大干密度的影响。

④通过抗压强度试验,确定材料的实际强度水平和拌和工艺的变异水平。

击实试验和7d龄期无侧限抗压强度试验结果将为施工过程中的工程检验、质量控制与评价提供参考。

(5)混合料生产参数的确定应包括结合料剂量、含水率和最大干密度等指标,并应符合下列规定:

①对水泥稳定材料,工地实际采用的水泥剂量宜比室内试验确定的剂量多0.5~1.0个百分点。采用集中厂拌法施工时宜增加0.5个百分点;采用路拌法施工时宜增加1个百分点。

②以配合比设计的结果为依据,综合考虑施工过程的气候条件,对水泥稳定材料,含水率可增加0.5~1.5个百分点;对其他稳定材料,可增加1~2个百分点。

③最大干密度应以最终合成级配击实试验的结果为标准。

水泥稳定碎石混合料配合比设计示例

某山区高等级公路采用水泥稳定碎石路面基层,试按现行技术规范所要求的方法进行水泥稳定碎石混合料配合比设计。

【设计资料】

山区一级公路,路线所经地区属暖温带气候,基层水泥稳定碎石30cm厚,7d无侧限抗压强度要求值5.0MPa。

施工时混合料采用厂拌,铺筑现场采用摊铺机摊铺,分两层碾压成型,下层厚18cm,上层厚12cm,压实度指标按98%控制。

【设计步骤】

一、设计依据

(1)《公路路面基层施工技术细则》(JTG/T F20—2015);
(2)《公路工程集料试验规程》(JTG E42—2005);
(3)《水泥标准稠度用水量、凝结时间、安定性检验方法》(GB/T 1346—2011);
(4)《水泥比表面积测定方法(勃氏法)》(GB/T 8074—2008);
(5)《水泥胶砂强度检验方法(ISO法)》(GB/T 17671—1999);
(6)《通用硅酸盐水泥》(GB 175—2007);
(7)《公路工程无机结合料稳定材料试验规程》(JTG E51—2009);
(8)设计图纸。

二、原材料

1. 水泥

水泥要求用 P.O 42.5 缓凝水泥,经试验水泥密度为 3 120kg/m³,比表面积为 375m²/kg,初凝时间275min,终凝时间375min,安定性为1.0mm,3d抗折强度为5.1MPa、抗压强度25.5MPa,28d抗折强度为8.7MPa、抗压强度为46.6MPa,各项指标均符合《公路路面基层施工技术细则》(JTG/T F20—2015)及《通用硅酸盐水泥》(GB 175—2007)要求。

2. 粗集料

当地某石料厂可提供,经试验符合《公路路面基层施工技术细则》(JTG/T F20—2015)中粗集料要求(表4-3-1中Ⅱ类技术要求),各项技术指标见表4-3-17,筛分结果见表4-3-18中1#、2#料。

粗集料各项技术指标实测值　　　　表4-3-17

指　　标	层　位	规范要求	实测值 1#料	实测值 2#料
压碎值(%)	基层	≤26	—	18.9
针片状颗粒含量(%)	基层	≤18	6.7	9.0
0.075mm以下粉尘含量(%)	基层	≤2	0.5	1.0
软石含量(%)	基层	≤5	1.5	2.1

3. 细集料

当地某石料厂可提供,经试验0.075mm以下材料塑性指数为11,符合《公路路面基层施工技术细则》(JTG/T F20—2015)中≤17的要求(表4-3-3)。筛分结果见表4-3-18中3#、4#料。

三、水泥稳定碎石目标配合比设计

1. 级配选择,确定混合料合成级配

根据《公路路面基层施工技术细则》(JTG/T F20—2015)所列的推荐级配进行选择,采用C-B-3级配,见表4-3-15。依据筛分结果平均值,对集料进行掺配,合成级配计算结果见表4-3-18、合成级配曲线如图4-3-11所示。

合 成 级 配　　　　　　　　　表4-3-18

材　料			通过下列筛孔(mm)的质量百分率(%)											
			31.5	26.5	19.0	16.0	13.2	9.5	4.75	2.36	1.18	0.6	0.3	0.15	0.075
筛分结果平均值	1#		100	87.9	26.7	9.1	1.8	0.7	0.7	0.7	0.7	0.7	0.7	0.7	0.5
	2#		100	100	100	100	89.4	37.8	1.5	1.5	1.5	1.5	1.5	1.5	1.0
	3#		100	100	100	100	100	100	60.6	8.4	4.8	4.0	4.0	4.0	2.6
	4#		100	100	100	100	100	100	100	84.0	52.7	34.3	22.3	15.9	9.1
合成比例	1#	29	29.0	25.5	7.7	2.6	0.5	0.2	0.2	0.2	0.2	0.2	0.2	0.2	0.1
	2#	37	37.0	37.0	37.0	37.0	33.1	14.0	0.6	0.6	0.6	0.6	0.6	0.6	0.4
	3#	8	8.0	8.0	8.0	8.0	8.0	8.0	4.8	0.7	0.4	0.3	0.3	0.3	0.2
	4#	26	26.0	26.0	26.0	26.0	26.0	26.0	26.0	21.8	13.7	8.9	5.8	4.1	2.4
合成级配			100	96.5	78.7	73.6	67.6	48.2	31.6	23.3	14.8	10.0	6.9	5.2	3.0
规范推荐级配(见表4-3-15中C-B-3)	规范级配中值		100	—	77.0	—	—	48.0	27.0	22.0	—	11.5	—	—	1.5
	规范级配上限		100	—	86.0	—	—	58.0	32.0	28.0	—	15.0	—	—	3.0
	规范级配下限		100	—	68.0	—	—	38.0	22.0	16.0	—	8.0	—	—	0

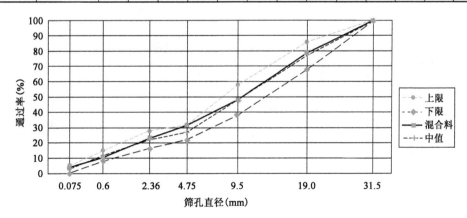

图4-3-11　合成级配曲线

根据筛分结果,确定混合料级配波动上、中、下范围,见表 4-3-19 和表 4-3-20。级配波动如图 4-3-12 所示。

混合料级配波动上限　　　　表 4-3-19

材料			通过下列筛孔(mm)的质量百分率(%)											
			31.5	26.5	19.0	16.0	13.2	9.5	4.75	2.36	1.18	0.6	0.3	0.15	0.075
筛分结果上限	1#		100	90.5	31.1	11.0	2.2	0.9	0.9	0.9	0.9	0.9	0.9	0.9	0.8
	2#		100	100	100	100	91.6	38.8	2.1	2.3	2.3	2.3	2.3	2.3	1.5
	3#		100	100	100	100	100	100	60.8	9.5	5.6	4.5	4.5	4.5	3.6
	4#		100	100	100	100	100	100	100	84.4	53.3	34.5	22.6	16.1	12.4
合成比例	1#	29	29.0	26.2	9.0	3.2	0.6	0.3	0.3	0.3	0.3	0.3	0.3	0.3	0.2
	2#	37	37.0	37.0	37.0	37.0	33.9	14.4	0.8	0.9	0.9	0.9	0.9	0.9	0.6
	3#	8	8.0	8.0	8.0	8.0	8.0	8.0	4.9	0.8	0.4	0.4	0.4	0.4	0.3
	4#	26	26.0	26.0	26.0	26.0	26.0	26.0	26.0	21.9	13.9	9.0	5.9	4.2	3.2
合成级配波动上限			100	97.2	80.0	74.2	68.5	48.6	31.9	23.8	15.4	10.4	7.3	5.7	4.3

混合料级配波动下限　　　　表 4-3-20

材料			通过下列筛孔(mm)的质量百分率(%)											
			31.5	26.5	19.0	16.0	13.2	9.5	4.75	2.36	1.18	0.6	0.3	0.15	0.075
筛分结果下限	1#		100	85.3	22.3	7.2	1.4	0.5	0.5	0.5	0.5	0.5	0.5	0.5	0.2
	2#		100	100	100	100	87.2	36.8	0.9	0.7	0.7	0.7	0.7	0.7	0.5
	3#		100	100	100	100	100	100	60.4	7.3	4.0	3.5	3.5	3.5	1.6
	4#		100	100	100	100	100	100	100	83.6	52.1	34.1	22.0	15.7	8.7
合成比例	1#	29	29.0	24.7	6.5	2.1	0.4	0.1	0.1	0.1	0.1	0.1	0.1	0.1	0.1
	2#	37	37.0	37.0	37.0	37.0	32.3	13.6	0.3	0.3	0.3	0.3	0.3	0.3	0.2
	3#	8	8.0	8.0	8.0	8.0	8.0	8.0	4.8	0.6	0.3	0.3	0.3	0.3	0.1
	4#	26	26.0	26.0	26.0	26.0	26.0	26.0	26.0	21.7	13.5	8.9	5.7	4.1	2.3
合成级配波动下限			100	95.7	77.5	73.1	66.7	47.8	31.3	22.7	14.3	9.6	6.4	4.8	2.6

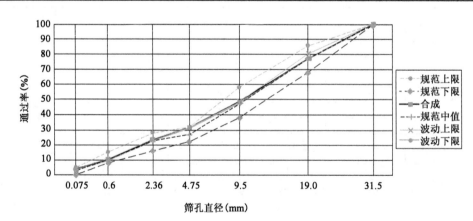

图 4-3-12　混合料级配波动曲线

由图 4-3-12 可知,混合料级配波动范围符合目标级配要求。

2. 成型试件,验证混合料性能

选择 3.5%、4.0%、4.5%、5.0%、5.5% 五种水泥剂量,分别进行混合料重型击实试验、无侧限抗压强度试验,试验结果列于表 4-3-21 中。

混合料击实、无侧限抗压强度试验结果　　表 4-3-21

水泥剂量 (%)	最大干密度 (g/cm³)	最佳含水率 (%)	7d 强度平均值 (MPa)	强度代表值 (MPa)	变异系数 (%)
3.5	2.321	4.8	5.2	4.6	7.3
4.0	2.328	5.0	6.0	5.5	4.8
4.5	2.348	5.2	6.9	6.1	6.9
5.0	2.356	5.3	8.0	7.2	5.8
5.5	2.363	5.4	9.2	8.1	7.4

3. 目标配合比结论

(1) 由上述试验,比较强度代表值和设计要求值,水泥剂量为 4.0%、4.5%、5.0%、5.5% 时试件无侧限抗压强度代表值均满足不低于 5.0MPa 的要求。

(2) 从工程经济性考虑,4.0% 的水泥剂量为满足强度指标要求的最小水泥用量,为最佳水泥用量。

(3) 确定本次水泥稳定碎石目标配合比为:水泥剂量 4.0%,集料比例为 1#:2#:3#:4# = 29:37:8:26,重型击实最大干密度为 2.328g/cm³,最佳含水率为 5.0%,7d 无侧限抗压强度为 5.5MPa。

四、水泥稳定碎石生产配合比设计

1. 生产级配验证

根据目标配合比确定的各档材料比例,对拌和设备进行调试和标定,确定生产配合比为 1#:2#:3#:4# = 29:33:7:31,进行第一阶段试生产,验证生产级配,其级配与目标级配曲线吻合一致,生产级配验证见表 4-3-22,生产级配图如图 4-3-13 所示。

生产级配验证　　表 4-3-22

级配	通过下列筛孔(mm)的质量百分率(%)											
	31.5	26.5	19.0	16.0	13.2	9.5	4.75	2.36	1.18	0.6	0.3	0.15	0.075
生产级配	100	96.8	77.6	70.6	64.7	48.8	31.2	23.4	15.8	10.8	6.8	5.2	2.9
目标级配	100	96.5	78.7	73.6	67.6	48.2	31.6	23.3	14.8	10.0	6.9	5.2	3.0
级配上限	100		86			58	32		28		15		3
级配下限	100		68			38	22		16		8		0

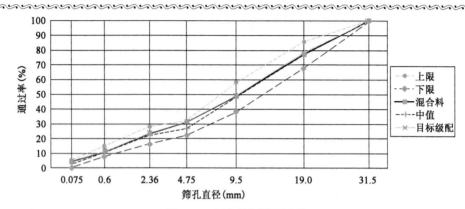

图 4-3-13 混合料生产级配曲线

2. 灰剂量标准曲线

根据目标配比,绘制水泥剂量与 EDTA 标准曲线。水泥剂量与 EDTA 耗量见表 4-3-23,标准曲线如图 4-3-14 所示。

水泥剂量与 EDTA 耗量　　　　表 4-3-23

水泥剂量(%)	3.0	3.5	4.0	4.5	5.0	5.5	6.0
EDTA 耗量(mL)	7.3	8.4	9.7	10.7	12.0	13.2	14.5

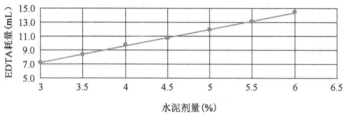

图 4-3-14 水泥剂量与 EDTA 耗量标准曲线

3. 延迟时间曲线

混合料按目标配合比级配、水泥剂量 4.0% 以及最大干密度 2.324g/cm³、最佳含水率 5.0%,分别进行不同成型时间的混合料强度试验,即分别按立刻压实、闷料 1h 再压实、闷料 2h 再压实、闷料 4h 再压实等条件,成型标准试件,测得 7d 无侧限抗压强度及其代表值,列于表 4-3-24。绘制相应的延迟时间曲线,如图 4-3-15 所示。并根据设计强度 5.0MPa 确定容许延迟时间,由图 4-3-15 确定混合料容许延迟时间为 4h 之内均能满足设计强度要求。

延迟时间无侧限抗压强度　　　　表 4-3-24

7d 无侧限抗压强度(MPa)			
0h 后强度	5.7	4h 后强度	4.7
2h 后强度	5.2		

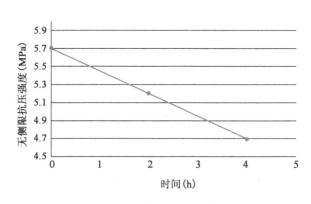

图 4-3-15 容许延迟时间曲线

五、试拌,确定相关配比参数

根据生产配合比相关试验结果,结合《公路路面基层施工技术细则》(JTG/T F20—2015)中相关技术内容,拌和楼按1#料:2#料:3#料:4#料=29:33:7:31的比例调试生产,考虑工地实际施工环境,按水泥剂量4.0%,含水率5.5%进行试拌,结果如下:

(1)试拌混合料级配见表4-3-25。

试拌混合料级配　　　　　　　　　　表4-3-25

筛孔(mm)		31.5	26.5	19	9.5	4.75	2.36	0.6	0.075
试拌筛分通过百分率(%)		100	98.1	79.6	50.3	30.1	22.9	12.2	3.4
目标平均通过百分率(%)		100	96.5	78.7	48.2	31.6	23.3	10.0	3.0
技术指标(%)	上限	100		86	58	32	28	15	3
	下限	100		68	38	22	16	8	0
	中值	100		77	48	27	22	11.5	1.5

(2)试拌混合料水泥剂量、含水率、最大干密度、强度检测均满足技术要求,结果见表4-3-26。

试拌混合料指标试验结果　　　　　　　　　表4-3-26

试验项目	水泥剂量(%)	含水率(%)	最大干密度(g/cm³)	强度代表值(MPa)
检测结果	4.2	4.9	2.328	5.6

六、结论

生产配合比试验结果:4.0%水泥剂量,最大干密度为2.328g/cm³,无侧限抗压强度为5.6MPa,EDTA消耗量为9.7mL,根据试拌试验结果和生产配合比试验结果,拌和楼可按1#料:2#料:3#料:4#料=29:33:7:31,水泥剂量4.0%,含水率4.9%,进行生产试铺。在试铺过程中根据天气情况和材料的实际含水率,确保在碾压时的含水率能达到此要求。

单元五　沥　　青

【理论要求】　掌握石油沥青的化学组分、胶体结构、技术性质和技术标准;掌握乳化沥青的组成材料、分类及其技术性质和技术标准;掌握改性沥青分类及其特性、技术性质和技术标准;了解其他沥青的组成和性质。

【技能要求】　具备石油沥青的取样、试样制备的能力;熟练掌握沥青三大指标、沥青与粗集料的黏附性的测定方法;掌握测定乳化沥青恩氏黏度、蒸发残留物含量的试验方法;掌握测定聚合物改性沥青弹性恢复、离析的试验方法。

沥青材料(Bituminous Material)是一种有机胶凝材料,它是由一些极其复杂的高分子的碳氢化合物及其非金属(氧、硫、氮)的衍生物所组成的混合物。

沥青在常温下一般呈固体或半固体,也有少数品种的沥青呈黏性液体状态,可溶于二硫化碳、四氯化碳、三氯甲烷和苯等有机溶剂,颜色为黑褐色或褐色。

沥青按其在自然界中获得的方式,可分为地沥青和焦油沥青两大类,如图5-0-1所示。

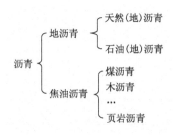

图5-0-1　沥青分类

(1)地沥青(Asphalt)是由天然产状或石油精制加工得到。按其产源又可分为:

①天然沥青(Natural Asphalt)是石油在自然条件下,长时间经受地球物理因素作用而形成的产物。

②石油沥青(Petroleum Asphalt)是将石油原油分馏出各种产品后的残渣加工而得到的产品。

(2)焦油沥青是各种有机物(煤、泥炭、木材等)干馏加工得到的焦油,经再加工而得到的产品。焦油沥青按其加工的有机物名称而命名,如由煤干馏所得的煤焦油,经再加工后得到的沥青,即称为煤沥青。

在道路建筑中最常用的主要是石油沥青和煤沥青两类,其次是天然沥青,我国亦有较大储量。

课题一 石油沥青

一、概述

1. 石油沥青生产工艺概述

从油井开采出来的石油,一般简称原油,它是由多种分子量大小不等的烃类(烷烃、环烷和芳香烃等)组成的复杂混合物。炼油厂将原油分馏而提取汽油、煤油、柴油和润滑油等石油产品后所剩残渣,再进行加工可制得各种石油沥青。

在常压塔底收集的常压重油,能否直接加工成沥青,主要取决于原油的稠度。我国大部分油田的大多数油井开采的原油,稠度均较低,所得常压重油通常需要进入减压塔做减压蒸馏后,再进入氧化塔或深拔装置或溶剂脱沥青装置,经过进一步加工而得到沥青。但也有少数油井开采的原油稠度较大,其常压重油稠度也大,直接经减蒸或深拔后即可得到直馏沥青。

为了改善黏稠沥青的使用性能,还可采取各种方式将其加工成液体沥青、调和沥青、乳化沥青、混合沥青及其他改性沥青。石油沥青生产工艺流程如图 5-1-1 所示。

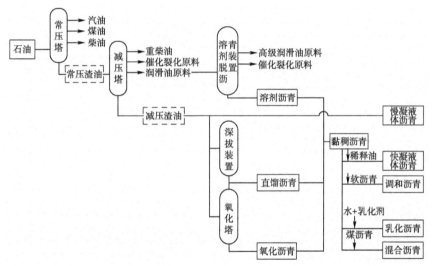

图 5-1-1 石油沥青生产工艺流程示意图

2. 石油的基属分类

原油是生产石油沥青的原料。石油沥青的性质首先与石油沥青的基属有关。

原油的分类一般是根据"关键馏分特性"和"含硫量",可分为石蜡基原油、环烷基原油和中间基原油,以及高硫原油(含硫量 >2%)、含硫原油(含硫量 0.5%~2%)和低硫原油(含硫量 <0.5%)。由不同基属原油炼制的石油沥青分别为:

(1)石蜡基沥青:这种沥青因原油中含有大量烷烃,沥青中含蜡量一般大于 5%,有的高达 10% 以上。蜡在常温下往往以结晶体存在,降低了沥青的黏结性和塑性。

(2)环烷基沥青:也称沥青基沥青,含有较多的环烷烃和芳香烃,所以此种沥青的芳香性高,含蜡量一般小于 2%,沥青的黏结性和塑性均较高。

(3)中间基沥青:也称混合基沥青。所含烃类成分和沥青的性质一般均介于石蜡基和环烷基沥青之间。

作为生产沥青原料的原油基属的选择,最好是环烷基原油,其次是中间基原油,最好不选用石蜡基原油,因为蜡的存在给沥青路用性能带来不良的影响。

我国石油油田分布广,但国产石油多属石蜡基和中间基原油。

3. 沥青常温下的稠度分类

根据用途的不同,要求石油沥青具有不同的稠度,一般可分为黏稠沥青和液体沥青两大类。黏稠沥青在常温下为半固体或固体状态。如按针入度分级时,针入度小于40(0.1mm)者为固体沥青,针入度在40~300(0.1mm)的呈半固体,而针入度大于300(0.1mm)者为黏性液体状态。

液体沥青在常温下多呈黏稠液体或液体状态,并可按标准黏度分级划分为慢凝、中凝和快凝液体沥青。在生产应用中,常在黏稠沥青中掺入一定比例的溶剂,配制得稠度很低的液体沥青,称为稀释沥青。

二、石油沥青的组成和结构

1. 元素组成

石油沥青是由多种碳氢化合物及其非金属(氧、硫、氮)的衍生物组成的混合物,它的分子表达式通式为 $C_nH_{2n+a}O_bS_cN_d$。化学组成主要是碳(80%~87%)、氢(10%~15%),其次是非烃元素,如氧、硫、氮等(<3%)。此外,还含有一些微量的金属元素,如镍、钒、铁、锰、钙、镁、钠等,但含量都很少,约为几个至几十个百万分之一(ppm)。

2. 石油沥青的化学组成

石油沥青是由多种化合物所组成的混合物,由于它的结构复杂性,将其分离为纯粹的化合物单体在分析技术上还有一定困难,在生产应用中,也没有这样的必要,因此,许多研究者就致力于沥青"化学组分"分析的研究。化学组分分析就是将沥青分离为化学性质相近,而且与其路用性质有一定联系的几个组,这些组就称为"组分"。

组分分析方法还在不断修正和发展中,我国交通行业标准《公路工程沥青及沥青混合料试验规程》(JTG E20—2011)T 0617—1993 中规定有三组分和四组分两种分析法。

1)三组分分析法

石油沥青的三组分分析法是将石油沥青分离为油分、树脂和沥青质三个组分。因我国富产石蜡基或中间基沥青,在油分中往往含有蜡,故在分析时还应将油蜡分离。按三组分分析法所得各组分的性状列于表5-1-1。

石油沥青三组分分析法的各组分的性状　　　　表5-1-1

性状 组分	外观特征	平均分子量 M_w	碳氢比 C/H	物 化 特 征
油分	淡黄色透明液体	200~700	0.5~0.7	几乎可溶大部分有机溶剂,具有光学活性,常发现有荧光,相对密度0.910~0.925
树脂	红褐色黏稠半固体	800~3 000	0.7~0.8	温度敏感性高,熔点低于100℃,相对密度大于1.000
沥青质	深褐色固体 末状微粒	1 000~5 000	0.8~1.0	加热不熔化,分解为硬焦炭,使沥青呈黑色

2) 四组分分析法

L.W. 科尔贝特首先提出将沥青分离为:饱和分、环烷—芳香分、极性—芳香分和沥青质等四组分。后来也有将上述4个组分称为:饱和分、芳香分、胶质和沥青质。

沥青中各组分相对含量对其路用性能有着重要的影响。一般认为:沥青质和胶质的含量高,其针入度值较小(稠度较高),软化点较高;饱和分含量高,其针入度值较大(稠度较低),软化点较低;芳香分含量对针入度、软化点无影响,但极性芳香分含量高,对其黏附性有利;胶质含量增大,可使沥青的延性增加;在有饱和分存在的条件下,沥青质含量增加,可使沥青获得低的感温性。

3) 沥青的含蜡量

蜡组分的存在对沥青性能的影响,是沥青性能研究的一个重要课题。特别是我国富产石蜡基原油的情况下,更是众所关注。现有研究认为:蜡对沥青路用性能的影响主要有以下几个方面:

(1) 沥青中蜡的存在,在高温时使沥青容易发软,导致沥青路面的高温稳定性降低,出现车辙。

(2) 蜡在低温时会使沥青变得脆硬,导致路面低温抗裂性降低,出现裂缝。

(3) 蜡会使沥青与石料黏附性降低,在水分的作用下,会使路面石子与沥青产生剥落现象,造成路面破坏。

(4) 更严重的是,含蜡沥青会使沥青路面的抗滑性降低,影响路面的行车安全性。

我国现行行业标准《公路沥青路面施工技术规范》(JTG F40—2004)规定,含蜡量(蒸馏法)不大于3%(B级沥青)。

3. 石油沥青的胶体结构

沥青的技术性质,不仅取决于它的化学组分及其化学结构,而且取决于它的胶体结构。

1) 胶体的结构类型

根据沥青中各组分的化学组成和相对含量的不同,可以形成不同的胶体结构。沥青的胶体结构,可分为下列三个类型。

(1) 溶胶结构:沥青质含量较少,由于树脂作用,沥青质完全胶溶分散于油分介质中。胶团之间没有吸引力或者吸引力极小,如图5-1-2a)所示。液体沥青多属溶胶型沥青,这种结构沥青黏滞性小,流动性大,塑性好,温度稳定性较差。

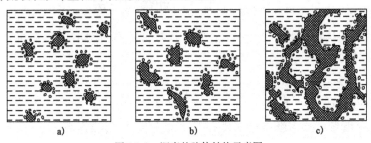

图5-1-2 沥青的胶体结构示意图
a)溶胶型结构;b)溶-凝胶型结构;c)凝胶型结构

(2) 凝胶结构:沥青质含量较多,并有相当数量的胶质来形成胶团,胶团相互吸引形成空间网络结构,如图5-1-2c)所示。这种结构的特点是弹性和黏性较高,温度敏感性较小,流动性、塑性较低。

(3)溶-凝胶结构:沥青质含量适量,并有较多的树脂作为保护物质。它所组成的胶团之间相互有一定的吸引力,在常温下,这种结构的沥青处于以上两种结构之间,其性质介于两者之间,如图5-1-2b)所示。大多数优质的路用沥青都属于溶-凝胶型沥青。

2)胶体结构类型的判定

沥青的胶体结构与其路用性能有密切的关系。为工程使用方便,通常采用针入度指数法。该法是根据沥青的针入度指数 PI 值,按表5-1-2 来划分其胶体结构类型。

沥青的针入度指数和胶体结构类型　　　　表5-1-2

沥青的针入度指数(PI)	沥青胶体结构类型	沥青的针入度指数(PI)	沥青胶体结构类型
< -2	溶胶	> +2	凝胶
-2 ~ +2	溶-凝胶		

三、石油沥青的技术性质

用于现代沥青路面的沥青材料,应具备下列主要技术性质:

1. 密度

沥青密度是在规定温度条件下,单位体积的质量,单位为克每立方厘米(g/cm^3)。我国交通行业标准《公路工程沥青及沥青混合料试验规程》(JTG E20—2011) T 0603—2011 规定测定沥青密度的标准温度为15℃。也可用相对密度表示,相对密度是指25℃温度下,沥青密度与水密度之比。

沥青的密度与其化学组成有密切的关系,通过沥青的密度测定,可以概略地了解沥青的化学组成。通常黏稠沥青的密度波动在 0.96 ~ 1.04 范围。

首先介绍为检查沥青产品质量而采集各种沥青样品的取样法(T 0601—2011)和沥青试样准备方法(T 0602—2011)。

任务实施

T 0601—2011　沥青取样法

进行沥青性质常规检验的取样数量为:黏稠沥青或固体沥青不少于4.0kg;液体沥青不少于1L;沥青乳液不少于4L。

1. 从储油罐中取样

1)无搅拌设备的储罐

(1)液体沥青或经加热已经变成流体的黏稠沥青取样时,应先关闭进油阀和出油阀,然后取样。

(2)用取样器(金属制)如图5-1-3所示。按液面上、中、下位置(液面高各为1/3等分处,但距罐底不得低于总液面高度的1/6)各取1~4L样品。每层取样后,取样器应尽可能倒净。

当储罐过深时,亦可在流出口按不同流出深度分 3 次取样。对静态存取的沥青,不得仅从罐顶用小桶取样,也不得仅从罐底阀门流出少量沥青取样。

(3)将取出的 3 个样品充分混合后取 4kg 样品作为试样,样品也可分别进行检验。

2)有搅拌设备的储罐

将液体沥青或经加热已经变成流体的黏稠沥青充分搅拌后,用取样器从沥青层的中部取规定数量试样。

2.从槽车、罐车、沥青洒布车中取样

(1)设有取样阀时,可旋开取样阀,待流出至少 4kg 或 4L 后再取样。

(2)仅有放料阀时,待放出全部沥青的一半时再取样。

(3)从顶盖处取样,可用取样器从中部取样。

3.在装料或卸料过程中取样

要按照时间间隔均匀地取至少 3 个规定数量样品,然后将这些样品充分混合后取规定数量样品作为试样。

在沥青储存池、沥青运输船及沥青桶中取样与上述方法类似,此处不再赘述。

热沥青试样制备应按行业标准《公路工程沥青及沥青混合料试验规程》(JTG E20—2011) T 0602—2011 准备。

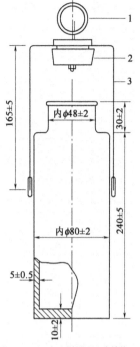

图 5-1-3 沥青取样器(尺寸单位:mm)
1-吊环;2-聚四氟乙烯塞;3-手柄

T 0602—2011 沥青试样准备方法

(1)将装有试样的盛样器带盖放入恒温烘箱中,当石油沥青试样中含有水分时,烘箱温度 80℃左右,加热至沥青全部熔化后供脱水用。当石油沥青中无水分时,烘箱温度宜为软化点温度以上 90℃,通常为 135℃左右。对取来的沥青试样不得直接采用电炉或煤气炉明火加热。

(2)当石油沥青试样中含有水分时,将盛样器皿放在可控温的砂浴、油浴、电热套上加热脱水,不得已采用电炉、煤气炉加热脱水时必须加放石棉垫。时间不超过 30min,并用玻璃棒轻轻搅拌,防止局部过热。在沥青温度不超过 100℃的条件下,仔细脱水至无泡沫为止,最后的加热温度不超过软化点以上 100℃(石油沥青)或 50℃(煤沥青)。

(3)将盛样器中的沥青通过 0.6mm 的滤筛过滤,不等冷却立即一次灌入各项试验的模具中。根据需要也可将试样分装入干净并干燥的一个或数个沥青盛样器皿中,数量应满足一批试验项目所需的沥青样品。

(4)在沥青灌模过程中,如温度下降可放入烘箱中适当加热,试样冷却后反复加热的次数不得超过两次,以防沥青老化影响试验结果。为避免混进气泡,在沥青灌模时不得反复搅动沥青。

(5)灌模剩余的沥青应立即清洗干净,不得重复使用。

任务实施

T 0603—2011　沥青密度与相对密度试验

一、目的与适用范围

本方法适用于使用比重瓶测定沥青材料的密度与相对密度。非特殊要求,本方法宜在试验温度25℃及15℃下测定沥青密度与相对密度。

注:对液体石油沥青,也可以采用适宜的液体比重计测定密度或相对密度。

二、仪具与材料技术要求

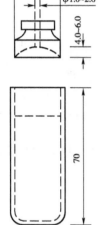

图5-1-4　比重瓶(尺寸单位:mm)

(1)比重瓶:玻璃制,瓶塞下部与瓶口须经仔细研磨。瓶塞中间有一个垂直孔,其下部为凹形,以便由孔中排除空气。比重瓶的容积为20~30mL,质量不超过40g,形状和尺寸如图5-1-4所示。

(2)恒温水槽:控温的准确度为0.1℃。

(3)烘箱:200℃,装有温度自动调节器。

(4)天平:感量不大于1mg。

(5)滤筛:0.6mm、2.36mm各一个。

(6)温度计:0~50℃,分度为0.1℃。

(7)烧杯:600~800mL。

(8)真空干燥器。

(9)洗液:玻璃仪器清洗液,三氯乙烯(分析纯)等。

(10)蒸馏水(或纯净水)。

(11)表面活性剂:洗衣粉(或洗涤灵)。

(12)其他:软布、滤纸等。

三、方法与步骤

1. 准备工作

(1)用洗液、水、蒸馏水先后仔细洗涤比重瓶,然后烘干称其质量(m_1),准确至1mg。

(2)将盛有冷却蒸馏水的烧杯浸入恒温水槽中保温,在烧杯中插入温度计,水的深度必须超过比重瓶顶部40mm以上。

(3)使恒温水槽及烧杯中的蒸馏水达到规定的试验温度±0.1℃。

2. 比重瓶水值的测定步骤

(1)将比重瓶及瓶塞放入恒温水槽中的烧杯里,烧杯底浸没水中的深度应不少于100mm,烧杯口露出水面,并用夹具将其固牢。

(2)待烧杯中水温再次达到规定温度并保温30min后,将瓶塞塞入瓶口,使多余的水由瓶塞上的毛细孔中挤出。此时比重瓶内不得有气泡。

(3)将烧杯从水槽中取出,再从烧杯中取出比重瓶,立即用干净软布将瓶塞顶部擦拭一次,再迅速擦干比重瓶外面的水分,称其质量(m_2),准确至1mg。注意瓶塞顶部只能擦拭一次,即使膨胀瓶塞上有小水滴也不能再擦拭。

(4)以 m_2-m_1 作为试验温度时比重瓶的水值。

注:比重瓶的水值应经常校正,每年至少进行一次。

3. 液体沥青试样的试验步骤

(1)将试样过筛(0.6mm)后注入干燥比重瓶中至满,不得混入气泡。

(2)将盛有试样的比重瓶及瓶塞移入恒温水槽(测定温度±0.1℃)内盛有水的烧杯中,水面应在瓶口下约40mm。不得使水浸入瓶内。

(3)待烧杯内的水温达到要求的温度后保温30min,然后将瓶塞塞上,使多余的试样由瓶塞的毛细孔中挤出。用蘸有三氯乙烯的棉花擦净孔口挤出的试样,并保持孔中充满试样。

(4)从水中取出比重瓶,立即用干净软布仔细地擦去瓶外的水分或黏附的试样(不得再擦孔口)后,称其质量(m_3),准确至3位小数。

4. 黏稠沥青试样的试验步骤

(1)按前述《公路工程沥青及沥青混合料试验规程》(JTG E20—2011)T 0602—2011 规定方法准备沥青试样,沥青的加热温度宜不高于估计软化点以上100℃(石油沥青或聚合物改性沥青),将沥青小心注入比重瓶中,约至2/3高度。不得使试样黏附瓶口或上方瓶壁,并防止混入气泡。

(2)取出盛有试样的比重瓶,移入干燥器中,在室温下冷却不少于1h,连同瓶塞称其质量(m_4),准确至3位小数。

(3)将盛有蒸馏水的烧杯放入已达试验温度的恒温水槽中,然后将称量后盛有试样的比重瓶放入烧杯中(瓶塞也放进烧杯中),等烧杯中水温达到规定试验温度后保温30min,使比重瓶中气泡上升到水面,待确认比重瓶已经恒温且无气泡后,再将比重瓶的瓶塞塞紧,使多余的水从塞孔中溢出,此时应不得带入气泡。

(4)取出比重瓶,按前述方法迅速揩干瓶外水分后称其质量(m_5),准确至3位小数。

5. 固体沥青试样的试验步骤

(1)试验前,若试样表面潮湿,可在干燥、清洁的环境下吹干,或置50℃烘箱中烘干。

(2)将 50~100g 试样打碎,过 0.6mm 及 2.36mm 筛。取 0.6~2.36mm 的粉碎试样不少于 5g 放入清洁、干燥的比重瓶中,塞紧瓶塞后称其质量(m_6),准确至3位小数。

(3)取下瓶塞,将恒温水槽内烧杯中的蒸馏水注入比重瓶,水面高于试样约10mm,同时加入几滴表面活性剂溶液(如1%洗衣粉、洗涤灵),并摇动比重瓶使大部分试样沉入水底。必须使试样颗粒表面上所吸附气泡逸出。摇动时勿使试样摇出瓶外。

(4)取下瓶塞,将盛有试样和蒸馏水的比重瓶置于真空干燥箱(器)中抽真空,逐渐达到真空度98kPa(735mmHg)不少于15min。当比重瓶试样表面仍有气泡,可再加几滴表面活性剂溶液,摇动后再抽真空。必要时,可反复几次操作,直至无气泡为止。

(5)将保温烧杯中的蒸馏水再注入比重瓶中至满,轻轻地塞好瓶塞,再将带塞的比重瓶放入盛有蒸馏水的烧杯中,并塞紧瓶塞。

(6)将装有比重瓶的盛水烧杯再置恒温水槽(试验温度±0.1℃)中保持至少30min后,取出比重瓶,迅速揩干瓶外水分后称其质量(m_7),准确至3位小数。

四、计算

(1)试验温度下液体沥青试样的密度或相对密度按式(5-1-1)及式(5-1-2)计算。

$$\rho_b = \frac{m_3 - m_1}{m_2 - m_1} \times \rho_w \tag{5-1-1}$$

$$\gamma_b = \frac{m_3 - m_1}{m_2 - m_1} \tag{5-1-2}$$

式中：ρ_b——试样在试验温度下的密度（g/cm³）；

γ_b——试样在试验温度下的相对密度；

m_1——比重瓶质量（g）；

m_2——比重瓶与所盛满水时的合计质量（g）；

m_3——比重瓶与所盛满试样时的合计质量（g）；

ρ_w——试验温度下水的密度（g/cm³），15℃水的密度为 0.999 1g/cm³，25℃水的密度为 0.997 1（g/cm³）。

（2）试验温度下黏稠沥青试样的密度或相对密度按式(5-1-3)及式(5-1-4)计算。

$$\rho_b = \frac{m_4 - m_1}{(m_2 - m_1) - (m_5 - m_4)} \times \rho_w \tag{5-1-3}$$

$$\gamma_b = \frac{m_4 - m_1}{(m_2 - m_1) - (m_5 - m_4)} \tag{5-1-4}$$

式中：m_4——比重瓶与沥青试样合计质量（g）；

m_5——比重瓶与试样和水合计质量（g）。

（3）试验温度下固体沥青试样的密度或相对密度按式(5-1-5)及式(5-1-6)计算。

$$\rho_b = \frac{m_6 - m_1}{(m_2 - m_1) - (m_7 - m_6)} \times \rho_w \tag{5-1-5}$$

$$\gamma_b = \frac{m_6 - m_1}{(m_2 - m_1) - (m_7 - m_6)} \tag{5-1-6}$$

式中：m_6——比重瓶与沥青试样合计质量（g）；

m_7——比重瓶与试样和水合计质量（g）。

五、报告

同一试样应平行试验两次，当两次试验结果的差值符合重复性试验的精密度要求时，以平均值作为沥青的密度试验结果，并准确至 3 位小数，试验报告应注明试验温度。

六、允许误差

（1）对于黏稠石油沥青及液体沥青，重复性试验的允许差为 0.003 g/cm³；再现性试验的允许差为 0.007 g/cm³。

（2）对于固体沥青，重复性试验的允许差为 0.01 g/cm³，再现性试验的允许差为 0.02 g/cm³。

（3）相对密度的允许误差要求与密度相同（无单位）。

2. 黏滞性（黏性）

黏滞性是指沥青在外力作用下胶团之间产生相互位移时抵抗变形的能力。

各种石油沥青的黏滞性变化范围很大，黏滞性的大小与组分及温度有关。当沥青质含量较高，又含适量的树脂、含少量的油分时，则黏滞性较大。在一定温度范围内，当温度升高时，黏滞性随之降低,反之则增大。

黏滞性是与沥青路面力学性质联系最密切的一种性质。黏滞性亦称黏性,通常用黏度表示。在现代交通条件下,为防止路面出现车辙,对沥青黏度的选择成为首要考虑因素。

沥青黏度的测定方法可分为两类:一类为"绝度黏度法",如采用毛细管黏度计等;另一类为"相对黏度"(或称"条件黏度")法,由一些经验方法确定,如针入度法、道路标准黏度计法、赛氏黏度计法和恩氏黏度计法等。

由于绝对黏度测定较为复杂,在实际应用上多测定沥青的相对黏度。

1)针入度

是测定黏稠石油沥青黏滞性的常用技术指标,采用针入度仪测定。沥青的针入度是在规定温度条件下,以具有规定荷载的标准针经历规定的时间,贯入试样的深度,以0.1mm表示。试验条件以$P_{T,m,t}$表示,其中P为针入度,T为试验温度,m为荷重,t为贯入时间。针入度值越小,表示黏度越大。

我国交通行业标准《公路工程沥青及沥青混合料试验规程》(JTG E20—2011)T 0605—2011规定:标准针和针连杆组合件总质量为50g±0.05g,另加50g±0.05g砝码一只,试验时总质量为100g±0.05g,试验温度为25℃(当计算针入度指数PI时,可采用15℃、30℃、25℃或5℃),标准针贯入时间为5s。例如,某沥青在上述条件时测得针入度为65(0.1mm),可表示为:$P(25℃,100g,5s)=65(0.1mm)$。

T 0604—2011 沥青针入度试验

31-沥青的黏滞性(一)　32-沥青的黏滞性(二)

一、目的与适用范围

本方法适用于测定道路石油沥青、聚合物改性沥青针入度以及液体石油沥青蒸馏或乳化沥青蒸发后残留物的针入度,以0.1mm计。其标准试验条件为温度25℃,荷重100g,贯入时间5s。

针入度指数PI用以描述沥青的温度敏感性,宜在15℃、25℃、30℃等3个或3个以上温度条件下测定针入度后按规定的方法计算得到,若30℃时的针入度值过大,可采用5℃代替。当量软化点T_{800}是相当于沥青针入度为800(0.1mm)时的温度,用以评价沥青的高温稳定性。当量脆点$T_{1.2}$是相当于沥青针入度为1.2时的温度,用以评价沥青的低温抗裂性能。

二、仪器与材料技术要求

(1)针入度仪:为提高测试精度,针入度试验宜采用能够自动计时的针入度仪进行测定,要求针和针连杆必须在无明显摩擦下垂直运动,针的贯入深度必须准确至0.1mm。针和针连杆组合件总质量为50g±0.05g,另附50g±0.05g砝码一只,试验时总质量为100g±0.05g。仪器应有放置平底玻璃保温皿的平台,并有调节水平的装置,针连杆应与平台相垂直。应有针连杆制动按钮,使针连杆可自由下落。针连杆应易于装拆,以便检查其质量。仪器还设有可自由转动与调节距离的悬臂,其端部有一面小镜或聚光灯泡,借以观察针尖与试样表面接触情况。且应对装置的准确性经常校验。当采用其他试验条件时,应在试验结果中注明。

(2)标准针:由硬化回火的不锈钢制成,洛氏硬度HRC54~60,表面粗糙度Ra 0.2~

0.3μm,针及针杆总质量2.5g±0.05g,针杆上应打印有号码标志,针应设有固定用装置盒(筒),以免碰撞针尖,每根针必须附有计量部门的检验单,并定期进行检验,其尺寸及形状如图5-1-5所示。

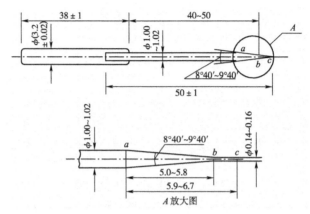

图5-1-5 针入度标准针(尺寸单位:mm)

(3)盛样皿:金属制,圆柱形平底。小盛样皿的内径55mm,深35mm(适用于针入度小于200的试样);大盛样皿内径70mm,深45mm(适用于针入度200~350的试样,单位0.1mm);对针入度大于350(0.1mm)的试样需使用特殊盛样皿,其深度不小于60mm,试样体积不少于125mL。

(4)恒温水槽:容量不少于10L,控温的准确度为0.1℃。水槽中应设有一带孔的搁架,位于水面下不得少于100mm,距水槽底不得少于50mm处。

(5)平底玻璃皿:容量不小于1L,深度不小于80mm。内设有一不锈钢三脚支架,能使盛样皿稳定。

(6)温度计或温度传感器:精度0.1℃。

(7)计时器:精度0.1s。

(8)位移计或位移传感器:精度为0.1mm。

(9)盛样皿盖:平板玻璃,直径不小于盛样皿开口尺寸。

(10)溶剂:三氯乙烯等。

(11)其他:电炉或砂浴、石棉网、金属锅或瓷把坩埚等。

三、方法与步骤

1. 准备工作

(1)按《公路工程沥青及沥青混合料试验规程》(JTG E20—2011)T 0602—2011规定的方法准备试样。

(2)按试验要求将恒温水槽调节到要求的试验温度25℃,或15℃、30℃(或5℃)等,保持稳定。

(3)将试样注入盛样皿中,试样高度应超过预计针入度值10mm,并盖上盛样皿,以防落入灰尘,如图5-1-6和图5-1-7所示。盛有试样的盛样皿在15~30℃室温中冷却不少于1.5h(小盛样皿)、2h(大盛样皿)或3h(特殊盛样皿)后,应移入保持规定试验温度±0.1℃的恒温水槽中,并应保温不少于1.5h(小盛样皿)、2h(大试样皿)或2.5h(特殊盛样皿)。

(4)调整针入度仪使之水平。检查针连杆和导轨,以确认无水和其他外来物,无明显摩擦。用三氯乙烯或其他溶剂清洗标准针,并擦干。将标准针插入针连杆,用螺钉固紧。按试验条件,加上附加砝码,如图 5-1-8 所示。

图 5-1-6　试样高度

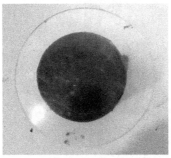

图 5-1-7　加盖防尘

图 5-1-8　标准针插入针连杆并附加砝码

2. 试验步骤

(1)取出达到恒温的盛样皿,并移入水温控制在试验温度 ±0.1℃,如图 5-1-9 所示,(可用恒温水槽中的水)的平底玻璃皿中的三脚支架上,试样表面以上的水层深度不少于 10mm,如图 5-1-10 所示。

图 5-1-9　水槽温度

图 5-1-10　试样表面水层深度不少于10mm

提示　因为沥青测试结果受温度影响很大,所以恒温水浴及测试玻璃皿中水温应严格按照规范要求控制在 ±0.1℃范围内,并以检定的温度计测温为准。

(2)将盛有试样的平底玻璃皿置于针入度仪的平台上。慢慢放下针连杆,用适当位置的反光镜或灯光反射观察,使针尖恰好与试样表面接触。将位移计或刻度盘指针复位为零,如图 5-1-11 所示。

提示　如不能借助灯光等措施使针尖准确与试样表面接触,针入度测试数据将出现偏差。

(3)开始试验,按下释放键,这时计时与标准针落下贯入试样同时开始,至 5s 时自动停止,如图 5-1-12 所示。

(4)读取位移计或刻度盘指针的读数,准确至 0.1mm,如图 5-1-13 所示。

图 5-1-11　针尖与试样表面接触并将数据校零

图 5-1-12　标准针落下贯入试样 5s

图 5-1-13　读取数据

(5)同一试样平行试验至少 3 次,各测试点之间及与盛样皿边缘的距离不应少于 10mm。每次试验后应将盛有盛样皿的平底玻璃皿放入恒温水槽,使平底玻璃皿中水温保持试验温度。每次试验应换一根干净标准针或将标准针取下用蘸有三氯乙烯溶剂的棉花或布揩净,再用干棉花或布擦干。

(6)测定针入度大于 200 的沥青试样时,至少用 3 支标准针,每次试验后将针留在试样中,直至 3 次平行试验完成后,才能将标准针取出。

(7)测定针入度指数 PI 时,按同样的方法在 15℃、25℃、30℃(或 5℃)3 个或 3 个以上(必要时增加 10℃、20℃)温度条件下,分别测定沥青的针入度,但用于仲裁试验的温度条件应为 5 个。

四、计算

同一试样 3 次平行试验结果的最大值和最小值之差在下列允许偏差范围内时,计算 3 次试验结果的平均值,取整数作为针入度试验结果,以 0.1mm 计。

针入度(0.1mm)	允许差值(0.1mm)
0～49	2
50～149	4
150～249	12
250～500	20

当试验值不符此要求时,应重新进行试验。

五、允许误差

(1)当针入度试验结果小于 50(0.1mm)时,重复性试验的允许误差为 2(0.1mm),再现性试验的允许误差为 4(0.1mm)。

(2)当试验结果大于或等于 50(0.1mm)时,重复性试验的允许误差为平均值的 4%,再现性试验的允许误差为平均值的 8%。

我国现行使用的黏稠石油沥青技术标准中,针入度是划分沥青技术等级的主要指标。针入度值越大,表示沥青愈软(稠度愈小),黏滞性差。

2)标准黏度计法(图 5-1-14)

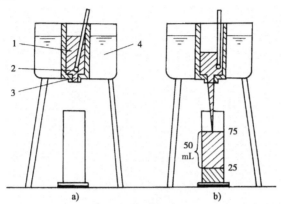

图 5-1-14　标准黏度计测定液体沥青示意图
1-沥青试样;2-活动球杆;3-流孔;4-水

我国交通行业标准《公路工程沥青及沥青混合料试验规程》(JTG E20—2011)规定:液体状态的沥青材料,在标准黏度计中,于规定的温度条件下(20℃、25℃、30℃或60℃),通过规定的流孔直径(3mm、4mm、5mm 及 10mm)流出 50mL 体积所需的时间(s)。标准黏度以 $C_{T,d}$ 表示,其中 C 为黏度,T 为试验温度,d 为流孔直径。例如,某沥青在 60℃时,自 5mm 孔径流出 50mL 沥青所需时间为 100s,表示为 $C_{60,5}=100s$。在相同温度和相同流孔条件下,流出时间愈长,表示沥青黏度愈大。

我国液体沥青是采用黏度来划分技术等级的。

3. 塑性

塑性是指沥青在外力作用下发生变形而不破坏的能力。影响塑性大小的因素与沥青的组分及温度有关。沥青中树脂含量多,油分及沥青质含量适当,则塑性较大。当温度升高,塑性增大,沥青膜层愈厚则塑性愈高。反之,塑性愈差。在常温下,塑性好的沥青不易产生裂缝,并减少摩擦时的噪声。同时它对于沥青在温度降低时抵抗开裂的性能有重要影响。

我国交通行业标准《公路工程沥青及沥青混合料试验规程》(JTG E20—2011)规定:沥青的塑性用延度表示,用延度仪测定。沥青延度是将沥青试样制成∞字形标准试模(中间最小截面积为 1cm²),在规定速度(如 5cm/min)和规定温度(如 25℃)下拉断时的长度,以厘米表示。

沥青的延度越大,塑性越好,柔性和抗断裂性越好。

T 0605—2011　沥青延度试验

33-沥青低温延伸性(一)　34-沥青低温延伸性(二)

一、目的与适用范围

(1)本方法适用于测定道路石油沥青、聚合物改性沥青、液体石油沥青蒸馏残留物和乳化沥青蒸发残留物等材料的延度。

(2)沥青延度的试验温度与拉伸速率可根据要求采用,通常采用的试验温度为25℃、15℃、10℃或5℃,拉伸速度为5cm/min±0.25cm/min。当低温采用1cm/min±0.05cm/min拉伸速度时,应在报告中注明。

二、仪具与材料技术要求

(1)延度仪:延度仪的测量长度不宜大于150cm,仪器应有自动控温、控速系统。应满足试件浸没于水中,能保持规定的试验温度及规定的拉伸速度拉伸试件,且试验时应无明显振动。该仪器的形状及组成如图5-1-15所示。

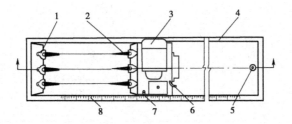

图5-1-15 延度仪
1-试模;2-试样;3-电机;4-水槽;5-泄水孔;6-开关柄;7-指针;8-标尺

(2)试模:黄铜制,由两个端模和两个侧模组成,试模内侧表面粗糙度Ra0.2μm,其形状及尺寸如图5-1-16所示。

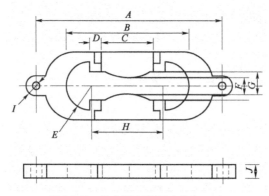

图5-1-16 延度仪试模(尺寸单位:mm)

A-两端模环中心点距离111.5~113.5mm;B-试件总长74.5~75.5mm;C-端模间距29.7~30.3mm;D-肩长6.8~7.2mm;E~J尺寸略

(3)试模底板:玻璃板或磨光的铜板、不锈钢板(表面粗糙度Ra0.2μm)。

(4)恒温水槽:容量不少于10L,控制温度的准确度为0.1℃。水槽中应设有带孔搁架,搁架距水槽底不得少于50mm。试件浸入水中深度不小于100mm。

(5)温度计:0~50℃,分度为0.1℃。

(6)砂浴或其他加热炉具。

(7)甘油滑石粉隔离剂(甘油与滑石粉的质量比2:1)。

(8)其他:平刮刀、石棉网、酒精、食盐等。

三、方法与步骤

1.准备工作

(1)将隔离剂拌和均匀,涂于清洁干燥的试模底板和两个侧模的内侧表面,并将试模在试模底板上装妥。

(2)按《公路工程沥青及沥青混合料试验规程》(JTG E20—2011)T 0602—2011 规定的方法准备试样,然后将试样仔细自试模的一端至另一端往返数次缓缓注入模中,最后略高出试模。灌模时不得混入气泡,如图 5-1-17 所示。

(3)试件在室温中冷却不小于 1.5h,然后用热刮刀刮除高出试模的沥青,如图 5-1-18 所示,使沥青面与试模面齐平。沥青的刮法应自试模的中间刮向两端,且表面应刮得平滑,如图 5-1-19 所示。将试模连同底板再浸入规定试验温度的水槽中保温 1.5h,如图 5-1-20 所示。

图 5-1-17　沥青浇模

图 5-1-18　略高出试摸的沥青

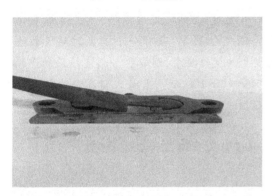

图 5-1-19　热刮刀刮模

图 5-1-20　水槽养护 1.5h

(4)检查延度仪延伸速度是否符合规定要求,然后移动滑板使其指针正对标尺的零点。将延度仪注水,并保温达试验温度±0.1℃。

2.试验步骤

(1)将保温后的试件连同底板移入延度仪的水槽中,然后将盛有试样的试模自玻璃板或不锈钢板上取下,将试模两端的孔分别套在滑板及槽端固定板的金属柱上,并取下侧模。水面距试件表面应不小于 25mm,如图 5-1-21 所示。

(2)开动延度仪,并注意观察试样的延伸

图 5-1-21　固定试件并拆去侧模

情况。此时应注意,在试验过程中,水温应始终保持在试验温度规定范围内,且仪器不得振动,水面不得晃动,当水槽采用循环水时,应暂时中断循环,停止水流。在试验中,如发现沥青细丝浮于水面或沉入槽底时,则应在水中加入酒精或食盐,调整水的密度至与试样相近后,重新试验。

(3)试件拉断时,读取指针所指标尺上的读数,以厘米(cm)表示,在正常情况下,试件延伸时应成锥尖状,拉断时实际断面接近于零,如图5-1-22和图5-1-23所示。如不能得到这种结果,则应在报告中注明。

图5-1-22 读取数据

图5-1-23 试件拉断时应成锥尖状

四、报告

同一试样,每次平行试验不少于3个,如3个测定结果均大于100cm,试验结果记作">100cm";特殊需要也可分别记录实测值。3个测定结果中,当有一个以上的测定值小于100cm时,若最大值或最小值与平均值之差满足重复性试验要求,则取3个测定结果的平均值的整数作为延度试验结果,若平均值大于100cm,记作">100cm";若最大值或最小值与平均值之差不符合重复性试验要求时,试验应重新进行。

五、允许误差

当试验结果小于100cm时,重复性试验的允许误差为平均值的20%;再现性试验的允许误差为平均值的30%。

4. 温度稳定性(感温性)

温度稳定性是指沥青的黏性和塑性随温度升降而变化的性能。当温度升高时,沥青由固态或半固态逐渐软化成黏流状态,当温度降低时由黏流态转变成固态甚至变脆。在工程上使用的沥青,要求有较好的温度稳定性。

(1)高温敏感性用软化点表示。软化点是沥青材料由固体状态变为具有一定流动态时的温度间隔的87.21%为软化点。

我国交通行业标准《公路沥青及沥青混合料试验规程》(JTG E20—2011)规定:沥青软化点一般采用环球法软化点仪测定,将沥青试样注于规定尺寸的铜环(内径18.9mm)内,试样上放置标准钢球(质量为3.5g),浸入水或甘油中,以规定的升温速度(5℃/min)加热,使沥青软化,直至在钢球荷载作用下,使沥青产生25.4mm挠度时的温度(以℃表示),称为软化点。软化点愈高,表明沥青的耐热性愈好,即温度稳定性愈好。

任务实施

T 0606—2011 沥青软化点试验（环球法）

35-沥青温度稳定性(一)　36-沥青温度稳定性(二)

一、目的与适用范围

本方法适用于测定道路石油沥青、聚合物改性沥青的软化点，也适用于测定液体石油沥青、煤沥青蒸馏残留物或乳化沥青蒸发残留物的软化点。

二、仪具与材料技术要求

（1）软化点试验仪：如图5-1-24所示，由下列部件组成。

① 钢球：直径9.53mm，质量3.5g±0.05g。

② 试样环：黄铜或不锈钢等制成，形状尺寸如图5-1-25所示。

③ 钢球定位环：黄铜或不锈钢制成，形状尺寸如图5-1-26所示。

④ 金属支架：由两个主杆和三层平行的金属板组成。上层为一圆盘，直径略大于烧杯直径，中间有一圆孔，用以插放温度计。中层板形状尺寸如图5-1-27所示，板上有两个孔，各放置金属环，中间有一小孔可支持温度计的测温端部。一侧立杆距环上面51mm处刻有水高标记。环下面距下层底板为25.4mm，而下底板距烧杯底不少于12.7mm，也不得大于19mm。三层金属板和两个主杆由两螺母固定在一起。

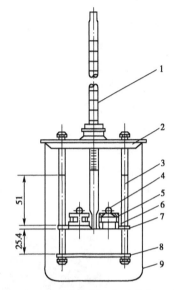

图5-1-24　软化点试验仪(尺寸单位：mm)
1-温度计；2-上盖板；3-立柱；4-钢球；5-钢球定位环；6-金属环；7-中层板；8-下底板；9-烧杯

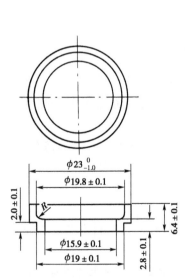 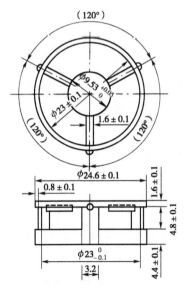 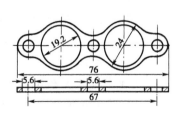

图5-1-25　试样环(尺寸单位：mm)　　图5-1-26　钢球定位环(尺寸单位：mm)　　图5-1-27　中层板(尺寸单位：mm)

⑤耐热玻璃烧杯:容量800~1 000mL,直径不小于86mm,高不小于120mm。
⑥温度计:量程0~100℃,分度值0.5℃。

(2)装有温度调节器的电炉或其他加热炉具(液化石油气、天然气等)。应采用带有振荡搅拌器的加热电炉,振荡子置于烧杯底部。

(3)当采用自动软化点仪时,各项要求应与以上1及2相同,温度采用温度传感器测定,并能自动显示或记录,且应经常对自动装置的准确性进行校验。

(4)试样底板:金属板(表面粗糙度应达Ra0.8μm)或玻璃板。

(5)恒温水槽:控温的准确度为±0.5℃。

(6)平直刮刀。

(7)甘油滑石粉隔离剂(甘油与滑石粉的质量比为2:1)。

(8)蒸馏水或纯净水。

(9)其他:石棉网。

三、准备工作

(1)将试样环置于涂有甘油滑石粉隔离剂的试样底板上。按《公路工程沥青及沥青混合料试验规程》(JTG E20—2011)T 0602—2011规定方法将准备好的沥青试样徐徐注入试样环内至略高出环面为止,如图5-1-28和图5-1-29所示。

 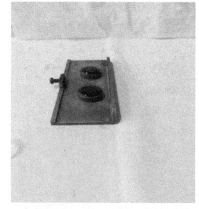

图5-1-28 浇筑试模　　　　　　图5-1-29 沥青液面略高出环面为止

如估计试样软化点高于120℃,则试样环和试样底板(不用玻璃板)均应预热至80~100℃。

(2)试样在室温冷却30min后,用热刮刀刮除环面上的试样,应使其与环面齐平,如图5-1-30所示。

四、试验步骤

1. 试样软化点在80℃以下者

(1)将装有试样的试样环连同试样底板置于装有5℃±0.5℃的恒温水槽中至少15min;同时将金属支架、钢球、钢球定位环等亦置于相同水槽中,如图5-1-31所示。

(2)烧杯内注入新煮沸并冷却至5℃的蒸馏水或纯净水,水面略低于立杆上的深度标记。

(3)从恒温水槽中取出盛有试样的试样环放置在支架中层板的圆孔中,套上定位环;然后将整个环架放入烧杯中,调整水面至深度标记,并保持水温为5℃±0.5℃。环架上任何部分不得附有气泡。将0～100℃的温度计由上层板中心孔垂直插入,使端部测温头底部与试样环下面齐平,如图5-1-32所示。

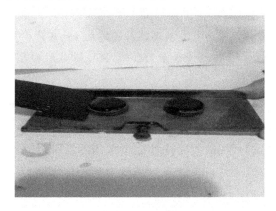

图5-1-30 刮模

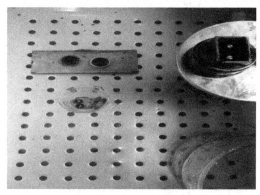

图5-1-31 水中养护试件及附件

(4)将盛有水和环架的烧杯移至放有石棉网的加热炉具上,然后将钢球放在定位环中间的试样中央,立即开动电磁振荡搅拌器,并开始加热,使杯中水温在3min内调节至维持每分钟上升5℃±0.5℃。在加热过程中,应记录每分钟上升的温度值,如温度上升速度超出此范围时,则试验应重做。

(5)试样受热软化逐渐下坠,至与下层底板表面接触时,立即读取温度,精确至0.5℃,如图5-1-33所示。

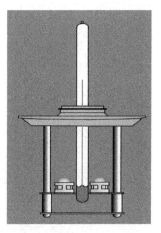

图5-1-32 试件装至支架板圆孔中

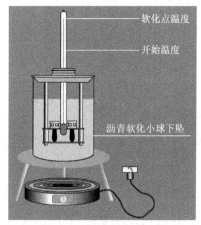

图5-1-33 加热并读取数据

2.试样软化点在80℃以上者

(1)将装有试样的试样环连同试样底板置于装有32℃±1℃甘油的恒温槽中至少15min;同时将金属支架、钢球、钢球定位环等亦置于甘油中。

(2)在烧杯内注入预先加热至32℃的甘油,其液面略低于立杆上的深度标记。

(3)从恒温槽中取出装有试样的试样环按上述1(试样软化点在80℃以下者)的方法进行测定,准确至1℃。

五、结果处理

同一试样平行试验两次,当两次测定值的差值符合重复性试验允许误差要求时,取其平均值作为软化点试验结果,准确至0.5℃。

六、允许误差

(1)当试样软化点小于80℃时,重复性试验的允许误差为1℃,再现性试验的允许误差为4℃。

(2)当试样软化点大于或等于80℃时,重复性试验的允许误差为2℃,再现性试验的允许误差为8℃。

针入度是在规定温度下沥青的条件黏度,而软化点则是沥青达到规定条件黏度时的温度。软化点既是反映沥青材料感温性的一个指标,也是沥青黏度的一种量度。

以上所论及的针入度、延度、软化点是评价黏稠石油沥青路用性能最常用的经验指标,所以通称"三大指标"。

(2)低温抗裂性用脆点表示。

脆点是指沥青材料由黏塑状态转变为固体状态达到条件脆裂时的温度。

我国行业标准《公路工程沥青及沥青混合料试验规程》(JTG E20—2011)规定,采用弗拉斯法测定沥青脆点。脆点试验是将沥青试样涂在金属片上,置于有冷却设备的脆点仪内摇动脆点仪的曲柄,使涂有沥青的金属片产生弯曲。

随制冷剂温度降低,沥青薄膜温度逐渐降低,当沥青薄膜在规定弯曲条件下,产生断裂时的温度,即为脆点,如图5-1-34和图5-1-35所示。

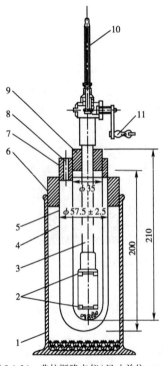

图5-1-34 弗拉斯脆点仪(尺寸单位:mm)
1-外筒;2-夹钳;3-硬塑料管;4-真空玻璃管;5-试样管;6-橡胶管;7-橡胶管;8-通冷却液管道;9-橡胶管;10-温度计;11-摇把

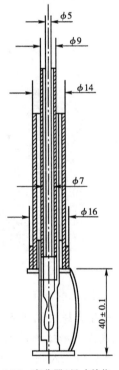

图5-1-35 弯曲器(尺寸单位:mm)

在工程实际应用中,要求沥青具有较高的软化点和较低的脆点,否则容易发生沥青材料夏季流淌或冬季变脆甚至开裂等现象。针入度越大的沥青其脆点越低,抗裂性能越好。

5. 耐久性

沥青在路面施工时需要在空气介质中进行加热,路面建成后又长期裸露在现代工业环境中,经受日照、降水、气温变化等自然因素的作用,因此影响沥青耐久性的因素主要有:大气(氧)、日照(光)、温度(热)、雨雪(水)、环境(氧化剂)以及交通(应力)等因素。沥青在上述因素的综合作用下,产生"不可逆"的化学变化,导致路用性能逐渐劣化,这种变化过程称为"老化"。

对于路面施工由于加热导致沥青性能变化的评价,我国交通行业标准《公路沥青及沥青混合料试验规程》(JTG E20—2011)规定:对于石油沥青采用"蒸发损失试验"(T 0608—1993);对于石油沥青、聚合物改性沥青采用"薄膜加热试验"(T 0609—2011)或"旋转薄膜加热试验"(T 0610—2011);对于液体石油沥青采用"蒸馏试验"(T 0632—1993)。

1)沥青的蒸发损失试验

将50g沥青试样装入盛样皿(筒状,内径55mm、深35mm)内,置于烘箱内,在163℃下保持受热5h,冷却测定质量损失,并测定残留物的针入度。这种方法由于沥青试样与空气接触面积太小,试样太厚,试验效果较差。

沥青经加热损失试验后由于沥青中轻质馏分挥发,不稳定成分发生氧化、聚合等作用,导致残留物性能与原始材料性能有很大差别,表现为针入度减小、软化点升高和延度降低。

2)沥青薄膜加热试验

该法是将50g沥青试样盛于盛样皿(内径140mm,深9.5~10mm)内,使沥青成为厚约3.2mm的薄膜,沥青薄膜在163℃的标准薄膜加热烘箱中加热5h后,取出冷却,测定其质量损失,并按规定的方法测定残留物的针入度、延度等技术指标。

薄膜加热试验后的性质与沥青在拌和机中加热拌和后的性质有很好的相关性。沥青在薄膜加热试验后的性质,相当于在150℃拌和机中拌和1.0~1.5min后的性质。

T 0609—2011　沥青薄膜加热试验

一、目的与适用范围

本方法适用于测定道路石油沥青、聚合物改性沥青薄膜加热后的质量变化,并根据需要,测定薄膜加热后残留物的针入度、延度、软化点、黏度等性质的变化,以评定沥青的耐老化性能。

二、仪具与材料技术性质

(1)薄膜加热烘箱:形状和尺寸如图5-1-36所示,工作温度范围可达200℃,控温的准确度为1℃,装有温度调节器和可转动的圆盘架,如图5-1-37所示。

圆盘直径360~370mm,上有浅槽4个,供放置盛样皿,转盘中心由一垂直轴悬挂于烘箱的中央,由传动机构使转盘水平转动,速度为5.5r/min±1r/min。门为双层,两层之间应留有间隙,内层门为玻璃制,只要打开外门,即可通过玻璃窗读取烘箱中温度计的读数。烘箱应能自动通风,为此在烘箱顶部及底部分别设有空气入口和出口,以供热空气和蒸气的逸出和空气进入。

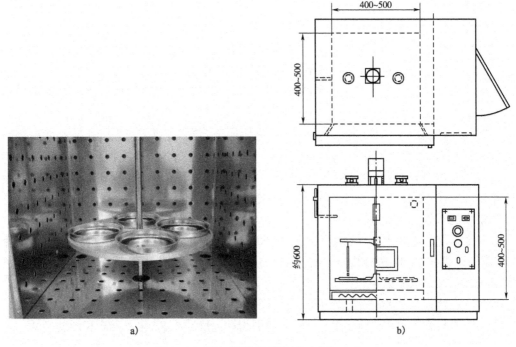

图 5-1-36　沥青薄膜加热烘箱(尺寸单位:mm)
a)薄膜加热烘箱内部;b)示意图

(2)盛样皿:可用不锈钢或铝制成,不少于4个,在使用中不变形。形状及尺寸如图5-1-38所示。

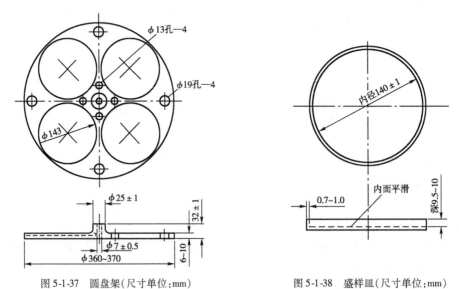

图 5-1-37　圆盘架(尺寸单位:mm)　　　　　图 5-1-38　盛样皿(尺寸单位:mm)

(3)温度计:量程0~200℃,分度值为0.5℃(允许由普通温度计代替)。

(4)分析天平:感量不大于1mg。
(5)其他:干燥器、计时器等。

三、方法与步骤

1. 准备工作

(1)将洁净、烘干、冷却后的盛样皿编号,称其质量(m_0),准确至1mg。

(2)按《公路工程沥青及沥青混合料试验规程》(JTG E20—2011)T 0602—2011规定方法准备沥青试样,分别注入4个已称质量的盛样皿中50g±0.5g,并形成沥青厚度均匀的薄膜,放入干燥器中冷却至室温后称取质量(m_1),准确至1mg。同时按规定方法,测定沥青试样薄膜加热试验前的针入度、黏度、软化点、脆点及延度等性质。当试验项目需要,预计沥青数量不够时,可增加盛样皿数目,但不允许将不同品种或不同标号的沥青,同时放在一个烘箱中进行试验。

(3)将温度计垂直悬挂于转盘轴上,位于转盘中心,水银球应在转盘顶面上的6mm处,并将烘箱加热并保持至163℃±1℃。

2. 试验步骤

(1)把烘箱调整水平,使转盘在水平面上以5.5r/min±1r/min的速度旋转,转盘与水平面倾斜角不大于3°,温度计位置距转盘中心和边缘距离相等。

(2)在烘箱达到恒温163℃后,迅速将盛有试样的盛样皿放入烘箱内的转盘上,并关闭烘箱门和开动转盘架;使烘箱内温度回升至162℃时开始计时,并在163℃±1℃温度下保持5h。但从放置盛样皿开始至试验结束的总时间,不得超过5.25h。

(3)试验结束后,从烘箱中取出盛样皿,如果不需要测定试样的质量变化,按步骤(5)进行;如果需要测定试样的质量变化,随机取其中两个盛样皿放入干燥器中冷却至室温后,分别称其质量(m_2),准确至1mg。

(4)试样称量后,将盛样皿放回163℃±1℃的烘箱中转动15min;取出试样,立即按照步骤(5)进行工作。

(5)将每个盛样皿的试样,用刮刀或刮铲刮入一适当的容器内,置于加热炉上加热,并适当搅拌使充分融化达流动状态,倒入针入度盛样皿或延度、软化点等试模内,并按规定方法进行针入度等各项薄膜加热试验后残留物的相应试验。如在当日不能进行试验时,试样应放置在容器内,但全部试验必须在加热后72h内完成。

四、计算

(1)沥青薄膜试验后质量变化按下式计算,准确至3位小数(质量减少为负值,质量增加为正值)。

$$L_T = \frac{m_2 - m_1}{m_1 - m_0} \times 100 \tag{5-1-7}$$

式中:L_T——试样薄膜加热质量变化(%);

m_0——盛样皿质量(g);

m_1——薄膜烘箱加热前盛样皿与试样合计质量(g);

m_2——薄膜烘箱加热后盛样皿与试样合计质量(g)。

(2)沥青薄膜烘箱试验后,残留物针入度比以残留物针入度占原试样针入度的比值,按下式计算:

$$K_\mathrm{P} = \frac{P_2}{P_1} \times 100 \tag{5-1-8}$$

式中:K_P——试样薄膜加热后残留物针入度比(%);
    P_1——薄膜加热试验前原试样的针入度(0.1mm);
    P_2——薄膜烘箱加热后残留物的针入度(0.1mm)。

(3)沥青薄膜加热试验的残留物软化点增值按下式计算:

$$\Delta T = T_2 - T_1 \tag{5-1-9}$$

式中:ΔT——薄膜加热试验后软化点增值(℃);
    T_1——薄膜加热试验前软化点(℃);
    T_2——薄膜加热试验后软化点(℃)。

五、报告

本试验的报告应注明下列结果:

(1)质量变化,当两个试样皿的质量变化符合重复性试验允许误差要求时,取其平均值作为试验结果,准确至3位小数。

(2)根据需要报告残留物的针入度及针入度比、软化点及软化点增值、黏度及黏度比、老化指数、延度、脆点等各项性质的变化。

六、允许误差

(1)当薄膜加热后质量变化小于或等于0.4%时,重复性试验的允许误差为0.04%,再现性试验的允许误差为0.16%。

(2)当薄膜加热后质量损失大于0.4%时,重复性试验的允许误差为平均值的8%,再现性试验的允许误差为平均值的40%。

(3)残留物针入度、软化点、延度、黏度等性质试验的允许误差应符合相应的试验方法的规定。

薄膜加热试验后的性质与沥青在拌和机中加热拌和后的性质有很好的相关性。沥青在薄膜加热试验后的性质,相当于在150℃拌和机中拌和1.0~1.5min后的性质。

3)液体石油沥青蒸馏试验

该法是测定试样受热时,在规定温度范围内蒸出的馏分含量,以占试样体积百分率表示。除非特殊需要,各馏分蒸馏的标准切换温度为225℃、316℃、360℃。通过此试验可了解液体沥青含各温度范围内轻质挥发油的数量,并可根据残留物的性质测定预估液体沥青在道路路面中的性质。

沥青老化后,在物理力学性质方面,表现为针入度减少,延度减低,软化点升高,绝对黏度提高,脆点降低等。

6. 安全性

沥青材料在使用时必须加热,当加热至一定温度时,沥青材料中挥发的油分蒸气与周围空气组成混合气体,此混合气体遇火焰则易发生闪火。若继续加热,油分蒸气的饱和度增加,由于此种蒸气与空气组成的混合气体遇火焰极易燃烧,而引起溶油车间发生火灾或导致沥青烧坏,为此必须测定沥青的闪点和燃点。

我国交通行业标准《公路工程沥青及沥青混合料试验规程》(JTG E20—2011)规定对黏稠石油沥青采用克利夫兰开口杯法测定(图 5-1-39),简称 COC 法。将沥青试样盛于标准杯中,按规定加热速度进行加热。当加热到某一温度时,点火器扫拂过沥青试样任何一部分表面,出现一瞬即灭的蓝色火焰状闪光时,此时温度即为闪火点。按规定加热速度继续加热,至达点火器扫拂过沥青试样表面发生燃烧火焰,并持续 5s 以上,此时的温度即为燃点。

闪点和燃点是保证沥青加热质量和施工安全的一项重要指标。

7. 溶解度

沥青的溶解度是指石油沥青在三氯乙烯中溶解的百分率(即有效物质含量)。那些不溶解的物质为有害物质(沥青碳、似碳物),会降低沥青的性能,应加以限制。

8. 含水率

沥青中含有水分,施工中挥发太慢,影响施工速度,所以要求沥青中含水率不宜过多。在加热过程中,如水分过多,易产生"溢锅"现象,引起火灾,使材料损失。所以在熔化沥青时应加快搅拌速度,促进水分蒸发,控制加热温度。

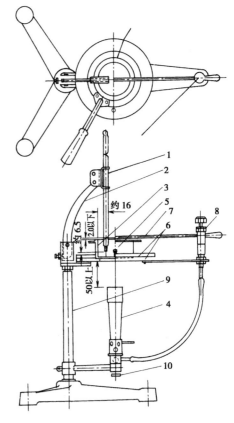

图 5-1-39 克里夫兰开口杯式闪点仪(尺寸单位:mm)
1-温度计;2-温度计支架;3-金属试验杯;4-加热器具;5-试验标准球;6-加热板;7-试验火焰喷嘴;8-试验火焰调节开关;9-加热板支架;10-加热器调节钮

9. 针入度指数

针入度指数是一种评价沥青感温性的指标。建立这一指标的基本思路是:沥青针入度(P)与温度(T)为曲线关系,如图 5-1-40a)所示;而针入度值的对数($\lg P$)与温度(T)具有线性关系,$y = ax + b$ 一元一次方程直线关系,如图 5-1-40b)所示,即

$$\lg P = AT + K \tag{5-1-10}$$

式中:A——直线斜率;

K——截距(常数)。

采用斜率 $A = d(\lg P)/dT$ 来表征沥青针入度($\lg P$)随温度(T)的变化率,故称 A 为针入度—温度感应性系数。

式(5-1-10)回归方程可以通过电子表格(Excel 等)确定,也可采用最小二乘法确定,因其确定的方程偏差最小。回归时都必须进行相关性检验,直线回归相关系数 R 不得小于 0.997(置信度 95%),否则,试验无效。

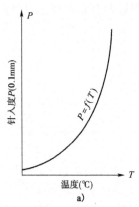 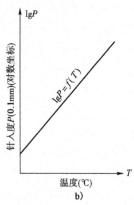

图 5-1-40 针入度—温度关系曲线
a) 针入度—温度关系;b) 针入度的对数—温度关系

针入度指数(PI)按下式计算:

$$PI = \frac{30}{1 + 50A} - 10 \tag{5-1-11}$$

【例 5-1-1】 现有 70 号石油沥青,经测定不同温度时针入度如表 5-1-3,试用计算法求其针入度指数(PI)。

针 入 度　　　　　　　　　　表 5-1-3

测定温度 $T(℃)$	5	15	20	25	30
针入度 $P(T℃,100g,5s)(0.1mm)$	10	26	43	71	112

【解】 用回归分析法解 $\lg P = AT + K$ 方程中的 A、K:

$n = 5$

$\overline{T} = 19$

$\overline{\lg P} = 1.5898$

$L_{xx} = \sum_{i=1}^{n}(x_i - \overline{x})^2 = 370$

$L_{yy} = \sum_{i=1}^{n}(y_i - \overline{y})^2 = 0.6598$

$L_{xy} = \sum_{i=1}^{n}(x_i - \overline{x})(y_i - \overline{y}) = 15.6225$

$A = L_{xy}/L_{xx} = 15.6225/370 = 0.0422$

$K = \overline{\lg P} - \overline{AT} = 1.5898 - 0.0422 \times 19 = 0.7880$

相关系数:$r^2 = \dfrac{L_{xy}^2}{L_{xx} \cdot L_{yy}} = \dfrac{15.6225^2}{370 \times 0.6598} = 0.9997$

$PI = \dfrac{30}{1 + 50A} - 10 = -0.3537$

针入度指数(PI)值愈大,表示沥青的感温性愈低。通常按 PI 来评价沥青感温性时,要求沥青的 PI 在 $-1 \sim +1$。但是随着近代交通的发展,对沥青感温性提出更高的要求,因此也要求沥青具有更高的 PI 值。

按针入度指数可将沥青划分为三种胶体结构,见表 5-1-2。

10. 劲度模量

劲度模量是表征沥青黏-弹性联合效应的指标。当沥青在低温(高黏度)和瞬时荷载作用下,弹性形变占主要地位;而在高温(低黏度)和长时间荷载作用下,主要为黏性变形。在大多数实际使用情况下,沥青表现为弹-黏性。

范·德·彼尔在论述黏-弹性材料(沥青)的抗变形能力时,以荷载作用时间(t)和温度(T)作为应力(σ)与应变(ε)之比的函数,即在一定荷载作用时间和温度条件下,应力与应变的比值称为劲度模量(简称劲度)(S_b)。

四、石油沥青的技术标准

1. 黏稠石油沥青的技术标准

沥青路面采用的沥青标号,宜按照公路等级、气候条件、交通条件、路面类型及在结构层中的层位及受力特点、施工方法等,结合当地的使用经验,经技术论证后确定。

(1)对高速公路、一级公路,夏季温度高、高温持续时间长、重载交通、山区及丘陵区上坡路段、服务区、停车场等行车速度慢的路段,尤其是汽车荷载剪应力大的层次,宜采用稠度大、60℃黏度大的沥青,也可提高高温气候分区的温度水平选用沥青等级;对冬季寒冷的地区或交通量小的公路、旅游公路,宜选用稠度小、低温延度大的沥青;对温度日温差、年温差大的地区,宜注意选用针入度指数大的沥青。当高温要求与低温要求发生矛盾时应优先考虑满足高温性能的要求。

(2)道路石油沥青按照技术性质分为 A 级、B 级、C 级三个等级,各自适用范围列于表 5-1-4。道路石油沥青按针入度划分为 160 号、130 号、110 号、90 号、70 号、50 号和 30 号等标号,对各标号沥青的延度、软化点、闪点、含蜡量等技术指标有不同的要求。我国交通行业标准《公路沥青路面施工技术规范》(JTG F40—2004)规定其各项技术要求应符合表 5-1-5 的规定。

道路石油沥青的适用范围 表 5-1-4

沥青等级	适用范围
A 级沥青	各个等级的公路,适用于任何场合和层次
B 级沥青	1. 高速公路、一级公路沥青下面层及以下的层次,二级及二级以下公路的各个层次; 2. 用作改性沥青、乳化沥青、改性乳化沥青、稀释沥青的基质沥青
C 级沥青	三级及三级以下公路的各个层次

在同一品种黏稠石油沥青中,牌号愈大,沥青愈软,此时针入度、延度愈大,而软化点降低;牌号愈小,沥青愈硬,此时针入度、延度愈小,而软化点升高。

2. 液体石油沥青的技术标准

道路用液体石油沥青的技术要求,按液体沥青的凝固速度分为快凝 AL(R)、中凝 AL(M)、慢凝 AL(S)三个等级,快凝的液体沥青又划分为三个标号。除黏度外,对蒸馏的馏分及残留物性质闪点和水分等亦提出相应的要求。技术要求见表 5-1-6。

道路石油沥青技术要求

表 5-1-5

指标	单位	等级	160号④	130号④	110号	90号	70号③	50号	30号	试验方法①
针入度(25℃,5s,100g)	0.1mm		140~200	120~140	100~120	80~100	60~80	40~60	20~40	T 0604
适用的气候分区⑥			注④	注④	2-1 2-2 3-2	1-1 1-2 1-3 2-2 2-3	1-3 1-4 2-2 2-3	1-3 1-4 2-2 2-3 2-4	注④	附录A⑤
针入度指数PI②		A				-1.5~+1.0				T 0604
		B				-1.8~+1.0				
软化点(R&B) ≥	℃	A	38	40	43	45	46	49	55	T 0606
		B	36	39	42	43	44	46	53	
		C	35	37	41	42	45			
60℃动力粘度② ≥	Pa·s	A	60	60	120	140	160	200	260	T 0620
10℃延度② ≥	cm	A	50	50	40	45	30	20	20	T 0620
		B	30	30	30	20	20	15	15	
15℃延度 ≥	cm	A、B	80	80	60	50	40	30	10	T 0605
		C								
蜡含量(蒸馏法) ≤	%	A				2.2				T 0615
		B				3.0				
		C				4.5				
闪点 ≥	℃			230		245		260		T 0611
溶解度 ≥	%					99.5				T 0607

续上表

指标	单位	等级	沥青标号							试验方法[①]
			160号[④]	130号[④]	110号	90号	70号[③]	50号	30号[④]	
密度(15℃)	g/cm³		实测记录							T 0603
质量变化 ≤	%		±0.8							T 0610 或 T 0609
			TFOT（或RTFOT）后[⑤]							
残留针入度比 ≥	%	A	48	54	55	57	61	63	65	T 0604
		B	45	50	52	54	58	60	62	
		C	40	45	48	50	54	58	60	
残留延度(10℃) ≥	cm	A	12	12	12	8	6	4		T 0605
		B	10	10	10	6	4	2		
残留延度(15℃) ≥	cm	C	40	35	30	20	15	10		T 0605

注：①试验方法按照现行《公路工程沥青及沥青混合料试验规程》(JTG E20—2011)规定的方法执行。用于仲裁试验求取PI时的5个温度的针入度的相关系数不得小于0.997。
②经建设单位同意，表中PI值、60℃动力黏度、10℃延度可作为选择性指标，也可不作为施工质量检验指标。
③70号沥青可根据需要求供应商提供针入度范围为60～70或70～80的沥青，50号沥青可要求提供针入度范围为40～50或50～60的沥青。针入度单位0.1mm。
④30号沥青仅适用于沥青稳定基层。130号和160号沥青除寒冷地区可直接在中低级公路上直接应用外，通常用作乳化沥青、稀释沥青、改性沥青的基质沥青。
⑤老化试验以TFOT为准，也可以RTFOT代替。

道路用液体石油沥青技术要求　　　　表 5-1-6

试验项目		单位	快凝		中凝						慢凝						试验方法
			AL(R)-1	AL(R)-2	AL(M)-1	AL(M)-2	AL(M)-3	AL(M)-4	AL(M)-5	AL(M)-6	AL(S)-1	AL(S)-2	AL(S)-3	AL(S)-4	AL(S)-5	AL(S)-6	
黏度	$C_{25,5}$		<20		<20						<20						T 0621
	$C_{60,5}$	s		5~15		5~15	16~25	26~40	41~100	101~200		5~15	16~25	26~40	41~100	101~200	
蒸馏体积	225℃前	%	>20	>15	<10	<7	<3	<2	0	0							T 0632
	315℃前	%	>35	>30	<35	<25	<17	<14	<8	<5							
	360℃前	%	>45	>35	<50	<35	<30	<25	<20	<15	<40	<35	<25	<20	<15	<5	
蒸馏后残留物	针入度(25℃)	0.1mm	60~200	60~200	100~300	100~300	100~300	100~300	100~300	100~300							T 0604
	延度(25℃)	cm	>60	>60	>60	>60	>60	>60	>60	>60							T 0605
	浮漂度(50℃)	s									<20	<20	<30	<40	<45	<50	T 0631
闪点(TOC法)		℃	>30	>30	>65	>65	>65	>65	>65	>65	>70	>70	>100	>100	>120	>120	T 0633
含水率 ≤		%	0.2	0.2	0.2	0.2	0.2	0.2	0.2	0.2	2.0	2.0	2.0	2.0	2.0	2.0	T 0612

课题二　乳化沥青

一、概述

乳化沥青是将黏稠沥青加热至流动态,经机械力的作用而形成微滴(粒径为 2~5μm),分散在有乳化剂-稳定剂的水中,由于乳化剂-稳定剂的作用而形成均匀而稳定的乳状液,又称沥青乳液,简称乳液。

乳化沥青具有许多优越性,其主要优点为:

(1)冷态施工、节约能源:乳化沥青可以冷态施工,现场无须加热设备和能源消耗,扣除制备乳化沥青所消耗的能源后,仍然可以节约大量能源。

(2)便于施工、节约沥青:由于乳化沥青黏度低、混合料中含有水分、施工和易性好,施工方便,可节约劳力。此外,由于乳化沥青在集料表面形成的沥青膜较薄,不仅提高沥青与集料的黏附性,而且可以节约沥青用量。

(3)保护环境、保障健康:乳化沥青施工不需加热,故不污染环境;同时,避免了劳动操作人员受沥青挥发物的毒害。

二、乳化沥青组成材料

乳化沥青主要是由沥青、乳化剂、稳定剂和水等组分所组成。

1. 沥青

沥青是乳化沥青组成的主要材料,占 55%~70%。沥青的质量直接关系乳化沥青的性能。在选择作为乳化沥青用的沥青时,首先要考虑它的易乳化性。沥青的易乳化性与其化学结构有密切关系。以工程适用为目的,可认为易乳化性与沥青中的沥青酸含量有关。通常认为沥青酸总量大于1%的沥青,采用通用乳化剂和一般工艺即易于形成乳化沥青。一般来说,相同油源和工艺的沥青,针入度较大者易于形成乳液。但是针入度的选择,应根据乳化沥青在路面工程中的用途而决定。

2. 乳化剂

乳化剂是乳化沥青形成的关键材料。沥青乳化剂是表面活性剂的一种类型,从化学结构上考察,它是一种"两亲性"分子,分子的一部分具有亲水性质,而另一部分具有亲油性质,这两个基团具有使互不相溶的沥青与水连接起来的特殊功效。在沥青、水分散体系中,沥青微粒被乳化剂分子的亲油基吸引,此时以沥青微粒为固体核,乳化剂包裹在沥青颗粒表面形成吸附层。乳化剂的另一端与水分子吸引,形成一层水膜,它可机械地阻碍颗粒的聚集。

沥青乳化剂按其亲水基在水中是否电离而分为离子型和非离子型两大类,如图 5-2-1 所示。离子型乳化剂按其离子电性,又衍生为阴(或负)离子型、阳(或正)离子型和非离子型等三类。沥青乳化剂分类如下:

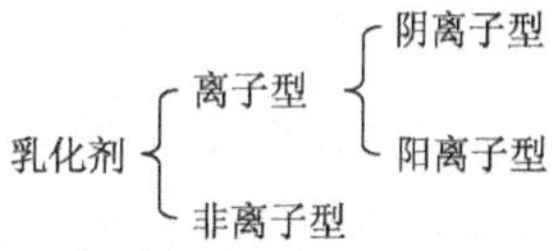

(1)阴离子型乳化剂:阴离子型沥青乳化剂是在溶于水中时,能电离为离子或离子胶束,且与亲油基相连的亲水基团带有阴(或负)电荷的乳化剂。

阴离子沥青乳化剂最主要的亲水基团有羧酸盐(如 COO-Na)、硫酸酯盐(如 OSO$_3$Na)、磺酸盐(如 SO$_3$Na)等三种。

图 5-2-1 沥青乳化剂分类

(2)阳离子型乳化剂:阳离子型沥青乳化剂是在溶于水中时,能电离为离子或离子胶束,且与亲油基相连接的亲水基团带有阳(或正)电荷的乳化剂。

阳离子型沥青乳化剂按其化学结构,主要有季铵盐类、烷基胺类、酰胺类、咪唑啉类、环氧乙烷二胺类和胺化木质素类等。

(3)非离子型乳化剂:非离子型沥青乳化剂是在水中溶解时,不能离解成离子或离子胶束,而是依赖分子所含的羟基(-OH)和醚链(-O-)等作为亲水基团的乳化剂。

非离子型沥青乳化剂根据亲水基团的结构可分为醚基类、酯基类、酰胺类和杂环类等,但应用最多的为环氧乙烷缩合物和一元醇或多元醇的缩合物。

3. 稳定剂

为使乳液具有良好的储存稳定性,以及在施工中喷洒或拌和的机械作用下的稳定性,必要时加入适量的稳定剂。稳定剂可分为两类:

(1)有机稳定剂。常用的有聚乙烯醇、聚丙烯酰胺、羧甲基纤维素钠、糊精、MF 废液等。这类稳定剂可提高乳液的储存稳定性和施工稳定性。

(2)无机稳定剂。常用的有氯化钙、氯化镁、氯化铵和氯化铬等。这类稳定剂可提高乳液的储存稳定性。

稳定剂对乳化剂协同作用必须通过试验来确定,并且稳定剂的用量不宜过多,一般以达沥青乳液的 0.1% ~ 0.15% 为宜。

4. 水

水是乳化沥青的主要组成部分。水在乳化沥青中起着润湿、溶解及化学反应的作用,所以要求乳化沥青中的水应当纯净,不含其他杂质,每升水中氧化钙含量不得超过80mg。水的用量一般为30%~70%。

三、乳化沥青的形成机理

根据乳状液理论,由于沥青与水这两种物质的表面张力相差较大,将沥青分散于水中,则会因表面在张力的作用使已分散的沥青颗粒重新聚集结成团块。欲使已分散的沥青能稳定均匀地存在(实际上是悬浮)于水中,必须使用乳化剂。沥青能够均匀稳定地分散在乳化剂水溶液中的原因主要是:

(1)乳化剂降低界面能的作用:由于沥青与水的界面张力较大,在一般情况下是不能互溶的。当加入一定量的乳化剂后,由于乳化剂是一种两亲性物质,它在沥青—水的体系中,非极性端朝向沥青、极性端朝向水,这样定向排列可使沥青与水的界面张力(σ_{aw})大大降低,因而使沥青—水体系形成稳定的分散系。

(2)增强界面膜的稳定作用:乳化剂分子的亲油基吸附在沥青微滴的表面,在沥青—水界面形成界面膜,此界面膜具有一定的强度,对沥青微滴起保护作用,使其在相互碰撞时不易聚结。

(3)界面电荷稳定作用:通常稳定的沥青乳液中沥青微滴都带有电荷,这电荷来源于电离、吸附和沥青微滴与水之间的摩擦。电离与吸附带电是同时发生的,此时在沥青—水界面上形成扩散双电层。由于每一沥青微滴界面都带相同电荷,并有扩散双电层的作用,水沥青体系成为稳定体系。

四、乳化沥青的生产

沥青乳液的制备可以采用各种设备,但其主要流程基本相同,如图5-2-2所示。一般由下列5个主要部分组成。

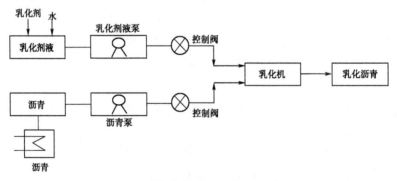

图 5-2-2 制备乳化沥青的工艺流程示意图

(1)乳化剂水溶液的调制:在水中加入需要数量的乳化剂和稳定剂。将水温调节至乳化剂和稳定剂溶解所需的温度,使其在水中充分溶解。

(2)沥青加热及储存。

(3)沥青与水比例控制机构。

(4)乳化,常用设备为胶体磨或其他同类设备。

(5)乳液成品储存。

五、乳化沥青在集料表面的分裂

乳化沥青在路面施工时,为发挥其黏结的功能,沥青液滴必须从乳化液中分裂出来,聚集在集料表面而形成一层连续的沥青薄膜,这一过程称为分裂(俗称破乳)。乳液产生分裂的外观特征是它的颜色由棕褐色变成黑色。

(1)水的蒸发作用:由于路面施工环境气温、相对湿度和风速等因素的影响,乳液中水的蒸发破坏乳化沥青的稳定性,而造成分裂。

(2)集料的吸收作用:由于集料的矿物构造孔隙对乳液水分的吸收,同样能破坏乳液的稳定性而造成分裂。

(3)集料物理-化学作用:乳化沥青中带电荷的微滴与不同化学性质的集料接触后产生复杂的物理-化学作用,而使乳化沥青分裂并在集料表面形成薄膜。

(4)机械的激波作用:在施工过程中压路机的碾压和开放交通后汽车的行驶,各种机械力对路面的振颤而产生激波作用,也能促进乳化沥青的稳定性的破坏和沥青薄膜结构的形成。

六、乳化沥青技术性质与技术要求

乳化沥青在使用中,与砂石集料拌和成型后,在空气中逐渐脱水,水膜变薄,使沥青微粒靠拢,将乳化剂薄膜挤裂而凝成连续的沥青黏结膜层。成膜后的乳化沥青具有一定的耐热性、黏结性、抗裂性、韧性及防水性。以下介绍乳化沥青具有典型意义的几种技术性质。

1. 黏结性

乳化沥青及煤沥青的黏结性一般采用沥青标准黏度计或恩格拉黏度计测定,沥青标准黏度计法已在课题一中介绍;恩格拉黏度计测定方法按我国行业标准《公路工程沥青及沥青混合料试验规程》(JTG E20—2011)T 0622—1993 规定:在恩格拉黏度计(图 5-2-3)流出管下方放置一个洁净干燥的试样接受瓶,在规定温度下,提离木塞,当试样流至第一条标线 50mL 时开动秒表,至达到第二条标线 100mL 时,立即按停秒表,并记取时间。

恩格拉黏度按式(5-2-1)计算。

$$E_v = \frac{t_T}{t_w} \tag{5-2-1}$$

式中:E_v——试样在温度 T 时的恩格拉黏度;

t_T——试样在温度 T 时的流出时间(s);

t_w——恩格拉黏度计的水值,即水在 25℃ 时流出相同体积(50mL)的时间(s),可以直接测定。

2. 乳化沥青的破乳速度

乳化沥青的破乳速度按我国交通行业标准《公路工程沥青及沥青混合料试验规程》(JTG E20—2011)T 0658—1993 规定:乳液试样与规定级配的矿料拌和后,从矿料表面被乳液薄膜裹覆的均匀情况,判断乳液的拌和效果,从而鉴别乳液是属于快裂、中裂或慢裂类型的那一种。

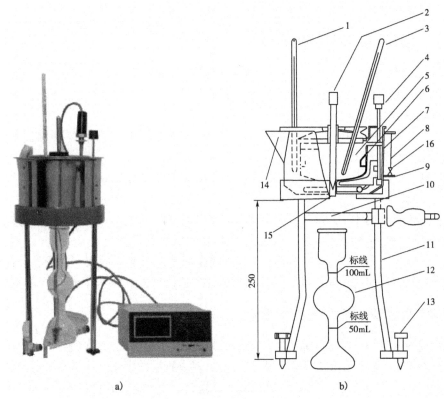

图 5-2-3 恩格拉黏度计(尺寸单位:mm)
a)实物图;b)示意图
1-保温浴温度计;2-硬木塞杆;3-试样用温度计;4-容器盖;5-盛样器;6-液面标记;7-保温浴槽;8-保温浴搅拌器;
9-电热器;10-燃气灯;11-三脚架;12-量杯;13-水平脚架;14-溢出口;15-白金制流出口;16-水准器

3. 乳化沥青的储存稳定性

乳化沥青的储存稳定性是在规定的容器和条件下,储存规定的时间后,竖直方向上试样浓度的变化程度,以上、下两部分乳液蒸发残留物质量百分率的差值表示,以判断乳液储存后的稳定性能。我国储存时间采用5d。

按我国行业标准《公路工程沥青及沥青混合料试验规程》(JTG E20—2011)T 0655—1993 规定:储存稳定性采用稳定性试验管测定,其形状和尺寸如图 5-2-4 所示,带有上下两个支管口,开口部配有橡胶塞或软木塞。

用塞子塞好上下支管出口。将过滤后的乳液试样搅匀注入稳定性试验管内,使液面达到管壁上的250mL标线处。在室温下静置5个昼夜。静置过程中,经常观察并记录乳液有否分层、沉淀或变色等情况以及5d内的室温变化情况(最高及最低温度),分别取从上、下支管口流出的试样各约50g,测定其蒸发残留物含量 P_A 及 P_B。按式(5-2-2), P_A 及 P_B 之差的绝对值即为乳化沥青的储存稳定性。

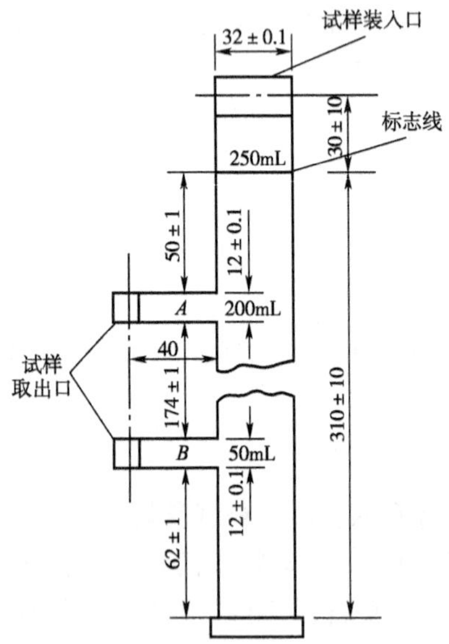

图 5-2-4 稳定性试验管(尺寸单位:mm)

$$S_s = |P_A - P_B| \tag{5-2-2}$$

4. 乳化沥青蒸发残留物含量

乳化沥青蒸发残留物含量及其残留物性质的测定方法较为简单,按我国交通行业标准《公路工程沥青及沥青混合料试验规程》(JTG E20—2011)T 0651—1993 规定:称取容器、玻璃棒及乳化沥青试样 300g±1g 的合计质量,将盛有试样的容器连同玻璃棒一起置于电炉或燃气炉(放有石棉垫)上缓缓加热,边加热边搅拌,直至完全蒸发,冷却后称取容器、玻璃棒及沥青一起的合计质量。蒸发残留物含量即残留物质量占乳液质量的百分率。

5. 乳化石油沥青技术标准

乳化沥青用于修筑路面,不论是阳离子型乳化沥青(代号 C)或阴离子型乳化沥青(代号 A)有两种施工方法:①洒布法(代号 P):如透层、黏层、表面处治或贯入式沥青碎石路面;②拌和法(代号 B):如沥青碎石或沥青混合料路面。乳化沥青按其分裂速度,可分为快裂、中裂和慢裂三种类型。按我国交通行业标准《公路沥青路面施工技术规范》(JTG F40—2004)规定,各种牌号乳化沥青的技术要求见表 5-2-1。

道路用乳化沥青技术要求　　　　　　　　　　　　　表 5-2-1

试验项目		单位	品种及代号										试验方法
			阳离子				阴离子				非离子		
			喷洒用			拌和用	喷洒用			拌和用	喷洒用	拌和用	
			PC-1	PC-2	PC-3	BC-1	PA-1	PA-2	PA-3	BA-1	PN-2	BN-1	
破乳速度			快裂	慢裂	快裂或中裂	慢裂或中裂	快裂	慢裂	慢裂或中裂	慢裂或中裂	慢裂	慢裂	T 0658
粒子电荷			阳离子(+)				阴离子(−)				非离子		T 0653
筛上残留物(1.18mm 筛) ≥		%	0.1				0.1				0.1		T 0652
黏度	恩格拉度 E_{25}		2~10	1~6	1~6	2~30	2~10	1~6	1~6	2~30	1~6	2~30	T 0622
	道路标准黏度 $C_{25,3}$	s	10~25	8~20	8~20	10~60	10~25	8~20	8~20	10~60	8~20	10~60	T 0621
蒸发残留物	残留分含量 ≥	%	50	50	50	55	50	50	50	55	50	55	T 0651
	溶解度 ≥	%	97.5				97.5				97.5		T 0607
	针入度(25℃)	0.1 mm	50~200	50~300	45~150		50~200	50~300	45~150		50~300	60~300	T 0604
	延度(15℃) ≥	cm	40				40				40		T 0605
与粗集料的黏附性,裹附面积 ≥				2/3				2/3			2/3		T 0654
与粗、细粒式集料拌和试验			—	—	—	均匀	—	—	—	均匀	—	均匀	T 0659
水泥拌和试验的筛上剩余 ≤		%	—	—	—	—	—	—	—	—	—	3	T 0657

续上表

试验项目	单位	品种及代号										试验方法
		阳离子				阴离子				非离子		
		喷洒用			拌和用	喷洒用			拌和用	喷洒用	拌和用	
		PC-1	PC-2	PC-3	BC-1	PA-1	PA-2	PA-3	BA-1	PN-2	BN-1	
常温储存稳定性： 1d ≤ 5d ≥	%	1 5				1 5				1 5		T 0655

注：1. P 为喷洒型，B 为拌和型，C、A、N 分别表示阳离子、阴离子、非离子乳化沥青。
2. 黏度可选用恩格拉黏度计或沥青标准黏度计之一测定。
3. 表中的破乳速度与集料的黏附性、拌和试验的要求，所使用的石料品种有关，质量检验时应采用工程上实际的石料进行试验，仅进行乳化沥青产品质量评定时可不要求此三项指标。
4. 储存稳定性根据施工实际情况选用试验时间，通常采用 5d，乳液生产后能在当天使用时也可用 1d 的稳定性。
5. 当乳化沥青需要在低温冰冻条件下储存或使用时，尚需按 T 0656 进行 -5℃ 低温储存稳定性试验，要求没有粗颗粒、不结块。
6. 如果乳化沥青是将高浓度产品运到现场经稀释后使用时，表中蒸发残留物等各项指标均指稀释前乳化沥青的要求。

课题三　改性沥青

一、概述

随着国民经济的高速发展，社会对交通运输的需求不断增大，现代高等级沥青路面的交通特点是交通量大、车辆轴载重、荷载作用间歇时间短、高速化以及形成渠化交通。由于这些特点造成沥青路面高温出现车辙，低温产生裂缝，抗滑性能很快衰降，使用年限不长，易出现坑槽、松散等水损坏以及局部龟裂等。为进一步提高沥青混合料的路用性能，必须对沥青加以改性，亦即提高沥青的流变性能，改善沥青与集料的黏附性，延长沥青的耐久性。

改性沥青是指掺加橡胶、树脂、高分子聚合物、磨细的橡胶粉或其他填料等外掺剂（改性剂），或采取对沥青轻度氧化加工等措施，使沥青的性能得以改善的沥青。

改性剂是指在沥青中加入的天然的或人工的有机或无机材料，可溶融分散在沥青中，改善或提高沥青路面性能（与沥青发生反应或裹覆在集料表面上）的材料。

二、改性沥青的分类及其特性

从狭义来说，现在所指道路改性沥青一般是指聚合物改性沥青。按照改性剂的不同，一般分为以下几类：

（1）热塑性橡胶类改性沥青：即热塑性弹性体，主要是苯乙烯类嵌段共聚物，如苯乙烯-丁二烯-苯乙烯（SBS）、苯乙烯-异戊二烯-苯乙烯（SIS）、苯乙烯-聚乙烯/丁基-聚乙烯（SE/BS）。其中 SBS 常用于路面沥青混合料。在 SBS 用于道路改性沥青之前，它的最大用途是做皮鞋底，即人们通常所说的"牛筋底"，它的最大特点是高弹性、高温下不软化、低温下不发脆，目前已成为世界上最为普遍使用的道路沥青改性剂。

SBS 类改性沥青最大特点是高温、低温性能都好，且有良好的弹性恢复性能，以软化点、

5℃低温延度、弹性恢复作为主要指标。

SBS 类改性沥青适于在各种气候条件下使用,应该根据所在地区的高、低温情况及主要目的选择相适宜的标号。

(2)橡胶类改性沥青:通常称为橡胶沥青,其中使用最多的是丁苯橡胶(SBR)和氯丁橡胶(CR)。它不仅是世界上最早出现并广泛应用的改性沥青品种,也是我国较早得到研究和推广的品种。其中 SBR 是世界上应用最广泛的改性剂之一,尤其是胶乳形式的 SBR 使用越来越广泛。CR 具有极性,常掺入煤沥青中使用,已成为煤沥青的改性剂。

SBR 改性沥青最大特点是低温性能得到改善,以 5℃低温延度作为主要指标,但其在老化试验后,延度严重降低。

SBR 改性沥青主要适宜在寒冷气候条件下使用,应该根据所在地区的低温情况及主要目的选择相适应的标号。例如,青藏二级汽车专用公路上就铺筑了 157 万 m^2 的橡胶沥青路面。

(3)热塑性树脂类改性沥青:热塑性树脂,如聚乙烯(PE)、聚丙烯、聚氯乙烯、聚苯乙烯和乙烯-乙酸乙烯共聚物(EVA)等;热固性树脂如环氧树脂(EP)等也可作为改性剂使用。热塑性树脂的共同特点是加热后软化,冷却时变硬。热塑性树脂类改性剂的最大特点是使沥青结合料在常温下黏度增大,从而使高温稳定性增加,遗憾的是并不能使沥青混合料的弹性增加,且加热后易离析,再次冷却时产生众多的弥散体。不过这些局限性一定程度上已被接受。例如浙江杭州钱江二桥就使用了 ESSO 公司的 EVA 改性沥青铺筑桥面。

EVA 及 PE 类改性沥青的最大特点是高温性能明显改善,故以软化点作为主要指标。在 5℃试验温度条件下,延度一般还要降低,不足以评定低温抗裂性能。EVA 及 PE 类改性沥青,主要适合在炎热气候条件下使用,应该根据所在地区的高温情况及主要目的选择相适宜的标号。

(4)掺加天然沥青的改性沥青:天然沥青是石油经过历史上长期的、长达亿万年的沉积、变化、在热、压力、氧化、触媒、细菌的综合作用下生成的沥青类物质。通常可掺加的天然沥青有湖沥青(如特立尼达湖沥青 TLA)、岩石沥青(如美国的 Gilsonite)和海底沥青(如 BMA)等。掺加 TLA 的混合沥青有良好的高温稳定性及低温抗裂性能,耐久性好,故在许多高速公路、机场路道、钢桥面铺装、隧道中得到广泛使用。掺加岩石沥青的混合沥青,总体上有抗剥离、耐久、高温抗车辙、抗老化四大特点。BMA 适用于重交通道路、飞机场跑道、抗磨耗层等,最小铺筑厚度可减薄到 2cm,由此降低工程造价。

三、改性沥青技术性质的比较

我国目前乃至今后相当长的一段时间内,可能使用的聚合物改性剂主要是 SBS、SBR、EVA、PE。这四种改性剂各有其不同的特点:

(1)综合性指标针入度指数 PI:SBS 使 PI 增大最显著,其次是 EVA,PE 位于第三位。

(2)高温稳定性指标:SBS 使软化点提高最大,其次是 SBR,而 PE 与 EVA 大体相仿,3%的 SBS 可以达到 6%的 PE 或 EVA 的效果;60℃黏度 SBS 增大最多,其次是 PE、EVA,3%的 SBS 可以达到 6%的 PE 的效果;EVA 和 SBR 剂量增大对黏度增大效果较小。

(3)低温抗裂性能指标:SBR 使 5℃延度大幅度增大,而 PE 使延度降低,EVA 则略有增加,但剂量太大又使延度降低,SBR 的最大特点是低温延度特别大。

(4)弹性恢复性能:SBS 改性沥青的弹性恢复性能极好,PE 几乎没有弹性,EVA 有一定的弹性恢复,但8%的EVA的弹性恢复尚不如2%~3%的SBS改性的弹性恢复好。

综上所述,SBS的高温、低温性能、弹性恢复性能、感温性等无论从哪方面讲,都有非常突出的优点,是PE和EVA无法相比的。PE仅仅在高温稳定性方面显示出较好的效果,但比SBS有很大的差距。EVA的高温稳定性不如PE,然低温性能较PE要稍好一些,但均不如SBS;SBR有较好的低温性能,经过改性后的SBR胶乳也有较好的高温稳定性。

四、改性沥青及其剂量的选择

根据沥青改性的目的和要求选择改性剂时,可作如下初步选择:
(1)为提高抗永久变形能力,宜使用热塑性橡胶类、热塑性树脂类改性剂。
(2)为提高抗低温开裂能力,宜使用热塑性橡胶类、橡胶类改性剂。
(3)为提高疲劳开裂能力,宜使用热塑性橡胶类、橡胶类、热塑性树脂类改性剂。
(4)为提高抗水损害能力,宜使用各类抗剥落剂等外掺剂。

各类改性沥青的合理范围,除特殊情况外,宜在下列范围内选择:
(1)对SBS改性沥青,SBS的剂量宜为3%~6%,通常采用3%~4%,要求高时采用5%~6%。
(2)对SBR改性沥青,SBR的剂量宜为3%~5%,通常采用3%~4%,要求高时采用5%。
(3)对EVA或PE改性沥青,EVA或PE的剂量宜为4%~6%,通常采用4%~5%,要求高时采用6%。

五、聚合物改性沥青技术性质与技术标准

我国交通行业标准《公路工程沥青及沥青混合料试验规程》(JTG E20—2011)中,聚合物改性沥青的技术指标除了列入与黏稠石油沥青相同的针入度、延度、软化点、闪点、溶解度等指标以外,增补列入了以下技术指标。

1. 弹性恢复(回弹)

适用于评价热塑性橡胶类(SBS等)聚合物改性沥青的弹性恢复性能,采用延度试验所用试模,但中间部分换为直线侧模,制作的试件截面积为$1cm^2$。

试验时按延度试验方法在25℃±0.5℃试验温度下以5cm/min的规定速率拉伸试样达10cm时停止,用剪刀在中间将沥青试样剪成两个部分,原封不动地保持试样在水中1h,然后将两个半截试样对至尖端刚好接触,测量试件的长度为X,按下式计算弹性恢复,即延度试验拉长至10cm后的可恢复变形的百分率。

$$恢复率 = \frac{10-X}{10} \times 100$$

T 0662—2000　沥青弹性恢复试验

一、目的与适用范围

本试验适用于评价热塑性橡胶类聚合物改性沥青的弹性恢复性能,即测定用延度试验仪拉

长一定长度后的可恢复变形的百分率。非经注明,试验温度为 25℃,拉伸速率为 5cm/min ± 0.25cm/min。

二、仪具与材料技术要求

(1) 试模:采用延度试验所用试模,但中间部分换为直线侧模,如图 5-3-1 所示,制作的试件截面积为 $1cm^2$。

(2) 水槽:能保持规定的试验温度,变化不超过 0.1℃。水槽的容积不小于 10L,高度应满足试件浸没深度不小于 10cm,离水槽底部不少于 5cm 的要求。

(3) 延度试验机:同规程 T 0605。

(4) 温度计:符合延度试验的要求。

(5) 剪刀。

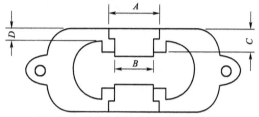

图 5-3-1 弹性恢复试验用直线延度试模
A:36.5mm ± 0.1mm;B:30mm ± 0.1mm;
C:17mm ± 0.1mm;D:10mm ± 0.1mm

三、试验步骤

(1) 按规程 T 0605 沥青延度试验方法浇灌改性沥青试样、制模,最后将试样在 25℃ 水槽中保温 1.5h。

(2) 将试样安装在滑板上,按延度试验方法以规定的 5cm/min 的速率拉伸试样达 10cm ± 0.25cm 时停止拉伸。

(3) 拉伸一停止就立即用剪刀在中间将沥青试样剪断,保持试样在水中 1h,并保持水温不变。注意在停止拉伸后至剪断试样之间不得有时间间歇,以免使拉伸应力松弛。

(4) 取下两个半截的回缩的沥青试样轻轻捋直,但不得施加拉力,移动滑板使改性沥青试样的尖端刚好接触,测量试件的残留长度为 X。

四、计算

按式(5-3-1)计算弹性恢复率。

$$D = \frac{10-X}{10} \times 100 \tag{5-3-1}$$

式中:D——试样的弹性恢复率(%);

X——试样的残留长度(cm)。

2. 聚合物改性沥青的离析试验

由于聚合物改性沥青在停止搅拌、冷却过程中,聚合物会从沥青中离析,不同的改性剂离析的态势有所不同,对 SBR、SBS 类聚合物改性沥青,离析时表现为聚合物的上浮。离析试验方法,是将改性沥青注入竖立的试管中,试样高度为 180mm,将其放入 163℃ ±5℃ 的烘箱中,在不受任何扰动的情况下静放 48h ± 1h,加热结束后从烘箱中取出,放入家用冰箱中冷冻 1h,使改性沥青凝为固体;然后将试管轻轻砸碎或事先埋入一根铁丝将沥青拨出,并将改性沥青试样切成相等的三截,取顶部和底部的试样分别测定软化点,计算软化点之差进行评价。

任务实施

T 0661—2011　聚合物改性沥青离析试验

一、目的与适用范围

本方法适用于测定聚合物改性沥青的离析性,以评价改性剂与基质沥青的相容性。

二、仪具与材料技术要求

(1) 沥青软化点仪,同 T 0606。

(2) 试验用标准筛,0.3mm。

(3) 盛样管:铝管,直径约 25mm,长约 140mm,一端开口。

(4) 烘箱:能保温 163℃±5℃ 或 135℃±5℃。

(5) 家用冰箱。

(6) 支架:能支撑盛样管,竖立放入烘箱及冰箱中,也可用烧杯代替。

(7) 剪刀。

(8) 容器:标准的沥青针入度金属试样杯(高 48mm,直径 70mm)。

(9) 其他:小夹子、样品盒、小烧杯、小刮刀、小锤、甘油、滑石粉、隔离液等。

三、试验步骤

1. 对 SBS、SBR 类聚合物改性沥青

按如下试验步骤进行:

(1) 准备好盛样管,将盛样管装在支架上。

(2) 将改性沥青用 0.3mm 筛过筛,然后加热至能充分浇灌,稍加搅拌并徐徐注入竖立的盛样管中,数量约为 50g。

(3) 将铝管开口的一端捏成一薄片,并折叠两次以上,然后用小夹子夹紧,密闭。然后将盛样管连同架子(或烧杯)一起放入 163℃±5℃ 的烘箱中,在不受任何扰动的情况下静放 48h±1h。

(4) 加热结束后,将盛样管连支架一起从烘箱中轻轻取出,放入冰箱的冷柜中,保持盛样管在竖立状态不少于 4h,使改性沥青试样凝为固体。待沥青全部固化后将盛样管从冰箱中取出。

(5) 待试样温度稍有回升发软,用剪刀将盛样管剪成相等的 3 截,取顶部和底部的各三分之一试样分别放入样品盒或小烧杯中,再放入 163℃±5℃ 的烘箱中融化,取出已剪断的铝管。

(6) 稍加搅拌,分别灌入软化点试模中。

(7) 对顶部和底部的沥青试样按规程 T 0606 同时进行软化点试验,计算其差值。

(8) 应进行两次平行试验,取平均值。

2. 对 PE、EVA 类聚合物改性沥青

按如下试验步骤进行:

(1) 将聚合物拌入沥青中成为混合物,在高温状态下充分浇灌入沥青针入度试样杯中,至杯内标线处(距杯口 6.35mm),将杯放入 135℃ 的烘箱中,持续 24h±1h,不扰动表面,小心地从烘箱中取出样杯,仔细观察试样,经观察以后,用一小刮刀徐徐地探测试样,查看表面层稠度,检查底部及四周的沉淀物,这些检查和试验都应在沥青试样自烘箱中取出后 5min 之内进行。

(2)视沥青聚合物体系的相容性和离析程度,按表 5-3-1 记录。

如果表中记述项不适合特殊的试样,应正确地记录所发生的现象,并保留试样。

热塑性树脂改性沥青的离析情况　　　　　表 5-3-1

记　述	报　告
均匀的,无结皮和沉淀	均匀
在杯边缘有轻微的聚合物结皮	边缘轻微结皮
在整个表面有薄的聚合物结皮	薄的全面结皮
在整个表面有厚的聚合物结皮(大于 0.8mm)	厚的全面结皮
无表面结皮但容器底部有薄的沉淀	薄的底部沉淀
无表面结皮但容器底部有厚的沉淀(大于 6mm)	厚的底部沉淀

3.改性沥青的老化试验

我国普通沥青的老化试验通常采用薄膜加热试验(TFOT),但对改性沥青,一般都改为旋转薄膜加热试验(RTFOT)。这是由于采用 TFOT,某些改性沥青的试样离析会在表面发生"结皮",从而使老化条件降低,妨碍老化的进行。如果采用 RTFOT,使其在试验过程中始终保持旋转和搅拌的状态,将比较接近老化的实际情况。

按我国交通行业标准《公路工程沥青及沥青混合料试验规程》(JTG E20—2011) T 0610 规定:沥青旋转薄膜加热试验(RTFOT)采用旋转薄膜烘箱进行测定,如图 5-3-2 所示,盛样瓶采用的是特别的玻璃瓶,如图 5-3-3 所示。在每个盛样瓶中注入沥青试样 35g,将盛样瓶置于烘箱

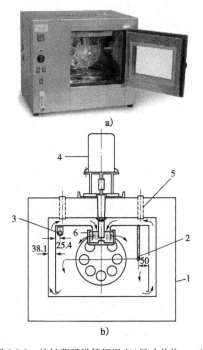

图 5-3-2　旋转薄膜烘箱恒温室(尺寸单位:mm)
a)实物图;b)示意图
1-恒温箱;2-温度计;3-温度传感器;4-风扇电动机;5-换气孔;6-箱形风扇

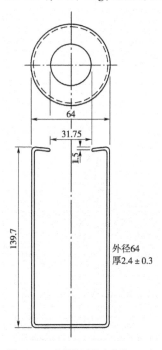

图 5-3-3　盛样瓶(尺寸单位:mm)

环形架的各个瓶位中,关上烘箱门后烘箱的温度应在 10min 回升到 163℃,开启环形架转动的同时热空气喷入转动着的盛样瓶的试样中,持续 85min,到达时间后,立即逐个取出盛样瓶,迅速将试样倾出混匀,以备进行旋转薄膜加热试验后的沥青性质的试验。

由于试样在 163℃ 的高温状态下,一边经受高温(同时吹热空气),同时还处于转动状态中,改性沥青的离析情况将大大改善。

六、我国的改性沥青技术标准

《公路沥青路面施工技术规范》(JTG F40—2004)根据我国的情况,提出的聚合物改性沥青技术要求见表 5-3-2。它是在我国改性沥青实践经验和试验研究的基础上提出的,制订时主要是参考了 ASTM 标准,既吸取了国外标准的长处,又采用了我国经过努力可以实现的指标和试验方法。

聚合物改性沥青技术要求 表 5-3-2

指标	单位	SBS 类(Ⅰ类)				SBR 类(Ⅱ类)			EVA、PE 类(Ⅲ类)				试验方法①
		Ⅰ-A	Ⅰ-B	Ⅰ-C	Ⅰ-D	Ⅱ-A	Ⅱ-B	Ⅱ-C	Ⅲ-A	Ⅲ-B	Ⅲ-C	Ⅲ-D	
针入度(25℃,100g,5s)	0.1mm	>100	80~100	60~80	40~60	>100	80~100	60~80	>80	60~80	40~60	30~40	T 0604
针入度指数(PI) ≥		-1.2	-0.8	-0.4	0	-1.0	-0.8	-0.6	-1.0	-0.8	-0.6	-0.4	T 0604
延度(5℃,5cm/min) ≥	cm	50	40	30	20	60	50	40	—	—	—	—	T 0605
软化点($T_{R\&B}$) ≥	℃	45	50	55	60	45	48	50	48	52	56	60	T 0606
运动黏度①135℃ ≤	Pa·s	3											T 0625 / T 0619
闪点 ≥	℃	230				230			230				T 0611
溶解度 ≥	%	99				99							T 0607
弹性恢复 25℃ ≥	%	55	60	65	75								T 0662
黏韧性 ≥	N·m	5											T 0624
韧性 ≤	N·m	2.5											T 0624
储存稳定性② 离析(48h 软化点差) ≤	℃	2.5				无改性剂明显析出、凝聚							T 0661
TFOT(或 RTFOT)后残留物													
质量变化 ≤	%	1.0											T 0610 或 T 0609
针入度比 25℃ ≥	%	50	55	60	65	50	55	60	50	55	58	60	T 0604
延度 5℃ ≥	cm	30	25	20	15	30	20	10					T 0605

注:①表中 135℃ 运动黏度可采用《公路工程沥青及沥青混合料试验规程》(JTG E20—2011)中的"沥青旋转黏度试验(布洛克菲尔德黏度计法)"进行测定。若在不改变改性沥青物理力学性质并符合安全条件的温度下易于泵送和拌和,或经证明适当提高泵送和拌和温度时能保证改性沥青的质量,容易施工,可不要求测定。

②储存稳定性指标适用于工厂生产的成品改性沥青。现场制作的改性沥青对储存稳定性指标可不作要求,但必须在制作后,保持不间断的搅拌或泵送循环,保证使用前没有明显的离析。

七、改性沥青的应用和发展

目前,改性沥青可用于做排水或吸音磨耗层及其下面的防水层;在老路面上做应力吸收膜中间层,以减少反射裂缝,在重载交通道路的老路面上加铺薄或超薄的沥青面层,以提高耐久性;在老路面上或新建一般公路上做表面处治,以恢复路面使用性能或减少养护工作量等。我国现在正处于高等级公路的大规模建设时期,使用改性沥青时,应当特别注意路基、路面的施工质量,以避免产生路基沉降和其他早期损坏。否则,使用改性沥青就达不到应有的效果。

由于 SBS 改性沥青体现出其他改性剂无法相比的特点,我国改性沥青的发展方向应该以 SBS 作为主要方向。尤其是现在,SBS 的价格比以前有了大幅度的降低,仅成本这一项,它也足以与 PE、EVA 竞争。明确这一点,对于我国发展改性沥青十分重要。

课题四 其他沥青

一、煤沥青

煤沥青(俗称柏油)是用煤干馏的产品——煤焦油加工而获得的。根据煤干馏的温度不同,而分为高温煤焦油(700℃以上)和低温煤焦油(450~700℃)两类。路用煤沥青主要是由炼焦或制造煤气得到的高温焦油加工而得。

1)煤沥青与石油沥青相比,在技术性质上有下列差异:

(1)温度稳定性差:由于可溶性树脂含量较多,受热易软化,温度稳定性差。

(2)与矿质集料的黏附性较好:在煤沥青组成中含有较多数量的极性物质,它赋予煤沥青高的表面活性,所以它与矿质集料具有较好的黏附性。

(3)气候稳定性较差:煤沥青化学组成中含有较高含量的不饱和芳香烃,这些化合物有相当大的化学潜能,它在周围介质(空气中的氧、日光的温度和紫外线以及大气降水)的作用下,老化进程(黏度增加、塑性降低)较石油沥青快。

2)煤沥青的技术性质

(1)黏度:黏度表示煤沥青的稠度。煤沥青组分中油分含量减少、固态树脂及游离碳含量增加时,则煤沥青的黏度增高。煤沥青的黏度测定方法与液体沥青相同,亦是用道路沥青标准黏度计测定。

(2)蒸馏试验馏出量及残渣性质:煤沥青中含有各沸点的油分,这些油分的蒸发将影响其性质。因而煤沥青的起始黏滞度并不能完全表达其在使用过程中黏结性的特征。为了预估煤沥青在路面中使用过程的性质变化,在测定其起始黏度的同时,还必须测定煤沥青在各馏程中所含馏分及其蒸馏后残留物的性质。

(3)煤沥青焦油酸含量:煤沥青的焦油酸(亦称酚)含量是通过测定试样总的蒸馏馏分与碱性溶液作用形成水溶性酚盐物质的含量求得,以体积百分率表示。

焦油酸溶解于水,易导致路面强度降低,同时它有毒,因此对其在沥青中的含量必须加以限制。

(4)含萘量:萘在煤沥青中低温时易结晶析出,使煤沥青产生假黏度而失去塑性,同时常温下易升华,并促使"老化"加速,同时萘也有毒,故对其含量加以限制。煤沥青的萘含量是试样馏分中萘的含量,以质量百分率表示。

(5)甲苯不溶物:煤沥青的甲苯不溶物含量,是试样在规定的甲苯溶剂中不溶物(游离碳)的含量,用质量百分率表示。

(6)含水率:煤沥青中含有水分,在施工加热时易产生泡沫或爆沸现象,不易控制。同时,煤沥青作为路面结合料,如含有水分会影响煤沥青与集料的黏附,降低路面强度,因此对其在煤沥青中的含量,必须要加以限制。

二、再生沥青

再生沥青是已经老化的沥青,掺加再生剂后使其恢复到原来(甚至超过原来)性能的一种沥青。

1. 沥青材料的老化

沥青材料的老化是指沥青材料在路面中受到自然因素(氧、光、热和水等)的作用,随时间而产生"不可逆"的化学组成结构和物理-力学性能变化的过程。

1)化学组分移行

沥青是多种化学结构极其复杂的化合物组成的混合物,将其分离为几个组分来研究,这种方法称为"化学沉淀法"。该法将沥青分离为沥青质、氮基、第一酸性分、第二酸性分和链烷分五个组分。

沥青在路面受到自然因素作用后,就会导致沥青组分"移行"。亦即沥青质显著增加,氮基和第一酸性分减少,第二酸性分稍有减少,链烷分变化很少,甚至几乎没有变化。

2)物理-力学性质变化

由于沥青化学组分的移行,沥青物理-力学性质发生变化,通常的规律是针入度变小、延度降低、软化点和脆点升高,表现为沥青变硬、变脆、延伸性降低,导致路面产生裂缝、松散等破坏。沥青老化后物理-力学性质变化见表5-4-1。

老化沥青和再生沥青技术性质示例 表5-4-1

沥青种类	技术性质			
	针入度(0.1mm)	延度(cm)	软化点(℃)	脆点(℃)
原始沥青	106	73	48	-6
老化沥青	39	23	55	-4
再生沥青	80	78	49	-10

2. 沥青的再生

沥青再生的机理目前有两种理论,一种理论是"组分调节理论"。该理论是从化学组分移行出发,认为由于组分的移行,沥青老化后,某些组分偏多,而某些组分偏少,各组分间比例不协调,所以导致沥青路用性能降低,如能通过掺加再生剂调节其组分,则沥青将恢复原来的性质。沥青经掺加再生剂和改性剂后,再生沥青的技术性质与原有沥青相近,见表5-4-1。

单元六　沥青混合料

【理论要求】　掌握沥青混合料的组成结构、技术性质、组成材料和技术要求；掌握热拌沥青混合料配合比设计方法；了解其他各类沥青混合料。

【技能要求】　掌握沥青混合料试件制作方法以及密度、马歇尔稳定度、沥青含量的测定方法；能按现行方法进行热拌沥青混合料配合比设计。

课题一　沥青混合料概述

一、沥青混合料的分类

最常用的沥青路面包括：沥青表面处治、沥青贯入式、沥青碎石和沥青混凝土四种。本单元重点介绍需要进行配合比设计的沥青混凝土混合料。

按我国交通行业标准《公路沥青路面施工技术规范》(JTG F40—2004)有关定义和分类释义如下：

1. 定义

沥青混合料是由矿料与沥青结合料拌和而成的混合料的总称。

(1)沥青混凝土混合料(Asphalt Concrete Mixture,AC)：由适当比例的粗集料、细集料及填料组成的符合规定级配的矿料，与沥青结合料拌和而制成的符合技术标准的沥青混合料。

(2)沥青碎石混合料(Asphalt Macadam Mixture,AM)：由适当比例的粗集料、细集料及填料(或不加填料)与沥青拌和的沥青混合料。

2. 沥青混合料的分类

1) 按结合料分类

(1)石油沥青混合料：以石油沥青为结合料的沥青混合料(包括黏稠石油沥青、乳化石油沥青及液体石油沥青)。

(2)煤沥青混合料：以煤沥青为结合料的沥青混合料。

2) 按施工温度分类

(1)热拌沥青混合料：沥青与矿料在热态下拌和、热态下铺筑施工成型的混合料。

(2)冷拌沥青混合料：采用乳化沥青或稀释沥青与矿料在常温状态下拌和、铺筑的混合料。

3) 按矿质集料级配类型分类

(1)连续级配沥青混合料：矿料是按级配原则，从大到小各级粒径都有，按比例相互搭配组成连续级配的沥青混合料。

(2)间断级配沥青混合料:矿料中缺少一个或几个档次(或用量很少)而形成的间断级配沥青混合料。

4)按混合料密实度分类

(1)密级配沥青混合料:按密实级配原理设计组成的各种粒径颗粒的矿料,与沥青结合料拌和而成,设计空隙率较小(对不同交通及气候情况、层位可作适当调整)的密实式沥青混凝土混合料(以 AC 表示)和密实式沥青稳定碎石混合料(以 ATB 表示)。按关键性筛孔通过率的不同又可分为细型、粗型密级配沥青混合料等。

(2)半开级配沥青碎石混合料:由适当比例的粗集料、细集料及少量填料(或不加填料)与沥青结合料拌和而成,经马歇尔标准击实成型试件的剩余空隙率在6%~12%的半开式沥青碎石混合料(以 AM 表示)。

(3)开级配沥青混合料:矿料级配主要由粗集料嵌挤组成,细集料及填料较少,设计空隙率为18%的混合料。

5)按公称最大粒径的大小分类

沥青混合料可分为特粗式(公称最大粒径大于或等于31.5mm)、粗粒式(公称最大粒径26.5mm)、中粒式(公称最大粒径16mm 或19mm)、细粒式(公称最大粒径9.5mm 或13.2mm)、砂粒式(公称最大粒径小于9.5mm)沥青混合料。

热拌沥青混合料(Hot-mix Asphalt Mixture,HMA)是经人工组配的矿质混合料与黏稠沥青在专门设备中加热拌和而成,用保温运输工具运送至施工现场,并在热态下进行摊铺和压实的混合料,通称"热拌热铺沥青混合料",简称"热拌沥青混合料"。

热拌沥青混合料是沥青混合料中最典型的品种,其他各种沥青混合料均为由其发展而来的亚种。本单元主要详述它的组成结构、技术性质、组成材料和设计方法。

二、沥青混合料的组成结构和强度形成原理

沥青混合料是一种复合材料,它是由沥青、粗集料、细集料和矿粉以及外加剂所组成。在混合料中,由于组成材料的质量差异和数量多少,可形成不同的组成结构,并表现出不同的力学性能。

1.沥青混合料的组成结构

1)沥青混合料组成结构的现代理论

随着对沥青混合料组成结构研究的深入,目前对传统的理论提出不同看法。因此,对沥青混合料的组成结构有下列两种互相对立的理论。

(1)表面理论:按传统的理解,沥青混合料是由粗集料、细集料和填料经人工组配成密实的矿质骨架,再经稠度较稀的沥青结合料分布其表面,从而胶结成为一个具有一定强度的整体。

(2)胶浆理论:其认为沥青混合料是一种多级空间网状结构的分散系,主要分为三级分散系:

①粗分散系-(沥青混合料) 以粗集料为分散相,分散在沥青砂浆的介质中。

②细分散系-(砂浆)　以细集料为分散相,分散在沥青胶浆的介质中。
③微分散系-(胶浆)　以矿粉填充料为分散相,分散在高稠度的沥青介质中。
该理论图解如图6-1-1所示。

图 6-1-1　胶浆理论图解

这三级分散系以沥青胶浆最为重要,它的组成结构决定沥青混合料的高温稳定性和低温变形能力。

2)沥青混合料组成结构类型

沥青混合料组成结构可分为三种类型。

(1)悬浮-密实结构:矿质集料由大到小组成连续型密级配(图6-1-2中曲线a)的混合料结构,如图6-1-3a)所示。混合料中粗集料数量较少,不能形成骨架。这种沥青混合料黏聚力较大,内摩阻角较小,因而高温稳定性差。对双层或三层结构的沥青路面,其中至少必须有一层Ⅰ型密级配沥青混合料。对干燥地区的高等级公路,也可采用这种结构的沥青混合料做表层。

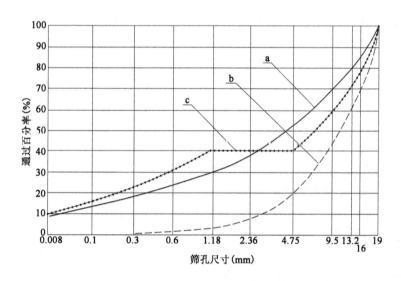

图 6-1-2　三种类型矿质混合料级配曲线
a-连续型密级配;b-连续型开级配;c-间断型密级配

(2)骨架-空隙结构:是指矿质集料属于连续型开级配(图6-1-2中曲线b)的混合料结构,如图6-1-3b)所示。矿质集料中粗集料较多,可互相靠拢形成骨架,细集料较少,不足以填满空隙。所以此结构混合料空隙率大,耐久性差,沥青与矿料的黏聚力差,热稳定性较好。当沥青路面采用这种形式的沥青混合料时,沥青面层下必须做下封层。

(3)骨架-密实结构:矿质集料属于间断型密级配(图6-1-2中曲线c)的混合料结构,如图6-1-3c)所示。此结构具有较多数量的粗骨料形成空间骨架,同时又有足够的细集料填满骨架的空隙。这种结构密实度大,具有较高的黏聚力和内摩阻角,是沥青混合料中最理想的一种结构类型。

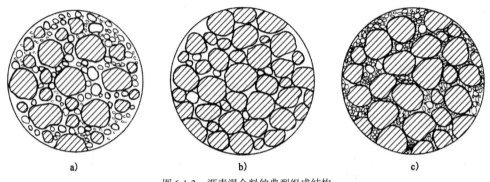

图6-1-3 沥青混合料的典型组成结构
a)悬浮-密实结构;b)骨架-空隙结构;c)密度-骨架结构

2.沥青混合料的强度形成原理

1)沥青混合料抗剪强度的材料参数

沥青混合料在路面结构中产生破坏的情况,主要是发生在高温时由于抗剪强度不足或塑性变形过剩而产生推挤等现象,以及低温时抗拉强度不足或变形能力较差而产生裂缝现象。目前沥青混合料强度和稳定性理论,主要是要求沥青混合料在高温时必须具有一定的抗剪强度和抵抗变形的能力。

沥青混合料的抗剪强度(τ)主要取决于沥青与矿质集料物理、化学交互作用而产生的黏聚力(c),以及矿质集料在沥青混合料中分散程度不同而产生的内摩阻角(φ),即:

$$\tau = c + \sigma\tan\varphi \tag{6-1-1}$$

式中:τ——沥青混合料的抗剪强度(MPa);

σ——正应力(MPa);

c——沥青混合料的黏结力(MPa);

φ——沥青混合料的内摩擦角(rad)。

2)影响沥青混合料抗剪强度的因素

(1)影响沥青混合料抗剪强度的内因

①沥青黏度的影响。在相同的矿料性质和组成条件下,随着沥青黏度的提高,沥青混合料黏聚力有明显的提高,同时内摩擦角亦稍有提高。

②沥青与矿料之间的吸附作用。

a.沥青与矿料的物理吸附。一切固态物质的相界面上,都具有将周围物质的分子或离子吸引到表面上来的能力。因此,液体与固体的相互作用,主要是由于分子间引力的作用而产生的,故称物理吸附。物理吸附作用的大小,主要取决于沥青中的表面活性物质及矿料与沥青分子亲和性的大小。当沥青表面活性物质含量愈多,矿料与沥青分子亲和性就愈大,则物理吸附作用就愈强,混合料黏结力也就愈高。但是,在水的作用下,是能破坏沥青与矿料的吸附作用的,所以说物理吸附作用不能保证其水稳定性。

b.沥青与矿料的化学吸附。沥青与矿料相互作用后,沥青在矿料表面形成一层扩散结构膜,如图 6-1-4 所示,在此结构膜以内的沥青称为结构沥青,在结构膜以外的沥青称为自由沥青。如果矿料颗粒之间的黏结力是由结构沥青提供,颗粒间的黏结力较大;若颗粒间的黏结力是由自由沥青提供,则黏结力较小。所以在配制沥青混合料时,应控制沥青用量,使混合料能形成结构沥青,减少自由沥青的量。

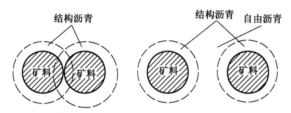

图 6-1-4 沥青与矿料交互作用示意图

化学吸附是沥青材料中的活性物质(如沥青酸)与矿料的金属阳离子产生化学反应在矿料表面构成单分子层的化学吸附层(沥青酸盐)。当沥青与矿料形成化学吸附层时,相互之间的黏结力大大提高。此时矿料与沥青的吸附黏结力要比矿料与水的结合力大。因此,在水的作用下,这种吸附是不可逆的。也就是说,只有当矿料与沥青材料之间产生化学吸附时,混合料的水稳定性才能得到保证。

③矿粉用量的影响。在相同的沥青用量条件下,与沥青产生交互作用的矿料表面积愈大,则形成的沥青膜愈薄,则在沥青中结构沥青所占的比率愈大,因而沥青混合料的黏聚力也愈高。在沥青混合料中矿粉用量虽只占 7% 左右,而其表面积却占矿质混合料的总表面积的 80% 以上,所以矿粉性质和用量对沥青混合料的抗剪强度影响很大。为增加沥青与矿料物理-化学作用的表面,在沥青混合料配料时,必须含有适量的矿粉。提高矿粉细度可增加矿粉比表面积,所以对矿粉细度也有一定的要求,希望粒径小于 0.075mm 的含量不要过少。

④沥青用量的影响。在沥青和矿料固定质量的条件下,沥青与矿料的比例(即沥青用量)是影响沥青混合料抗剪强度的重要因素,不同沥青用量的沥青混合料结构示意如图 6-1-5 所示。

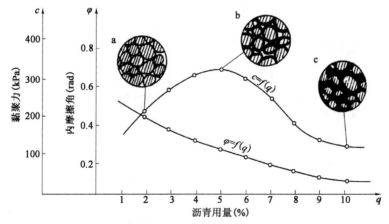

图 6-1-5 不同沥青用量时的沥青混合料结构和 c、φ 值变化示意图
a-沥青用量不足;b-沥青用量适中;c-沥青用量过度

在沥青用量很少时,沥青不足以形成结构沥青的薄膜来黏结矿料颗粒。随着沥青用量的增加,结构沥青逐渐形成,沥青更为理想地包裹在矿料表面,使沥青与矿料间的黏附力随着沥青的用量增加而增加。当沥青用量足以形成薄膜并充分黏附矿粉颗粒表面时,沥青胶浆具有最优的黏聚力。随后,如沥青用量继续增加,则由于沥青用量过多,逐渐将矿料颗粒推开,在颗粒间形成未与矿粉交互作用的"自由沥青",则沥青胶浆的黏聚力随着自由沥青的增加而降低。当沥青用量增加至某一用量后,沥青混合料的黏聚力主要取决于自由沥青,所以抗剪强度几乎不变。随着沥青用量的增加,沥青不仅起着黏结剂的作用,而且起着润滑剂的作用,降低了粗集料的相互密排作用,因而降低了沥青混合料的内摩擦角。

⑤矿质集料的级配类型、粒度、表面性质的影响。沥青混合料的抗剪强度与矿质集料在沥青混合料中的分布情况有密切关系。如前所述,沥青混合料有密级配、开级配和间断级配等不同组成结构类型,因此矿料级配类型是影响沥青混合料抗剪强度的因素之一。

此外,沥青混合料中,矿质集料的粗度、形状和表面粗糙度对沥青混合料的抗剪强度都具有极为明显的影响。通常具有显著的面和棱角,各方向尺寸相差不大,近似正方体,以及具有明显细微凸出的粗糙表面的矿质集料,在碾压后能互相嵌挤锁结而具有很大的内摩擦角。在其他条件相同的情况下,这种矿料所组成的沥青混合料较之圆形而表面平滑的颗粒具有较高的抗剪强度。

(2)影响沥青混合料抗剪强度的外因

①温度的影响 沥青混合料是一种热塑性材料,它的抗剪强度(τ)随着温度(T)的升高而降低。在材料参数中,黏聚力 c 值随温度升高而显著降低,但是内摩擦角受温度变化的影响较少。

②形变速率的影响 沥青混合料是一种黏—弹性材料,它的抗剪强度(τ)与形变速率($d\gamma/dt$)有密切关系。在其他条件相同的情况下,变形速率对沥青混合料的内摩擦角(φ)影响较小,而对沥青混合料的黏聚力(c)影响则较为显著。试验资料表明,c 值随变形速率的增加而显著提高,而 φ 值随变形速率的变化很小。

课题二 沥青混合料的技术性质和技术标准

一、沥青路面使用性能的气候分区

沥青混合料的技术性质与使用环境(如气温与湿度)关系密切,因此在选择沥青材料的等级、进行沥青混合料配合比设计、检验沥青混合料的使用性能时,应考虑沥青路面环境条件的需要,能承受高温、低温、雨(雪)水的考验。所以应按照不同气候分区的特点对沥青混合料的技术性能提出相应要求。

按我国交通行业标准《公路沥青路面施工技术规范》(JTG F40—2004),沥青路面使用性能气候分区有一、二、三级区划组合而成,综合反映该地区的气候特点,见表6-2-1。每个气候分区用3个数字表示:第一个数字代表高温分区;第二个数字代表低温分区;第三个数字代表雨量分区。数字越小,表示气候因素对沥青路面的影响越严重。如我国上海市属于1-3-1气候分区,为夏炎热冬冷潮湿区,对沥青混合料的高温稳定性和水稳定性要求较高。

沥青路面使用性能气候分区　　　　　　　　　　表 6-2-1

气候分区指标		气 候 分 区			
按照高温指标	高温气候区	1	2	3	
	气候区名称	夏炎热区	夏热区	夏凉区	
	七月平均最高温区(℃)	>30	20~30	<20	
按照低温指标	低温气候区	1	2	3	4
	气候区名称	冬严寒区	冬寒区	冬冷区	冬温区
	极端最低温区(℃)	<-37.0	-37.0~-21.5	-21.5~-9.0	>-9.0
按照雨量指标	雨量气候区	1	2	3	4
	气候区名称	潮湿区	湿润区	半干区	干旱区
	年降雨量(mm)	>1000	1000~500	500~250	<250

二、沥青混合料的技术性质

沥青混合料在路面中,直接承受车辆荷载的作用,首先应具有一定力学强度;除了交通的作用外,还受到各种自然因素的影响,因此还必须具备有抵抗自然因素作用的耐久性;在现代交通的作用下,为保证行车安全、舒适,还需要具备特殊表面特性(即抗滑性);最后为便利施工还应具备施工的和易性。

1.高温稳定性

沥青混合料高温稳定性,是指沥青混合料在夏季高温(通常为60℃)条件下,经车辆荷载长期重复作用后,不产生车辙和波浪等病害的性能。

我国交通行业标准《公路沥青路面施工技术规范》(JTG F40—2004)规定,采用马歇尔稳定度试验(包括稳定度、流值、马歇尔模数)来评价沥青混合料高温稳定性;对高速公路、一级公路、城市快速路、主干路用沥青混合料,还应通过动稳定度试验检验其抗车辙能力。

1)马歇尔稳定度

马歇尔稳定度的试验方法自 B. 马歇尔(Marshall)提出,迄今已有半个多世纪,经过许多研究者的改进,目前普遍是测定马歇尔稳定度(MS)、流值(FL)和马歇尔模数(T)三项指标。

(1)马歇尔稳定度:是指标准尺寸试件在规定温度和加荷速度下,在马歇尔仪中最大的破坏荷载(kN)。按标准方法制备的试件,在60℃的条件下,保温30~40min,然后将试件放置于马歇尔稳定度仪上,以(50±5)mm/min 的形变速度加荷,直至试件破坏时的最大荷载(以 kN 计)即为马歇尔稳定度(Mashall Stability,MS)。

(2)流值:是达到最大破坏荷重时试件的垂直变形(以 mm 计)。在测定稳定度的同时,测定试件的流动变形,当达到最大荷载的瞬间,试件所产生的垂直流动变形值即为流值(简称 FL)。

在有 $X-Y$ 记录仪的马歇尔稳定度仪上,可自动绘出荷载(P)与变形(F)的关系曲线,如

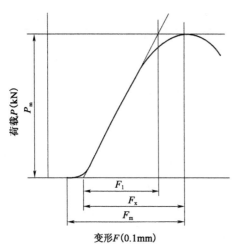

图 6-2-1 马歇尔稳定度试验荷载与变形曲线
F_1-直线流值;F_x-中间流值;F_m-总流值

图 6-2-1 所示。

在图 6-2-1 中曲线的峰值(P_m)即为马歇尔稳定度 MS。而流值可以有三种不同的计算方法,如图 6-2-1 所示。通常采用 F_x 作为测定流值。

(3)马歇尔模数:通常用马歇尔稳定度(MS)与流值(FL)之比值表示沥青混合料的视劲度,称为马歇尔模数,即:

$$T = \frac{MS \cdot 10}{FL} \quad (6\text{-}2\text{-}1)$$

式中:T——马歇尔模数(kN/mm);
MS——马歇尔稳定度(kN);
FL——流值(mm)。

任务实施

T 0709—2011 沥青混合料马歇尔稳定度试验

一、目的与适用范围

(1)本方法适用于马歇尔稳定度试验和浸水马歇尔稳定度试验,以进行沥青混合料的配合比设计或沥青路面施工质量检验。浸水马歇尔稳定度试验(根据需要,也可进行真空饱水马歇尔试验)供检验沥青混合料受水损害时抵抗剥落的能力时使用,通过测试其水稳定性检验配合比设计的可行性。

37-沥青混合料马歇尔稳定度试验

(2)本方法适用于按规程 T 0702—2011 成型的标准马歇尔试件圆柱体和大型马歇尔试件圆柱体。

二、仪具与材料技术要求

(1)沥青混合料马歇尔试验仪:分为自动式和手动式。自动马歇尔试验仪,如图 6-2-4 所示,应具备控制装置,记录荷载—位移曲线、自动测定荷载与试件的垂直变形,能自动显示和存储或打印试验结果等功能。手动式由人工操作,试验数据通过操作者目测后读取数据。

对用于高速公路和一级公路的沥青混合料宜采用自动马歇尔试验仪。

①当集料公称最大粒径小于或等于 26.5mm 时,宜采用 ϕ101.6mm×63.5mm 的标准马歇尔试件,试验仪最大荷载不得小于 25kN,读数准确至 0.1kN,加载速率应能保持 50mm/min ± 5mm/min。钢球直径 16mm±0.05mm,上下压头曲率半径为 50.8mm±0.08mm。

②当集料公称最大粒径大于 26.5mm 时,宜采用 ϕ152.4mm×95.3mm 的大型马歇尔试件,试验仪最大荷载不得小于 50kN,读数准确度为 0.1kN。上下压头的曲率内径为 152.4mm±0.2mm,上下压头间距 19.05mm±0.1mm。

(2)恒温水槽:控制准确度为 1℃,深度不小于 150mm。

(3)真空饱水容器:包括真空泵及真空干燥器。

(4)烘箱。

(5)天平:感量不大于0.1g。

(6)温度计:分度值1℃。

(7)卡尺。

(8)其他:棉纱,黄油。

三、标准马歇尔试验方法

1. 准备工作

(1)按T 0702—2011标准击实法成型马歇尔试件,标准马歇尔试件尺寸应符合直径101.6mm±0.2mm、高63.5mm±1.3mm的要求。对大型马歇尔试件,尺寸应符合直径152.4mm±0.2mm、高95.3mm±2.5mm的要求。一组试件的数量不得少于4个,并符合T 0702—2011的规定。

(2)量测试件的直径及高度:用卡尺测量试件中部的直径,如图6-2-2所示,用马歇尔试件高度测定器或用卡尺在十字对称的4个方向量测离试件边缘10mm处的高度,准确至0.1mm,并以其平均值作为试件的高度。如试件高度不符合63.5mm±1.3mm或95.3mm±2.5mm要求或两侧高度差大于2mm时,此试件应作废。

(3)按本规程规定的方法测定试件的密度、空隙率、沥青体积百分率、沥青饱和度、矿料间隙率等体积指标。

(4)将恒温水槽调节至要求的试验温度,对黏稠石油沥青或烘箱养护过的乳化沥青混合料为60℃±1℃,对煤沥青混合料为33.8℃±1℃,对空气养护的乳化沥青或液体沥青混合料为25℃±1℃。

2. 试验步骤

(1)将试件置于已达规定温度的恒温水槽中保温,保温时间对标准马歇尔试件需30~40min,对大型马歇尔试件需45~60min。试件之间应有间隔,底下应垫起,距水槽底部不小于5cm,如图6-2-3所示。

(2)将马歇尔试验仪的上下压头放入水槽或烘箱中达到同样温度,如图6-2-3所示。将上下压头从水槽或烘箱中取出擦拭干净内面。为使上下压头滑动自如,可在下压头的导棒上涂少量黄油。再将试件取出置于下压头上,盖上上压头,然后装在加载设备上,如图6-2-4所示。

(3)在上压头的球座上放妥钢球,并对准荷载测定装置的压头。

(4)当采用自动马歇尔试验仪时,将自动马歇尔试验仪的压力传感器、位移传感器与计算机或X-Y记录仪正确连接,调整好适宜的放大比例,压力和位移传感器调零。

(5)当采用压力环和流值计时,将流值计安装在导棒上,使导向套管轻轻地压住上压头,同时将流值计读数调零。调整压力环中百分表,对零。

(6)启动加载设备,使试件承受荷载,加载速度为50mm/min±5mm/min。计算机或X-Y记录仪自动记录传感器压力和试件变形曲线并将数据自动存入计算机。

(7)当试验荷载达到最大值的瞬间,取下流值计,同时读取压力环中百分表读数及流值计的流值读数。

(8)从恒温水槽中取出试件至测出最大荷载值的时间,不得超过30s。

图6-2-2 测量试件直径

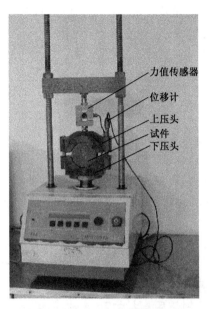

图6-2-4 马歇尔试件放在上下压头之间

图6-2-3 马歇尔试件及上下压头置于恒温水槽中保温

四、浸水马歇尔试验方法

浸水马歇尔试验方法与标准马歇尔试验方法的不同之处在于,试件在已达规定温度恒温水槽中的保温时间为48h,其余步骤均与标准马歇尔试验方法相同。

五、计算

1. 试件的稳定度及流值

(1)当采用自动马歇尔试验仪时,将计算机采集的数据绘制成压力和试件变形曲线,或由 X-Y 记录仪自动记录的荷载~变形曲线,按图6-2-5所示的方法在切线方向延长曲线与横坐标相交于 O_1,将 O_1 作为修正原点,从 O_1 起量取相应于荷载最大值时的变形作为流值(FL),以毫米(mm)计,准确至0.1mm。最大荷载即为稳定度(MS),以千牛(kN)计,准确至0.01kN。

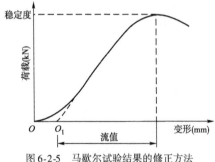

图6-2-5 马歇尔试验结果的修正方法

(2)采用压力环和流值计测定时,根据压力环标定曲线,将压力环中百分表的读数换算为荷载值,或者由荷载测定装置读取的最大值即为试样的稳定度(MS),以千牛(kN)计,准确至0.01kN。由流值计及位移传感器测定装置读取的试件垂直变形,即为试件的流值(FL),以毫米(mm)计,准确至0.1mm。

2. 试件的马歇尔模数

马歇尔模数按下式计算:

$$T = \frac{MS}{FL} \tag{6-2-2}$$

式中:T——试件的马歇尔模数(kN/mm);

MS——试件的稳定度(kN);

FL——试件的流值(mm)。

3.试件的浸水残留稳定度

浸水残留稳定度按下式计算：

$$MS_0 = \frac{MS_1}{MS} \times 100 \qquad (6\text{-}2\text{-}3)$$

式中：MS_0——试件的浸水残留稳定度(%)；

MS_1——试件浸水48h后的稳定度(kN)。

六、报告

当一组测定值中某个测定值与平均值之差大于标准差的 k 倍时，该测定值应予舍弃，并以其余测定值的平均值作为试验结果。当试件数目 n 为3、4、5、6个时，k 值分别为1.15、1.46、1.67、1.82。

报告中需列出马歇尔稳定度、流值、马歇尔模数，以及试件尺寸、试件的密度、空隙率、沥青用量、沥青体积百分率、沥青饱和度、矿料间隙率等各项体积指标。采用自动马歇尔试验时，试验结果应附上荷载—变形曲线原件或自动打印结果。

2)车辙试验

车辙试验的方法，首先由英国道路研究所(RRL)提出，后来经过了许多国家道路工作者的研究改进。目前的方法是用标准成型方法，制成 300mm×300mm×(50～100mm) 的沥青混合料试件，在60℃的温度条件下，以一定荷载的轮子在同一轨迹上进行一定时间的反复行走，形成一定的车辙深度，然后计算试件变形1mm所需试验车轮行走的次数，即为动稳定度。

$$DS = \frac{(t_2 - t_1) \times 42}{d_2 - d_1} \cdot c_1 \cdot c_2 \qquad (6\text{-}2\text{-}4)$$

式中：DS——沥青混合料动稳定度(次/mm)；

d_1、d_2——相对时间 t_1 和 t_2 的变形量(mm)；

42——每分钟行走次数(次/min)；

c_1、c_2——试验机或试样修正系数。

影响沥青混合料高温稳定性的主要因素有沥青的用量、沥青的黏度、矿料的级配、矿料的尺寸、形状等。

(1)沥青混凝土的强度取决于沥青混合料的黏结力和内摩擦角。过量沥青，不仅降低了沥青混合料的内摩阻力，而且在夏季容易产生泛油现象，因此，严格控制沥青的用量，可以使矿料颗粒更多地以结构沥青的形式相联结，增加混合料黏聚力和内摩阻力。

(2)使用温度稳定性好的沥青是提高沥青混凝土温度稳定性和抗剪强度的最重要措施。在规定沥青标号范围内使用较稠的和黏度高的沥青可以提高沥青混凝土的抗形变能力。

(3)由合理矿料级配组成的沥青混合料，可以形成骨架密实结构，这种混合料的黏聚力和内摩阻力都比较大。

(4)使用接近立方形的有尖锐棱角和粗糙表面的碎石以及增加碎石用量可以提高沥青混凝土的抗车辙能力。

2. 低温抗裂性

沥青混合料随着温度的降低,变形能力下降。路面由于低温而收缩以及行车荷载的作用,在薄弱部位产生裂缝,从而影响道路的正常使用。因此,要求沥青混合料具有一定的低温抗裂性。

沥青混合料的低温裂缝是由混合料的低温脆化、低温缩裂和温度疲劳引起的。混合料的低温脆化是指其在低温条件下,变形能力降低;低温缩裂通常是由于材料本身的抗拉强度不足而造成的;温度疲劳,则是因温度循环而引起的疲劳破坏。因此在混合料组成设计中,应选用稠度较低、温度敏感性低、抗老化能力强的沥青。

3. 耐久性

沥青混合料在路面中长期受自然因素的作用,为保证路面具有较长的使用年限,必须具备有较好的耐久性。

影响沥青混合料耐久性的因素很多,如沥青的化学性质、矿料的矿物成分、沥青混合料的组成结构(残留空隙、沥青填隙率)等。

就沥青混合料的组成结构而言,首先是沥青混合料的空隙率的影响。空隙率的大小与矿质骨料的级配、沥青材料的用量以及压实程度等有关。从耐久性角度出发,希望沥青混合料空隙率尽量减少,以防止水的渗入和日光紫外线对沥青的老化作用等,但是一般沥青混合料中均应残留3%~6%的空隙,以防夏季沥青材料膨胀。

沥青混合料空隙率与水稳定性有关。空隙率大,且沥青与矿料黏附性差的混合料,在饱水后矿料与沥青黏附力降低,易发生剥落,同时颗粒相互推移产生体积膨胀以及出现力学强度显著降低等现象,引起路面早期破坏。

此外,沥青路面的使用寿命还与混合料中沥青含量有很大的关系。当沥青用量较正常的用量减少时,则沥青膜变薄,混合料的延伸能力降低,脆性增加;而且沥青用量偏少,将使混合料的空隙率增大,沥青膜暴露较多,加速了老化作用;同时增加了渗水率,加强了水对沥青的剥落作用。有研究认为,沥青用量较最佳沥青用量少0.5%的混合料能使路面使用寿命减少一半以上。

我国现行规范采用空隙率、饱和度(即沥青填隙率)和残留稳定度等指标来表征沥青混合料的耐久性。

4. 抗滑性

随着现代高速公路的发展,对沥青混合料路面的抗滑性提出更高的要求。沥青混合料路面的抗滑性与矿质集料的微表面性质、混合料的级配组成以及沥青用量等因素有关。为保证长期高速行车的安全,配料时要特别注意矿料的耐磨光性,应选择硬质有棱角的矿料。硬质集料往往属于酸性集料,与沥青的黏附性差,为此,在沥青混合料施工时,必须采用在当地产的软质集料中掺加外运来的硬质集料组成复合集料和掺加抗剥剂等措施。我国交通行业标准《公路沥青路面施工技术规范》(JTG F40—2004)对抗滑层集料提出了磨光值指标要求。

沥青用量对抗滑性的影响非常敏感,沥青用量超过最佳用量的0.5%即可使抗滑系数明显降低。

5. 施工和易性

沥青混合料的施工和易性,是指沥青混合料在施工过程中是否容易拌和、摊铺和压实的性能。它主要取决于矿料的级配、沥青的品种及用量,以及施工环境条件等。

单纯从混合料材料性质而言,影响沥青混合料施工和易性的首先是混合料的级配情况,如粗细集料的颗粒大小相距过大,缺乏中间尺寸,混合料容易分层层积(粗粒集中表面,细粒集中底部);如细集料太少,沥青层就不容易均匀地分布在粗颗粒表面;细集料过多,则使拌和困难。此外当沥青用量过少,或矿粉用量过多时,混合料容易产生疏松不易压实。如沥青用量过多,或矿粉质量不好,则容易使混合料黏结成团块,不易摊铺。

三、沥青混凝土混合料的技术标准

1. 沥青混合料马歇尔试验技术指标

我国现行交通行业标准《公路沥青路面施工技术规范》(JTG F40—2004)对密级配沥青混凝土混合料马歇尔试验技术标准规定见表6-2-2。该标准按交通性质可分为:①高速公路、一级公路;②其他等级公路;③行人道路三个等级。其对马歇尔试验指标(包括稳定度、流值、空隙率、矿料间隙率、沥青饱和度等)提出不同要求。

密级配沥青混凝土混合料马歇尔试验技术标准　　表6-2-2

(本表适用于公称最大粒径≤26.5mm 的密级配沥青混凝土混合料)

试验指标		单位	高速公路、一级公路				其他等级公路	行人道路
			夏炎热区(1-1、1-2、1-3、1-4区)		夏热区及夏凉区(2-1、2-2、2-3、2-4、3-2区)			
			中轻交通	重载交通	中轻交通	重载交通		
击实次数(双面)		次	75				50	50
试件尺寸		mm	φ101.6mm×63.5mm					
空隙率 VV	深约90mm 以内	%	3~5	4~6	2~4	3~5	3~6	2~4
	深约90mm 以下	%	3~6		2~4	3~6	3~6	—
稳定度 MS		kN	≥8				≥5	≥3
流值 FL		mm	2~4	1.5~4	2~4.5	2~4	2~4.5	2~5
矿料间隙率 VMA(%)	设计空隙率(%)	相应于以下公称最大粒径(mm)的最小 VMA 及 VFA 技术要求(%)						
		26.5	19	16	13.2	9.5	4.75	
	2	≥10	≥11	≥11.5	≥12	≥13	≥15	
	3	≥11	≥12	≥12.5	≥13	≥14	≥16	
	4	≥12	≥13	≥13.5	≥14	≥15	≥17	
	5	≥13	≥14	≥14.5	≥15	≥16	≥18	
	6	≥14	≥15	≥15.5	≥16	≥17	≥19	
沥青饱和度 VFA(%)		55~70		65~75		70~85		

注:1. 对空隙率大于5%的夏炎热区重载交通路段,施工时应至少提高压实度1个百分点。
　　2. 当设计的空隙率不是整数时,由内插确定要求的 VMA 最小值。
　　3. 对改性沥青混合料,马歇尔试验的流值可适当放宽。

2. 沥青混合料路面施工过程中工程质量控制标准

沥青拌和厂必须对沥青混合料生产过程进行质量控制，矿料级配、沥青用量(油石比)、浸水马歇尔试验、车辙试验等质量控制标准列于表6-2-3。

公路热拌沥青混合料路面施工过程中工程质量的控制标准　　　表6-2-3

项　目		检查频度及单点检验评价方法	质量要求或允许偏差		试验方法
			高速公路、一级公路	其他等级公路	
矿料级配（筛孔）	0.075mm	逐盘在线检测	±2%（2%）	—	计算机采集数据计算
	≤2.36mm		±5%（4%）	—	
	≥4.75mm		±6%（5%）	—	
	0.075mm	逐盘检查，每天汇总1次取平均值评定	±1%	—	标准（JTG F40—2004）附录G 总量检验
	≤2.36mm		±2%	—	
	≥4.75mm		±2%	—	
	0.075mm	每台拌和机每天1~2次，以2个试样的平均值评定	±2%（2%）	±2%	T 0725 抽提筛分与标准级配比较的差
	≤2.36mm		±5%（3%）	±6%	
	≥4.75mm		±6%（4%）	±7%	
沥青用量（油石比）		逐盘在线监测	±0.3%	—	计算机采集数据计算
		逐盘检查，每天汇总1次取平均值评定	±0.1%	—	标准（JTG F40—2004）附录F 总量检验
		每台拌和机每天1~2次，以2个试样的平均值评定	±0.3%	±0.4%	抽提 T 0722、T 0721
浸水马歇尔试验		必要时（试件数同马歇尔试验）	符合标准(JTG F40—2004)规定		T 0702、T 0709
车辙试验		必要时（以3个试件的平均值评定）	符合标准(JTG F40—2004)规定		T 0719

注：1. 单点检验是指试验结果以一组试验结果的报告值为一个测点的评价依据，一组试验（如马歇尔试验、车辙试验）有多个试样时，报告值的取用按《公路工程沥青及沥青混合料试验规程》(JTG E20—2011)的规定执行。

2. 对高速公路和一级公路，矿料级配和油石比必须进行总量检验和抽提筛分的双重检验控制，互相校核，表中括号内的数字是对SMA的要求。油石比抽提试验应事先进行空白试验标定，提高测试数据的准确度。

3. 沥青含量检测

沥青用量（沥青含量）是指沥青混合料中沥青结合料质量与沥青混合料质量的百分比；油石比是指沥青混合料中沥青结合料质量与矿料总质量的百分比。

按照交通行业标准《公路工程沥青及沥青混合料试验规程》(JTG E20—2011)规定，沥青混合料中沥青含量（或油石比）的检测有离心分离法、射线法、燃烧炉法等。本书仅介绍目前工程中比较常用的离心分离法（T 0722—1993），离心分离法的试验原理是：沥青溶于三氯乙烯，从而将沥青从沥青混合料中分离出来。

任务实施

T 0722—1993　沥青混合料中沥青含量试验（离心分离法）

一、目的与适用范围

(1) 本方法采用离心分离法测定黏稠石油沥青拌制的沥青混合料中沥青含量（或油石比）。

(2) 本方法适用于热拌热铺沥青混合料路面施工时的沥青用量检测，以评定拌和厂产品质量。此法也适用于旧路调查时检测沥青混合料的沥青用量，用此法抽提的沥青溶液可用于回收沥青，以评定沥青的老化性质。

二、仪具与材料技术要求

(1) 离心抽提仪：如图6-2-6所示，由试样容器及转速不小于3 000r/min 的离心分离器组成，分离器备有滤液出口。容器盖与容器之间用耐油的圆环形滤纸密封。滤液通过滤纸排出后从出口流出收入回收瓶中，仪器必须安放稳固并有排风装置。

(2) 圆环形滤纸。

(3) 回收瓶：容量1 700mL 以上。

(4) 压力过滤装置。

(5) 天平：感量不大于0.01g、1mg 的天平各1台。

(6) 量筒：最小分度1mL。

(7) 电烘箱：装有温度自动调节器。

(8) 三氯乙烯：工业用。

(9) 碳酸铵饱和溶液：供燃烧法测定滤纸中的矿粉含量用。

(10) 其他：小铲，金属盘，大烧杯等。

图6-2-6　离心抽提仪

三、方法与步骤

1. 准备工作

(1) 按交通行业标准《公路工程沥青及沥青混合料试验规程》(JTG E20—2011) T 0701—2011 沥青混合料取样方法，在拌和厂从运料卡车采取沥青混合料试样，放在金属盘中适当拌和，待温度稍下降后至100℃以下时，用大烧杯取混合料试样质量1 000~1 500g（粗粒式沥青混合料用高限，细粒式用低限，中粒式用中限），准确至0.1g。

(2) 当试样在施工现场用钻机法或切割法取得时，应用电风扇吹风使其完全干燥，置烘箱中适当加热后成松散状态取样，不得用锤击，以防集料破碎。

2. 试验步骤

(1) 向装有试样的烧杯中注入三氯乙烯溶剂，将其浸没，浸泡30min，用玻璃棒适当搅动混合料，使沥青充分溶解，图6-2-7 所示。

(2) 将混合料及溶液倒入离心分离器，用少量溶剂将烧杯及玻璃棒上的黏附物全部洗入分离器中。

提示 如在分离器中直接浸泡,则省略此步骤。

(3)称取洁净的圆环形滤纸质量,准确至 0.01 g。注意,滤纸不宜多次反复使用,有破损者不能使用,有石粉黏附时应用毛刷清除干净,如图 6-2-8 所示。

图 6-2-7 三氯乙烯浸泡,用玻璃棒
搅动混合料

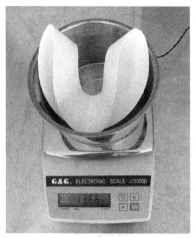

图 6-2-8 用 0.01 g 感量的天平称量滤纸

(4)将滤纸垫在分离器边缘上,加盖紧固,在分离器出口处放上回收瓶,上口应注意密封,防止流出液呈雾状散失,如图 6-2-9~图 6-2-11 所示。

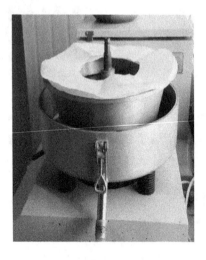

图 6-2-9 将滤纸垫在分离器边缘上

图 6-2-10 在滤纸上加盖并旋紧紧固螺钉

(5)开动离心机,转速逐渐增至 3 000 r/min,沥青溶液通过排出口注入回收瓶中,待流出停止后停机,如图 6-2-12 所示。

图 6-2-11　盖上外盖并扣紧搭扣　　图 6-2-12　沥青溶液通过排出口注入回收瓶中

(6) 从上盖的孔中加入新溶剂,数量大体相同,稍停 3~5min 后,重复上述操作,如此数次直至流出的抽提液成清澈的淡黄色为止。

(7) 卸下上盖,取下圆环形滤纸,在通风橱或室内空气中蒸发干燥,如图 6-2-13~图 6-2-15 所示,然后放入 105℃±5℃ 的烘箱中干燥,称取质量,其增重部分(m_2)为矿粉的一部分。

图 6-2-13　离心后的滤纸　　　　　图 6-2-14　离心后分离器中剩余的矿料

> **提示**　有时候滤纸抽提前、抽提后称量,质量并未增加,主要原因是抽提前,滤纸未经过烘干并置于干燥皿中冷却后称重。

(8) 将容器中的集料仔细取出,在通风橱或室内空气中蒸发后放入 105℃±5℃ 烘箱中烘干(一般需 4h),如图 6-2-15 所示,然后放入大干燥器中冷却至室温,称取集料质量(m_1)。

(9) 用压力过滤器过滤回收瓶中的沥青溶液,由滤纸的增重 m_3 得出泄漏入滤液中的矿粉。无压力过滤器时,也可用燃烧法测定。

(10) 用燃烧法测定抽提液中矿粉质量的步骤如下:

① 将回收瓶中的抽提液倒入量筒中,准确定量至毫升(mL,V_a)。

② 充分搅匀抽提液,取出 10mL(V_b)放入坩埚中,在热浴上适当加热使溶液试样发成暗黑色后,置高温炉(500~600℃)中烧成残渣,取出坩埚冷却。

图 6-2-15 集料、滤纸烘干前先置于空气中蒸发

③向坩埚中按每 1g 残渣 5mL 的用量比例,注入碳酸铵饱和溶液,静置 1h,放入 105℃ ± 5℃ 的烘箱中干燥。

④取出坩埚放在干燥器中冷却,称取残渣质量(m_4),准确至 1mg。

四、计算

1. 沥青混合料中矿料的总质量按下式计算:

$$m_a = m_1 + m_2 + m_3 \tag{6-2-5}$$

式中:m_a——沥青混合料中矿料部分的总质量(g);

m_1——容器中留下的集料干燥质量(g);

m_2——圆环形滤纸在试验前后的增重(g);

m_3——泄漏入抽提液中的矿粉质量(g),用燃烧法时可按式(6-2-6)计算:

$$m_3 = m_4 \times \frac{V_a}{V_b} \tag{6-2-6}$$

式中:V_a——抽提液的总量(mL);

V_b——取出的燃烧干燥的抽提液数量(mL);

m_4——坩埚中燃烧干燥的残渣质量(g);

2. 沥青混合料中沥青含量按式(6-2-7)计算,油石比按式(6-2-8)计算。

$$P_b = \frac{m - m_a}{m} \tag{6-2-7}$$

$$P_a = \frac{m - m_a}{m_a} \tag{6-2-8}$$

式中:m——沥青混合料的总质量(g);

P_b——沥青混合料的沥青含量(%);

P_a——沥青混合料的油石比(%)。

五、报告

同一沥青混合料试样至少平行试验 2 次,取平均值作为试验结果。2 次试验结果的差值应小于 0.3%,当大于 0.3% 但小于 0.5% 时,应补充平行试验 1 次,以 3 次试验的平均值作为试验结果,3 次试验的最大值与最小值之差不得大于 0.5%。

课题三 沥青混合料组成材料的技术要求

沥青混合料的技术性质取决于组成材料的性质、组成配合的比例和混合料的制备工艺等因素。为保证沥青混合料的技术性质,首先是正确选择符合质量要求的组成材料。

沥青混合料中各组成材料的技术要求分述如下。

一、沥青

拌制沥青混合料用沥青材料的技术性质,随气候条件、交通性质、沥青混合料的类型和施工条件等因素而异。通常较热的气候区,较繁重的交通,细粒式或砂粒式的混合料则应采用稠度较高的沥青;反之,则采用稠度较低的沥青。在其他配料条件相同的情况下,较黏稠的沥青配制的混合料具有较高力学强度和稳定性,但如稠度过高,则沥青混合料的低温变形能力较差,沥青路面容易产生裂缝。反之,在其他配料条件相同的条件下,采用稠度较低的沥青,虽然配制的混合料在低温时具有较好的变形能力,但在夏季高温时往往稳定性不足而使路面产生推挤现象。

对高速公路、一级公路,夏季温度高、高温持续时间长、重载交通、山区及丘陵区上坡路段、服务区、停车场等行车速度慢的路段,尤其是面层的上层,宜采用稠度大、60℃黏度大的沥青,也可提高高温气候分区的温度水平选用沥青等级;对冬季寒冷的地区或交通量小的公路、旅游公路宜选用稠度小、低温延度大的沥青;对温度日温差、年温差大的地区宜注意选用针入度指数大的沥青。当高温要求与低温要求发生矛盾时应优先考虑满足高温性能的要求。

二、粗集料

1. 粗集料的质量要求

沥青层用粗集料包括碎石、破碎砾石、筛选砾石、钢渣、矿渣等,但高速公路和一级公路不得使用筛选砾石和矿渣。

粗集料应该洁净、干燥、表面粗糙,具有足够的强度、耐磨耗性。

我国交通行业标准《公路沥青路面施工技术规范》(JTG F40—2004)规定,粗集料的各项质量要求应符合表 6-3-1 和表 6-3-2 的规定。

沥青混合料用粗集料质量技术要求　　表 6-3-1

指标		单位	高速公路及一级公路		其他等级公路	试验方法
			表面层	其他层次		
石料压碎值	≤	%	26	28	30	T 0316
洛杉矶磨耗损失	≤	%	28	30	35	T 0317
表观相对密度	≥	t/m^3	2.60	2.50	2.45	T 0304
吸水率	≤	%	2.0	3.0	3.0	T 0304
坚固性	≤	%	12	12	—	T 0314

续上表

指　　标		单位	高速公路及一级公路		其他等级公路	试验方法
			表面层	其他层次		
针片状颗粒含量(混合料)	≤	%	15	18	20	T 0312
其中粒径大于9.5mm	≤	%	12	15	—	
其中粒径小于9.5mm	≤	%	18	20	—	
水洗法<0.075mm颗粒含量	≤	%	1	1	1	T 0310
软石含量	≤	%	3	5	5	T 0320

注:1. 坚固性试验可根据需要进行。
　2. 用于高速公路、一级公路时,多孔玄武岩的视密度可放宽至2.45t/m³,吸水率可放宽至3%,但必须得到建设单位的批准,且不得用于SMA路面。
　3. 对S14即3～5规格的粗集料,针片状颗粒含量可不予要求,小于0.075mm含量可放宽到3%。

高速公路、一级公路沥青路面的表面层(或磨耗层)的粗集料的磨光值应符合表6-3-2的要求。

粗集料与沥青的黏附性、磨光值的技术要求　　　表6-3-2

雨量气候区	1(潮湿区)	2(湿润区)	3(半干区)	4(干旱区)	试验方法
年降雨量(mm)	>1 000	1 000～500	500～250	<250	JTG F40—2004 附录A
粗集料的磨光值PSV≥ 高速公路、一级公路表面层	42	40	38	36	T 0321
粗集料与沥青的黏附性≥ 高速公路、一级公路表面层 高速公路、一级公路的其他层次及其他等级公路的各个层次	5 4	4 4	4 3	3 3	T 0616 T 0663

2. 粗集料的级配要求

粗集料的粒径规格应按我国交通行业标准《公路沥青路面施工技术规范》(JTG F40—2004)规定的沥青混合料用粗集料规格(表6-3-3)选用。如粗集料不符合表6-3-3规格,但确认与其他矿料配合后的级配符合各类沥青混合料矿料级配(表6-3-9)要求时,可以使用。

沥青混合料用粗集料规格　　　表6-3-3

规格名称	公称粒径(mm)	通过下列筛孔(mm)的质量百分率(%)											
		106	75	63	53	37.5	31.5	26.5	19.0	13.2	9.5	4.75	2.36	0.6
S1	40～75	100	90～100	—		0～15		0～5						
S2	40～60		100	90～100		0～15		0～5						
S3	30～60		100	90～100		—	0～15		0～5					
S4	25～50			100	90～100		0～15		0～5					
S5	20～40				100	90～100		0～15		0～5				
S6	15～30					100	90～100		0～15		0～5			

续上表

规格名称	公称粒径(mm)	通过下列筛孔(mm)的质量百分率(%)											
		106	75	63	53	37.5	31.5	26.5	19.0	13.2	9.5	4.75	2.36	0.6
S7	10~30					100	90~100	—	—	—	0~15	0~5		
S8	10~25						100	90~100	0~15	—		0~5		
S9	10~20							100	90~100	—	0~15	0~5		
S10	10~15								100	90~100	0~15	0~5		
S11	5~15								100	90~100	40~70	0~15	0~5	
S12	5~10									100	90~100	0~15	0~5	
S13	3~10									100	90~100	40~70	0~20	0~5
S14	3~5										100	90~100	0~15	0~3

三、沥青与粗集料的黏附性

沥青与粗集料的黏附性是路用沥青混合料重要性能之一,其直接影响沥青路面的使用质量和耐久性。沥青裹覆集料后的抗水性(即抗剥性)不仅与沥青的性质有密切关系,而且亦与集料性质有关。当采用一种固定的沥青时,不同矿物成分的石料的剥落度也有所不同。从碱性、中性直至酸性石料,随着 SiO_2 含量的增加,剥落度亦随之增加。为保证沥青混合料的强度满足要求,在选择石料时应优先考虑利用碱性石料,当地缺乏碱性石料必须采用酸性石料如花岗岩、石英岩等时,宜使用针入度较小的沥青。

粗集料与沥青的黏附性应符合表6-3-2的要求,当使用不符要求的粗集料时,宜采用下列抗剥离措施使沥青混合料的水稳定性检验达到要求。

(1)掺加消石灰、水泥或用饱和石灰水处理后使用。
(2)必要时可同时在沥青中掺加耐热、耐水、长期性能好的抗剥落剂。
(3)采用改性沥青。

掺加外加剂的剂量由沥青混合料的水稳定性检验确定。

沥青与集料的黏附性的试验方法,我国交通行业标准《公路工程沥青及沥青混合料试验规程》(JTG E20—2011)(T 0616—1993)规定采用水煮法和水浸法。

T 0616—1993 沥青与粗集料的黏附性试验

一、目的与适用范围

本方法适用于检验沥青与粗集料表面的黏附性及评定粗集料的抗水剥离能力。对于最大粒径大于13.2mm的集料应用水煮法,对最大粒径小于或等于13.2mm的集料应用水浸法进行试验。对同一种料源集料最大粒径既有大于又有小于13.2mm不同的集料时,取大于13.2mm水煮法试验为标准,对细粒式沥青混合料应以水浸法试验为标准。

二、仪具与材料技术要求

(1)天平:称量500g,感量不大于0.01g。
(2)恒温水槽:能保持温度80℃±1℃。
(3)拌和用小型容器:500mL。
(4)烧杯:1 000mL。
(5)试验架。
(6)细线:尼龙线或棉线、铜丝线。
(7)铁丝网。
(8)标准筛:9.5mm、13.2mm、19mm 各1个。
(9)烘箱:装有自动温度调节器。
(10)电炉、燃气炉。
(11)玻璃板:200mm×200mm 左右。
(12)搪瓷盘:300mm×400mm 左右。
(13)其他:拌和铲、石棉网、纱布、手套等。

38-沥青与集料的黏附性水煮法(一)准备工作

39-沥青与集料的黏附性水煮法(二)试验步骤

40-沥青与集料的黏附性水浸法(一)准备工作

41-沥青与集料的黏附性水浸法(二)试验步骤

三、水煮法试验

1.准备工作

(1)将集料过13.2mm、19mm 筛,取粒径13.2～19mm 形状接近立方体的规则集料5个,用洁净水洗净,置温度为105℃±5℃的烘箱中烘干,然后放在干燥器中备用。

(2)将大烧杯中盛水,并置于加热炉的石棉网上煮沸。

2.试验步骤

(1)将集料逐个用细线在中部系牢,如图6-3-1所示,再置于105℃±5℃烘箱内1h。按《公路工程沥青及沥青混合料试验规程》(JTG E20—2011) T 0602—2011 的方法准备沥青试样。

(2)逐个用线提起加热的矿料颗粒,浸入预先加热的沥青(石油沥青130～150℃)中45s后,轻轻拿出,使集料颗粒完全为沥青膜所裹覆,如图6-3-2所示。

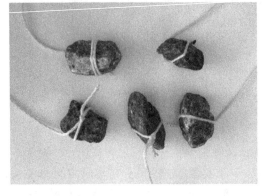

图6-3-1 集料逐个用细线在中部系牢

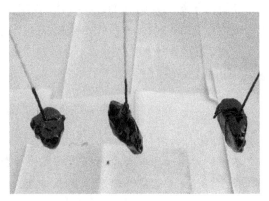

图6-3-2 裹覆沥青的集料颗粒

(3)将裹覆沥青的集料颗粒悬挂于试验架上,下面垫一张纸,使多余的沥青流掉,并在室温下冷却15min。

(4)待集料颗粒冷却后,逐个用线提起,浸入盛有煮沸水的大烧杯中央,调整加热炉,使烧杯中的水保持微沸状态,如图6-3-3b)~d)所示,但不允许有沸开的泡沫,如图6-3-3a)所示。

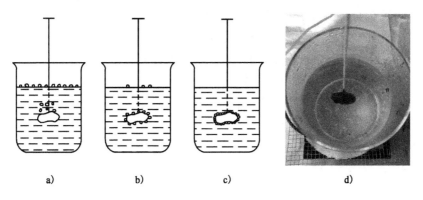

图6-3-3 集料在烧杯中保持微沸

(5)浸煮3min后,将集料从水中取出,适当冷却;然后放入一个盛有常温水的纸杯等容器中,在水中观察矿料颗粒上沥青膜的剥落程度,如图6-3-4所示,并按表6-3-4评定其黏附性等级。

图6-3-4 在纸杯中观察剥落程度

沥青与集料的黏附性等级 表6-3-4

试验后石料表面上沥青膜剥落情况	黏附性等级
沥青膜完全保存,剥离面积百分率接近于0	5
沥青膜少部为水所移动,厚度不均匀,剥离面积百分率少于10%	4
沥青膜局部明显地为水所移动,基本保留在集料表面上,剥离面积百分率少于30%	3
沥青膜大部为水所移动,局部保留在集料表面上,剥离面积百分率大于30%	2
沥青膜完全为水所移动,集料基本裸露,沥青全浮于水面上	1

(6)同一试样应平行试验5个集料颗粒,并由两名以上经验丰富的试验人员分别评定后,取平均等级作为试验结果。

四、水浸法试验

1. 准备工作

(1)将集料过9.5mm、13.2mm筛,取粒径9.5~13.2mm形状规则的集料200g用洁净水洗净,并置温度为105℃±5℃的烘箱中烘干,然后放在干燥器中备用。

(2)按《公路工程沥青及沥青混合料试验规程》(JTG E20—2011)T 0602—2011准备沥青试样,加热至按本规程T 0702—2011的要求决定的拌和温度。

(3)将煮沸过的热水注入恒温水槽中,并维持温度80℃±1℃。

2. 试验步骤

(1)按四分法称取集料颗粒(9.5~13.2mm)100g置搪瓷盘中,连同搪瓷盘一起放入已升温至沥青拌和温度以上5℃的烘箱中持续加热1h。

(2)按每100g矿料加入沥青5.5g±0.2g的比例称取沥青,准确至0.1g,放入小型拌和容器中,一起置入同一烘箱中加热15min。

(3)将搪瓷盘中的集料倒入拌和容器的沥青中后,从烘箱中取出拌和容器,立即用金属铲拌和均匀1~1.5min,使集料完全被沥青薄膜裹覆;然后,立即将裹有沥青的集料取20个,用小铲移至玻璃板上摊开,并置室温下冷却1h。

(4)将放有集料的玻璃板浸入温度为80℃±1℃的恒温水槽中,保持30min,并将剥离及浮于水面的沥青用纸片捞出。

(5)由水中小心取出玻璃板,浸入水槽内的冷水中,仔细观察裹覆集料的沥青薄膜的剥落情况。由两名以上经验丰富的试验人员分别目测,评定剥离面积的百分率,评定后取平均值。

注:为使估计的剥离面积百分率较为正确,宜先制取若干个不同剥离率的样本,用比照法目测评定,不同剥离率的样本,可用加不同比例抗剥离剂的改性沥青与酸性集料拌和后浸水得到。也可由同一种沥青与不同集料品种拌和后浸水得到,逐个仔细计算得出样本的剥离面积百分率。

(6)由剥离面积百分率按表6-3-4评定沥青与集料黏附性的等级。

五、报告

试验结果应报告采用的方法及集料粒径。

四、细集料

沥青路面的细集料包括天然砂、机制砂及石屑。

细集料应洁净、干燥、无风化、不含杂质,并有适当的颗粒级配。细集料的洁净程度,以砂当量(适用于0~4.75mm)或亚甲蓝值(适用于0~2.36mm或0~0.15mm)表示。

细集料应与沥青有良好的黏结能力,高速公路、一级公路、城市快速路、主干路沥青面层使用与沥青黏结性能很差的天然砂及用花岗岩、石英岩等酸性岩石破碎的机制砂或石屑时,应采用前述粗集料的抗剥离措施。

我国交通行业标准《公路沥青路面施工技术规范》(JTG F40—2004)对细集料的技术要求

见表6-3-5～表6-3-7。但细集料的级配应以其与粗集料和填料配制后的级配是否满足（表6-3-9）矿质混合料的级配要求来决定。当一种细集料不能满足级配要求时，可采用两种或两种以上的细集料掺和使用。

沥青混合料用细集料质量要求　　　　　　　　　　　　　　　表6-3-5

项　目		单位	高速公路、一级公路	其他等级公路	试验方法
表观相对密度	≥		2.50	2.45	T 0328
坚固性（＞0.3mm部分）	≥	%	12		T 0340
含泥量（小于0.075mm的含量）	≤	%	3	5	T 0333
砂当量	≥	%	60	50	T 0334
亚甲蓝值	≤	g/kg	25		T 0349
棱角性（流动时间）	≥	s	30		T 0345

注：坚固性试验可根据需要进行。

沥青混合料用天然砂规格　　　　　　　　　　　　　　　　　表6-3-6

筛孔尺寸（mm）	通过各筛孔的质量百分率(%)		
	粗砂	中砂	细砂
9.5	100	100	100
4.75	90～100	90～100	90～100
2.36	65～95	75～90	85～100
1.18	35～65	50～90	75～100
0.6	15～30	30～60	60～84
0.3	5～20	8～30	15～45
0.15	0～10	0～10	0～10
0.075	0～5	0～5	0～5

沥青混合料用机制砂或石屑规格　　　　　　　　　　　　　　表6-3-7

规格	公称粒径（mm）	水洗法通过各筛孔的质量百分率(%)							
		9.5	4.75	2.36	1.18	0.6	0.3	0.15	0.075
S15	0～5	100	90～100	60～90	40～75	20～55	7～40	2～20	0～10
S16	0～3		100	80～100	50～80	25～60	8～45	0～25	0～15

注：当生产石屑采用喷水抑制扬尘工艺时，应特别注意含粉量不得超过表中要求。

五、填料

沥青混合料的矿粉必须采用石灰岩或岩浆岩中的强基性岩石等憎水性石料经磨细得到的矿粉，原石料中的泥土杂质应除净。矿粉应干燥、洁净，能自由地从矿粉仓流出，其质量应符合表6-3-8的技术要求。

由粗集料、细集料和填料组成的矿质混合料，应保证具有足够的密实度和高的初始内摩擦角。密级配沥青混凝土混合料矿料级配范围应符合我国交通行业标准《公路沥青路面施工技术规范》（JTG F40—2004）的规定范围（表6-3-9）。该规范规定的各类级配范围均属连续型级配,是按理论公式计算并结合国内近年实践经验而制定的,它对我国沥青混合料的生产和应用具有指导意义。

沥青混合料用矿粉质量要求 表6-3-8

项　　目		单位	高速公路、一级公路	其他等级公路	试 验 方 法
表观密度	≥	t/m³	2.50	2.45	T 0352
含水率	≤	%	1	1	T 0103 烘干法
粒度范围 <0.6mm		%	100	100	
<0.15mm		%	90~100	90~100	T 0351
<0.075mm		%	75~100	70~100	
外观			无团粒结块		
亲水系数			<1		T 0353
塑性指数			<4		T 0354
加热安定性			实测记录		T 0355

密级配沥青混凝土混合料矿料级配范围 表6-3-9

级配类型		通过下列筛孔(mm)的质量百分率(%)											
		31.5	26.5	19	16	13.2	9.5	4.75	2.36	1.18	0.6	0.3	0.15	0.075
粗粒式	AC-25	100	90~100	75~90	65~83	57~76	45~65	24~52	16~42	12~33	8~24	5~17	4~13	3~7
中粒式	AC-20		100	90~100	78~92	62~80	50~72	26~56	16~44	12~33	8~24	5~17	4~13	3~7
	AC-16			100	90~100	76~92	60~80	34~62	20~48	13~36	9~26	7~18	5~14	4~8
细粒式	AC-13				100	90~100	68~85	38~68	24~50	15~38	10~28	7~20	5~15	4~8
	AC-10					100	90~100	45~75	30~58	20~44	13~32	9~23	6~16	4~8
砂粒式	AC-5						100	90~100	55~75	35~55	20~40	12~28	7~18	5~10

课题四　矿质混合料的组成设计

道路与桥梁用砂石材料,大多数是以矿质混合料的形式与各种结合料(如水泥或沥青等)组成混合料使用。欲使水泥混凝土和沥青混合料具备优良的路用性能,除各种矿质集料的技术性质应符合技术要求外,矿质混合料还必须满足最小空隙率和最大摩擦力的基本要求。

1. 最小空隙率

不同粒径的各级矿质集料按一定比例搭配,使其组成一种具有最大密实度(即最小空隙率)的矿质混合料。

2. 最大摩擦力

各级矿质集料在进行比例搭配时,应使各级集料排列紧密,形成一个多级空间骨架结构且具有最大的摩擦力。

为达到上述要求,必须对矿质混合料进行组成设计,其内容包括:

(1)级配理论和级配范围的确定;

(2)基本组成的设计方法。

一、矿质混合料的级配理论

1. 富勒(W. B. Fuller)理论

富勒根据试验提出一种理想级配,认为固体颗粒按粒度大小,有规则地组合排列,粗细搭配,可以得到密度最大、空隙最小的混合料。该理论认为:"级配曲线愈接近抛物线时,则其密度愈大"。因此,当级配曲线为抛物线时为最大密度曲线,如图6-4-1所示。最大密度曲线方程可表示为:

$$P^2 = kd \tag{6-4-1}$$

式中:P——欲计算的某级粒径d(mm)的矿料通过百分率(%);

d——欲计算的某级矿质混合料的粒径(mm);

k——常数。

当粒径d等于最大粒径D时,矿质混合料的通过率等于100%,即$d=D,P=100$,故:

$$k = 100^2 \times \frac{1}{D} \tag{6-4-2}$$

式中:D——矿质混合料的最大粒径,mm。

将式(6-4-2)代入式(6-4-1),对任意一级粒径d的通过率可按式(6-4-3)求得。

$$P = 100 \times \sqrt{\frac{d}{D}} \tag{6-4-3}$$

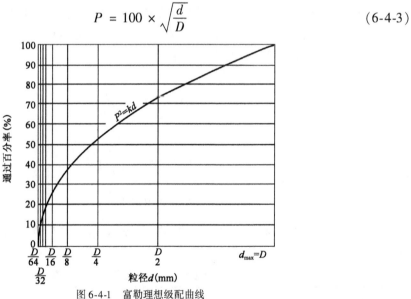

图6-4-1 富勒理想级配曲线

2. 泰波(A. N. Talbal)理论

泰波认为富勒曲线是一种理想曲线,实际矿料的级配应允许有一定的波动范围,故将富勒

最大密度曲线改为 n 次幂的通式,即

$$P = 100 \times \left(\frac{d}{D}\right)^n \tag{6-4-4}$$

式中：P、d、D——意义同前；
n——试验指数。

从泰波公式可看出，当 $n=1/2$ 时为抛物线，即富勒曲线。根据试验认为 $n=0.3\sim0.6$ 时，矿质混合料具有较好的密实度，级配曲线范围如图 6-4-2 所示。

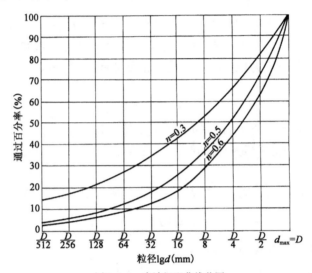

图 6-4-2 泰波级配曲线范围

泰波理论可用来解决连续级配的级配范围问题,故具有很大的实用意义。

【例 6-4-1】 已知矿质混合料的最大粒径 $D=40\text{mm}$，各级粒径尺寸按 1/2 逐级递减，求 $n=0.3$ 和 $n=0.5$ 时各级粒径矿料的通过百分率。

【解】 按泰波公式：

$$P = 100 \times \left(\frac{d}{D}\right)^n$$

得

$$P = 100 \times \left(\frac{d}{D}\right)^{0.3}$$

$$P = 100 \times \left(\frac{d}{D}\right)^{0.5}$$

式中 d 值按最大粒径 $D=40\text{mm}$ 的 1/2 逐级递减所得 d_i 计算，各级粒径通过百分率见表 6-4-1。

理想级配曲线各级粒径通过百分率   表 6-4-1

分级顺序 N	1	2	3	4	5	6	7	8	9	10
粒径比 $\dfrac{D}{2^{N-1}}$	D	$\dfrac{D}{2}$	$\dfrac{D}{4}$	$\dfrac{D}{8}$	$\dfrac{D}{16}$	$\dfrac{D}{32}$	$\dfrac{D}{64}$	$\dfrac{D}{128}$	$\dfrac{D}{256}$	$\dfrac{D}{512}$
理论粒径 d_i(mm)	40	20	10	5	2.5	1.25	0.63	0.315	0.16	0.08

续上表

分级顺序 N		1	2	3	4	5	6	7	8	9	10
泰波式指数	$n=0.3$	100	81.23	65.98	53.59	43.53	35.36	28.79	23.38	19.08	15.50
	$n=0.5$	100	70.71	50.00	35.36	25.00	17.68	12.55	8.87	6.32	4.47
通过百分率递减率	$i=0.8$	100	80	64	51	41	33	26	21	17	14
	$i=0.7$	100	70	49	34	24	17	12	8	6	4

3. 我国简化公式

我国在实践的基础上,根据泰波公式,提出以通过百分率的递减率 i 为参数计算级配。通过百分率的递减率 i 与泰波试验指数 n 之间的关系为:

$$i = \left(\frac{1}{2}\right)^n \tag{6-4-5}$$

本法计算比较简单,例如取泰波公式指数 $n_1=0.3$、$n_2=0.5$,按式(6-4-5)计算可得简化公式通过百分率的递减率 $i_1 \approx 0.8$、$i_2 \approx 0.7$。只要根据路面厚度控制最大粒径,从最大粒径 D 时通过率为100%开始,不断以本级通过率乘以 i 即可得到后一级的通过百分率,计算结果列于表6-4-1。

从表6-4-1可以看出,利用我国简化公式计算理想级配曲线各级粒径的通过百分率与泰波公式计算结果十分接近。

4. 魏矛斯(C. A. G. Weymouth)粒子干涉理论

魏矛斯提出的粒子干涉理论,认为颗粒之间的空隙应由次一级颗粒所填充;其所余空隙又为再次一级颗粒所填充,但填隙的颗粒不得大于其间隙的距离,否则大小颗粒粒子之间势必发生干涉现象,如图6-4-3所示。

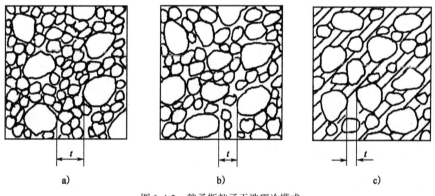

图6-4-3 魏矛斯粒子干涉理论模式
a) 当 $t>d$ 时;b) 当 $t=d$ 时;c) 当 $t<d$ 时

目前用于计算连续级配的理论有富勒理论、泰波理论和我国简化公式;魏矛斯理论,既可用于连续级配计算,亦可用于间断级配计算。

二、级配曲线范围的绘制

矿质混合料按级配理论公式计算出各粒级的通过百分率,以粒径(mm)为横坐标,以通过百分率(%)为纵坐标,绘制成曲线,即为理论级配曲线。但由于矿料在轧制过程中的不均匀性,以及混合料配制时的误差等因素的影响,所配制的混合料往往不可能与理论级配完全相符。因此,必须允许所配制混合料的级配在一定的合适范围内波动,即级配范围。

图 6-4-1 所示为常坐标,级配曲线明显造成前密后疏,不便绘制和查阅;因此应按《公路工程沥青及沥青混合料试验规程》(JTG E20—2011) T 0725—2000 规定采用泰勒曲线的标准画法,其指数 $n = 0.45$,即纵坐标采用通过百分率的常坐标,横坐标按 $x = d_i^{0.45}$ 计算见表 6-4-2,可利用计算机的电子表格功能绘制,如图 6-4-4 所示。

泰勒曲线的横坐标 表 6-4-2

d_i	0.075	0.15	0.3	0.6	1.18	2.36	4.75	9.5
$x = d_i^{0.45}$	0.312	0.426	0.582	0.795	1.077	1.472	2.016	2.754
d_i	13.2	16	19	26.5	31.5	37.5	53	63
$x = d_i^{0.45}$	3.193	3.482	3.762	4.370	4.723	5.109	5.969	6.452

建立好坐标后,将按计算所得的各颗粒粒径(d_i)的通过百分率(P_i)绘于坐标图上,再将各点连接为曲线,两条级配曲线之间所包括的范围即为级配曲线范围,如图 6-4-4 所示。

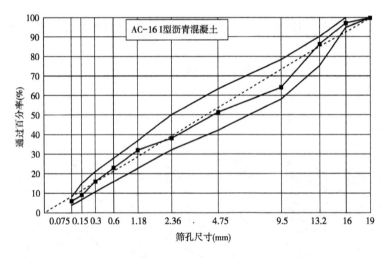

图 6-4-4 沥青混合料矿料组成级配范围示例

三、矿质混合料的组成设计方法

天然的或人工轧制的一种集料的级配一般很难完全符合某一合适级配范围的要求,因此,必须采用几种集料按照一定比例进行搭配才能符合级配范围的要求,这就需要对矿质混合料进行配合组成设计,即确定组成矿质混合料各集料的比例。矿质混合料组成设计方法很多,但一般主要采用试算法和图解法。

不管采用哪种方法,首先必须具备两项已知条件:
(1)各种集料的筛析结果;
(2)按技术规范(或理论级配)要求矿质混合料的级配范围。

1. 试算法

1) 基本原理

此方法的基本原理是,现有几种矿质集料,欲配制成某一种符合一定级配要求的矿质混合料,在决定各组成集料在混合料中的比例时,先假定混合料中某种粒径的颗粒是由某一种对这一粒径占优势的集料组成,而其他各种集料中不含有此粒径。这样即可根据各个主要粒径去试算各种集料在混合料中的大致比例,再经过校核调整,最终获得满足混合料级配要求的各集料的配合比例。

2) 计算步骤

(1) 例如现有 A、B、C 三种集料,欲配制成某一级配要求的混合料 M。

设 X、Y、Z 为 A、B、C 三种集料组成矿质混合料 M 的配合比例,则:

$$X + Y + Z = 100 \tag{6-4-6}$$

设在 A、B、C 三种集料以及混合料 M 中某一级粒径(i)的含量(分计筛余)分别为 $a_{A(i)}$、$a_{B(i)}$、$a_{C(i)}$、$a_{M(i)}$,则:

$$a_{A(i)}X + a_{B(i)}Y + a_{C(i)}Z = a_{M(i)} \tag{6-4-7}$$

(2) 计算 X。

按上述原理作如下假定,混合料 M 中某一级粒径(i)主要由 A 集料所提供(根据 A 料分计筛余判断其占优势),而忽略其他集料在此粒径的含量,这样即可计算出 A 料在混合料中的用量比例,即 $a_{B(i)} = a_{C(i)} = 0$,代入式(6-4-7),得:

$$X = \frac{a_{M(i)}}{a_{A(i)}} \times 100 \tag{6-4-8}$$

提示 1. 注意参与计算的是分计筛余,而非累计筛余。
2. 例如混合料中 4.75mm 粒径分计筛余为 25.0%,A、B、C 两种集料该粒径分别为 50.0%、2.1%、0,则认为 4.75mm 粒径主要由 A 集料提供,通过它可以计算 A 集料的比例。

(3) 计算 Z。

同理,混合料 M 中某一级粒径(j)由 C 集料占优势,可计算出 C 料在混合料中的用量比例。

$$Z = \frac{a_{M(j)}}{a_{C(j)}} \times 100 \tag{6-4-9}$$

(4) 计算 Y。

由式(6-4-6)可计算出 B 料在混合料中的用量比例,即:

$$Y = 100 - (X + Z) \tag{6-4-10}$$

(5) 校核调整。

按以上计算的配合比,以通过百分率或累计百分率计算校核混合料级配(如以分计筛余计算则比较烦琐),经校核如不在要求的级配范围内,应调整配合比重新计算和复核,经几次调整,逐步渐进,直到符合要求为止。如经计算确不能满足级配要求时,可掺加某些单粒级集料,或调换其他原始集料。

【例6-4-2】 现有碎石、石屑和矿粉三种矿质材料,筛分结果的分计筛余和通过百分率列于表6-4-3。试求碎石、石屑和矿粉三种集料在要求级配混合料中的用量比例,已知某细粒式混凝土 AC-13 的级配范围,见表6-4-3。

原有集料的分计筛余、通过率和混合料要求的级配范围　　　　表6-4-3

筛孔尺寸 d_i (mm)	碎石 分计筛余 $a_{A(i)}$(%)	碎石 通过百分率 P_i(%)	石屑 分计筛余 $a_{B(i)}$(%)	石屑 通过百分率 P_i(%)	矿粉 分计筛余 $a_{C(i)}$(%)	矿粉 通过百分率 P_i(%)	矿质混合料要求级配范围通过百分率(%)
16	—	100	—	100	—	100	100
13.2	5.2	94.8	—	100	—	100	95~100
9.5	41.7	53.1	—	100	—	100	70~88
4.75	50.5	2.6	1.6	98.4	—	100	48~68
2.36	2.6	—	24.0	74.4	—	100	36~53
1.18	—	—	22.5	51.9	—	100	24~41
0.6	—	—	16.0	35.9	—	100	18~30
0.3	—	—	12.4	23.5	—	100	12~22
0.15	—	—	11.5	12.0	—	100	8~16
0.075	—	—	10.8	1.2	13.2	86.8	4~8

【解】

(1)计算要求级配的分计筛余。先将表6-4-3 中矿质混合料的要求级配范围的通过百分率换算为累计筛余百分率,然后计算分计筛余百分率,计算结果列于表6-4-4。

原有集料的分计筛余和混合料通过量要求级配范围　　　　表6-4-4

筛孔尺寸 d_i(mm)	碎石的分计筛余 $a_{A(i)}$(%)	石屑分计筛余 $a_{B(i)}$(%)	矿粉的分计筛余 $a_{C(i)}$(%)	按累计筛余计计级配范围 $A_{(n1\sim n2)}$(%)	按累计筛余计级配范围中值 $A_{m(i)}$(%)	按分计筛余计级配范围中值 $a_{M(i)}$(%)
16.0	—	—	—	0	0	0
13.2	5.2	—	—	0~5	2.5	2.5
9.5	41.7	—	—	12~30	21.0	18.5
4.75	50.5	1.6	—	32~52	42.0	21.0
2.36	2.6	24.0	—	47~64	55.5	13.5
1.18	—	22.5	—	59~76	67.5	12.0
0.6	—	16.0	—	70~82	76.0	8.5
0.3	—	12.4	—	78~88	83.0	7.0
0.15	—	11.5	—	84~92	88.0	5.0
0.075	—	10.8	13.2	92~96	94.0	6.0
<0.075	—	1.2	86.8	—	100	6.0
合计	Σ=100	Σ=100	Σ=100			Σ=100

(2)计算碎石在矿质混合料中用量。由表6-4-4可知,碎石中占优势的粒径为4.75mm,假设混合料中4.75mm的粒径全部由碎石提供。$a_{B(4.75)} = a_{C(4.75)} = 0$,由式(6-4-8)可得:

$$X = \frac{a_{M(4.75)}}{a_{A(4.75)}} \times 100 = \frac{21.0}{50.5} \times 100 = 41.6(\%)$$

(3)计算矿粉在矿质混合料中的用量。同理,矿粉中占优势的粒径为 < 0.075mm,即假设 $a_{A(<0.075)} = a_{B(<0.075)} = 0$,则由式(6-4-9)得:

$$Z = \frac{a_{M(<0.075)}}{a_{C(<0.075)}} \times 100 = \frac{6.0}{86.8} \times 100 = 6.9(\%)$$

(4)计算石屑在混合料中用量。由式(6-4-10)得:

$$Y = 100 - (X + Z) = 100 - 41.6 - 6.9 = 51.5(\%)$$

(5)校核。根据以上计算得到矿质混合料的组成配合比为:

$$碎石:石屑:矿粉 = 41.6\% : 51.5\% : 6.9\%$$

按表6-4-5进行计算并校核。校核结果符合细粒式混凝土 AC-13 的级配范围要求。如不符合级配范围应调整配合比再进行试算,经过几次调整,逐步渐进,直到达到要求。如经计算确不能符合级配要求,应调整或增加集料品种。

矿质混合料配合组成计算和校核表 表6-4-5

材料组成		筛孔尺寸(方孔筛,mm)									
		16	13.2	9.5	4.75	2.36	1.18	0.6	0.3	0.15	0.075
		通过百分率(%)									
原材料级配	碎石100%	100	94.8	53.1	2.6	0	0	0	0	0	0
	石屑100%	100	100	100	98.4	74.4	51.9	35.9	23.5	12	1.2
	矿粉100%	100	100	100	100	100	100	100	100	100	86.8
各种矿质材料在混合料中的级配	碎石41.6%	41.6	39.4	22.1	1.1	0.0	0.0	0.0	0.0	0.0	0.0
	石屑51.5%	51.5	51.5	51.5	50.7	38.3	26.7	18.5	12.1	6.2	0.6
	矿粉6.9%	6.9	6.9	6.9	6.9	6.9	6.9	6.9	6.9	6.9	6.0
合成级配		100	97.8	80.5	58.7	45.2	33.6	25.4	19.0	13.1	6.6
级配范围		100	95~100	70~88	48~68	36~53	24~41	18~30	12~22	8~16	4~8
级配中值		100	97.5	79	58	44.5	32.5	24	17	12	6

2. 图解法

我国现行规范推荐采用的图解法即修正平衡面积法。该法是采用一条直线来代替集料的级配曲线。由3种以上的多种集料进行组配时,采用此方法进行设计十分方便。

修正平衡面积法的设计步骤如下:

1)绘制级配曲线

(1)计算要求级配范围通过率的中值,作为设计依据。

(2)根据级配范围中值,确定相应的横坐标的位置。先绘制一矩形图框,长宽适宜即可,

连接对角线 OO'（图6-4-5）作为要求级配的中值。纵坐标按算术坐标，标出通过百分率（0~100%）。根据合成级配中值要求的各筛孔通过百分率，从纵坐标引平行线与对角线相交，再从交点作垂线与横坐标相交，其交点即为对应的各筛孔尺寸的位置。

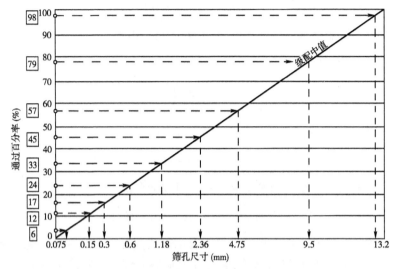

图6-4-5 图解法用级配曲线坐标

（3）在坐标图上绘制各种集料的级配曲线，如图6-4-6所示。

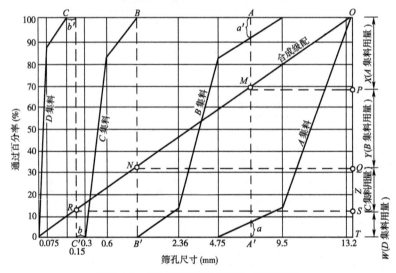

图6-4-6 各种集料级配曲线和合成级配曲线

2）确定各种集料的用量比例

从级配曲线（图6-4-6）上最粗集料开始，依次分析两种相邻集料的级配曲线，直至最细集料。两相邻集料的级配曲线可能出现的情况有图6-4-6所示的三种情况。

（1）两相邻级配曲线重叠。如集料A级配曲线下部与集料B级配曲线上部粒径重叠，此时，应进行等分，即在两级配曲线相重叠的部分引一条使 $a = a'$ 的垂线 AA'，再通过垂线 AA' 与对角线 OO' 的交点 M 作一水平线交纵坐标于 P 点，OP 即为集料A的用量比例。

(2)两相邻级配曲线相接。如集料 B 的级配曲线末端与集料 C 的级配曲线首端正好在一垂直线上,此时应进行连分。即将集料 B 级配曲线的末端与集料 C 级配曲线的首端相联,即为垂线 BB',再通过垂线 BB' 与对角线 OO' 的交点 N 作一水平线交纵坐标于 Q 点,PQ 即为集料 B 的用量比例。

(3)两相邻级配曲线相离。如集料 C 级配曲线的末端与集料 D 级配曲线的首端相离一段距离,此时应进行平分。即作一垂线 CC' 平分相离的距离(即 $b = b'$),再通过垂线 CC' 与对交线 OO' 的交点 R 作一水平线交纵坐标于 S 点,QS 即为集料 C 的用量比例。

剩余部分 ST 即为集料 D 的用量比例。

3)校核

按图解所得各种集料的用量比例计算校核合成级配是否符合要求,如不能符合级配范围要求,应调整各集料的比例或增加集料品种,直至符合要求为止。

【例 6-4-3】 现有碎石、砂和矿粉三种集料,筛析试验结果列于表 6-4-6。要求将上述三种集料组配成符合细粒式沥青混合料级配要求(表 6-4-7)的矿质混合料,试确定各种集料的用量比例。

组成集料筛析结果　　　　　　　　　　表 6-4-6

材料名称	筛孔尺寸(mm)								
	16	13.2	9.5	4.75	2.36	1.18	0.6	0.3	0.15	0.075
	通过百分率(%)								
碎石	100	95.3	63.1	27.9	8.0	2.2	1.0	0	0	0
砂	100	100	100	100	100	89.7	60.4	35.2	9.8	0.7
矿粉	100	100	100	100	100	100	100	100	97.3	88.6

规范要求的混合料级配　　　　　　　　　表 6-4-7

混合料类型和级配		筛孔尺寸(mm)								
		16	13.2	9.5	4.75	2.36	1.18	0.6	0.3	0.15	0.075
		通过率(%)								
细粒式沥青混凝土	级配范围	100	95~100	70~88	48~68	36~53	24~41	18~30	12~22	8~16	4~8
	级配中值	100	97.5	79	58	44.5	32.5	24	17	12	6

【解】

(1)绘制一个大小适宜的矩形,按算术坐标标出纵坐标,如图 6-4-7 所示。

(2)连对角线 OO',在纵坐标上找出各筛孔的要求通过百分率,作水平线与对角线 OO' 相交,再从各交点作垂线交于横坐标上,确定各筛孔在横坐标上的位置。

(3)将碎石、砂和矿粉的级配曲线绘于图 6-4-7。

(4)在碎石和砂级配曲线相重叠部分作垂线 AA'(即使得 $a = a'$),自 AA' 与对角线 OO' 的交点 M 引一水平线交纵坐标于 P 点。OP 的长度 $X = 61\%$ 即为碎石的用量比例。

同理,求出砂的用量比例 $Y = 29\%$。剩余部分 $Z = 10\%$,即为矿粉的用量比例。

(5)按图解所得各集料的用量比例进行校核,见表 6-4-8。

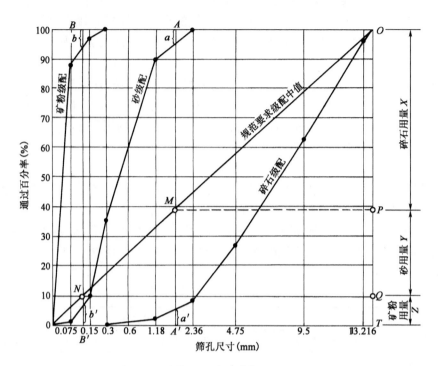

图 6-4-7 级配曲线

从表 6-4-8 可以看出,按碎石∶砂∶矿粉 = 61%∶29%∶10% 计算结果,合成级配中 $P_{0.075}$ = 9.1%,超出了规范级配要求(4% ~ 8%),为此,必须进行调整。

(6)调整。因为通过 0.075mm 的颗粒太多,而 0.075mm 的颗粒主要分布于矿粉中,故应减少矿粉,增加碎石和砂的用量。经调试,采用碎石∶砂∶矿粉 = 62%∶31%∶7% 的比例时,合成级配曲线正好在规范要求级配范围的中值附近,见表 6-4-8 中括号内的数值。

矿质混合料配合组成计算和校核　　　　　　　　　　表 6-4-8

材料组成		筛孔尺寸(方孔筛,mm)								
		16	13.2	9.5	4.75	2.36	1.18	0.6	0.3	0.15	0.075
		通过百分率(%)								
原材料级配	碎石 100%	100	95.3	63.1	27.9	8.0	2.2	1.0	0	0	0
	砂 100%	100	100	100	100	100	89.7	60.4	35.2	9.8	0.7
	矿粉 100%	100	100	100	100	100	100	100	100	97.3	88.6
各种矿质材料在混合料中的级配	碎石 61%(62%)	61.0(62.0)	58.1(59.1)	38.5(39.1)	17.0(17.3)	4.9(5.0)	1.3(1.4)	0.6(0.6)	0(0)	0(0)	0(0)
	砂 29%(31%)	29.0(31.0)	29.0(31.0)	29.0(31.0)	29.0(31.0)	29.0(31.0)	26.0(27.8)	17.5(18.7)	10.2(10.9)	2.8(3.0)	0.2(0.2)
	矿粉 10%(7%)	10.0(7.0)	10.0(7.0)	10.0(7.0)	10.0(7.0)	10.0(7.0)	10.0(7.0)	10.0(7.0)	10.0(7.0)	9.7(6.8)	8.9(6.2)

续上表

材料组成	筛孔尺寸(方孔筛,mm)									
	16	13.2	9.5	4.75	2.36	1.18	0.6	0.3	0.15	0.075
	通过百分率(%)									
合成级配	100 (100)	97.1 (97.1)	77.5 (77.1)	56.0 (55.3)	43.9 (43.0)	37.4 (36.2)	28.1 (26.3)	20.2 (17.9)	12.6 (9.8)	9.1 (6.4)
级配范围	100	95~100	70~88	48~68	36~53	24~41	18~30	12~22	8~16	4~8
级配中值	100	97.5	79	58	44.5	32.5	24	17	12	6

注:表中括号内数据为调整后的配合比和级配。

(7)将调整后的合成级配绘于规范要求的级配范围曲线中,如图 6-4-8 所示。从图中可明显看出,合成级配曲线完全在规范要求的级配范围内,表明所确定的矿料组成符合要求。

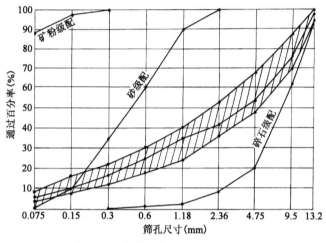

图 6-4-8 集料和合成级配的级配曲线

课题五 热拌沥青混合料配合比设计方法

热拌沥青混合料配合比设计包括:目标配合比设计阶段、生产配合比设计阶段和生产配合比验证阶段,通过配合比设计决定沥青混合料的材料品种、矿料级配及沥青用量。采用马歇尔试验配合比设计方法。本课题着重介绍适用于密级配沥青混凝土及沥青稳定碎石混合料的目标配合比设计。

按我国交通行业标准《公路沥青路面施工技术规范》(JTG F40—2004),热拌沥青混合料的目标配合比设计宜按图 6-5-1 所示的步骤进行。

一、矿质混合料的配合组成设计

矿质混合料配合组成设计的目的,是选配一个具有足够密实度、并且有较高内摩阻力的矿质混合料。可以根据级配理论,计算出需要的矿质混合料的级配范围,但通常是采用规范推荐的矿质混合料级配范围,按下列步骤进行:

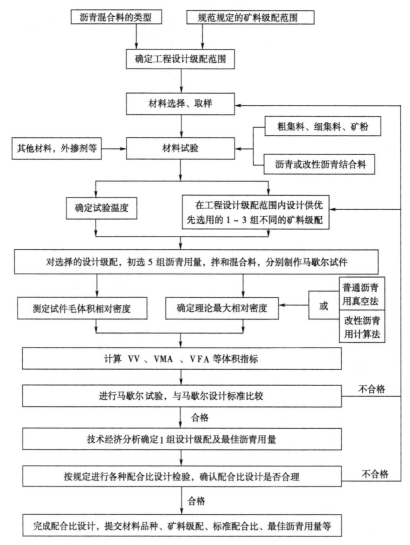

图 6-5-1 密级配沥青混合料目标配合比设计流程图

1. 确定矿质混合料类型、矿质混合料的级配范围

(1) 确定矿质混合料级配范围的依据

沥青路面工程的混合料设计级配范围由工程设计文件或招标文件规定,密级配沥青混合料宜根据公路等级、气候及交通条件按表 6-5-1 选择采用粗型(C 型)或细型(F 型)混合料,并在前文中表 6-3-9 范围内确定工程设计级配范围,根据公路等级、工程性质、气候条件、交通条件、材料品种,通过对条件大体相当的工程的使用情况进行调查研究后调整确定,必要时允许超出规范级配范围。经确定的工程设计级配范围是配合比设计的依据,不得随意变更。

(2) 调整工程设计级配范围宜遵循的原则

①对夏季温度高、高温持续时间长,重载交通多的路段,宜选用粗型密级配沥青混合料(AC-C 型),并取较高的设计空隙率。对冬季温度低且低温持续时间长的地区,或者重载交通较少的路段,宜选用细型密级配沥青混合料,并取较低的设计空隙率。

粗型和细型密级配沥青混凝土的关键性筛孔通过率　　　　表 6-5-1

混合料类型	公称最大粒径（mm）	用以分类的关键性筛孔（mm）	粗型密级配		细型密级配	
			名称	关键性筛孔通过率(%)	名称	关键性筛孔通过率(%)
AC – 25	26.5	4.75	AC – 25C	<40	AC – 25F	>40
AC – 20	19	4.75	AC – 20C	<45	AC – 20F	>45
AC – 16	16	2.36	AC – 16C	<38	AC – 16F	>38
AC – 13	13.2	2.36	AC – 13C	<40	AC – 13F	>40
AC – 10	9.5	2.36	AC – 10C	<45	AC – 10F	>45

②为确保高温抗车辙能力,同时兼顾低温抗裂性能的需要。配合比设计时宜适当减少公称最大粒径附近的粗集料用量,减少 0.6mm 以下部分细粉的用量,使中等粒径集料较多,形成 S 型级配曲线,并取中等或偏高水平的设计空隙率。

③确定各层的工程设计级配范围时应考虑不同层位的功能需要,经组合设计的沥青路面应能满足耐久、稳定、密水、抗滑等要求。

④根据公路等级和施工设备的控制水平,确定的工程设计级配范围应比规范级配范围窄,其中 4.75mm 和 2.36mm 通过率的上下限差值宜小于 12%。

⑤沥青混合料的配合比设计应充分考虑施工性能,使沥青混合料容易摊铺和压实,避免造成严重的离析。

2. 矿质混合料配合比计算

(1)组成材料的原始数据测定:根据现场取样,对粗集料、细集料和矿粉进行筛析试验,按筛析结果分别绘出各组成材料的筛分曲线。并测出各组成材料的相对密度,以供计算物理常数用。

(2)计算组成材料的配合比:根据各组成材料的筛析试验资料,计算符合要求级配范围的各组成材料用量比例,宜采用试算法或图解法确定各组成材料的大致比例,再借助计算机的电子表格进行反复试配校核后确定。

对高速公路和一级公路,宜在工程设计级配范围内计算 1～3 组粗细不同的配比,绘制设计级配曲线,分别位于工程设计级配范围的上方、中值及下方。设计合成级配不得有太多的锯齿形交错,且在 0.3～0.6mm 范围内不出现"驼峰"。当反复调整不能满意时,宜更换材料设计。

二、确定沥青混合料的最佳沥青用量

沥青混合料的最佳沥青用量(Optimum Asphalt Content,OAC),可以通过试验的方法确定,目前最常用的是马歇尔法。

我国交通行业标准《公路沥青路面施工技术规范》(JTG F40—2004)规定的方法,是在马歇尔法和美国沥青学会方法的基础上,结合我国多年研究成果和生产实践总结发展起来更为完善的方法。该法确定沥青最佳用量按下列步骤:

1. 确定预估油石比

(1)按式(6-5-1)和式(6-5-2)计算矿料混合料的合成毛体积相对密度 γ_{sb}、合成表观相对密度 γ_{sa}。

$$\gamma_{sb} = \frac{100}{\dfrac{P_1}{\gamma_1} + \dfrac{P_2}{\gamma_2} + \cdots + \dfrac{P_n}{\gamma_n}} \tag{6-5-1}$$

$$\gamma_{sa} = \frac{100}{\dfrac{P_1}{\gamma'_1} + \dfrac{P_2}{\gamma'_2} + \cdots + \dfrac{P_n}{\gamma'_n}} \tag{6-5-2}$$

式中：P_1、P_2、…、P_n——各种矿料成分的配比,其和为 100;

　　　γ_1、γ_2、…、γ_n——各种矿料相应的毛体积相对密度;

　　　γ'_1、γ'_2、…、γ'_n——各种矿料按试验规程方法测定的表观相对密度。

注：沥青混合料配合比设计时,均采用毛体积相对密度(无量纲),不采用毛体积密度,故无须进行密度的水温修正。

(2)按式(6-5-3)或按式(6-5-4)预估沥青混合料的适宜的油石比 P_a 或沥青用量为 P_b。

$$P_a = \frac{P_{a1} \times \gamma_{sb1}}{\gamma_{sb}} \tag{6-5-3}$$

$$P_b = \frac{P_a}{100 + \gamma_{sb}} \times 100 \tag{6-5-4}$$

式中：P_a——预估的最佳油石比(与矿料总量的百分比)(%);

　　　P_b——预估的最佳沥青用量(占混合料总量的百分数)(%);

　　　P_{a1}——已建类似工程沥青混合料的标准油石比(%);

　　　γ_{sb1}——已建类似工程集料的合成毛体积相对密度。

2. 确定矿料的有效相对密度

(1)对非改性沥青混合料,宜以预估的最佳油石比拌和 2 组混合料,采用真空法实测最大相对密度,取平均值。然后由下式反算合成矿料的有效相对密度 γ_{se}。

$$\gamma_{se} = \frac{100 - P_b}{\dfrac{100}{\gamma_t} - \dfrac{P_b}{\gamma_b}} \tag{6-5-5}$$

式中：γ_{se}——合成矿料的有效相对密度;

　　　P_b——试验采用的沥青用量(占混合料总量的百分数)(%);

　　　γ_t——试验沥青用量条件下实测得到的最大相对密度,无量纲;

　　　γ_b——沥青的相对密度(25℃/25℃),无量纲。

(2)对改性沥青及 SMA 等难以分散的混合料,有效相对密度宜直接由矿料的合成毛体积相对密度与合成表观相对密度按公式计算确定(计算方法这里不作介绍)。

3. 成型试件

以预估的油石比为中值,按一定间隔(对密级配沥青混合料通常为 0.5%),取 5 个或 5 个以上不同的油石比分别成型马歇尔试件。每一组试件的试样数按现行试验规程的要求确定,对粒径较大的沥青混合料,宜增加试件数量。

任务实施

T 0702—2000　沥青混合料试件制作方法(击实法)

43-沥青混合料试件制作方法
(击实法)(一)准备工作

44-沥青混合料试件制作方法
(击实法)(二)拌制沥青混合料

45-沥青混合料试件制作方法
(击实法)(三)成型方法

一、目的与适用范围

(1)本方法适用于标准击实法或大型击实法制作沥青混合料试件,以供试验室进行沥青混合料物理力学性质试验使用。

(2)标准击实法适用于马歇尔试验、间接抗拉试验(劈裂法)等所使用的 $\phi 101.6 mm \times 63.5 mm$ 圆柱体试件的成型。大型击实法适用于 $\phi 152.4 mm \times 95.3 mm$ 的大型圆柱体试件的成型。

(3)沥青混合料试件制作时的条件及试件数量应符合下列规定:

①当集料公称最大粒径小于或等于 26.5mm 时,采用标准击实法。一组试件的数量不少于 4 个。

②当集料公称最大粒径大于 26.5mm,宜采用大型击实法,一组试件的数量不少于 6 个。

二、仪具与材料技术要求

(1)自动击实仪:击实仪应具有自动计数、控制仪表、按钮设置、复位及暂停等功能,按其用途分为以下两种。

①标准击实仪。其由击实锤、$\phi 98.5 mm \pm 0.5 mm$ 平圆形压实头及带手柄的导向棒组成。用机械将压实锤举起,至 457.2mm±1.5mm 高度沿导向棒自由落下连续击实,标准击实锤质量 4 536g±9g。

②大型击实仪。其由击实锤、$\phi 149.4 mm \pm 0.1 mm$ 平圆形压实头及带手柄的导向棒组成。用机械将压实锤提升,从 457.2mm±2.5mm 高度沿导向棒自由落下击实,大型击实锤质量 10 210g±10g。

(2)试验室用沥青混合料拌和机。其能保证拌和温度并充分拌和均匀,可控制拌和时间,容

量不小于 10L,如图 6-5-2 所示。搅拌叶自转速度 70~80r/min,公转速度 40~50r/min。

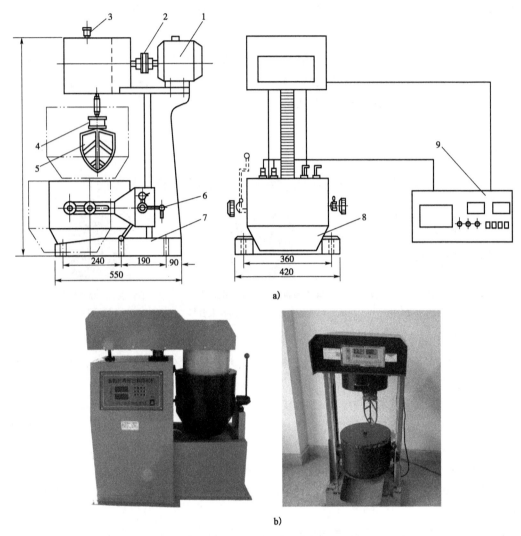

图 6-5-2 试验室用沥青混合料拌和机
a)拌和机示意图;b)拌和机实物
1-电机;2-联轴器;3-变速箱;4-弹簧;5-拌和叶片;6-升降手柄;7-底座;8-加热拌和锅;9-温度时间控制仪

(3)试模:由高碳钢或工具钢制成,几何尺寸如下:

标准击实仪试模的内径为 101.6mm ± 0.2mm,圆柱形金属筒高 87mm,底座直径约 120.6mm,套筒内径 104.8mm、高 70mm,如图 6-5-3 所示。

大型击实仪试模,套筒外径 165.1mm,内径 155.6mm ± 0.3mm,总高 83mm。试模内径 152.4mm ± 0.2mm,总高 115mm;底座板厚 12.7mm,直径 172mm。

(4)脱模器:电动或手动,可能无破损地推出圆柱体试件,备有标准试件及大型试件尺寸的推出环,如图 6-5-4 所示。

(5)烘箱:大、中型各 1 台,装有温度调节器。

(6)天平或电子天平:用于称量沥青的,感量不大于 0.1g;用于称量矿料的,感量不大于 0.5g。

(7)布洛克菲尔德黏度计。

(8)温度计:分度值为1℃。宜采用有金属插杆的插入式数显温度计,金属插杆的长度不小于150mm。量程0~300℃。

(9)其他:插刀或大螺丝刀、电炉或煤气炉、沥青熔化锅、拌和铲、标准筛、滤纸(或普通纸)、胶布、卡尺、秒表、粉笔、棉纱等。

 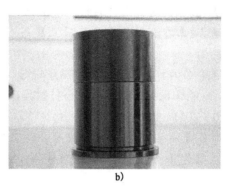

图6-5-3 分解及组合后的马歇尔试模、底座、套筒
a)试模组合前;b)试模组合后

图6-5-4 脱模器

三、准备工作

(1)确定制作沥青混合料试件的拌和与压实温度。

①按规程测定沥青的黏度,绘制黏温曲线。按表6-5-2的要求确定适宜于沥青混合料拌和及压实的等黏温度。

沥青混合料拌和及压实的沥青等黏温度   表6-5-2

沥青结合料种类	黏度和测定方法	适宜于拌和的沥青结合料黏度	适宜于压实的沥青结合料黏度
石油沥青	表观黏度,T 0625	0.17Pa·s±0.02Pa·s	0.28Pa·s±0.03Pa·s

②当缺乏沥青黏度测定条件时,试件的拌和与压实温度可按表6-5-3选用,并根据沥青品种和标号作适当调整。针入度小、稠度大的沥青取高限,针入度大、稠度小的沥青取低限,一般取中值。

沥青混合料拌和及压实温度参考表 表6-5-3

沥青结合料种类	拌和温度(℃)	压实温度(℃)
石油沥青	130~160	120~150
煤沥青	90~120	80~110
改性沥青	160~175	140~170

③对改性沥青,应根据改性剂的品种和用量,适当提高混合料的拌和和压实温度,对大部分聚合物改性沥青,通常在普通沥青的基础上提高10~20℃;掺加纤维时,尚需再提高10℃左右。

④常温沥青混合料的拌和及压实在常温下进行。

(2)在拌和厂或施工现场采集沥青混合料制作试样时,按《公路工程沥青及沥青混合料试验规程》(JTG E20—2011)中 T 0701—2011 的方法取样。将试样置于烘箱中加热或保温,在混合料中插入温度计测量温度,待混合料温度符合要求后成型,如图6-5-5所示。需要拌和时可倒入已加热的室内沥青混合料拌和机中适当拌和,时间不超过1min。不得在电炉或明火上加热炒拌。

(3)在试验室人工配制沥青混合料时,试件制作按下列步骤进行:

①将各种规格的矿料置于105℃±5℃的烘箱中烘干至恒重(一般不少于4~6h)。

②将烘干分级的粗细集料,按每个试件设计级配要求称其质量,在一金属盘中混合均匀,矿粉单独放入小盆里,置烘箱中加热至沥青拌和温度以上约15℃(采用石油沥青时通常为163℃;采用改性沥青时通常需180℃)备用。一般按一组试件(每组4~6个)备料,但进行配合比设计时宜对每个试件分别备料。常温沥青混合料的矿料不应加热。

③将按规程采取的沥青试样,用烘箱加热至规定的沥青混合料拌和温度,但不得超过175℃。当不得已采用燃气炉或电炉直接加热进行脱水时,必须使用石棉垫隔开。

四、拌制沥青混合料(教材中仅介绍黏稠石油沥青混合料)

(1)用沾有少许黄油的棉纱擦净试模、套筒及击实座等,置100℃左右烘箱中加热1h备用。常温沥青混合料用试模不加热,如图6-5-6所示。

图6-5-5 将混合料中插入温度计置于烘箱中加热

图6-5-6 试模、套筒及底座置烘箱中加热

(2)将沥青混合料拌和机提前预热至拌和温度以上10℃左右。

(3)将加热的粗细集料置于拌和机中,用小铲子适当混合,然后再加入需要数量的沥青

(沥青一般用减量法称量;如沥青已称量在一专用容器内时,可在倒掉沥青后用一部分热矿粉将黏在容器壁上的沥青擦拭掉并一起倒入拌和锅中),开动拌和机一边搅拌一边使拌和叶片插入混合料中拌和 1~1.5min;暂停拌和,加入加热的矿粉,如图 6-5-7a)~d)所示,继续拌和至均匀为止,如图 6-5-7e)所示,并使沥青混合料保持在要求的拌和温度范围内。标准的总拌和时间为 3min。

图 6-5-7 拌和

a)粗、细集料置于拌和机中;b)已加热的沥青加入前、后分别称量;c)加入经加热并称量的沥青;d)提升搅拌叶,加入已加热的矿粉;e)出料

五、成型方法

(1)击实法的成型步骤如下:

①将拌好的沥青混合料,用小铲适当拌和均匀,称取一个试件所需的用量(标准马歇尔试件约 1200g,大型马歇尔试件约 4050g)。当已知沥青混合料的密度时,可根据试件的标准尺寸计算并乘以 1.03 得到要求的混合料数量。当一次拌和几个试件时,宜将其倒入经预热的金属盘中,用小铲适当拌和均匀分成几份,分别取用,如图 6-5-8 所示。在试件制作过程中,为防止混合料温度下降,应连盘放在烘箱中保温。

②从烘箱中取出预热的试模及套筒,用沾有少许黄油的棉纱擦拭套筒、底座及击实锤底面,将试模装在底座上,放一张圆形的吸油性小的纸,用小铲将混合料铲入试模中,用插刀或大螺丝刀沿周边插捣 15 次,中间捣 10 次。插捣后将沥青混合料表面整平,见图 6-5-9。对大型击实法的试件,混合料分两次加入,每次插捣次数同上。

③插入温度计,至混合料中心附近,检查混合料温度,如图6-5-10所示。

④待混合料温度符合要求的压实温度后,将试模连同底座一起放在击实台上固定,在装好的混合料上面垫一张吸油性小的圆纸,再将装有击实锤及导向棒的压实头放入试模中。开启电动机,使击实锤从457mm的高度自由落下到击实规定的次数(75次或50次),如图6-5-11所示。对大型试件,击实次数为75次(相应于标准击实50次)或112次(相应于标准击实75次)。

⑤试件击实一面后,取下套筒,将试模翻面,装上套筒,然后以同样的方法和次数击实另一面。

⑥试件击实结束后,立即用镊子取掉上下面的纸,用卡尺量取试件离试模上口的高度并由此计算试件高度,如图6-5-12所示。高度不符合要求时,试件应作废,并按式(6-5-6)调整试件的混合料质量,以保证高度符合63.5mm±1.3mm(标准试件)或95.3mm±2.5mm(大型试件)的要求。

图6-5-8 均匀分成几份

图6-5-9 用插刀或大螺丝刀沿周边插捣

图6-5-10 插入温度计检查混合料温度

图6-5-11 马歇尔击实仪击实

图6-5-12 用卡尺量取试件离试模上口的高度

$$\text{调整后混合料质量} = \frac{\text{要求试件高度} \times \text{原用混合料质量}}{\text{所得试件的高度}} \tag{6-5-6}$$

(2)卸去套筒和底座,将装有试件的试模横向放置冷却至室温后(不少于12h),如图6-5-13所示。置脱模机上脱出试件,如图6-5-14所示。用于规程 T 0709—2011 作现场马歇尔指标检验的试件,在施工质量检验过程中如急需试验,允许采用电风扇吹冷1h或浸水冷却3min以上的方法脱模,但浸水脱模法不能用于测量密度、空隙率等各项物理指标。

(3)将试件仔细置于干燥洁净的平面上,供试验用。

图6-5-13 装有试件的试模横向放置冷却

图6-5-14 置脱模机上脱出试件

4. 测定、计算试件物理指标

(1)为确定沥青混合料的沥青最佳用量,需按规定的试验方法,测定压实沥青混合料试件的毛体积相对密度 γ_f 和吸水率,通常采用表干法测定毛体积相对密度;对吸水率大于2%的试件,宜改用蜡封法测定的毛体积相对密度。

毛体积密度是指压实沥青混合料单位体积(含混合料的实体矿物成分及不吸收水分的闭口孔隙、能吸收水分的开口孔隙等颗粒表面轮廓线所包围的全部毛体积)的干质量。

(2)确定沥青混合料的最大理论相对密度。

沥青混合料试件的理论密度是指压实沥青混合料试件全部为矿料(包括矿料自身内部的孔隙)及沥青所占有,空隙率为零的理想状态下的最大密度。

①对非改性的普通沥青混合料,在成型马歇尔试件的同时,要求用真空法实测各组沥青混合料的最大理论相对密度 γ_{ti}。当只对其中一组油石比测定最大理论相对密度时,也可按式(6-5-7)或式(6-5-8)计算其他不同油石比时的最大理论相对密度 γ_{ti}。

②对改性沥青或SMA混合料宜按式(6-5-7)或式(6-5-8)计算各个不同沥青用量混合料的最大理论相对密度。

$$\gamma_{ti} = \frac{100 + P_{ai}}{\dfrac{100}{\gamma_{se}} + \dfrac{P_{ai}}{\gamma_b}} \tag{6-5-7}$$

$$\gamma_{ti} = \frac{100}{\dfrac{P_{si}}{\gamma_{se}} + \dfrac{P_{bi}}{\gamma_b}} \tag{6-5-8}$$

式中：γ_{ti}——相对于计算沥青用量P_{bi}时沥青混合料的最大理论相对密度，无量纲；

P_{ai}——所计算的沥青混合料中的油石比(%)；

P_{bi}——所计算的沥青混合料的沥青用量，$P_{bi} = P_{ai}/(1 + P_{ai})$ (%)；

P_{si}——所计算的沥青混合料的矿料含量，$P_{si} = 100 - P_{bi}$ (%)。

(3)计算沥青混合料试件的空隙率、矿料间隙率(VMA)、有效沥青的饱和度(VFA)等体积指标，进行体积组成分析。

①空隙率　沥青混合料内矿料及沥青以外的空隙（不包括矿料自身内部已被沥青封闭的孔隙）的体积占试件总体积的百分率，以 VV 表示。

②沥青体积百分率　压实沥青混合料试件内沥青的体积占试件总体积的百分率，以 VA 表示。

③矿料间隙率　压实沥青混合料试件内矿料部分以外的体积占试件总体积的百分率，即试件空隙率与沥青体积百分率之和，以 VMA 表示。

④有效沥青饱和度　压实沥青混合料试件内有效沥青含量体积占矿料骨架以外的空隙部分体积(VMA)的百分率，以 VFA 表示。

$$VV = \left(1 - \frac{\gamma_f}{\gamma_t}\right) \times 100 \qquad (6\text{-}5\text{-}9)$$

$$VMA = \left(1 - \frac{\gamma_f}{\gamma_{sb}} \times P_s\right) \times 100 \qquad (6\text{-}5\text{-}10)$$

$$VFA = \frac{VMA - VV}{VMA} \times 100 \qquad (6\text{-}5\text{-}11)$$

式中：VV——试件的空隙率(%)；

VMA——试件的矿料间隙率(%)；

VFA——试件的有效沥青饱和度（有效沥青含量占 VMA 的体积比例）(%)；

γ_f——测定的试件的毛体积相对密度，无量纲；

P_s——各种矿料占沥青混合料总质量的百分率之和，即 $P_s = 100 - P_b$ (%)；

其余符号意义同前。

任务实施

T 0705—2011　压实沥青混合料密度试验（表干法）

46-压实沥青混合料密度试验（表干法）

[其中包含水中重法(T 0706—2011)测定表观相对密度和表观密度方法，表述时用括号注明]

一、目的与适用范围

(1)表干法适用于测定吸水率不大于 2% 的各种沥青混合料试件，包括密级配沥青混凝土、沥青玛蹄脂碎石混合料(SMA)和沥青稳定碎石等沥青混合料试件的毛体积相对密度和毛体积密度。标准温度为25℃±0.5℃。(水中重法适用于测定吸水率小于0.5%的密实沥青混合料试件的表观相对密度和表观密度)

(2)本方法测定的毛体积相对密度和毛体积密度适用于计算沥青混合料试件的空隙率、矿料间隙率等各项体积指标。

二、仪具与材料技术要求

(1)浸水天平或电子天平:如图6-5-15所示,当最大称量在3kg以下时,感量不大于0.1g;最大称量3kg以上时,感量不大于0.5g。应有测量水中重的挂钩。

(2)网篮,如图6-5-15所示。

(3)溢流水箱:如图6-5-15所示,使用洁净水,有水位溢流装置,保持试件和网篮浸入水中后的水位一定。能调整水温至25℃±0.5℃。

(4)试件悬吊装置:天平下方悬吊网篮及试件的装置,吊线应采用不吸水的细尼龙线绳,并有足够的长度。对轮碾成型机成型的板块状试件可用铁丝悬挂。

(5)毛巾。

(6)电风扇或烘箱。

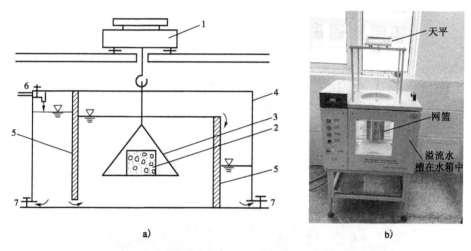

图6-5-15 浸水天平、网篮及溢流水箱示意图、实物图
a)浸水天平、网篮及溢流水箱示意图;b)浸水天平、网篮及溢流水箱实物
1-浸水天平或电子秤;2-试件;3-网篮;4-溢流水箱;5-水位隔板;6-注入口;7-放水阀门

三、方法与步骤

(1)准备试件。本试验可以采用室内成型的试件,也可以采用工程现场钻芯、切割等方法获得的试件。当采用现场钻芯取样时,应按照《公路工程沥青及沥青混合料试验规程》(JTG E20—2011)T 0710—2011的方法进行。试验前试件宜在阴凉处保存(温度不宜高于35℃),且放在水平的平面上,注意不要使试件产生变形。

(2)选择适宜的浸水天平或电子天平,最大称量应满足试件质量的要求。

(3)除去试件表面的浮粒,称取干燥试件的空中质量(m_a),根据选择的天平感量读数,准确到0.1g或0.5g。

(4)将溢流水箱水温保持在25℃±0.5℃,如图6-5-16所示。挂上网篮,浸入溢流水箱中,调节水位,将天平调平并复零,把试件置于网篮中(注意不要晃动水)浸水 3~5min(水中重法由于试件致密,此处改为待天平稳定后立即读数,无须浸水 3~5min),称取水中质量(m_w)。(水中重法是由于试件非常致密,几乎不吸水,待天平稳定后即可读数,称取水中质量 m_w),如图 6-5-17 所示。若天平读数持续变化,不能很快达到稳定,说明试件吸水较严重,不适用于此法测定,应改用蜡封法测定。

图 6-5-16　溢流水箱水温保持在 25℃ ±0.5℃

a)　　　　　　　　　　　　　　　　　　b)

图 6-5-17　称取水中质量

a)天平调零;b)试件置于网篮中,称取水中质量

(5)从水中取出试件,用洁净柔软的拧干湿毛巾轻轻擦去试件的表面水(不得吸走空隙内的水),称取试件的表干质量(m_f),如图 6-5-18 所示。从试件拿出水面到擦拭结束不宜超过 5s,称量过程中流出的水不得再擦拭。(对水中重法,此步骤省略)

提示　试件表面的水不得反复擦拭,一般擦拭一次即可,以免吸走空隙内的水。

(6)对从工程现场钻取的非干燥试件,可先称取水中质量(m_w)和表干质量(m_f),然后用电风扇将试件吹干至恒重[一般不少于 12h,当不需进行其他试验时,也可用 60℃ ±5℃ 烘箱烘干至恒重],再称取空气中质量(m_a)。

 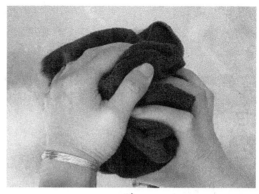

图 6-5-18　轻轻擦去试件的表面水

四、计算

(1) 计算试件的吸水率,取 1 位小数。

试件的吸水率即试件吸水体积占沥青混合料毛体积的百分率,按下式计算:

$$S_a = \frac{m_f - m_a}{m_f - m_w} \times 100 \tag{6-5-12}$$

式中:S_a——试件的吸水率(%);
　　m_a——干燥试件的空中质量(g);
　　m_w——试件的水中质量(g);
　　m_f——试件的表干质量(g)。

注:试件的吸水率不是质量比而是体积比。

(2) 按式(6-5-13)和式(6-5-14)计算用水中重法测定的沥青混合料试件的表观相对密度和表观密度,取 3 位小数。

$$\gamma_a = \frac{m_a}{m_a - m_w} \tag{6-5-13}$$

$$\rho_a = \frac{m_a}{m_a - m_w} \cdot \rho_w \tag{6-5-14}$$

式中:γ_a——在 25℃ 温度条件下试件的表观相对密度,无量纲;
　　ρ_a——在 25℃ 温度条件下试件的表观密度(g/cm³);
　　m_a——干燥试件的空中质量(g);
　　m_w——试件的水中质量(g);
　　ρ_w——在 25℃ 温度条件下水的密度,取 0.997 1g/cm³。

(3) 计算试件的毛体积相对密度和毛体积密度,取 3 位小数。

按式(6-5-15)及式(6-5-16)计算用表干法测定的试件的毛体积相对密度和毛体积密度,取 3 位小数。

$$\gamma_f = \frac{m_a}{m_f - m_w} \tag{6-5-15}$$

$$\rho_\mathrm{f} = \frac{m_\mathrm{a}}{m_\mathrm{f} - m_\mathrm{w}} \times \rho_\mathrm{w} \tag{6-5-16}$$

式中：γ_f——试件毛体积相对密度，无量纲；

ρ_f——试件毛体积密度（g/cm^3）；

ρ_w——25℃时水的密度，取 0.997 1 g/cm^3。

注：(1)以上密度指标，由水中重法计算得到表观相对密度和表观密度；由表干法计算毛体积相对密度和毛体积密度、表干相对密度和表干密度。

(2)空隙率、矿料间隙率、有效沥青饱和度等指标的计算按前述公式计算。

五、报告

应在试验报告中注明沥青混合料的类型及测定密度采用的方法。

六、允许误差

试件毛体积密度试验重复性允许误差为 0.020 g/cm^3。试件毛体积相对密度试验重复性允许误差为 0.020 g/cm^3。

5.测定试件力学指标

为确定沥青混合料的沥青最佳用量，应测定沥青混合料的下列力学指标：马歇尔稳定度、流值。

三、确定最佳沥青用量 OAC

(1)绘制沥青用量与物理—力学指标关系。

以油石比或沥青用量为横坐标，以毛体积密度、空隙率、饱和度、稳定度和流值为纵坐标，分别将试验结果点入图中，连成圆滑的曲线，并使密度及稳定度曲线出现峰值，如图 6-5-19 所示。

(2)确定最佳沥青用量初始值 OAC_1。

①在曲线求取相应于密度最大值、稳定度最大值、目标空隙率（或中值）、沥青饱和度范围的中值的沥青用量 a_1、a_2、a_3、a_4。求取四者的平均值作为最佳沥青用量的初始值 OAC_1，即：

$$OAC_1 = \frac{a_1 + a_2 + a_3 + a_4}{4} \tag{6-5-17}$$

②如果在所选择的沥青用量范围未能涵盖沥青饱和度的要求范围，则求取三者的平均值作为 OAC_1，即：

$$OAC_1 = \frac{a_1 + a_2 + a_3}{3} \tag{6-5-18}$$

③对所选择试验的沥青用量范围，密度或稳定度没有出现峰值（最大值经常在曲线的两端）时，可直接以目标空隙率所对应的沥青用量 a_3 作为 OAC_1，但 OAC_1 必须介于下面介绍的 $OAC_{min} \sim OAC_{max}$ 范围内。否则应重新进行配合比设计。

(3)确定沥青最佳用量 OAC_2。

按图 6-5-19 求出各项技术指标均符合沥青混合料技术标准（表 6-2-2）（不含 VMA）的沥青用量范围 $OAC_{min} \sim OAC_{max}$，其中值为 OAC_2，即：

$$OAC_2 = \frac{OAC_{min} + OAC_{max}}{2} \tag{6-5-19}$$

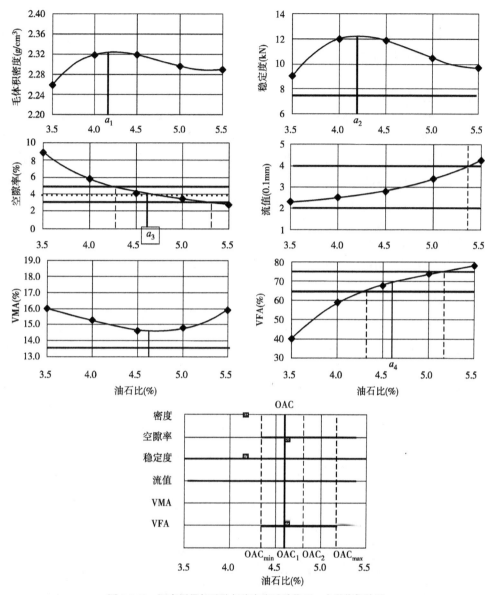

图 6-5-19 沥青用量与马歇尔稳定度试验物理—力学指标关系

注:$a_1 = 4.2\%$,$a_2 = 4.2\%$,$a_3 = 4.6\%$,$a_4 = 4.6\%$,$OAC_1 = 4.4\%$(由 4 个平均值确定),$OAC_{min} = 4.3\%$,$OAC_{max} = 5.2\%$,$OAC_2 = 4.8\%$,$OAC = 4.6\%$。此例中相对于空隙率 4% 的油石比为 4.6%

(4)根据 OAC_1 和 OAC_2 综合确定最佳沥青用量 OAC。通常情况下取 OAC_1 及 OAC_2 的中值作为计算的最佳沥青用量 OAC。检查图 6-5-19 中相应于此 OAC 的各项指标是否均符合马歇尔试验技术标准。

$$OAC = \frac{OAC_1 + OAC_2}{2} \tag{6-5-20}$$

(5)调整确定最佳沥青用量 OAC。根据实践经验和公路等级、气候条件、交通情况,调整确定最佳沥青用量OAC。

①调查当地各项条件相接近的工程的沥青用量及使用效果,论证适宜的最佳沥青用量。检查计算得到的最佳沥青用量是否相近,如相差甚远,应查明原因,必要时重新调整级配,进行配合比设计。

②对炎热地区公路以及高速公路、一级公路的重载交通路段,山区公路的长大坡度路段,预计有可能产生较大车辙时,宜在空隙率符合要求的范围内将计算的最佳沥青用量减小0.1%～0.5%作为设计沥青用量。此时,除空隙率外的其他指标可能会超出马歇尔试验配合比设计技术标准,如果试验段试拌试铺通过加强碾压,空隙率仍未达到调整前的水平,且渗水系数达不到要求时,宜减小沥青用量调整幅度。

③对寒区公路、旅游公路、交通量很少的公路,最佳沥青用量可以在OAC的基础上增加0.1%～0.3%,以适当减小设计空隙率,但不得降低压实度要求。

(6)计算沥青结合料被集料吸收的比例及有效沥青含量。

(7)检验最佳沥青用量时的粉胶比和有效沥青膜厚度。

四、配合比设计检验

对用于高速公路和一级公路的密级配沥青混合料,需在配合比设计的基础上按交通行业标准《公路沥青路面施工技术规范》(JTG F40—2004)要求进行各种使用性能的检验,不符合要求的沥青混合料,必须更换材料或重新进行配合比设计。

(1)高温稳定性检验 对公称最大粒径等于或小于19mm的混合料,按规定方法,在60℃条件下用车辙试验机对设计的沥青用量检验其动稳定度。动稳定度应符合表6-5-4要求。

沥青混合料车辙试验动稳定度技术要求 表6-5-4

气候条件与技术指标	相应于下列气候分区所要求的动稳定度(次/mm)								试验方法
七月平均最高气温(℃)及气候分区	>30				20～30			<20	
	1. 夏炎热区				2. 夏热区			3. 夏凉区	
	1-1	1-2	1-3	1-4	2-1	2-2	2-3	2-4	3-2	
普通沥青混合料 (≥)	800		1 000		600		800		600	T 0719
改性沥青混合料 (≥)	2 400		2 800		2 000		2 400		1 800	

(2)水稳定性检验。按规定的试验方法进行浸水马歇尔试验和冻融劈裂试验,残留稳定度及残留强度比均必须符合表6-5-5要求。

沥青混合料水稳定性检验技术要求 表6-5-5

气候条件与技术指标	相应于下列气候分区的技术要求(%)				试验方法
年降雨量(mm)及气候分区	>1 000	500～1 000	250～500	<250	
	1. 潮湿区	2. 湿润区	3. 半干区	4. 干旱区	
浸水马歇尔试验残留稳定度(%,≥)					
普通沥青混合料	80		75		T 0709
改性沥青混合料	85		80		

续上表

气候条件与技术指标	相应于下列气候分区的技术要求(%)				试验方法
年降雨量(mm)及气候分区	>1 000	500~1 000	250~500	<250	
	1.潮湿区	2.湿润区	3.半干区	4.干旱区	
冻融劈裂试验的残留强度比(%,≥)					
普通沥青混合料	75		70		T 0729
改性沥青混合料	80		75		

(3)低温抗裂性能检验。对公称最大粒径小于或等于19mm的混合料,按规定方法进行低温弯曲试验,其破坏应变宜符合表6-5-6要求。

沥青混合料低温弯曲试验破坏应变(με)技术要求　　表6-5-6

气候条件与技术指标	相应于下列气候分区所要求的破坏应变(με)								试验方法
年极端最低气温(℃)及气候分区	<-37.0		-21.5~-37.0			-9.0~-21.5		>-9.0	
	1.冬严寒区		2.冬寒区			3.冬冷区		4.冬温区	
	1-1	2-1	1-2	2-2	3-2	1-3	2-3	1-4　2-4	
普通沥青混合料(≥)	2 600		2 300			2 000			T 0728
改性沥青混合料(≥)	3 000		2 800			2 500			

(4)渗水系数检验。利用轮碾机成型的车辙试件进行渗水试验检验的渗水系数宜符合表6-5-7要求。

沥青混合料试件渗水系数(mL/min)技术要求　　表6-5-7

级配类型	渗水系数要求(mL/min)	试验方法
密级配沥青混凝土(≤)	120	T 0730

(5)钢渣活性检验。对使用钢渣的沥青混合料,应按现行试验规程进行活性和膨胀性试验,钢渣沥青混凝土的膨胀量不得超过1.5%。

沥青混合料配合比设计例题

【题目】 试设计上海某高速公路沥青混凝土路面用沥青混合料的配合比。

【原始资料】

(1)道路等级:高速公路。
(2)路面类型:沥青混凝土。
(3)结构层位:三层式沥青混凝土的上面层。
(4)气候条件:最热月平均最高气温28℃,年极端最低气温-11℃;年降雨量750mm。
(5)交通条件:重载交通(交通量在1 000万辆以上)。
(6)工程设计级配范围:见表6-5-8,根据以往工程使用情况对该级配进行调整,调整后的级配范围见表6-5-9。

工程设计级配范围 表6-5-8

级配类型	通过下列筛孔(mm)的质量百分率(%)								
	16.0	13.2	9.5	4.75	2.36	1.18	0.6	0.3	0.15	0.075
细粒式沥青混凝土（AC-13）	100	90~100	68~85	38~68	24~50	15~38	10~28	7~20	5~15	4~8

调整后的工程设计级配范围 表6-5-9

级配类型	通过下列筛孔(mm)的质量百分率(%)								
	16.0	13.2	9.5	4.75	2.36	1.18	0.6	0.3	0.15	0.075
调整后的细粒式沥青混凝土	100	95~100	70~88	48~68	36~53	24~41	18~30	12~22	8~16	4~8

(7) 材料性能。

①沥青材料 70号、90号沥青，经检验技术性能均符合要求。

②矿质材料 石灰石轧制碎石，饱水抗压强度120MPa，洛杉矶磨耗率12%，黏附性（水煮法）4级，毛体积相对密度2.700；砂：洁净海砂，细度模数属中砂，含泥量及泥块量均<1%，毛体积相对密度2.650；石屑：石灰石轧制石屑，毛体积相对密度2.680；矿粉：石灰石磨细石粉，级配范围符合技术要求，无团粒结块，毛体积相对密度2.660。

(8) 已建类似工程沥青混合料的标准油石比：4.9%，已建类似工程集料的合成毛体积相对密度：2.72。

【设计要求】

(1) 根据现有各种矿质材料的筛析结果，用图解法确定各种矿质材料的配合比。

(2) 通过马歇尔试验。

(3) 确定最佳沥青用量。

(4) 配合比设计检验。

【解】

1. 矿质混合料配合比设计

(1) 组成材料筛析试验。根据现场取样，碎石、石屑、砂和矿粉等原材料筛分结果见表6-5-10。

组成材料筛析试验结果 表6-5-10

材料名称	筛孔尺寸(方孔筛)(mm)								
	16.0	13.2	9.5	4.75	2.36	1.18	0.6	0.3	0.15	0.075
	通过百分率(%)								
碎石	100	94	26	0	0	0	0	0	0	0
石屑	100	100	100	80	40	17	0	0	0	0
砂	100	100	100	100	94	90	76	38	17	0
矿粉	100	100	100	100	100	100	100	100	100	83

(2)组成材料配合比计算。用图解法计算组成材料配合比,如图6-5-20所示。由图解法确定各种材料用量为碎石:石屑:砂:矿粉 = 36%:31%:25%:8%。各种材料组成配合比计算见表6-5-11。将表6-5-11计算得合成级配绘于矿质混合料级配范围(图6-5-21)中。

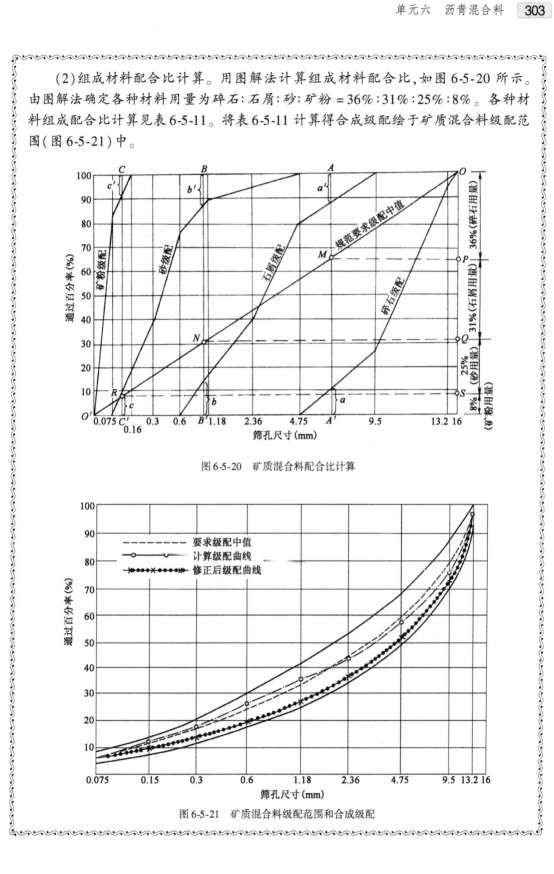

图6-5-20 矿质混合料配合比计算

图6-5-21 矿质混合料级配范围和合成级配

(3) 调整配合比。对于高速公路和一级公路,宜在工程设计级配范围内计算1~3组粗细不同的配比,级配曲线分别位于工程设计级配范围的上方、中值及下方。此处仅以位于级配范围下方的曲线计算为例。

经过组成配合比的调整,各种材料用量为碎石:石屑:砂:矿粉 = 41%:36%:15%:8%。按此计算,结果列入表6-5-11中,并将合成级配绘于图6-5-21中。由图中可看出,调整后的合成级配曲线为一光滑平顺位于级配范围下方的曲线。确定矿质混合料组成为:碎石:石屑:砂:矿粉 = 41%:36%:15%:8%。

矿质混合料组成配合计算　　表6-5-11

材料组成		筛孔尺寸(方孔筛)(mm)								
		16.0	13.2	9.5	4.75	2.36	1.18	0.6	0.3	0.15	0.075
		通过百分率(%)									
原材料级配	碎石 100%	100	94	26	0	0	0	0	0	0	0
	石屑 100%	100	100	100	80	40	17	0	0	0	0
	砂 100%	100	100	100	100	94	90	76	38	17	0
	矿粉 100%	100	100	100	100	100	100	100	100	100	83
各种矿质材料在混合料中的级配	碎石 36% (41%)	36 (41)	33.8 (38.5)	9.4 (10.7)	0 (0)	0 (0)	0 (0)	0 (0)	0 (0)	0 (0)	0 (0)
	石屑 31% (36%)	31 (36)	31 (36)	31 (36)	24.8 (28.8)	12.4 (14.4)	5.3 (6.1)	0 (0)	0 (0)	0 (0)	0 (0)
	砂 25% (15%)	25 (15)	25 (15)	25 (15)	25 (15)	23.5 (14.1)	22.5 (13.5)	19.0 (11.4)	9.5 (5.7)	4.3 (2.6)	0 (0)
	矿粉 8% (8%)	8 (8)	8 (8)	8 (8)	8 (8)	8 (8)	8 (8)	8 (8)	8 (8)	8 (8)	6.6 (6.6)
合成级配		100 (100)	97.8 (97.5)	73.4 (69.7)	57.8 (51.8)	43.9 (36.5)	35.8 (27.6)	27.0 (19.4)	17.5 (13.7)	12.3 (10.6)	6.6 (6.6)
级配范围 (AC-13)		100	95-100	70-88	48-68	36-53	24-41	18-30	12-22	8-16	4-8
级配中值		100	98	79	58	45	33	24	17	12	6

注:括号内的数字为级配调整后的各项相应数值。

2. 马歇尔试验

1) 马歇尔试验技术标准

根据公路等级、路面类型、气候条件、交通条件等查表6-2-2,得出马歇尔试验技术标准,列于表6-5-12。

2) 试件成型

(1) 选择沥青:根据公路等级、气候条件、路面类型及结构层位,并结合过去使用的经验,确定沥青等级为A级,选择70号道路石油沥青。

马歇尔试验物理—力学指标测定结果汇总表　　　表6-5-12

试件组号 No	油石比 (%)	技术指标					
		毛体积相对密度 γ_f	最大理论相对密度 γ_t	空隙率 VV(%)	矿料间隙率 VMA(%)	有效沥青饱和度 VFA(%)	稳定度 MS (kN)	流值 FL(mm)
1	4.0	2.332	2.471	5.6	16.4	65.7	8.7	1.6
2	4.5	2.360	2.476	4.7	15.8	70.3	9.7	1.9
3	5.0	2.430	2.521	3.6	13.7	73.7	10.3	2.3
4	5.5	2.428	2.508	3.2	14.2	77.5	10.2	2.8
5	6.0	2.385	2.456	2.9	16.1	82.1	9.8	3.7
技术标准 (JTG F40—2004)				3~6	详见表6-2-2	65~75	>8	2~4

(2) 确定预估油石比：按式(6-5-1)计算矿料混合料的合成毛体积相对密度 γ_{sb}，按式(6-5-3)计算适宜油石比 P_a。

$$\gamma_{sb} = \frac{100}{\frac{41}{2.70} + \frac{36}{2.68} + \frac{15}{2.65} + \frac{8}{2.66}} = 2.682$$

$$P_a = \frac{P_{a1} \times \gamma_{sb1}}{\gamma_{sb}} = \frac{4.9 \times 2.720}{2.682} = 5.0\%$$

(3) 成型试件：以预估的油石比 $P_a = 5.0\%$ 为中值，采用 0.5% 间隔变化，确定5组油石比为 4.0%、4.5%、5.0%、5.5%、6.0%，按现行试验规程的要求成型马歇尔试件。

3) 马歇尔试验

(1) 测定、计算试件物理指标

按上述方法成型的试件，经冷却、脱模后用表干法测定其毛体积相对密度、最大理论相对密度。计算沥青混合料试件的空隙率 VV、矿料间隙率 VMA、有效沥青的饱和度 VFA，结果见表6-5-12。

(2) 测定试件力学指标

测定沥青混合料试件的马歇尔稳定度及流值，结果见表6-5-12。

3. 确定最佳沥青用量(或油石比)

以油石比为横坐标，分别以毛体积密度、稳定度、空隙率、流值、矿料间隙率 VMA、有效饱和度 VFA 为纵坐标，绘制沥青用量(油石比)与物理-力学指标关系曲线。将试验结果点入图中，连成圆滑的曲线，如图6-5-22所示。

(1) 确定沥青最佳用量 OAC_1：求取相应于密度最大值、稳定度最大值、目标空隙率(或中值)、沥青饱和度范围的中值的沥青用量，分别为 $a_1 = 5.1\%$，$a_2 = 5.1\%$，$a_3 = 4.6\%$，$a_4 = 4.5\%$，则：

$$OAC_1 = \frac{a_1 + a_2 + a_3 + a_4}{4} = 4.8\%$$

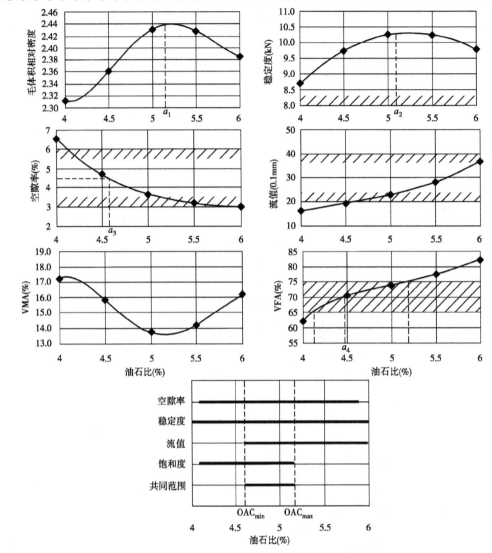

图 6-5-22 沥青用量与马歇尔稳定度试验物理—力学指标关系

(2) 确定沥青最佳用量 OAC_2，各项指标均符合技术标准（不含 VMA）的沥青用量范围：

$$OAC_{min} = 4.6\% \qquad OAC_{max} = 5.2\%$$

则：

$$OAC_2 = \frac{4.6\% + 5.2\%}{2} = 4.9\%$$

(3) 确定最佳沥青用量 OAC。

$$OAC = \frac{OAC_1 + OAC_2}{2} = \frac{4.8\% + 4.9\%}{2} = 4.9\%$$

①检验 OAC =4.9%所对应的空隙率和 VMA 值,VV =3.7%、VMA =13.8%,能够满足表 6-2-2 最小 VMA 值(按内插法约为 13.7%)要求,且位于 VMA 凹形曲线最小值的贫油一侧。

②检验 OAC 对应的各项指标均符合马歇尔试验技术标准。

(4)调整确定最佳沥青用量 OAC。

当地为夏热地区并且是高速公路的重载交通路段,预计有可能产生较大车辙,因此将最佳沥青用量 OAC 减小 0.2%,即 OAC 确定为 4.7%。

(5)计算沥青结合料被集料吸收的比例及有效沥青含量。

(6)检验最佳沥青用量时的粉胶比和有效沥青膜厚度。

4. 配合比设计检验

(1)高温稳定性检验

对公称最大粒径等于或小于 19mm 的混合料,按试验规程(JTG E20—2011)T 0719—2011 方法,以沥青用量 4.7%,在 60℃条件下用车辙试验机检验其动稳定度,试验结果列于表 6-5-13。

沥青混合料抗车辙试验　　　　　　　　　　　　　表 6-5-13

沥青用量 (%)	试验温度 T (℃)	试验轮胎压 P (MPa)	动稳定度 DS (次/mm)
OAC =4.7	60	0.7	1 030

从表 6-5-12 中试验结果可知,动稳定度符合表 6-5-4 规定的高速公路 2-4 气候区不小于 800 次/mm 的要求。

(2)水稳定性检验

按规定的试验方法进行浸水马歇尔试验和冻融劈裂试验,采用沥青用量 4.7%制备试件,在浸水 48h 后测定马歇尔稳定度及冻融劈裂残留强度比,试验结果列于表 6-5-14。

沥青混合料水稳定性试验结果　　　　　　　　　　表 6-5-14

沥青用量 (%)	马歇尔稳定度 MS(kN)	浸水马歇尔稳定度 MS_1(kN)	浸水残留稳定度 MS_0(%)	冻融劈裂残留强度比 (%)
OAC =4.7	8.3	7.6	92	86

从表 6-5-14 试验结果可知,沥青用量为 OAC =4.7%时,残留稳定度、冻融劈裂残留强度比均符合表 6-5-5 规定的沥青混凝土湿润区不小于 80%和 75%的要求。

(3)低温抗裂性能检验

对于夏热气候分区不须检验低温抗裂性能。

(4)渗水系数检验

利用车辙试件进行渗水试验检验,渗水系数为 75mL/min,符合表 6-5-7 规定不大于 120mL/min 的要求。

(5)钢渣活性检验

对使用钢渣的沥青混合料,应按规定的试验方法检验钢渣的活性及膨胀性试验,并符合规范要求。

课题六　新型沥青混合料

一、沥青玛蹄脂碎石混合料(SMA)

随着交通量尤其是重载车辆不断增加,对路面的要求越来越高。但沥青路面的高温稳定性能、低温抗裂及耐久性(抗疲劳、水稳定性和抗老化)等路用性能的要求往往是互相矛盾或相互制约的。为了提高路面的高温抗车辙能力,就要尽量采用粗级配,增大集料粒径,减小用油量,但这样的混合料低温劲度大,发脆,水密性差,很容易开裂,耐疲劳性能差,不耐久。又如,为提高低温抗裂性能,则希望使用针入度较大、用量较多的沥青,且用较细的混合料,但在夏季容易出现软化、泛油和车辙等现象。如欲提高表面粗糙度,宜采用抗滑性能好的开级配或半开级配沥青混合料,因空隙率较大,其耐久性又将受到影响。采用 SMA 再加上改性沥青,并根据当地的气候条件及交通情况进行配合比设计,就能兼顾上述相互矛盾的要求,为我们提供一条提高沥青路面各种使用性能的有效途径。

SMA 在欧洲已成功地使用 20 多年。20 世纪 80 年代初,德国公路部门把 SMA 作为一种标准材料,现已推广应用到瑞典、丹麦、法国、日本和美国等;1996 年美国佐治亚州沥青玛蹄脂碎石混合料路面被联邦公路管理局(FHWA)评为连续四年全美最佳干线。

我国最早采用 SMA 结构的是 1993 年竣工的北京首都机场高速公路。之后,首都机场东跑道加盖沥青层、东西长安街和八达岭高速公路京昌段的表面层也采用了 SMA。以上工程在使用中,各种性能良好。沥青混合料的感温性减小,其高温稳定性、低温抗裂性及水稳定性都有显著改善和提高,而且表面有良好的抗滑性能,从而全面提高了沥青路面的使用性能,延长了寿命,减少了养护维修费用。继北京之后,其他省市也先后铺筑了试验路,如天津的津港公路、103 公路改造工程。随着对改性沥青和 SMA 这种新型混合料路面结构更深入的认识,将会在更多的地区得到重视和应用。

根据国内外使用的经验,SMA 有下述优缺点:
优点:
(1)抗永久变形能力强,辙槽可减轻 30%~40%;
(2)表面粗糙度好,构造深度可达 1.5~2.0mm,噪声可减小 1~3dB;
(3)抗磨耗能力强;
(4)早期裂缝少,老化较慢,耐久性可延长 20%~40%。
缺点:
(1)造价增加约 20%;
(2)沥青和矿粉用量多,还需使用纤维素,加工较繁,生产率较低;
(3)使用性能对矿粉和沥青用量的敏感性强,适应的气温条件温差较小;
(4)新建的 SMA 潮湿状态时,有过滑的危险。

1. 概述
1)沥青玛蹄脂碎石混合料
由沥青结合料与少量的纤维稳定剂、细集料以及较多量的填料(矿粉)组成的沥青玛蹄脂填充于间断级配的粗集料骨架的间隙,组成一体的沥青混合料,简称 SMA。它主要采用粗集料,相互间构成嵌锁结构,很少使用细集料,从而形成所谓间断级配。例如,SMA-16 采用 5mm 以上集料高达 70%~80%。矿料中的空隙用沥青玛蹄脂来填充,如图 6-6-1 所示。

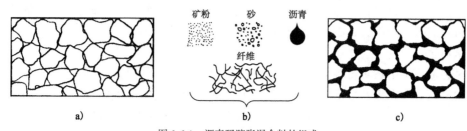

图 6-6-1 沥青玛蹄脂混合料的组成
a)粗集料骨架;b)沥青玛蹄脂;c)用玛蹄脂填充的粗集料骨架

按照公称最大粒径的大小及压实度的厚度,SMA 分为 SMA-20、SMA-16、SMA-13 和 SMA-10 四种类型。

2)术语

(1)沥青胶浆:由沥青结合料、矿粉、纤维组成的沥青玛蹄脂的黏结剂。

(2)沥青玛蹄脂:由沥青胶浆与细集料组成的混合物,用以填充沥青玛蹄脂碎石混合料(SMA)的粗集料骨架的间隙,同时起黏结作用。

(3)纤维稳定剂:在沥青玛蹄脂碎石混合料中起吸附沥青,增强结合料黏结力和稳定作用的木质素纤维、矿物纤维、聚合物化学纤维等各类纤维的名称。

(4)粗集料:在 SMA 混合料中形成嵌挤起到骨架作用的集料部分,对 SMA-13、SMA-16 是指粒径大于 4.75mm 的集料,对 SMA-10 是指粒径大于 2.36mm 的集料。

2. 组成材料

1)沥青

用于 SMA 的沥青结合料必须具有较高的黏度,与集料有良好的黏附性,以保证有足够的高温稳定性和低温韧性。对高速公路等承受繁重交通的重大工程,夏季特别炎热或冬季特别寒冷的地区,宜采用改性沥青。

2)纤维稳定剂

稳定剂在 SMA 中的作用,一是稳定沥青,二是改善低温路面性质和抗滑性。沥青玛蹄脂碎石混合料在没有纤维,沥青含量多、矿粉用量大的情况下,沥青矿粉胶浆在运输、摊铺过程中会产生流淌离析,或在成型后由于沥青膜厚而引起路面抗滑性差等现象。所以,有必要加入纤维聚合物作为稳定剂。稳定剂包括纤维和聚合物两类,也有用橡胶粉的。

3)粗集料

SMA 的高温稳定性是基于含量甚多的粗集料之间的嵌挤作用,在很大程度上取决于集料石质的坚韧性、颗粒形状和棱角性。可以说,粗集料的这些性质是 SMA 成败与否的关键。因此,用于 SMA 的粗集料应采用质地坚硬,表面粗糙,形状接近立方体,有良好的嵌挤能力的破碎集料,并必须符合现行规范相关的技术要求。

当采用酸性石料作粗集料,沥青与石料的黏附性和沥青混合料的水稳定性不符合要求时,应采用改性沥青、掺加适量消石灰粉或水泥等措施。如使用抗剥落剂时,必须确认抗剥落剂具有长期的抗水损害效果。

4)细集料

细集料宜采用专用的细料破碎机(制砂机)生产的机制砂。当采用普通石屑代替时,宜采用与沥青黏附好的石灰岩石屑,且不得含有泥土、杂物。与天然砂混用时,天然砂的用量不宜超过机制砂或石屑的用量。细集料的质量,应符合相应的技术要求。

5)填料

填料必须采用由石灰石等碱性岩石磨细的矿粉。矿粉必须保持干燥,能从石粉仓自由流出。其质量应符合相应的技术要求。为改善沥青结合料与集料的黏附性,使用消石灰粉和水泥时,其用量不应超过矿料总质量的2%。粉煤灰不得作为SMA的填料使用。

3. 混合料设计

SMA配合比设计的任务就是确定骨架和玛蹄脂部分各种材料的规格和比例,以便保证真正形成粗集料骨架,骨架间又恰好被玛蹄脂填充,玛蹄脂能真正发挥使混合料成为整体的胶结作用。SMA混合料必须规定有充分的矿料间隙率(VMA)或最小沥青用量这两个关键性技术指标。

1)设计原则

SMA混合料的配合比设计,应遵循现行规范关于热拌沥青混合料配合比设计的目标配合比、生产配合比及试拌试铺验证的三个阶段,确定矿料级配及最佳沥青用量。

SMA配合比设计采用马歇尔试件体积设计方法。混合料的体积组成结构,如图6-6-2所示。

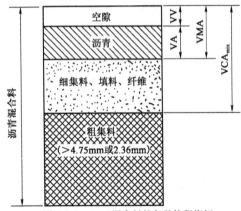

图6-6-2 SMA混合料的各种体积指标

2)SMA混合料的配合比设计的具体步骤

SMA混合料的配合比设计采用马歇尔试件的体积设计方法进行,马歇尔试验的稳定度和流值并不作为配合比设计接受或者否决的唯一指标。

(1)设计矿料级配的确定

①设计初试级配。

SMA路面的工程设计级配范围宜直接采用《公路沥青路面施工技术规范》(JTG F40—2004)中规定的矿料级配范围。公称最大粒径等于或小于9.5mm的SMA混合料,以2.36mm作为粗集料骨架的分界筛孔,公称最大粒径等于或大于13.2mm的SMA混合料以4.75mm作为粗集料骨架的分界筛孔。

在工程设计级配范围内,调整各种矿料比例设计3组不同粗细的初试级配,3组级配的粗集料骨架分界筛孔的通过率处于级配范围的中值、中值±3%附近,矿粉数量均为10%左右。

②按普通沥青混合料的方法计算初试级配矿料的合成毛体积相对密度γ_{sb}、合成表观相对密度γ_{sa}、有效相对密度γ_{se}。

③把每个合成级配中小于粗集料骨架分界筛孔的集料筛除,按《公路工程集料试验规程》(JTG E42—2005)的规定,用捣实法测定粗集料骨架的松方毛体积相对密度γ_s,按下式计算粗

集料骨架混合料的平均毛体积相对密度 γ_{CA}。

④计算各组初试级配捣实状态下的粗集料松装间隙率 VCA_{DRC}。

⑤预估新建工程 SMA 混合料的适宜的油石比 P_a 或沥青用量为 P_b,作为马歇尔试件的初试油石比。

⑥按照选择的初试油石比和矿料级配制作 SMA 试件,马歇尔标准击实的次数为双面 50 次(75 次),一组马歇尔试件的数目不得少于 4 个。SMA 马歇尔试件的毛体积相对密度由表干法测定。

⑦计算不同沥青用量条件下 SMA 混合料的最大理论相对密度,其中纤维部分的比例不得忽略。

⑧计算 SMA 马歇尔混合料试件中的粗集料骨架间隙率 VCA_{mix}、空隙率 VV、集料间隙率 VMA、沥青饱和度 VFA。

⑨从 3 组初试级配的试验结果中选择设计级配时,必须符合 $VCA_{mix} < VCA_{DRC}$ 及 VMA > 16.5% 的要求,当有 1 组以上的级配同时符合要求时,以粗集料骨架分界集料通过率大且 VMA 较大的级配为设计级配。

(2)确定设计沥青用量

①根据所选择的设计级配和初试油石比试验的空隙率结果,以 0.2% ~ 0.4% 为间隔,调整 3 个不同的油石比,制作马歇尔试件,计算空隙率等各项体积指标。一组试件数不宜少于 4 个。

②进行马歇尔稳定度试验,检验稳定度和流值是否符合规范规定的技术要求。

③根据设计空隙率,确定油石比,作为最佳油石比 OAC。所设计的 SMA 混合料应符合规范规定的各项技术标准。

④如初试油石比的混合料体积指标恰好符合设计要求时,可以免去这一步,但宜进行一次复核。

(3)配合比设计检验

除普通沥青混合料配合比设计规定项目外,SMA 混合料的配合比设计还必须进行谢伦堡析漏试验及肯特堡飞散试验。配合比设计检验应符合技术要求。不符合要求的必须重新进行配合比设计。

二、高性能沥青混合料(Superpave)

1. 概述

美国每年用于维修路面的费用就达 100 亿美元。由于路面修建过程的复杂性,判断沥青路面破坏的原因是困难的。沥青、沥青混合料的性能以及沥青混合料生产工艺和路面的施工质量都和沥青路面的破坏有关。为了改变这一状况,需改善沥青路面的性能和耐久性。美国国会在 20 世纪 80 年代后期批准并开始执行"美国公路战略研究计划"(SHRP)研究项目。经过美国公路科技人员对沥青和沥青混合料路用性能 5 年左右的研究,取得了许多理论上的突破,对现行的沥青和沥青混合料规范及设计方法进行了重大修改,提出了一种全新的沥青混合料的设计方法并开发出与这一新方法相配套的沥青和沥青混合料路用性能的试验设备。

Superpave 是 Superior Performing Asphalt Pavements 的缩写,中文意思就是"优良性能

的沥青路面"。Superpave 沥青混合料设计法是一种全新的沥青混合料设计方法,包含沥青胶结料的标准、沥青混合料体积设计方法、沥青混合料分析体系、计算机软件以及相关的试验设备、试验方法和标准。

混合料体积设计也称Ⅰ级设计,使用旋转压实机(SGC)压实试件并根据体积设计要求选择沥青含量。

混合料中等路面性能水平设计也称Ⅱ级设计,以混合料体积设计为基础,附加一组 SST 和 IDT 试验以达到一系列的性能预测。

混合料最高路面性能水平设计也称Ⅲ级设计,以混合料体积设计为基础,附加的 SST 及 IDT 试验是在一个较宽的温度变化范围内进行试验。由于包含了更广的试验范围和结果,完全分析可提供更可靠的性能预测水平。

图 6-6-3 是 Superpave 沥青混合料设计体系。

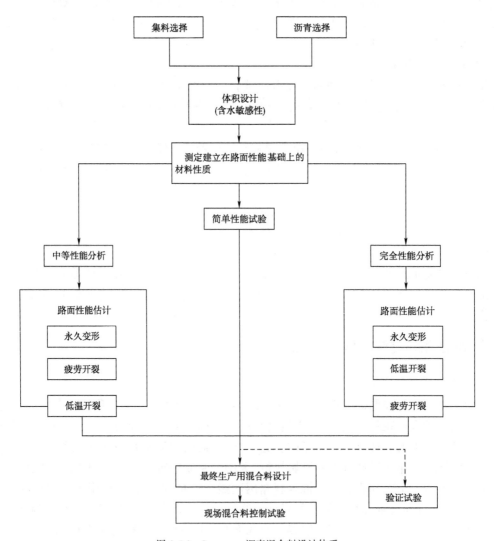

图 6-6-3　Superpave 沥青混合料设计体系

2.Superpave 沥青混合料体积设计法概念

所谓 Superpave 沥青混合料体积设计是根据沥青混合料的空隙率、矿料间隙率、沥青填隙率等体积特性进行热拌沥青混合料设计的。沥青混合料体积设计过程主要由四个部分组成：①材料选择；②集料级配选择；③确定沥青混合料的沥青含量；④评估沥青混合料的验证，包括体积性质和水敏感性。

此方法适用于新鲜或再生、密级配、改性或未改性沥青胶结料以及特殊混合料，如 SMA、OGFC 等。我们现在进行的设计称为体积设计，用旋转压实机代替马歇尔击实仪和马歇尔试验机。压实混合料分析实现以前，将寻求一两个工程性质试验来检验沥青混合料体积设计。

Superpave 沥青混合料体积设计方法对材料、集料级配、混合料均有严格的规定，并制定了相应的规范要求，包括沥青胶结料规范、集料规范、混合料规范。

三、多孔隙沥青混凝土表面层（OGFC）

1.概述

高等级公路路面结构不仅要具备足够的强度抵御千百万次行车荷载的重复作用，还必须具有足够的表面功能以保证车辆高速行驶时获得足够的舒适性和安全性。通常要求路面表面具有以下的功能：平坦——不产生过量的车辙和变形；抗滑——具有足够的粗糙度。除此之外，雨季表面积水不仅降低了路面的抗滑能力，高速行车产生的水雾，阳光照射下光溜表面产生的眩光都将妨碍驾驶人员的视觉，从而降低高速行驶的安全性。多孔隙沥青混凝土磨耗层（OGFC）沥青混合料适应了这一需求。

多孔隙沥青混凝土表面层或多孔隙沥青混凝土磨耗层（OGFC）又称开级配磨耗层（OGFC）或称排水沥青混凝土磨耗层或透水沥青混凝土磨耗层。

2.技术性能

1）排水和抗滑性

多孔隙沥青混凝土压实后约有 20% 以上的孔隙，从而在面层内形成一个水道网。降雨时，落到表面层表面的雨水，可通过层内部的孔隙流动并排出路面外，而不在表面形成水膜和径流。大雨来不及排水时，虽表面有径流和溅水，但要轻得多，一旦雨停，表面径流立即消失。因此，它能避免降雨过程中在路面上高速行车产生的水漂现象，消除车后的溅水和射水现象，消除路面表面的反光现象，从而使道路标志更容易看清。

2）降低噪声性能

开级配抗滑磨耗层沥青路面降低噪声的性能主要是由于大空隙的作用。汽车轮胎在路面上滚动产生的噪声在交通噪声中所占的比例越来越高，当车速超过 50km/h 时更为突出。开级配抗滑磨耗层路面可使气流顺利消散，降低了噪声。

OGFC 路面的降噪声效果与路面厚度、空隙率大小有关，即 OGFC 路面越厚，空隙率越大，降噪声效果越好。一般如 OGFC 表层厚度为 4cm，考虑耐久性及可能形成的空隙，空隙率一般可达 20% ~ 30%，则噪声降低 4dB。

3）高温稳定性

OGFC 沥青路面高温稳定性和抗车辙能力比一般沥青混凝土高。例如，用高黏度改性沥青配制的 OGFC 沥青混合料得到的动稳定度可达 5 000 次/mm,这主要是因为大颗粒间的相互直接接触而构成骨架结构承担了荷载的作用,所以在高温下抵抗变形的能力大。

4) 耐久性

沥青路面的耐久性是指在自然因素及频繁行车荷载作用下,路面自身特有使用性能保持时间长短的能力。保持时间长,耐久性高;反之,耐久性差。OGFC 沥青路面其耐久性比一般沥青混合料路面要低,主要表现为:OGFC 路面在使用一定时间后,空隙会由于灰尘、污物堵塞而减少,排水、吸音效果降低,产生老化、剥落的现象会较早,由于这些问题,OGFC 路面的使用品质下降。

在 OGFC 沥青路面具有许多优点的同时,也带有相应的缺陷。但在选料、设计、养护方面采取专门措施,在某种程度上,可消除或弥补这些不足。例如,聚合物改性沥青 OGFC 路面的耐久性比不改性的高,这是因为改性沥青可增加沥青膜的厚度,延续沥青的老化,同时也可改善沥青与矿料间的黏结力,高压注水吸出法或过氧化氢发泡清洗污染等工艺可消除孔隙堵塞,保持路面排水吸音等功能。这些措施都可提高 OGFC 路面的耐久性。

单元七 钢　　材

【理论要求】 熟练掌握钢材的技术性质及其指标;掌握桥梁建筑用钢材及其制品的特性。掌握钢材的各种分类。

【技能要求】 掌握钢材各技术指标的测定方法。熟练掌握钢材的拉伸、冷弯的测定方法。具备正确出具试验报告及结果分析的能力。

一、钢材的分类

钢材的分类方法很多,较常用的有下列分类方法。

1. 按化学成分分类

1) 碳素钢

亦称"碳钢",主要化学成分是铁,其次是碳,还有少量的硅、锰、磷、硫、氧、氮等杂质。碳素钢按含碳量可分为:

(1) 低碳钢:含碳量小于 0.25% ;

(2) 中碳钢:含碳量介于 0.25% ~0.55% ;

(3) 高碳钢:含碳量大于 0.60% 。

2) 合金钢

为改善钢的性能,在钢中特意加入某些合金元素(如锰、硅、钒、钛等),使钢材具有特殊的力学性能。合金钢按合金元素的含量可分为:

(1) 低合金钢:合金元素总含量小于 5% ;

(2) 中合金钢:合金元素总含量介于 5% ~10% ;

(3) 高合金钢:合金元素总含量大于 10% 。

2. 按质量分类

碳素钢中含有磷、硫、氧、氮、氢等有害杂质,降低了钢的质量。因此按钢材化学成分中有害杂质的含量不同又可划分为:

(1) 普通钢:磷含量不大于 0.045% ,硫含量不大于 0.055% ;

(2) 优质钢:磷含量不大于 0.035% ~0.040% ,硫含量不大于 0.040% 。

3. 按用途分类

(1) 结构钢:用于建筑结构、机械制造等,一般为低碳钢和中碳钢;

(2) 工具钢:用于各种工具(如刀具、量具、模具等),一般为高碳钢;

(3) 特殊钢:具有某种特殊物理化学性质,如耐酸钢、耐热钢、不锈钢等。

桥梁上常用的钢种是普通碳素钢中的低碳钢和合金钢中的低合金高强度结构钢。

二、建筑钢材的技术性质和技术标准

桥梁建筑所用的钢材和钢筋混凝土中钢筋的技术性质包括:强度、塑性、冷弯、冲击韧性和硬度等。

1. 强度

钢材在承受抗拉试验时,可绘出拉伸图(拉力—变形关系),根据拉伸图改换坐标可作出应力—应变曲线。现举低碳素结构钢为例,其应力—应变曲线绘出如图7-0-1所示。

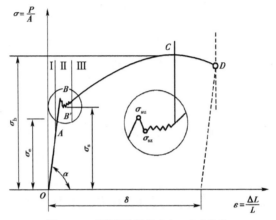

图7-0-1 碳素结构钢的应力—应变曲线

从图中可了解到低碳素结构钢下列特征性能指标:

图中的曲线可明显地划分为四个阶段:弹性阶段($O-A$),屈服阶段($B_上-B_下$),强化阶段($B-C$)和缩颈阶段($C-D$)。

(1)弹性阶段:OA是一直线,在OA范围内如卸去荷载,试件变形能恢复原状,即呈弹性变形。与A点对应的应力称为弹性极限,用R_P表示。

(2)屈服阶段:A点以后,应力与应变不再成正比关系。这时如卸去外力,试件变形不能完全消失,表明已出现塑性变形。拉力继续增加则达到屈服阶段,在屈服阶段,锯齿形的最高点$B_上$所对应的应力称为屈服上限(R_{eH}),锯齿的最低点$B_下$所对应的应力称为屈服下限(R_{eL})。上屈服点与试验过程中的许多因素有关,而下屈服点$B_下$较为稳定,所以规范规定以$B_下$点对应的应力为屈服点。屈服点以MPa表示,按下式计算:

$$R_{eL} = \frac{F_s}{S_0} \tag{7-0-1}$$

式中:F_s——相当于所求应力的荷载(kN);

S_0——试件的公称截面积(mm^2)。

中碳钢和高碳钢没有明显的屈服点,通常以残余变形0.2%的应力作为屈服强度,如图7-0-2所示,表示为$R_{0.2}$,按式(7-0-2)计算:

$$R_{0.2} = \frac{F_{0.2}}{S_0} \tag{7-0-2}$$

式中:$F_{0.2}$——相当于所求应力对应的荷载(kN);

S_0——试件的公称截面积(mm^2)。

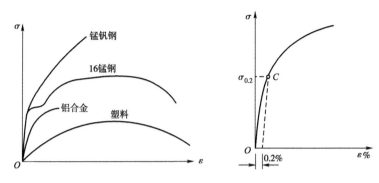

图 7-0-2　中、高碳素结构钢的应力—应变曲线

屈服点对钢材使用有重要的意义,当构件的实际应力超过屈服点时,将产生不可恢复的永久变形。另一方面,当应力超过屈服点时,受力高的部分应力不再提高,即自动将荷载重新分配给某些应力较小的部分。因此,屈服强度是确定钢结构容许应力的主要根据。

(3)强化阶段:试件在屈服阶段以后,其抵抗塑性变形的能力重新提高,故称强化阶段,C 点的应力称为抗拉强度,用 R_m 表示。因此抗拉强度是试样在拉断以前所承受的最大负荷所对应的应力,它表示材料在拉力作用于下抵抗破坏的最大能力。

抗拉强度虽然不能直接作为计算根据,但屈服强度和抗拉强度的比值,即"屈强比"(R_{eL}/R_m)对使用有较大的意义。比值越小,说明在钢材受力超过屈服点工作时的可靠性越大,结构越安全,即延缓结构损坏过程的潜力愈大,但此值太小时,钢材强度的有效利用率低,不够经济。所以屈服强度和抗拉强度是钢材力学性能的主要检验指标。抗拉强度 R_m 按下式计算:

$$R_m = \frac{F_m}{S_0} \tag{7-0-3}$$

式中:R_m——抗拉强度(MPa);

F_m——试件所承受的最大荷载(kN);

S_0——试件的原横截面积(mm^2)。

(4)缩颈阶段:试件伸长到一定程度后,荷载逐渐降低。此时可以看到在试件某一段内的横截面面积显著地收缩,出现"颈缩"现象。在试件继续增长的过程中,由于"颈缩"部分的横截面面积急剧缩小,荷载读数(即试件的抗力)反而降低,一直到试件被拉断。

2. 塑性

钢材在受力破坏前可以经受永久变形的性能,称为塑性。在工程应用中钢材的塑性指标通常用伸长率和断面收缩率表示。

1)断后伸长率

断后伸长率又称延伸率,是指试样拉断后,其标距部分所增加的长度与原标距长度的百分比。伸长率(%)按下式计算:

$$A = \frac{L_u - L_0}{L_0} \times 100 \tag{7-0-4}$$

式中：L_u——试样拉断后标距部分的长度（mm）；
L_0——试样的原标距长度（mm）。

长试样 $L_0 = 10d_0$，伸长率用 δ_{10} 表示；短试样 $L_0 = 5d_0$，伸长率用 δ_5 表示（d_0 为试样直径）。

2）断面收缩率

收缩率是试件拉断后缩颈处横断面积的最大缩减量占原横断面积的百分率。断面收缩率（%）按下式计算：

$$Z = \frac{S_0 - S_u}{S_0} \times 100 \tag{7-0-5}$$

式中：S_0——平行长度部分的原始横截面积（mm^2）；
S_u——断后最小横截面积（mm^2）。

伸长率与收缩率都反映了钢材的变形性能。伸长率与收缩率越大，表明钢材塑性越好，钢材越易加工，且易保证质量。一般 $A \geq 15\%$，$Z \geq 10\%$ 为宜。

任务实施

GB/T 228.1—2010 金属材料 室温拉伸试验方法

一、目的和适用范围

试验系用拉力拉伸试样，一般拉至断裂，测定金属材料的力学性能。除非另有规定，试验一般在室温 10～35℃ 范围内进行。对温度要求严格的试验，试验温度应为 23℃ ±5℃。

47-钢筋拉伸试验

二、仪器设备

（1）试验机的测力系统应按照《静力单轴试验机的检验 第一部分 拉力和（或）压力试验机测力系统》（GB/T 16825.1—2008）进行校准，并且其准确度应为 1 级或优于 1 级，如图 7-0-3 所示。引伸计的准确度级别应符合《单轴试验用引伸计的标定》（GB/T 12160—2002）的要求。

（2）应使用分辨力足够的量具或测量装置测定断后伸长量，如游标卡尺等。

（3）打点机如图 7-0-4 所示。

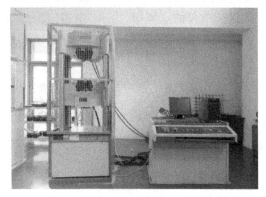

图 7-0-3 试验机

图 7-0-4 打点机

三、试样准备

(1) 尺寸测量：钢筋直径的测量精确到 0.1mm。

(2) 取样数量及方法：应按照相关产品标准或《钢及钢产品力学性能试验取样位置及试样准备》(GB/T 2975—2018)的要求切取样坯和制备试样，钢筋混凝土用热轧光圆钢筋、带肋钢筋每批钢筋任选两根钢筋切取 2 段试样。

(3) 取样长度：直径大于 4mm 的钢筋，两夹头间的长度应足够，试样总长度取决于夹持方法，原则上试样平行长度 $L_c \geq L_0 + d_0/2$，试样总长度 $L_t > L_c + 4d_0$。

(4) 原始标距(L_0) 的标记：应用小标记、细划线或细墨线标记原始标距，但不得用引起过早断裂的缺口作标记。

对于比例试样，如果原始标距的计算值与其标记值之差小于 $10\% L_0$，应将原始标距的计算值修约至最接近 5mm 的倍数，中间数值向较大一方修约。原始标距的标记应准确到 $\pm 1\%$。如平行长度 L_c 比原始标距长很多，例如不经机加工的试样，可以标记一系列套叠的原始标距。

> **提示** 1. 比例试样即原始标距与原始横截面积有 $L_0 = k\sqrt{S_0}$ 关系的试样，国际上使用的比例系数 K 值为 5.65($5.65\sqrt{S_0} = 5\sqrt{\dfrac{4S_c}{\pi}}$，即 $L_0 = 5d_0$)。原始标距应不小于 15mm。当试样横截面积太小，以致采用比例系数 K 为 5.65 的值不能符合这一最小标距要求时，可以采用较高的值(优先采用 11.3 的值)或采用非比例试样。
>
> 2. 非比例试样的原始标距 L_0 与原始横截面积 S_0 无关。

四、试验要求

(1) 设定试验力零点：在试验加载链装配完成后，试样两端被夹持之前，应设定力测量系统的零点。一旦设定了力值零点，在试验期间力测量系统不能再发生变化。

> **提示** 1. 在试验加载链装配完成后设定零点是为了确保夹持系统的重量在测力时得到补偿(即升起油缸减少自重作用)。
>
> 2. 试样两端被夹持之前设定零点是为了保持夹持过程中产生的力不影响力值的测量。

(2) 夹持方法：应使用例如楔形夹头、螺纹夹头、平推夹头、套环夹具等合适的夹具夹持试样。应尽最大努力确保夹持的试样受轴向拉力的作用，尽量减小弯曲，如图 7-0-5 所示。

五、试验速率控制

提供两种试验速率的控制方法，方法 A 为应变速率，方法 B 为应力速率。

1. 方法 A：应变速率控制的试验速率

(1) 测定下屈服强度(R_{eL}) 和屈服点延伸率 A_e

在测定下屈服强度和屈服点延伸率时，应当保持下列两种范围之一的平行长度估计的应变速率 e_{Lc}，直到不连续屈服结束：

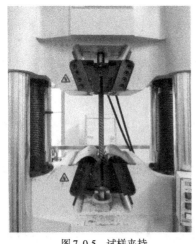

图7-0-5 试样夹持

①$e_{Lc} = 0.00025s^{-1}$,相对误差±20%(测定R_{eL}时推荐该速率);

②$e_{Lc} = 0.002s^{-1}$,相对误差±20%。

(2)测定抗拉强度R_m,断后伸长率A,最大力下的总延伸率A_{gt}

在屈服强度测定后,根据试样平行长度估计的应变速率e_{Lc}应转换成下述规定范围之一的应变速率:

①$e_{Lc} = 0.00025s^{-1}$,相对误差±20%;

②$e_{Lc} = 0.002s^{-1}$,相对误差±20%;

③$e_{Lc} = 0.0067s^{-1}$,相对误差±20%(如果没有其他规定,推荐选取该速率)。

2.方法B:应力速率控制的试验速率

(1)测定下屈服强度(R_{eL})和屈服点延伸率A_e

若仅测定下屈服强度,在试样平行长度的屈服期间应变速率应在$0.00025 \sim 0.0025 s^{-1}$。平行长度内的应变速率应尽可能保持恒定。如不能直接调节这一应变速率,应通过调节屈服即将开始前的应力速率来调整,在屈服完成之前不再调节试验机的控制。

任何情况下,弹性范围内的应力速率不得超过表7-0-1规定的最大速率。

应 力 速 率 表7-0-1

材料弹性模量E(MPa)	应力速率R(MPa·s^{-1})	
	最小	最大
<150 000	2	20
≥150 000	6	60

(2)测定抗拉强度R_m,断后伸长率A,最大力下的总延伸率A_{gt}

测定屈服强度后,试验速率可以增加到不大于$0.008s^{-1}$的应变速率(或等效的横梁分离速率)。如果仅仅需要测定材料的抗拉强度,在整个试验过程中可以选取不超过$0.008s^{-1}$的单一试验速率。

> **提示** 除非另有规定,只要能满足《金属拉伸试验标准》(GB/T 228—2010)的本部分的要求,试验室可以自行选择方法A或方法B的试验速率。

六、性能测定

1.上屈服强度的测定

上屈服强度R_{eH}可以从力—延伸曲线或峰值力显示器上测得,定义为力首次下降前的最大力值对应的应力,如图7-0-6所示。

2.下屈服强度的测定

下屈服强度R_{eL}可以从力—延伸曲线上测得,定义为不计初始瞬时效应时屈服阶段中的最小力所对应的应力,如图7-0-6所示。

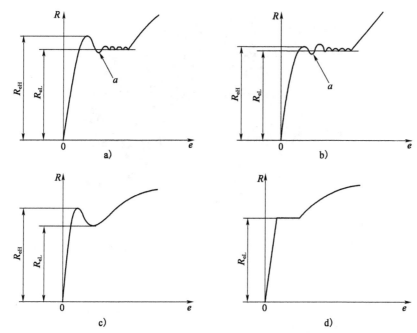

图 7-0-6 不同类型曲线的上屈服强度和下屈服强度

e-延伸率;R-应力;R_{eH}-上屈服强度;R_{eL}-下屈服强度;a-初始瞬时效应

(1)屈服阶段中如呈现两个或两个以上的谷值应力,舍去第一个谷值应力(第一个极小值应力)不计,取其余谷值应力中之最小者判为下屈服强度,如图 7-0-6a)和 b)所示。如只呈现 1 个下降谷,此谷值应力判为下屈服强度,如图 7-0-6c)所示。

(2)屈服阶段中呈现屈服平台,平台应力判为下屈服强度,如图 7-0-6d)所示;如呈现多个而且后者高于前者的屈服平台,判第一个平台应力为下屈服强度。

3. 断后伸长率的测定

为了测定断后伸长率,应将试样断裂的部分仔细地配接在一起使其轴线处于同一直线上,并采取特别措施确保试样断裂部分适当接触后测量试样断后标距。这对小横截面试样和低伸长率试样尤为重要。

应使用分辨力足够的量具或测量装置测定断后伸长量($L_u - L_o$),如图 7-0-7 所示,并准确到 ±0.25mm。

4. 断面收缩率的测定

将试样断裂部分仔细地配接在一起,使其轴线处于同一直线上。断裂后最小横截面积的测定应准确到 +2%。

七、结果数值的修约

试验测定的性能结果数值应按照相关产品标准的要求进行修约。如未规定具体要求,应按照以下要求进行修约。

(1)强度性能值修约至 1MPa;
(2)屈服点延伸率修约至 0.1%,其他延伸率和断后伸长率修约至 0.5%;
(3)断面收缩率修约至 1%。

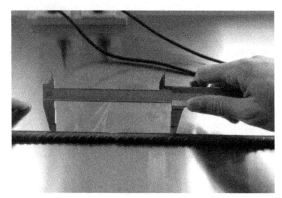

图 7-0-7　试样断后标距测量

八、试验结果处理

(1)试验出现下列情况之一,其试验结果无效,应重做同样数量试样的试验。

①试样断在标距外或断在机械刻划的标距标记上,而且断后伸长率小于规定最小值;

②试验期间设备发生故障,影响了试验结果。

(2)试验后试样出现两个或两个以上的缩颈以及显示出肉眼可见的冶金缺陷(例如分层、气泡、夹渣、缩孔等),应在试验记录和报告中注明。

3. 冷弯性能

冷弯性能是钢材在常温条件下承受规定弯曲程度的弯曲变形性能,它是钢材的重要工艺性能之一。钢材在使用之前,有时需要进行一定形式的加工,如钢筋常需弯起一定的角度。冷弯性能良好的钢材,可以保证钢材进行冷加工后无损于制成品的质量。冷弯与伸长率一样,都是表明钢材在静荷载作用下的塑性。冷弯试验能揭示钢材是否存在内部组织不均匀、内应力与夹杂物等缺陷。这些缺陷常因塑性变形导致应力重分布而得不到充分反映。

弯曲试验是以圆形、方形、矩形或多边形横截面试样在弯曲装置上经受弯曲塑性变形,不改变加力方向,直至达到规定的弯曲角度。按我国现行国家标准规定,有下列三种类型:①弯曲至规定的弯曲角度,如图 7-0-8a)所示;②弯曲至两臂相距规定的距离且相互平行,如图 7-0-8b)所示;③弯曲至两臂直接接触,如图 7-0-8c)所示。按规定,试件弯曲处不产生裂缝、断裂和起层等现象即认为弯曲性能合格。

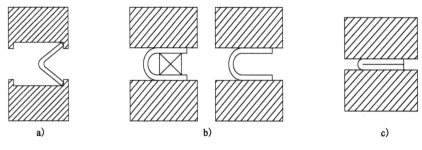

图 7-0-8　弯曲试验类型

a)弯曲至规定的角度;b)弯曲至两臂相距规定的距离且相互平行;c)弯曲至两臂直接接触

任务实施

GB/T 232—2010 金属材料 弯曲试验方法

48-钢筋弯曲试验

一、目的和适用范围

本方法适用于金属材料相关产品标准规定试样的弯曲试验,但不适用于金属管材和金属焊接接头的弯曲试验。试验一般在10~35℃的室温范围内进行。对温度要求严格的试验,试验温度应为23℃±5℃。

二、试验设备

弯曲试验应在配备下列弯曲装置之一的试验机或压力机上完成:

(1)配有两个支辊和一个弯曲压头的支辊式弯曲装置,如图7-0-9a)所示。

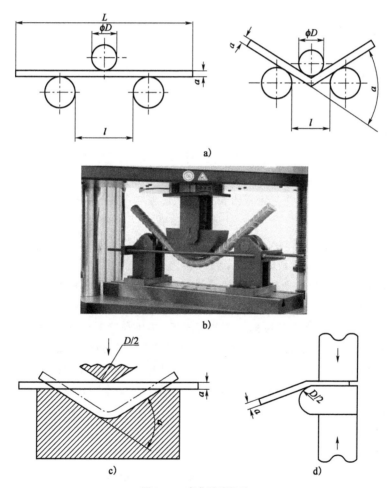

图7-0-9 弯曲试验装置

a)弯曲装置示意图一;b)弯曲装置实物;c)弯曲装置示意图二;d)弯曲装置示意图三

支辊式弯曲装置基本要求：
①支辊长度和弯曲压头的宽度应大于试样宽度或直径。
②弯曲压头的直径由产品标准规定。
③支辊和弯曲压头应具有足够的硬度。
④除非另有规定，支辊间距 l[图 7-0-9a)和 b)]应按照下式确定：

$$l = (D + 3a) \pm \frac{a}{2} \qquad (7\text{-}0\text{-}6)$$

式中：D——弯曲压头(弯芯)直径(mm)；
　　　a——试样直径(mm)。
此距离在试验期间应保持不变。
(2)配有一个 V 型模具和一个弯曲压头的 V 型模具式弯曲装置，如图 7-0-9c)所示。
(3)虎钳式弯曲装置，如图 7-0-9d)所示。

三、试样

(1)试样表面不得有划痕和损伤。
(2)选择适当的弯曲压头(弯芯)直径 D，按图 7-0-9a)装置，对于不同种类的钢材，其弯曲压头(弯芯)直径取值不同，本任务按照国家标准《钢筋混凝土用热轧光圆钢筋》(GB/T 1499.1—2017)和《钢筋混凝土用热轧带肋钢筋》(GB 1499.2—2018)的要求，见表 7-0-5。
(3)试样长度应根据试样直径和所使用的试验设备确定。

四、试验程序

(1)试样弯曲至规定弯曲角度的试验，应将试样放于两支辊[图 7-0-9a)]或 V 型磨具[图 7-0-9c)]上，试样轴线应与弯曲压头轴线垂直，弯曲压头在两支座之间的中点处对试样连续施加力使其弯曲，直到达到规定的弯曲角度。采用图 7-0-9d)所示的方法进行弯曲试验，试样一端固定，绕弯曲压头进行弯曲，可以绕过弯曲压头直至达到规定的弯曲角度。

如不能直接达到规定的弯曲角度，应将试样置于两平行压板之间[图 7-0-8a)]，连续施加力，压其两端使进一步弯曲，直到达到规定的弯曲角度。

(2)试样弯曲至两臂相互平行的试验，首先对试样进行初步弯曲，然后将试样置于两平行压板之间[图 7-0-8a)]连续施加力，压其两端使进一步弯曲，直到两臂平行[图 7-0-8b)]。试验时可以加或不加垫块。除非产品标准中另有规定，垫块厚度等于规定的弯曲压头直径。

(3)试样弯曲至两臂直接接触的试验，应首先将试样进行初步弯曲，然后将其置于两平行压板之间，连续施加力，压其两端使进一步弯曲，直到两臂直接接触[图 7-0-8c)]。

(4)弯曲试验时，应当缓慢地施加弯曲力，以使材料能够自由地进行塑性变形。当出现争议时，试验速率应为 1(1±0.2)mm/s。

五、试验结果评定

(1)应按照相关产品标准的要求评定弯曲试验结果。如未规定具体要求，弯曲试验后不使用放大仪器观察，试样弯曲外表面无可见裂纹应评定为合格。

(2)以相关产品标准规定的弯曲角度作为最小值；若规定弯曲压头直径，以规定的弯曲压头直径作为最大值。

4. 硬度

钢材表面局部体积内抵抗更硬物体压入的能力称为硬度。钢材硬度值愈高,表示它抵抗局部塑性变形的能力愈大。硬度值与强度指标和塑性指标有一定的相关性。

我国现行国家标准测定金属硬度的方法有布氏硬度、洛氏硬度和维氏硬度三种。最常用的为布氏硬度和洛氏硬度。

1) 布氏硬度

布氏硬度试验是用一个直径为 D 的淬硬钢球或硬质合金球,以一定的荷载 F,将其压入试样表面,如图 7-0-10 所示,并保持一定时间,然后卸除荷载,测定试样表面上压出压痕直径,根据公式可计算出单位面积上所承受的平均应力值,其值作为硬度指标,称为布氏硬度。HB 值越大,表示钢材越硬。

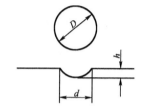

图 7-0-10 布氏硬度试验原理示意图

2) 洛氏硬度

洛氏硬度试验是用金刚石圆锥体或钢球做压头,在初始试验力和总试验力(总试验力 = 初始试验力 + 主试验力)的先后作用下,将压头压入试件。洛氏硬度是以卸除主试验力而保留初始试验力时,压入试件的深度与在初始试验力作用下的压入深度之差来计算的。压入深度之差愈大,表示试样愈软;反之,表示试样愈硬。

5. 冲击韧性

冲击韧性是钢材在瞬间动荷载作用下,抵抗破坏的能力。钢材在温度降低至负温度后,其冲击韧性将显著降低。因此,对于在负温度下承受冲击,重复荷载作用的结构,必须对钢材的冲击韧性予以鉴定。

冲击韧性的测定是以摆冲法、横梁式为标准方法,即按规定制成有槽口的标准试件,以横梁式安放在摆冲式冲击试验机上,如图 7-0-11 所示,当摆锤冲击试件,试件破坏时单位面积所消耗的能为冲击韧度指标。

钢材的强度、塑性、韧性和硬度是钢材的最基本力学性质。常用的指标是强度和塑性。建筑用钢材主要进行钢材的拉伸及冷弯试验。

三、桥梁建筑用钢材及其制品

1. 桥梁建筑用钢的技术要求

用于桥梁建筑的钢材,根据工程使用条件和特点,这类钢材应具备下列技术要求:

1) 良好的综合力学性能

桥梁结构在使用中承受复杂的交通荷载,同时在无遮盖的条件下经受大气条件的严酷环境考验,必须具有良好的综合机械性能。除具有较高的屈服点与抗拉强度外,还应具有良好的塑性、冷弯、冲击韧性和抵抗振动应力和疲劳强度以及低温(-40℃)的冲击韧性。

2) 良好的焊接性

由于近代焊接技术的发展,桥梁钢结构趋向于采用焊接结构代替铆接结构,以加快施工速度和节约钢材。桥梁在焊接后不易整体热处理,因此要求钢材具有良好的焊接性,亦即焊接的连接部分应强而韧,其强度与韧性应不低于焊件本身,以防止产生硬化脆裂和内应力过大等现象。

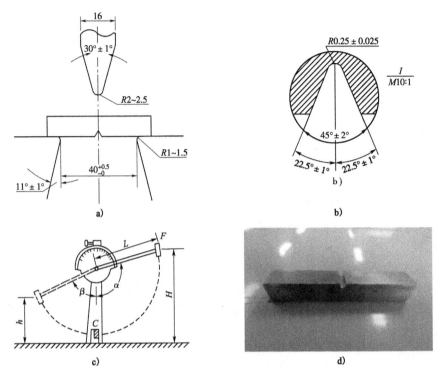

图 7-0-11　钢材韧度试验
a)冲击试件装置;b)夏氏 V 形缺口;c)冲击试验原理;d)标准试件

3)良好的抗蚀性

桥梁长期暴露于大气中,所以要求桥梁用钢具有良好的抵抗大气因素腐蚀的性能。

2. 桥梁建筑用主要钢材

由于桥梁结构需要承受车辆等荷载的作用,同时需要经受各种大气因素的考验,对于桥梁用钢材要求具有高的强度、良好的塑性、韧性和可焊性。因此,桥梁建筑用钢材,钢筋混凝土用钢筋,就其用途分类来说,均属于结构钢;就质量分类来说,都属于普通钢;按其含碳量的分类来说,均属于低碳钢。所以,桥梁结构用钢和混凝土用钢筋是属于碳素结构钢或低合金钢结构钢。

3. 钢筋混凝土和预应力混凝土用钢筋和钢丝

1)热轧钢筋

(1)外形

热轧钢筋按截面形状可分为光圆钢筋和带肋钢筋。光圆钢筋是指横截面为圆形,且表面为光滑的钢筋混凝土配筋用钢材。带肋钢筋是指横截面为圆形,且表面通常带有两条纵肋和沿长度方向均匀分布的横肋的钢筋。月牙肋钢筋是指横肋的纵截面呈月牙形,且与纵肋不相交的钢筋。

(2)级别、代号

①按照国家标准《钢筋混凝土用热轧光圆钢筋》(GB/T 1499.1—2017),热轧光圆钢筋屈服强度特征值为 300 级。热轧带肋钢筋的截面形状如图 7-0-12a)所示。钢筋牌号的构成及其含义见表 7-0-2。

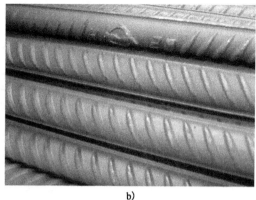

图 7-0-12 热轧钢筋截面形状

钢 筋 牌 号 表　　　　　　　　　表 7-0-2

产品名称	牌号	牌号构成	英文字母含义
热轧光圆钢筋	HPB300	由 HPB + 屈服强度特征值构成	HPB 为热轧光圆钢筋的英文（Hot rolled Plain Bars）缩写

热轧光圆钢筋的公称直径范围为 6~22mm，推荐的钢筋公称直径为 6、8、10、12、16、20，单位 mm。

②按照国家标准《钢筋混凝土用热轧带肋钢筋》（GB/T 1499.2—2018），普通热轧带肋钢筋按屈服强度特征值分为 400、500、600 级。钢筋牌号的构成及其含义见表 7-0-3。

钢 筋 牌 号 表　　　　　　　　　表 7-0-3

类别	牌号	牌号构成	英文字母含义
普通热轧钢筋	HRB400	由 HRB + 屈服强度特征值构成	HRB – 热轧带肋钢筋的英文（Hot rolled Ribbed Bars）缩写。 E – "地震"的英文（Earthquake）首位字母
普通热轧钢筋	HRB500	由 HRB + 屈服强度特征值构成	HRB – 热轧带肋钢筋的英文（Hot rolled Ribbed Bars）缩写。 E – "地震"的英文（Earthquake）首位字母
普通热轧钢筋	HRB600	由 HRB + 屈服强度特征值构成	HRB – 热轧带肋钢筋的英文（Hot rolled Ribbed Bars）缩写。 E – "地震"的英文（Earthquake）首位字母
普通热轧钢筋	HRB400E	由 HRB + 屈服强度特征值 + E 构成	HRB – 热轧带肋钢筋的英文（Hot rolled Ribbed Bars）缩写。 E – "地震"的英文（Earthquake）首位字母
普通热轧钢筋	HRB500E	由 HRB + 屈服强度特征值 + E 构成	HRB – 热轧带肋钢筋的英文（Hot rolled Ribbed Bars）缩写。 E – "地震"的英文（Earthquake）首位字母
细晶粒热轧钢筋	HRBF400	由 HRBF + 屈服强度特征值构成	HRBF – 在热轧带肋钢筋的英文缩写后加"细"的英文（Fine）首位字母
细晶粒热轧钢筋	HRBF500	由 HRBF + 屈服强度特征值构成	HRBF – 在热轧带肋钢筋的英文缩写后加"细"的英文（Fine）首位字母
细晶粒热轧钢筋	HRBF400E	由 HRBF + 屈服强度特征值 + E 构成	HRBF – 在热轧带肋钢筋的英文缩写后加"细"的英文（Fine）首位字母
细晶粒热轧钢筋	HRBF500E	由 HRBF + 屈服强度特征值 + E 构成	HRBF – 在热轧带肋钢筋的英文缩写后加"细"的英文（Fine）首位字母

热轧带肋钢筋的公称直径范围为 6~50mm，推荐的钢筋公称直径为 6mm、8mm、10mm、12mm、16mm、20mm、25mm、32mm、40mm、50mm。

(3)技术要求

热轧钢筋的力学性能、工艺性能应符合国家标准《钢筋混凝土用热轧光圆钢筋》(GB/T 1499.1—2017)和《钢筋混凝土用热轧带肋钢筋》(GB/T 1499.2—2018)规定,符合表7-0-4和表7-0-5的各项要求。

钢筋混凝土用热轧光圆钢筋力学性能、工艺性能(GB/T 1499.1—2017)　表7-0-4

牌号	下屈服强度 R_{eL} (MPa)	抗拉强度 R_m (MPa)	断后伸长率 A (%)	最大力总伸长率 A_{gt} (%)	弯芯直径
	不小于				弯曲180°后,钢筋受弯曲部位表面不得产生裂纹
HPB300	300	420	25.0	10.0	=钢筋公称直径 a

钢筋混凝土用热轧带肋钢筋力学性能、工艺性能(GB/T 1499.2—2018)　表7-0-5

牌号	公称直径 d(mm)	下屈服强度 R_{eL}(MPa)	抗拉强度 R_m(MPa)	断后伸长率 A(%)	最大力总伸长率 A_{gt}(%)	弯芯直径
		不小于				弯曲180°后,钢筋受弯曲部位表面不得产生裂纹
HRB400 HRBF400	6~25	400	540	16	7.5	4d
	28~40					5d
HRB400E HRBF400E	>40~50				9.0	6d
HRB500 HRBF500	6~25	500	630	15	7.5	6d
	28~40					7d
HRB500E HRBF500E	>40~50				9.0	8d
HRB600	6~25	600	730	14	7.5	6d
	28~40					7d
	>40~50					8d

2)预应力混凝土用钢绞线

预应力混凝土配筋用钢绞线是由冷拉光圆钢丝捻制而成或由刻痕钢丝捻制而成的钢绞线。按照国家标准《预应力混凝土用钢绞线》(GB/T 5224—2014),预应力混凝土用钢绞线分类、标记及技术要求如下。

(1)分类与代号

钢绞线按结构分为8类,结构代号为:

用 2 根钢丝捻制的钢绞线	1×2
用 3 根钢丝捻制的钢绞线	1×3
用 3 根刻痕钢丝捻制的钢绞线	1×3I
用 7 根钢丝捻制的标准型钢绞线	1×7
用 6 根刻痕钢丝和一根光圆中心钢丝捻制的钢绞线	1×7I
用 7 根钢丝捻制又经模拔的钢绞线	(1×7)C
用 19 根钢丝捻制的 1+9+9 西鲁式钢绞线	1×19S
用 19 根钢丝捻制的 1+6+6/6 瓦林吞式钢绞线	1×19W

1×7 标准型钢绞线的断面形状如图 7-0-13 所示。

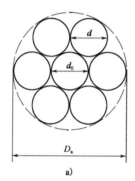

图 7-0-13 1×7 标准型钢绞线的断面形状
a)断面外形示意图；b)断面实物

预应力钢绞线按应力松弛性能分为 I 级松弛的预应力钢绞线和 II 级松弛的预应力钢绞线。钢绞线的捻向通常为左 S 捻。捻制后，I 级松弛的预应力钢绞线应进行消除应力的热处理，II 级松弛预应力钢绞线应进行能保证低松弛性能的相应热处理。钢绞线的捻距为钢绞线公称直径的 12~16 倍。钢绞线内不应有折断、横裂和相互交叉的钢丝。

（2）标记

钢绞线产品的标记应包含预应力钢绞线、结构代号、公称直径、强度级别及标准编号五部分内容，以七根钢丝捻制的标准型钢绞线为例：

公称直径为 15.20mm，抗拉强度为 1 860MPa 的七根钢丝捻制的标准型钢绞线标记为：

预应力钢绞线 1×7-15.20-1860，GB/T 5224—2014。

（3）技术性能

钢绞线具有强度高、柔性好、质量稳定，成盘供应不需接头等优点，主要用于大跨度、大承载量的后张法预应力结构。其力学性能的规定见表 7-0-6（1×7 结构钢绞线的力学性能）。

（4）表面质量要求

①除非用户有特殊要求，钢绞线表面不得有油、润滑脂等物质。
②钢绞线表面不得有影响使用性能的有害缺陷。允许存在轴向表面缺陷，但其深度应小于单根钢丝直径的 4%。
③允许钢绞线表面有轻微浮锈。表面不能有目视可见的锈蚀凹坑。
④钢绞线表面允许存在回火颜色。

1×7 结构钢绞线的力学性能

表 7-0-6

钢绞线结构	钢绞线公称直径 D_n(mm)	公称抗拉强度 R_m(MPa)	整根钢绞线最大力 F_m(kN) ≥	整根钢绞线最大力的最大值 $F_{m,max}$(kN) ≤	0.2%屈服力 $F_{p0.2}$(kN) ≥	最大力总伸长率 (L_0≥500mm) A_{gt}(%) ≥	应力松弛性能 初始负荷相当于实际最大力的百分数(%)	应力松弛性能 1 000h 应力松弛率 r(%) ≤
1×7	15.20 (15.24)	1 470	206	234	181	对所有规格	对所有规格	对所有规格
		1 570	220	248	194			
		1 670	234	262	206			
	9.50 (9.53)	1 720	94.3	105	83.0			
	11.10 (11.11)		128	142	113			
	12.70		170	190	150			
	15.2 (15.24)		241	269	212			
	17.80 (17.78)		327	365	288			
	18.90	1 820	400	444	352	对所有规格	对所有规格	对所有规格
	15.70	1 770	266	296	234			
	21.60		504	561	444			
	9.50 (9.53)		102	113	89.8		70	2.5
	11.10 (11.11)		138	153	121	3.5		
	12.70		184	203	162			
	15.20 (15.24)	1 860	260	288	229			
	15.70		279	309	246			
	17.80 (17.78)		355	391	311			
	18.90		409	453	360		80	4.5
	21.60		530	587	466			
	9.50 (9.53)	1 960	107	118	94.2			
	11.10 (11.11)		145	160	128			

续上表

钢绞线结构	钢绞线公称直径 D_n(mm)	公称抗拉强度 R_m(MPa)	整根钢绞线最大力 F_m(kN) ≥	整根钢绞线最大力的最大值 $F_{m,max}$(kN) ≤	0.2%屈服力 $F_{p0.2}$(kN) ≥	最大力总伸长率 (L_0≥500mm) A_{gt}(%) ≥	应力松弛性能	
							初始负荷相当于实际最大力的百分数(%)	1 000h 应力松弛率 r(%) ≤
1×7	12.70	1 960	193	213	170			
	15.20 (15.24)		274	302	241			

(5)应用

预应力钢绞线具有强度高、与混凝土黏结性能好、断面积大、使用根数少、在结构中排列布置方便、易于锚固等优点,故多使用于大跨度、重荷载的混凝土结构。

参 考 文 献

[1] 中华人民共和国国家标准.GB/T 1345—2005 水泥细度检验方法筛析法[S].北京:中国标准出版社,2005.
[2] 中华人民共和国国家标准.GB/T 1346—2011 水泥标准稠度用水量、凝结时间、安定性检验方法[S].北京:中国标准出版社,2011.
[3] 中华人民共和国国家标准.GB/T 17671—1999 水泥胶砂强度试验[S].北京:中国标准出版社,1999.
[4] 中华人民共和国国家标准.GB 175—2007 通用硅酸盐水泥[S].北京:中国标准出版社,2007.
[5] 中华人民共和国国家标准.GB/T 14684—2011 建设用砂[S].北京:中国标准出版社,2011.
[6] 中华人民共和国国家标准.GB/T 14685—2011 建设用卵石、碎石[S].北京:中国标准出版社,2011.
[7] 中华人民共和国国家标准.GB/T 228.1—2010 金属材料拉伸试验 第1部分:室温试验方法[S].北京:中国标准出版社,2010.
[8] 中华人民共和国国家标准.GB/T 232—2010 金属材料弯曲试验方法[S].北京:中国标准出版社,2010.
[9] 中华人民共和国国家标准.GB/T 1499.1—2017 钢筋混凝土用钢 第1部分:热轧光圆钢筋[S].北京:中国标准出版社,2017.
[10] 中华人民共和国国家标准.GB/T 1499.2—2018 钢筋混凝土用钢 第2部分:热轧带肋钢筋[S].北京:中国标准出版社,2018.
[11] 中华人民共和国国家标准.GB/T 5224—2014 预应力混凝土用钢绞线[S].北京:中国标准出版社,2014.
[12] 中华人民共和国国家标准.GB/T 5223—2014 预应力混凝土用钢丝[S].北京:中国标准出版社,2014.
[13] 中华人民共和国国家标准.GB/T 50146—2014 粉煤灰混凝土应用技术规范[S].北京:中国标准出版社,2014.
[14] 中华人民共和国行业标准.JTG E40—2007 公路土工试验规程[S].北京:人民交通出版社,2007.
[15] 中华人民共和国行业标准.JTG E42—2005 公路工程集料试验规程[S].北京:人民交通出版社,2005.
[16] 中华人民共和国行业标准.JTG E41—2005 公路工程岩石试验规程[S].北京:人民交通出版社,2005.
[17] 中华人民共和国行业标准.JTG E30—2005 公路工程水泥及水泥混凝土试验规程[S].北京:人民交通出版社,2005.
[18] 中华人民共和国行业标准.JTG E51—2009 公路工程无机结合料稳定材料试验规程

[S].北京:人民交通出版社,2009.
[19] 中华人民共和国行业标准.JTG E20—2011 公路工程沥青及沥青混合料试验规程[S].北京:人民交通出版社,2011.
[20] 中华人民共和国行业标准.JGJ/T 70—2009 建筑砂浆基本性能试验方法标准[S].北京:中国建筑工业出版社,2011.
[21] 中华人民共和国行业标准.JGJ 55—2011 普通混凝土配合比设计规程[S].北京:中国建筑工业出版社,2011.
[22] 中华人民共和国行业标准.JGJ/T 98—2010 砌筑砂浆配合比设计规程[S].北京:中国建筑工业出版社,2014.
[23] 中华人民共和国行业标准.JTG D63—2007 公路桥涵地基与基础设计规范[S].北京:人民交通出版社,2007.
[24] 中华人民共和国行业标准.JTG/T F30—2014 公路水泥混凝土路面施工技术细则[S].北京:人民交通出版社,2014.
[25] 中华人民共和国行业标准.JTG F40—2004 公路沥青路面施工技术规范[S].北京:人民交通出版社,2004.
[26] 中华人民共和国行业标准.JTG/T F50—2011 公路桥涵施工技术规范[S].北京:人民交通出版社,2011.
[27] 中华人民共和国行业标准.JTG/T F20—2015 公路路面基层施工技术细则[S].北京:人民交通出版社股份有限公司,2015.
[28] 中华人民共和国行业标准.JGJ/T 281—2012 高强混凝土结构技术规程[S].北京:中国建筑工业出版社,2012.
[29] 中国工程建设标准化协会标准.CECS 207—2006 高性能混凝土应用技术规程[S].北京:中国计划出版社,2006.
[30] 中国工程建设标准化协会标准.CECS 104—99 高强混凝土结构技术规程[S].北京:中国计划出版社,1999.
[31] 严家伋.道路建筑材料[M].北京:人民交通出版社,2003.
[32] 姜志青.道路建筑材料[M].北京:人民交通出版社股份有限公司,2015.
[33] 严捍东.新型建筑材料教程[M].北京:中国建材工业出版社,2005.
[34] 王立久.新型建筑工程材料及应用[M].北京:中国电力出版社,2008.
[35] 黄新友,高春华.新型建筑材料及其应用[M].北京:化学工业出版社,2005.
[36] 李鹏飞.道路建筑材料[M].北京:北京邮电大学出版社,2014.
[37] 王陵茜.市政工程材料[M].北京:中国建筑工业出版社,2013.
[38] 钱进.土质与筑路材料[M].北京:人民交通出版社,2005.